COLORS OF GREENS

Die neue Gemüseküche

alice zaslavsky

EMF

EIN BUCH DER
EDITION MICHAEL FISCHER

Für meine Tochter,
liebevoll
„The Nut" genannt

Empfohlen von:

José Andrés
Matt Stone
May Chow
Mark Best
Jeremy Chan
George Calombaris
Coskun Uysal
Philippe Mouchel
Christine Manfield
Selassie Atadika
David Thompson
Palisa Anderson
Darren Robertson
Prateek Sadhu
Amanda Cohen
Monica Galetti
Simon Bryant
Ben Shewry
Guy Grossi
Ana Roš
Mauro Colagreco
Ivan Brehm
Jo Barrett
Rosio Sanchez
Sat Bains
Joan Roca
Ciccio Sultano
Karen Martini
Albert Adrià
Clare Smyth
Phil Wood
Jp McMahon
Alla Wolf-Tasker
Josh Niland
Tobie Puttock
Michael Hunter
Niki Nakayama
Danielle Alvarez
Alanna Sapwell
Luka Nachkebia
Dan Barber
Matt Wilkinson
Skye Gyngell
Monique Fiso
Tetsuya Wakuda
Nicky Riemer
Saransh Goila
Ray Adriansyah
Rick Stein
Ashley Palmer-Watts
Guillaume Brahimi
Matt Moran
Andrew Wong
Andrew McConnell
Garima Arora
Jack Stein
Bill Granger

Inhalt

Hallo zusammen!

Vielleicht sind Sie gleich von der Titelseite hierhergelangt, oder Sie haben sich zuerst auf den vielen bunten Rezeptseiten getummelt, bevor Sie bei meiner Begrüßung in dicken, fetten Lettern gelandet sind. Bleiben Sie doch einfach kurz bei mir!

Dieser Wälzer hier ist meine Hommage an die fabelhafte Welt des Gemüses. Ich habe 50 meiner All-Time-Favourites ausgewählt und etwas genauer erläutert, was sie sowohl für Köche als auch für Esser so besonders macht, sowie Zubereitungsarten angeführt, die Ihnen ermöglichen, das Beste aus ihnen herauszuholen, ganz egal, wie geübt Sie in der Küche sind. Wenn Sie diese Seiten durchgeblättert haben (Ha!), werden Sie in Zukunft beim Anblick einer Wurzel, einer Knolle, einer Zwiebel oder einer Stange so viele Ideen haben, dass Sie sich nie mehr den Kopf über eine Mahlzeit oder ein Menü zerbrechen müssen. Sie werden bei anderen Kochbüchern, die Sie schon zu Hause haben, besser verstehen, warum ein Rezept so ist, wie es ist, und wie Sie es abwandeln oder damit spielen können.

In diesem Buch gibt es nicht nur rein pflanzliche Rezepte, da das die Essgewohnheiten meiner Familie – meines Mannes Nick, unserer Tochter Hazel (alias „The Nut") – und mir nicht realistisch widerspiegeln würde. Wir kochen jedoch pflanzenzentriert. Das heißt, zuerst kommt das Gemüse, und dann entsteht dazu ein Gericht. Ich wollte ein Buch schreiben, das auf diesem Prinzip basiert, da ich glaube, dass viele von uns gerne „flexitarisch" leben, mehr Gemüse essen, die Umwelt weniger belasten und die Proteine, die wir zu uns nehmen, mit größerer Sorgfalt auswählen möchten. Doch oft wissen wir einfach nicht, wo wir anfangen sollen, und sind auch noch nicht so weit, gleich mit kaltem Tofu loszulegen. Deshalb geht es in allen Rezepten in erster Linie um das Gemüse. Finden sich darin auch ein paar Fischstückchen oder etwas Speck, dann als Zusatzelement, das dem Gericht seinen Charakter verleiht. Natürlich können alle, die es rein vegetarisch mögen, gerne auf andere Zutaten zurückgreifen.

Aufgewachsen in Georgien, in der ehemaligen Sowjetunion, war meine Ernährung, sowohl kulturell bedingt als auch notwendigerweise, sehr gemüselastig. Typisch kaukasische Küche und ein Überfluss an frischen Produkten, mit denen hinter dem Eisernen Vorhang Tauschhandel betrieben wurde.

Nachdem ich ausgewandert war, wurde mein Kochverständnis durch den Schmelztiegel Australiens, einem Ort, an dem Sojasauce ganz selbstverständlich über Spaghetti Bolognese geträufelt wird, erweitert und bereichert. Die Rezepte in diesem Buch sind gleichermaßen traditionell wie modern, so wie es bei jeder guten Küche der Fall sein sollte.

Entgegen der Tradition sind die Rezepte in diesem Buch nicht alphabetisch oder nach Jahreszeit, sondern nach Farben geordnet. Das Gemüse wird in Farbgruppen zusammengefasst, mit ausführlichen Einträgen zu den gängigsten Formen, Anmerkungen zu eventuellen Überraschungen in Ihrer Gemüsebox und Rezepten für weniger bekannte Varianten, für Tage, an denen Sie experimentierfreudig sind oder ein selbstgezogenes Exemplar geerntet haben. Ich möchte, dass Sie dieses Buch durchblättern und finden, was Sie suchen, auch wenn Ihre Augen vom langen In-den-Kühlschrank-Starren, während Sie überlegt haben, was Sie mit den Resten im Gemüsefach anfangen sollen, bereits tränen. Und dass Sie offen sind für die wunderbaren Formen und Aromen, die Sie zur Hand haben.

Reste schätzen lernen

Nie war der Zugang zu frischen Lebensmittelen, deren Aufbewahrung, Verarbeitung und Wiederverwendung einfacher als heute. Es ist daher nicht verwunderlich, dass die ständige Verfügbarkeit frischer Produkte dazu führt, dass wir übrig gebliebenes Essen immer weniger schätzen. Doch irgendwie habe ich diesen Trend verschlafen. Ich war schon immer ein Reste-Fan! Und Gemüse kann man, dank der langen Haltbarkeit und seiner Vielseitigkeit, leichter neues Leben einhauchen als allen anderen Lebensmitteln. Eine große Portion vom Borschtsch meiner Mutter war für mich als Schlüsselkind nach der Schule eine absolut himmlische Mahlzeit.

Und nachdem ich herausgefunden hatte, dass ich den Borschtsch mit Croûtons und Frühstücksfleisch aufpeppen konnte, hatte sich die kulinarische Welt für mich weit aufgetan. Heute koche ich absichtlich größere Mengen, da es nur eine Sache gibt, die besser ist, als ein selbstgekochtes Abendessen: das Wissen, dass man noch eine Portion übrig hat, die man am nächsten Tag zu Mittag aufwärmen kann.

Eines der größten unbekannten Geheimnisse, was Restaurantessen betrifft, ist, dass vieles davon eigentlich „wiederbelebte Reste" sind. Wenn es sich nicht um ein Gericht à la minute handelt, wurde das meiste schon lange, bevor Sie Ihre Bestellung abgeben, gekocht, Stunden, wenn nicht sogar Tage im Voraus. Deshalb scheinen die Preise oft so hoch: Sie zahlen nicht nur die Kosten der Zutaten, sondern auch für die Zubereitungszeit. Wenn Sie die Wahl zwischen Spaghetti bolognese vom Vorabend und einem rasch bestellten Take-away haben, denken Sie daran, dass Sie in beiden Fällen Reste essen.

Ab wann spricht man von „Resten" als „Meal-Prepping? Tja, das bestimmen allein Sie. Ich bin eine unverzeihlich faule Köchin. Deshalb stopfe ich meinen Kühlschrank bewusst mit zusätzlichem Zeug voll, um den Weg von „hungrig-und-gereizt" zu „glücklich-und-zufrieden" zu beschleunigen. Käserinde, Tiefkühlbrühe (einkochen, bis sie in einen Eiswürfelbehälter passt, und bei Bedarf ein bis zwei Würfel herausnehmen), Tiefkühlerbsen und -mais, die Gerichten mehr Gehalt verleihen und einfach in den Topf gekippt werden, und eine halbe Zwiebel in der Tür (warum findet man in jedem Kühlschrank eine halbe Zwiebel?) sind nur einige der Schätze, die bei mir immer vorrätig sind. Zusätzliche Portionen von geröstetem/gedämpftem/gekochtem/fermentiertem/eingelegtem Gemüse sind die Art von Geschenken, die langfristig Freude machen und sich auf Knopfdruck und im Handumdrehen zu einer Suppe, einem Salat, einer Sauce oder einem Dip verwandeln lassen.

Die 5 „S" für Eilige

Kochen muss nicht schwierig oder aufwendig sein. Tatsächlich machen mir die einfachsten Dinge am meisten Spaß: das Karamellisieren von so gut wie allem (einfacher, wenn es schon am Vortag gekocht wurde); das Schmelzen von Butter in den Öffnungen eines vor sich hindampfenden Gerichts; oder das Herauslösen eines empfindlichen, doch perfekt geformten Omelettes mit Ruccola und Käse aus der Pfanne. Die Küche ist der Ort, an dem man Spaß haben, seine Kreativität unter Beweis stellen und Risiken eingehen kann.

Vor allem aber sollte sie ein Ort sein, an dem Sie sich sicher genug fühlen, sich von alten Konventionen zu lösen, Ihr Ernährungs-Schicksal selbst in die Hand zu nehmen und bessere sowie einfachere Wege zu finden, um Ihre Lieblingsgerichte zuzubereiten. Niemand verputzt eine köstliche Mahlzeit und meint danach: „Ach, wenn das Rezept doch nur schwieriger gewesen wäre!"

Ich habe bei vielen Rezepten Schnellverfahren zum Verwerten vorhandener Reste angeführt. Außerdem gibt es Vorschläge, wie Sie Gerichte ein weiteres Mal auf den Tisch bringen können (und diese sozusagen „doppelt im Einsatz" sind), und das normalerweise in Form eines der 5 „S": als Suppe, Sauce, Stew (Eintopf), Salat oder Sandwich.

Die einfachste Suppe ist flüssiges Püree. Deshalb ist das Pürieren von gerösteten Gemüseresten sowie jeder Art von Eintopf mit etwas zusätzlicher Flüssigkeit (wie Brühe oder Wasser) eine tolle Methode, bei der man das Gefühl hat, mit minimalem Aufwand ein ganz anderes Gericht zu essen.

Dasselbe gilt für Saucen, die ich besonders während der Sommermonate liebe, wenn Grillmarinaden zu Dips werden (vor dem Essen unbedingt erhitzen) oder der Saft in der Pfanne zu einer perfekten Pasta-Sauce verwandelt wird.

Manchmal reicht es schon, einfach eine Pfanne, in der etwas karamellisiert wurde, bis zum Abend am Herd stehen zu lassen, um sie dann als Geschmacksbasis für das Abendessen wieder zu erhitzen.

Eintöpfe, Aufläufe, Currys und reichhaltige Pasta-Saucen schmecken am nächsten Tag mindestens noch einmal so gut. Ich hauche ihnen gerne neues Leben ein, indem ich frisches Gemüse hinzufüge, das nur so lange gegart werden muss, bis das Gericht fertig aufgewärmt ist. Baby-Spinat funktioniert hier gut, genauso wie Maiskörner, Pilze und Kirschtomaten.

Bei Salaten können Sie alles, von Curry über Spieße bis hin zu Quark, Dosenfisch oder Bohnen aus der Vorratskammer zu frischem (oder sogar bereits gekochtem) Gemüse geben und daraus ein günstiges, köstliches und nahrhaftes Sommer-Abendessen oder einen Lunch fürs Büro machen. Spielen Sie mit Texturen und Temperaturen, indem Sie braten, dämpfen, panieren und frittieren (Bonuspunkte für alle, die Paniermehl aus altem Brot selbst machen!).

Sie können den Geschmack mit jeder Art von Zwiebel intensivieren, Nüsse oder Samen für die Textur verwenden und alles mit verschiedenen Ölen, Essig oder Fetten (wie Käse oder Avocado) aufpeppen.

Wenn Sie nicht genau wissen, was Sie mit einem Rest anfangen sollen, machen Sie ein Sandwich daraus. Den Begriff „Sandwich" verwende ich hier sehr weit gefasst. Wer sagt denn, dass es Brot sein muss? Ob Pita, Tortillawraps, Reisblätter oder Salatblätter ... Wenn Sie es in die Hand nehmen und essen können, ist es definitiv ein Sandwich! Versuchen Sie die „Verpackung" Ihrer Wahl getrennt von den Essensresten aufzubewahren und sie erst kurz vor dem Verzehr zusammenzubringen. Dadurch ist alles schön knackig, und Sie können vor Ihren Kollegen damit angeben, wie organisiert und fleißig Sie sind.

In Farbe

Gemüse zählt auch aufgrund der großen Farbpalette, mit der es den Gaumen verwöhnen kann, zu den Wundern der Natur. Farben wirken anregend und haben eine natürliche Wirkung auf unsere Genusserwartung. Warum sonst lassen ein paar Kräuter einen farblosen Salat plötzlich um einiges frischer aussehen? Garnieren Sie saftigrote Tomaten mit frisch gezupften Basilikumblättern und servieren Sie sie mit einem Schuss Olivenöl, etwas Büffelmozzarella und Salz, und die Leute werden Sie für einen Zauberer halten, der sie auf eine sonnige, italienische Piazza befördert hat, über der die italienische Flagge weht.

Ähnlich kann ein Mangel an Farbe oder ein einheitlicher Farbton eine ganz eigene Wirkung haben, manchmal zum Besseren (wie bei kunstvollen monochromen Wunderwerken) und manchmal auch nicht, wenn Essen einen zweifellos greigen Farbton annimmt.

Und auch die Aufforderung „buntgemischt zu essen", kommt nicht von ungefähr. Farben signalisieren, welche sekundären Pflanzenstoffe (gesundheitsfördernde Inhaltsstoffe) in jedem Gemüse als natürlicher Abwehrmechanismus enthalten sind. Etwas, das auch wir für unser Wohlbefinden nutzen können. Intensivere oder dunklere Farben weisen auf einen höheren Anteil an Antioxidantien und größeren funktionellen Nutzen hin. Unsere Geschmacksknospen sind der beste Indikator dafür, was wir gerade brauchen, und wir entwickeln instinktiv ein Verlangen nach den Lebensmitteln, deren Nährstoffe wir benötigen. Wenn wir diesen natürlichen Bedürfnissen nachgeben und gelernt haben, aus unseren Grundzutaten das Beste herauszuholen, werden wir nicht umhin können, das unglaubliche Geschmacksspektrum in der Natur zu erkennen und zu schätzen. Die Farbpalette von Mutter Natur, deren Leinwand Ihr Gaumen ist.

Dieses Buch baut aus einem ganz einfachen Grund auf Farben auf: weil die Liebe zu Gemüse universell ist und egal ob wir es Courgette oder Zucchini, Aubergine oder Melanzani nennen, bleibt es doch Grün, Violett (oder ... auberginefarben). Welche Sprache Sie auch immer sprechen, es wird Zeit einen Lobgesang anzustimmen.

Alice.

Die Gemüse-Matrix

Wenn Sie lieber ohne Rezept kochen, kommt hier eine Referenztabelle, die das Hantieren mit Gemüse narrensicher und bequem macht. Einige Gemüsesorten bevorzugen es lau und langsam, andere mögen es gern heiß und intensiv, und wieder andere schmecken nur kurz erhitzt und in der Pfanne geschwenkt am besten.

Egal welche Garmethode oder welches Gemüse Sie verwenden, schneiden Sie es in gleich große Stücke, um eine einheitliche Garzeit zu gewährleisten. Je kürzer die Gardauer, desto kleiner sollten die Stücke sein. Die größten Öffnungen einer Reibe sind vielleicht ganz nützlich, wenn Sie Pürees oder Saucen machen oder eine Suppe pürieren möchten. Kürzere Garzeiten können den Verlust von Nährstoffen auf ein Minimum reduzieren. Auch sollte Gemüse nicht zu lange im Wasser bleiben, wenn dieses am Ende weggegossen wird.

Eine Anmerkung zu Backöfen: Mein Backofen ist ein Umluftofen (und wahnsinnig heiß!). Sie müssen die Garzeiten also vielleicht an Ihren Ofen anpassen.

GEMÜSE	FÜR EILIGE	LEICHT & FRISCH	EINFACH & BEQUEM	GESCHMACKS-BOMBE
Blumenkohl 	**Roh** Zu Blumenkohlreis zerkleinern, wie für das Rote Blumenkohl-Tabouleh (Seite 83)	**Röschen + Dämpfen** 4–6 Minuten, bis er gabelzart ist	**Röschen + Rösten** Mit Salz + Öl würzen, bei 220 °C, 15–20 Minuten	**Röschen + Teig** Frittierter Blumenkohl auf Kerala-Art mit Kokoschutney (Seite 86)
Pastinake 	**Roh** Zu Salat oder Slaw reiben	**Würfel + Kochen** mit Flüssigkeit gerade eben bedecken, 10–15 Minuten, bis sie gabelzart ist, dann pürieren	**Sticks + Rösten** mit Salz + Öl würzen, bei 220 °C, 25–30 Minuten	**Reiben + Backen** Dattelpudding mit Ingwer (Seite 60)
Fenchel 	**Roh + Gehobelt (oder feine Scheiben)** Unter einen Salat oder Slaw mischen	**Würfel + Kochen** mit Flüssigkeit gerade eben bedecken, 10–15 Minuten, bis er gabelzart ist, dann pürieren	**Spalten + Schmoren** In einer Pfanne Farbe annehmen lassen, mit Brühe, Orangensaft oder Tomatensauce bedecken, 10–15 Minuten köcheln	**Spalten + Panieren** Knusprige Fenchel-Wedges mit Sauerrahm & süßer Chilisauce (Seite 74)

GEMÜSE	FÜR EILIGE	LEICHT & FRISCH	EINFACH & BEQUEM	GESCHMACKS-BOMBE
Mais 	**Roh** Frischer Zuckermais, vom Kolben lösen und ab damit in den Salat	**Kolben + Kochen** 5–7 Minuten	**Körner + Köcheln** 2:1 Maiskörner: Brühe, 20–25 Minuten; die Hälfte pürieren, Sahne oder Crème fraîche unterrühren	**In der Schale + Grillen** Maiskolben mit Käsewölkchen und Apfel-Chipotle-Barbecuesauce (Seite 120)
Möhre 	**Gerieben + Roh** Salat oder Slaw	**Stücke + Dämpfen** 5–10 Minuten, je nach Größe	**Hälften + Rösten** mit Salz + Öl würzen; Blech im Ofen vorheizen, 190 °C, 25–30 Minuten	**Reiben + Backen** Glutenfreier Möhrenkuchen mit Pfiff (Seite 134)
Süßkartoffel 	**Würfel + Köcheln** Darls Daal (Seite 146)	**Reiben + Braten** Mit Ei binden, dann Puffer formen und auf jeder Seite 4–5 Minuten braten	**Im Ganzen (klein) + Rösten** Mit einer Gabel oder einem Gemüsemesser einstechen, mit Salz + Öl würzen, 190 °C, 30–40 Minuten	**Scheiben + Backen** Süße und pikante Süßkartoffel-Galettes (Seite 152–153)
Kürbis, Butternusskürbis 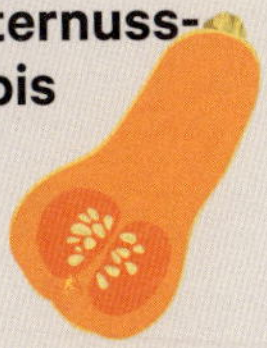	**Stücke + Rösten** Kürbissuppe (Seite 165)	**Hälften + Rösten** Gebutterter Kürbis mit Nuss (Seite 158)	**Würfel + Rösten** Mit Salz + Öl würzen; Blech im Ofen vorheizen, 190 °C, 30 Minuten	**Gewürfelt/gerieben + Schmoren** Butternuss-Tajine mit sieben Gewürzen (Seite 160)
Paprika 	**Roh** In Streifen schneiden und roh unter den Salat mischen	**Im Ganzen + Grillen** Gegrillte Paprikaschoten (Seite 200)	**Stücke + Rösten + Pürieren** Romesco-Suppe (Seite 198)	**Füllen + Backen** Paprika mit Samosafüllung (Seite 202)
Rote Bete 	**Dünne Scheiben + Roh** Röstfreier Bunte-Bete-Salat (Seite 246)	**Reiben + Köcheln lassen** Borschtsch (Seite 238)	**Im Ganzen + Rösten** Mit Salz + Öl würzen; dann in Folie einwickeln, 200 °C, 45–60 Minuten	**Kochen + Pürieren + Backen** Rote-Bete-Brownies (Seite 248)

GEMÜSE	FÜR EILIGE	LEICHT & FRISCH	EINFACH & BEQUEM	GESCHMACKS-BOMBE
Aubergine 	**Würfel + Sautieren** Salzen und 15 Minuten ziehen lassen, etwas ausdrücken. Öl in der Pfanne erhitzen, Aubergine bei mittlerer Hitze schwenken, bis sie weich ist; 10–15 Minuten	**Scheiben + Rösten** Badrijani: Auberginenröllchen mit Walnüssen (Seite 266)	**Hälften + Schmoren** Mit Öl bepinseln + salzen, Schnittfläche nach unten, 200 °C, 35–40 Minuten. Fruchtfleisch auslöffeln + für einen Baba-Ghanoush-Dip pürieren ODER mit Teriyaki, Miso oder Tahin glasieren	**Sticks + Braten** Glasierte Auberginen nach Szechuan-Art (Seite 270)
Pilze 	**Champignons + Roh** Salat, Rohkost	**Champignons/exotische Pilze Scheiben + Sautieren** In wenig Öl/Butter anschwitzen, dann zusätzliches Fett + Gewürze hinzufügen, 5–8 Minuten bis goldbraun	**Portobello-Pilze Im Ganzen + Schmoren** 180 °C ohne Öl, 15–20 Minuten, dann mit Käse und/oder Kräutern füllen + mit Öl beträufeln; dann 3–5 Minuten grillen, bis der Käse geschmolzen und braun ist	**Scheiben + Braten** Pilzpfanne frisch aus dem Wald (Seite 322)
Kartoffel 	**Geschälte Viertel + Dämpfen** 10–12 Minuten, bis sie gabelzart sind, dann in Öl oder Butter + Kräutern schwenken	**Im Ganzen + Kochen** Mit kaltem, gut gesalzenem Wasser bedecken, zum Kochen bringen, dann 20–25 Minuten köcheln lassen ODER Kartoffelsalat für jede Jahreszeit (Seite 302–303)	**Geschälte Hälften/ Viertel + Ankochen + Rösten** Mit kaltem, gut gesalzenem Wasser bedecken, zum Kochen bringen, dann 2 Minuten köcheln lassen; Blech im Ofen vorheizen, 200 °C. Abgießen, trocken schütteln, mit Öl + Salz 40–50 Minuten rösten	**Kochen + Zerdrücken + Braten** Knusper-Püree (Seite 298)
Brokkoli, Brokkolini 	**Röschen + Blanchieren** 1–2 Minuten, dann mit Eiswasser abschrecken, damit er seine grüne Farbe behält **Dünne Scheiben/ Gerieben + Roh** Mit würziger Vinaigrette abschmecken	**Röschen + Dämpfen** 3–6 Minuten ODER Caesar Salad mit Brokkolini (Seite 366)	**Stücke/Röschen + Rösten** Mit Salz + Öl würzen; Blech im Ofen vorheizen, 200 °C, Brokkoli 20–25 Minuten; Brokkolini 10–15 Minuten	**Grillen + Rösten** Brokkoli-Steaks mit Tkemali (Seite 368)

GEMÜSE	FÜR EILIGE	LEICHT & FRISCH	EINFACH & BEQUEM	GESCHMACKS-BOMBE
Zucchini 	**Roh + Hauchdünne Scheiben (gehobelt)** Mit würziger Vinaigrette/Pesto abschmecken	**Scheiben + Grillen** Mit Salz einreiben, 15 Minuten ziehen lassen, 2–3 Minuten pro Seite in einer heißen Pfanne grillen und Dressing darüberträufeln	**Reiben + Backen** Sommerlicher Auflauf (Seite 378)	**Spiralen** Wochentags-Bolognese (Seite 380)
Grüne Bohnen 	**Putzen + Blanchieren** 3–4 Minuten **Putzen + Dämpfen** 5–7 Minuten	**Längs halbieren + Blanchieren** Salat mit viererlei Bohnen und Jalapeños (Seite 392)	**Putzen + Schmoren** Etwas Zwiebeln oder Schalotten anschwitzen, Bohnen + Brühe oder Tomatensauce einrühren; 30–40 Minuten köcheln lassen, bis sie weich sind	**Putzen + Sautieren** Grüne Bohnen auf georgische Art mit karamellisierter Zwiebel (Seite 390)
Rosenkohl 	**Roh + Gerieben** Rosenkohl-Slaw mit Schnittlauch, Parmesan & Chardonnay-Essig (Seite 438)	**Reiben + Sautieren** 4–5 Minuten, bis er weich ist	**Hälften + Rösten** Blech im Ofen vorheizen, 200 °C; 10–20 Minuten mit der Schnittfläche nach unten rösten, je nach Marinade	**Hälften + Schmoren** Party-Rosenkohl im Stil der Siebziger (Seite 440)
Spargel 	**Enden abschneiden + Blanchieren** 2–4 Minuten	**Längs halbieren + Weich werden lassen** Fluffiges Spargel-Feta-Omelette aus nur drei Zutaten (Seite 414)	**Enden abschneiden + Rösten** Ein Blech mit Alufolie auslegen, 200 °C, 8–10 Minuten	**Längs halbieren + Rösten** Grüner Spargel mit Bröseln und weichem Ei (Seite 412)
Pak Choi 	**Stücke + Anbraten** Gemüse mit frischem Ingwer nach Lau (Seite 104)	**Blätter + Weich werden lassen** Miso-Suppe mit Pak Choi, Kartoffeln & Radieschen (Seite 432)	**Hälften + Dämpfen** 5–7 Minuten, bis die Stiele weich sind	**Hälften + Grillen** Gegrillter Pak Choi mit Erdnusssauce (Seite 434)
Zwiebel 	**Rot/Weiß/Salat: Dünne Scheiben + Roh** In jedem Salat!	**Braun: Würfel + Anschwitzen** Geringe Hitze, Öl/Ghee/Butter, 2 Minuten ohne, 5 Minuten mit, 2 Minuten ohne Deckel	**Braun: Scheiben + Karamellisieren** Geringe Hitze, Öl/Ghee/Butter, 40–60 Minuten; zum Nachhelfen Zucker darüberstreuen	**Scheiben + Backen** Tarte Tatin mit Zwiebeln Ihrer Wahl (Seite 286)

Das Hitzespektrum

Die meisten Gemüsesorten müssen nicht lange gekocht werden, um gegessen werden zu können. Es geht beim Erhitzen eher darum, das Beste aus ihnen herauszuholen. Das Spektrum reicht hier von behutsamer, indirekter Wärmezufuhr bis hin zu direkter, glühender Hitze.

Kochen

Wird Gemüse in Wasser gekocht, gilt die goldene Regel, dass Gemüse, das unter der Erde wächst, mit kaltem Wasser gerade eben bedeckt wird, während Gemüse, das über der Erde wächst, direkt in kochendes Wasser kommt (verwenden Sie Ihren größten Topf), damit die Temperatur nicht zu schnell sinkt. So zerfällt fasriges Wurzelgemüse nicht, und Sie machen grünes Blattgemüse glücklich. Wenn das Wasser kocht, reduzieren Sie die Hitze auf ein gurgelndes Köcheln, damit das Gemüse im Topf nicht zu sehr umherwandert (es bekommt dadurch Risse und ungleichmäßiges Garen wird begünstigt). Mit dem Würzen beginnt man schon im Wasser. Also streuen Sie vor dem Kochen, egal um welches Gemüse es sich handelt, ein oder zwei große Prisen Salz hinein. Mit einem Schuss Zitronensaft oder Essig im Wasser behält oranges, rotes oder violettes Gemüse seine Farbe, grünes Gemüse aber verliert dadurch an Säure.

Blanchieren

Diese Methode eignet sich vor allem für zartes, grünes Gemüse, bei dem es gilt, den heiklen Punkt zwischen gar und zerkocht zu finden. Halten Sie eine große Schüssel mit Eiswasser bereit und befördern Sie das Gemüse direkt vom kochenden ins kalte Wasser, um es abzuschrecken. So behält es seine Farbe, und der Garprozess wird gestoppt. Das ist besonders hilfreich, wenn die Schale entfernt werden muss, wie z. B. bei Tomaten oder Pfirsichen für faserfreie Desserts. Bei grünen Bohnen und ähnlichem Gemüse, besonders wenn es unter der Woche schnell gehen muss, halbiere ich jedoch die Blanchierzeit und gieße sie direkt in ein Sieb, um sie unter dem Wasserhahn sofort mit kaltem Wasser abzuschrecken.

Dämpfen

Indirekte, feuchte Wärmezufuhr eignet sich für Gemüse mit zarter Schale und delikatem Geschmack am besten. Anders als beim manchmal recht aggressiven Prozess des Kochens, bei dem ein großer Anteil an Nährstoffen und Aromen ausgewaschen werden kann, wird beim Dämpfen von außen nach innen erwärmt und die Feuchtigkeit bleibt während des Garprozesses erhalten.

Hier kann man das Gemüse auch ganz leicht im Auge behalten, indem man den Deckel des Dämpfgefäßes abnimmt, sei es ein Bambuskorb oder ein spezieller Topfeinsatz.

Sie können das Gemüse auch „Dampfbraten", indem Sie es beim Garen im Backofen mit Alufolie abdecken (oder in Backpapier einwickeln) und dafür sorgen, dass es gut mit Saft versorgt wird (ja sogar selbst mit Orangensaft), bis es weich wird. Dann die Hitze erhöhen, die Folie entfernen und etwas knusprig werden lassen.

Schmoren

Galten sie früher nur als Beilage zu Fleischgerichten, sind gemüselastige Schmorgerichte wie Eintöpfe und Tajines heute herzhafte One-Pot-Wunder.

Ihr Gemüse prominent in eine Kasserolle zu schichten, Schmorflüssigkeit wie Brühe und Aromastoffe oder Tomatensauce und vielleicht einige Bohnen oder Hülsenfrüchte hinzuzufügen und das Ganze über eine längere Zeit einkochen zu lassen, ist eine todsichere Methode zu einfachem, gesundheitsförderndem Genuss. Jedes Gemüse eignet sich zum Schmoren, von Bohnen über Kohl bis hin zu Wurzelgemüse. Hier müssen Sie nicht nachsehen, ob das Gemüse gar ist. Auch das faserigste Exemplar ist nach einer Stunde schön zart. Und das Beste daran? Am nächsten Tag schmeckt es noch einmal so gut.

Einkochen

Eigentlich geht es beim Einkochen darum, Proteine, z. B. Geflügel, langsam im eigenen Fett oder in Öl und Butter zu garen. Man kann diesen Trick jedoch auch bei Gemüse anwenden, indem man ein geschmacksneutrales Öl oder Ghee verwendet, und die Temperatur am Herd oder im Ofen relativ niedrig hält.

Während beim traditionellen Einkochen die Zutaten mit Saft bedeckt sein müssen, ist Gemüse weniger anspruchsvoll. Sie müssen hier nur viel mehr Öl nehmen, als Sie normalerweise verwenden würden. Dadurch wird die Wärme besser geleitet und die Feuchtigkeit kann gespeichert werden. Das Öl nimmt die Gemüsearomen auf und das Gemüse selbst, nimmt außen eine intensivere Farbe an und wird innen schön cremig (mit dem Geschmack der von Ihnen gewählten Aromen).

Frittieren

Wenn Sie daran gedacht haben, diesen Absatz wegen „zu viel Fett“ zu überspringen, habe ich tolle Neuigkeiten für Sie: Es ist eine wirklich effiziente Garmethode, und frittiertes Gemüse nimmt weniger Fett auf als gebratenes. Außerdem gilt: Fett = Geschmack! Um effizient frittieren zu können, ist das richtige Öl entscheidend. Nehmen Sie geschmacksneutrale Öle mit hohem Rauchpunkt wie Traubenkernöl oder Erdnussöl und – wenn Sie es nur zum Frittieren von Gemüse verwenden – können Sie es auskühlen lassen, filtern, wieder in eine Flasche füllen und einige Male verwenden, bis es eine dunkle Farbe annimmt oder nicht mehr gut riecht. Lassen Sie Ihre frittierten Köstlichkeiten auf Küchenpapier oder einem sauberen Tuch abtropfen und würzen Sie sie großzügig mit Salz und Gewürzen, solange sie noch heiß sind. So kann sich alles gut vermischen.

Braten

Beim Braten besteht die größte Gefahr darin, dass der Wok zu kalt oder mit zu vielen Zutaten gefüllt ist, die dann am Boden zu einem traurigen Brei vor sich hin köcheln. Wenn Ihr Wok groß genug ist, können Sie alles gemeinsam garen. Ansonsten probieren Sie den folgenden Trick. Erhitzen Sie den Wok, bis er zu rauchen beginnt. Dann garen Sie das Gemüse portionsweise, beginnend beim faserhaltigsten, in reichlich geschmacksneutralem Öl mit hohem Rauchpunkt (ich nehme gerne Erdnussöl). Braten Sie Fleisch oder andere Proteine (auch Tempeh) zuerst. Halten Sie eine große Schüssel bereit, in der Sie die fertigen Zutaten übereinanderstapeln können, damit sie warm bleiben. Geben Sie dann alles zurück in den Wok, fügen Sie Knoblauch und Chili hinzu (Achtung, die beiden verbrennen sehr leicht) und rühren Sie dann Ihre Saucen ein.

Grillen

Weicheres Gemüse, das schnell warm wird, lässt sich, leicht eingeölt, gut in einer heißen Pfanne grillen. Ich verwende gerne eine Grillpfanne oder den Rost eines Holzkohlegrills, damit das Gemüse die typischen Grillstreifen bekommt, die allem einen besseren Geschmack verleihen. Die Hitze, die beim Grillen entsteht, ist heiß und intensiv. Vor allem wenn sich Ihre Kochoberfläche gut aufheizen konnte. Eine trockene, fast rauchende Pfanne ist das, was wir hier brauchen. Eine gewisse Wachsamkeit ist angebracht. Doch sollten Sie keine Angst davor haben, Ihr Gemüse auf jeder Seite etwas länger vor sich hin brutzeln zu lassen, damit es auch garantiert Grillstreifen erhält. Tritt Feuchtigkeit auf der Oberseite aus und verdunstet dort, ist es Zeit, das Gemüse zu wenden.

Sautieren

Diese Methode, mit hoher Temperatur und wenig Öl, eignet sich hervorragend, wenn die Zeit knapp ist und Sie etwas braten möchten. Ein Deckel ist hier nicht notwendig. Salopp übersetzt bedeutet „sautieren" „springen", da es hier darum geht, alles, durch Rühren oder Schwenken, in Bewegung zu halten. Erhitzen Sie das Öl in der Pfanne und halten Sie einen Löffel aus Holz bereit, mit dem Sie laufend umrühren, damit alles mit der Wärmequelle Bekanntschaft machen kann. Wenn Sie Angst haben, dass etwas verbrennt, reduzieren Sie die Hitze und bleiben Sie ruhig: Sie kontrollieren die Hitze und nicht umgekehrt.

Scharf anbraten

Eigentlich für Fleischgerichte gedacht, profitieren vor allem Gemüsesorten mit natürlicher Süße wie Mais, Süßkartoffeln und Kürbis (Winterkürbis) vom Anbraten bei starker Hitze, bevor sie geröstet werden. Dadurch wird der Karamellisierungsprozess gefördert, der sowohl für eine hübsche Optik als auch für komplexere Noten am Gaumen sorgt. Der Karamellisierungsprozess schwächt auch bittere Aromen bei Brokkoli oder Grünkohl ab. Diese Methode bewirkt, dass aminosäurereiches Gemüse wie Auberginen (Melanzani) und Pilze sogar noch „fleischiger" schmecken. Braten Sie Ihr Gemüse in einer heißen Pfanne auf allen Seiten braun an und stellen Sie sie dann zum Rösten bei mittlerer Hitze in den Backofen, wie Sie es mit einem großen Rinderbraten machen würden. Sie können diesen Schritt auch überspringen und trotzdem ein ähnliches Ergebnis erzielen, indem Sie den Bräter im Ofen lassen (bei 240 °C) während dieser vorgewärmt wird. Dann geben Sie das mit Öl/Marinade vermengte Röstgemüse auf das glühend-heiße Blech und reduzieren die Temperatur auf 180 °C, bis das Gemüse fertig ist.

Anschwitzen

Um Gemüse, das leicht verbrennt (z. B. Zwiebeln), anzuschwitzen, ohne dass Ihnen der Schweiß ausbricht, habe ich einen Tipp: Lassen Sie den Deckel drauf. Sie wollen, dass die Feuchtigkeit in der Pfanne bleibt, damit nichts verbrennt. Beim Anschwitzen beginne ich gerne ohne Deckel, damit ein bisschen Wärme entstehen kann. Dann reduziere ich die Hitze, setze den Deckel darauf und mache mein Ding, wobei ich hin und wieder nachsehe. Nehmen Sie den Deckel während der letzten 3 Minuten ab, damit überschüssige Feuchtigkeit absorbiert werden kann und das Gemüse einen goldenen Glanz bekommt. Für einen intensiveren Geschmack garen Sie Gemüse bei niedriger Hitze 8–10 Minuten ohne Deckel. Rühren Sie von Zeit zu Zeit um und lassen Sie die Pfanne nicht aus den Augen. Beim Anschwitzen sind die meisten Leute unglaublich ungeduldig. Deshalb, egal wie lange Sie normalerweise Ihre Zwiebeln anschwitzen, verdoppeln Sie die Zeit. Die Textur und der Geschmack Ihres Gerichts erwachen zum Leben, sobald Sie Ihren Zwiebeln erlauben, ihr gesamtes Potenzial auszuschöpfen.

Karamellisieren

Wo wir gerade beim Karamellisieren sind: Das am häufigsten karmellisierte Gemüse ist die Zwiebel. Am besten geht das in einer breiten, flachen Pfanne. Da Zwiebeln reich an Aminosäuren und Zucker sind, verwandeln sie sich, wenn sie braun werden, in solch herzhaft-süße Geschmacksbomben. Ein guter Karamellisierungsprozess entwickelt sich langsam (Sie möchten „bräunen" und nicht „verbrennen") und kann bei einer großen Portion (die sich gut im Kühlschrank oder Tiefkühler aufbewahren lässt) bis zu einer Stunde dauern. Um das System auszutricksen, mischen Sie eine Prise Salz unter die Zwiebeln, bevor sie in die Pfanne kommen, um den Zellaufschluss zu beschleunigen. Dann fügen Sie eine Prise Rohrohrzucker zu den Zwiebeln in der Pfanne, um sie daran zu erinnern, dass sie jetzt an der Reihe sind und abliefern müssen. Lassen Sie die Hitze auf mittlerer bis niedriger Stufe und rühren Sie mehrmals um.

Rösten

Die trockene Strahlungswärme eines Backofens wirkt bei Gemüse Wunder, macht die Oberfläche schön knusprig und verleiht ihm an den Rändern eine höchst appetitliche Farbe. Um stärkehaltigem Gemüse einen guten Start zu ermöglichen, können Sie es vorkochen, bis es beginnt weich zu werden; weicheres Gemüse und Blattgemüse darf sofort in den Backofen. Vermengen Sie das Gemüse mit jeder Menge Olivenöl und Gewürzen und verteilen Sie es dann in einer Lage auf einem mit Backpapier ausgelegten Backblech, damit die Stücke garantiert genug Wärme abbekommen. Für gewöhnlich röste ich bei 190 °C, heize den Ofen aber zuerst auf 240 °C vor (wie beim Braten eines Hähnchens), damit das Gemüse außen etwas mehr Farbe annimmt.

Die perfekte Vorratskammer

Wenn Sie Leute bewundern, die immer mühelos etwas auf den Tisch zaubern und sich fragen, wie sie das hinkriegen, wird es Sie freuen zu hören, dass das zu 90 % am Einkauf liegt. Das heißt nicht, immer nur Fertiggerichte oder Großpackungen zu kaufen und soll auch kein romantisches Bild von Weidenkörben und täglichen Ausflügen zum Markt heraufbeschwören. Es bedeutet vor allem, Ihren Vorrat an getrockneten Lebensmitteln und Gewürzen aufzustocken: Hülsenfrüchte, Getreide, Nüsse, Samen, Öle, Essig und andere spezielle Zutaten, mit denen Sie frische und tiefgefrorene Zutaten kombinieren können. Das verleiht Gerichten zusätzlichen Pep – und das bei minimalem Aufwand.

Wo Sie beginnen möchten, hängt von Ihren Essgewohnheiten ab. Wenn Sie ein Pasta-Fan sind, wird die perfekte Vorratskammer anders aussehen als bei jemandem, der eher auf Currys steht usw. Doch die Basics bleiben die gleichen. Am Anfang müssen Sie mit ein paar Ausgaben rechnen. Doch es ist wichtig, sich die Kosten pro Kocheinsatz anzusehen ... Möchten Sie ähnliche Gerichte noch öfter kochen? Wenn ja, dann investieren Sie. Wenn es sich um eine einmalige Angelegenheit handelt oder Sie nur etwas ausprobieren möchten, geben Sie nicht zu viel Geld aus und suchen Sie stattdessen nach einem Ersatz. So kaufen Sie viel nachhaltiger ein, und das in mehrfacher Hinsicht. Als Ausgangsbasis habe ich die „Must Haves" für jeden Koch/jede Köchin angeführt sowie die „Lust Haves", aus denen Sie wählen können. Je größer und fetter die Schrift, desto größer der Bedarf, wenn Sie verstehen. Diese Vorratslisten enthalten nur die wichtigsten Zutaten. Sie werden um einiges detaillierter, sobald Sie sich eingehender mit einer Küche beschäftigen.

Lagerung & Nachhaltigkeit

Viele getrocknete Lebensmittel, die man normalerweise in kleinen Packungen kauft, werden in Zero-Waste-Shops nach Gewicht verkauft. Bringen Sie Ihre eigenen Gefäße mit – schicke, stapelbare Behälter, das gute alte Marmeladenglas oder sogar Papiertüten – und beschriften Sie sie deutlich (inkl. Kaufdatum).

Sie werden sehen, dass diese Methode nicht nur kosteneffizienter ist und Ihren Müll reduziert, die Ware ist normalerweise auch frischer, besonders was Nüsse und Gewürze angeht.

Glücklicherweise gibt es heute mehr raffinierte und wiederverwendbare Aufbewahrungslösungen als je zuvor. Stylishe, langlebige und kostengünstige Alternativen aus Glas, Stahl, Keramik und Stoff sind für jene, die ohne Plastik auskommen möchten, jederzeit verfügbar und auch leistbar. Was Plastik angeht, musste ich bei meiner Recherche für dieses Buch feststellen, dass viele der Empfehlungen zur Lagerung von Gemüse verfasst wurden, bevor Einwegplastik in Ungnade fiel. Wenn Sie sich fragen, warum es überhaupt notwendig ist, Dinge einzutüten, um sie aufzubewahren, hat das mit dem Speichern von Feuchtigkeit zu tun (vor allem wenn ein feuchtes Tuch oder Küchenpapier verwendet wird) und damit, wie verschiedene Gase in frischen Produkten interagieren. Etwa so, wie man ungezogene Kinder in einer Klasse (in diesem Fall im Gemüsefach) voneinander trennt. Plastik verwende ich für gewöhnlich in Form wiederverwendbarer Plastiktaschen, in die, durch ein feuchtes Küchentuch voneinander getrennt, alles passt, was feucht gehalten werden muss. (Auch das Küchentuch verwende ich, wenn möglich, mehrmals.)

Es gibt heute sogar verschiedene Taschen aus Kattun und Stoff, die gut dafür geeignet sind. Die Anschaffungskosten scheinen vielleicht hoch, doch am Ende werden Sie dankbar sein, wenn Ihr Gemüse doppelt so lange hält wie zuvor. Bienenwachstücher eignen sich hervorragend, um Dinge einzuwickeln, genauso wie Alufolie, die bei sorgfältigem Umgang wiederverwendet werden kann.

Kräuter & Gewürze

Kaufen Sie Gewürze in kleinen Mengen, dafür aber in ausgezeichneter Qualität, und ganze Samen anstelle von gemahlenen, wenn Sie nicht genau wissen, wann Sie sie wiederverwenden. Dadurch bleiben sie unversehrt und behalten ihre Geschmacksintensität. Ich mag Gewürzmischungen, vor allem, wenn die Zeit knapp ist. Doch diese sollten Sie auf jeden Fall in kleineren Mengen kaufen, da gemahlene Gewürze und getrocknete Kräuter nicht so lange halten und unter Einwirkung von Hitze oder Sonnenlicht leicht „ausrauchen“.

Bewahren Sie sie an einem kühlen, trockenen Ort und am besten in Gefäßen aus dunklem Glas auf. Um zu testen, ob Ihre Gewürze oder Kräuter noch gut sind, reiben Sie sie kurz zwischen Ihren Fingerspitzen und schnuppern Sie. Wenn sie nur leicht duften oder sogar etwas nach Mottenkugeln riechen, ruinieren Sie Ihre Kochkünste nicht mit ein paar minderwertigen Gewürzflocken.

Besonders erwähnenswert

Diese Gewürze liefern Ihnen die geheime Zutat, von der Sie nicht wussten, dass Sie sie brauchen – und doch schmeckt plötzlich alles besser.

* **Geräuchertes und edelsüßes Paprikapulver** – das gute Zeug in der Dose
* Gemahlener weißer Pfeffer – verleiht Gerichten eine unverkennbar blumige Wärme
* Gemahlener Bockshornklee – ich verwende ihn sehr oft, um Gerichten einen georgischen und exotischen Touch zu verleihen
* **Currypulver** – verleiht eine herrlich goldgelbe Farbe und ein tolles Allround-Aroma
* Sellerie- und Fenchelsamen – sorgen sofort für eine gewisse Erdigkeit
* Cayennepfeffer – für mehr Pep
* **Knoblauchpulver** – versuchen Sie das Pulver zu bekommen und nicht das Granulat

Nüsse, Samen, Öle & Fette

Ich habe hier Nüsse und Samen angeführt, weil sie jede Menge natürliche Öle enthalten und daher eine gute Ausgangsbasis sind, wenn es um die Aufbewahrung von Fetten geht. Nüsse lassen sich besser aufbewahren und schmecken auch besser, wenn sie mit Schale gekauft und erst dann geknackt werden, wenn man sie braucht. Und einige Öle sollten immer im Kühlschrank aufbewahrt werden. Die Öle in bestimmten Nüssen, vor allem in reichhaltigeren wie z. B. Walnusskernen, werden gerne ranzig und schmecken dann bitter. Deshalb ist die richtige Lagerung sehr wichtig. Das Knacken der Nüsse ist vielleicht mühsam, doch mit dem Nussknacker zu arbeiten lohnt sich und bei den Modellen von heute klemmt man sich auch nicht mehr so leicht die Finger ein. Lagern Sie Nüsse mit Schale im Kühlschrank, und wenn Sie sie nur geröstet verwenden, verdoppeln Sie ihre Haltbarkeit, indem Sie etwa Pinienkerne im Tiefkühler aufbewahren. Mandelmehl sollte immer im Kühlschrank gelagert werden. Andere Öle wie natives Olivenöl extra sowie Sesamöl halten nicht so lange, wie man denkt. Wenn Sie sie also nur zum Aromatisieren verwenden, sollten Sie besser kleinere Flaschen kaufen und diese rasch verbrauchen. Weniger ist hier mehr. Allerdings freue ich mich jedes Mal, wenn ich einen Kanister Olivenöl zum Kochen und einen mit Sonnenblumen-, Reiskleie- oder Erdnussöl zum Frittieren im Sonderangebot ergattert habe. Füllen Sie das Öl in kleinere Flaschen und bewahren Sie eventuelle Reste am kühlsten und dunkelsten Ort bei sich zu Hause auf, etwa in der Nähe der Kartoffeln.

Vorratskammer

* Olivenöl (günstigeres, zum Kochen)
* **Natives Olivenöl extra** (für Dressings)
* **Erdnuss-/Sonnenblumenöl** (zum Braten und Frittieren)
* Butter (in einer Butterdose, zum Buttern von Broten)
* Kokosöl (für Currys oder südostasiatische Desserts)
* Chiliöl (zum Aromatisieren, Konservieren, für Dressings)
* **Sesamöl**
* Traubenkernöl (für Mayonnaise)
* Senföl (für indische/subkontinentale Curry-Saucen)
* Walnusskerne

Kühlschrank

* **Butter** (gesalzene Sauerrahmbutter hat das beste Geschmacks-Haltbarkeits-Verhältnis)
* Ghee (für Currys/zum Kochen bei hohen Temperaturen alternativ zur Butter)
* Flüssige Sahne
* Doppelrahmfrischkäse
* Sauerrahm
* Crème fraîche
* **Marinierter Feta** (bewahren Sie das Öl auf)
* Mandeln
* Mandelmehl
* Haselnusskerne (in der Schale)
* Macadamianusskerne (in der Schale)
* Sesamsamen

Tiefkühler

* Pinienkerne

Säuren & Essig

Immer wenn Sie eine Sauce oder Suppe probieren und denken: „Hmmmm … Da fehlt noch was", ist dieses „Etwas" meistens Säure. Sie hilft, unseren Speichelfluss anzuregen, gleicht reichhaltige und cremige Aromen aus (die zu viel Süße einbringen können, wenn man sie nicht in die Schranken weist) und verwandelt fades Einerlei in eine vielstimmige Gaumen-Symphonie.

Sie greifen vielleicht hin und wieder auf einen Spritzer Zitrone oder einen Schuss Essig zurück (was wirklich auf die Art der Küche ankommt, die Sie bevorzugen, und auf die Früchte oder das Getreide, die in dieser für gewöhnlich zum Fermentieren verwendet werden) oder sogar auf eine Mischung aus beiden.

Manche alkoholischen Getränke haben saure Eigenschaften und können einem Gericht mehr Pep verleihen. Daher also der Schuss Rotwein in der Pastasauce oder Mirin (Reiswein) in einer Ponzu-Sauce. Ein Schuss Sake in einer Buttersauce oder Shaoxing-Reiswein in einem saftigen Pfannengericht macht es gehaltvoller und rundet den Geschmack ab.

Sie brauchen nicht alles von der Liste. Wählen Sie je nach Lieblings-Küche einige aus.

Vorratskammer

- **Balsamicoessig** (für Dressings, zum Karamellisieren)
- Altgereifter Balsamicoessig (zum Aromatisieren, zum Dippen)
- Rotweinessig (für Dressings, verleiht mediterranen/orientalischen Saucen Säure)
- **Weißweinessig** (Chardonnay ist teuer, aber einzigartig)
- Sherry-Essig (Pedro Ximénez ist mein Favorit)
- Reisessig (japanischer Essig für Dips und für leicht geräucherte Lebensmittel)
- Chinesischer Reisessig (für Saucen und zum Ausgleichen)
- Kokosessig (neutrale Säure für Dressings)
- Apfelessig (für Dressings und zum Trinken)
- Malzessig (passt hervorragend zu Tomaten auf Toast)
- Shaoxing-Reiswein (chinesischer Kochwein)
- Mirin (zum Aromatisieren japanischer Gerichte)
- **Zitronen & Limetten** (diese können im Supermarkt ein Vermögen kosten ... Ziehen Sie einen eigenen Baum oder freunden Sie sich mit Nachbarn an, die einen grünen Daumen haben)

Hülsenfrüchte & Getreide

Das ist ein Bereich der Vorratskammer, der fast immer vernachlässigt wird. Doch einen Vorrat an Hülsenfrüchten und Getreiden aus unterschiedlichen Küchen anzulegen, kann Ihr Leben um einiges einfacher machen, vor allem unter der Woche, wenn es stressig hergeht. Ich halte die Dinge gerne einfach und frage mich: „Womit würde man das normalerweise servieren?", und mache von diesem Punkt aus weiter.

Vorratskammer

- Getrocknete Kartoffeln
- **Basmatireis**
- **Jasminreis**
- Brauner Reis (nussigere Textur)
- Arborio-Reis (für Risotto)
- Bomba-Reis (für Paella)
- Puy-Linsen
- **Kichererbsen**
- Schälerbsen
- Polenta
- Couscous
- Israelischer Couscous
- **Pasta** (Spaghetti, Farfalle, Orecchiette, Orzo, Risoni, Maccheroni, Lasagne-Blätter)
- **Universalmehl**
- **Glutenfreies Mehl**
- Backpulver
- Hartweizengrieß
- Sago/Tapioka
- Tortilla-Wraps
- **Tortilla-Chips**
- Vietnamesische Reispapierblätter
- **Vermicelli-Nudeln** (die aus Mungobohnen mag ich am liebsten)

Konserven & Eingelegtes

Das ist mit großer Wahrscheinlichkeit mein Lieblingsbereich in der Vorratskammer, da mir hier die meiste Arbeit bereits abgenommen wurde.

Es ist, als würde man mir ein schon halb ausgefülltes Kreuzworträtsel geben, das ich nur noch mit ein paar Einträgen vervollständigen muss. Was die Zutatenliste auf den Gläsern angeht, gilt: Weniger ist mehr. Entsprechen die Zutaten in etwa jenen, die Sie selbst zu Hause für die Zubereitung verwenden würden, desto besser der Geschmack und desto lieber werden Sie davon essen. Deshalb ist der Preis für Konserven oft indirekt proportional zur Menge der Zutaten. Denn Sie bezahlen hier für Arbeit und frische Produkte anstelle von Zusatzstoffen und Konservierungsmitteln. Hier bekommen Sie nur gutes Zeug und keine Mogelpackung. Kaufen Sie weniger, dafür aber in bestmöglicher Qualität und nehmen Sie günstigere Hülsenfrüchte, Getreide sowie saisonales Obst und Gemüse, um Gerichten Gehalt zu verleihen.

Diese Abteilung bevölkert sowohl meine Vorratskammer als auch meinen Kühlschrank, da einige der besten Konserven, nämlich die fermentierten, noch lebendig sind und vor sich hin blubbern. Sauerkraut, Kimchi und Eingelegtes jeder Art schmeckt nicht nur als farbenfrohe, aromatische und texturreiche Beilage zu Mahlzeiten köstlich, sondern können auch in die Gerichte selbst gemischt werden. Feinere Konsistenzen als Würzmittel und gröbere als zusätzlicher Aromakick für Pfannen- oder Blechgerichte.

Gemüse selbst zu fermentieren ist zudem viel einfacher, als man denkt. Als Einstieg eignet sich wohl Sauerkraut am besten, das Sandor Katz, der Fermentations-Papst, gerne als „Tor in die Welt des Fermentierens" bezeichnet. Ist Ihnen das zu aufwendig, halten Sie nicht in der Konserven-, sondern in der Kühlabteilung nach Eingelegtem mit lebenden Milchsäurebakterien Ausschau und suchen Sie nach Etiketten mit der Aufschrift „lebende Kulturen" oder „bioaktiv". Nur wenige Dinge sind befriedigender als das Öffnen eines Sauerkrautglases, das ähnlich einem Geysir ausbricht. Stellen Sie es am besten auf eine Untertasse, um den Saft aufzufangen, da er einfach viel zu gut ist, um verschüttet zu werden!

Vorratskammer

- **Tomatensauce** (passierte Tomaten)
- Tomatenmark (Tomatenkonzentrat)
- **Ganze Tomaten in der Dose**
- Ketchup
- Thunfisch in der Dose
- Barbecue-Sauce mit Raucharoma
- Chipotle-Chilis (in der Dose)
- Eingelegte Chilis (im Glas)
- Zwiebelkonfitüre
- Cornichons
- **Kapern**
- Sardellen
- Mango-Chutney (indisch)
- Lime Pickle (indisch)
- Tomaten-Chutney
- Eingelegte Zitronen
- Eingelegte Artischocken
- Oliven (schwarze Kalamata- und grüne, sizilianische Oliven mag ich am liebsten)
- Marmelade (zum Glasieren – und auch Naschen)
- Kokoscreme
- Kokosmilch
- Maraschino-Kirschen
- Apfelmus

Kühlschrank

- **Saure Gurken**
- **Kimchi**
- **Sauerkraut**
- Eingelegter Ingwer
- Eingelegte Steckrüben
- Eingelegte Zwiebeln/Schalotten
- Chilipaste/-konfitüre
- Süße Chili-Sauce
- Sambal Oelek

Würzmittel & Saucen

Für ein Gericht ist es nicht egal, welches Salz Sie verwenden. Viele Profiköche haben mehrere unterschiedliche Arten in Reserve. Ich erinnere mich noch daran, wie der Koch Neil Perry mir die goldene Regel seiner Küche verriet: rosa für Gemüse, weiß für Steaks – und daran halte ich mich noch immer. Ich verwende rosa Salzflocken für Salate und allgemein zum abschließenden Würzen, koscheres Salzgranulat zum Salzen von Wasser oder wenn ich mich genau an ein Rezept halte (es sind seine konstanten Eigenschaften, das exakte Verhältnis von Gewicht zu Salzigkeit, das dieses Salz bei Köchen weltweit so beliebt macht), und weißes Salz zum Würzen heißer Pfannen, wenn ich etwas scharf anbrate oder zum Mischen extravaganter Salze, wenn ich mich gerade ganz hip fühle.

Auch geräuchertes Salz ist in meiner Küche unabkömmlich. Es verleiht allem, was man auch nur leicht anbrät, den Geschmack, als würde es direkt vom Holzkohlegrill kommen.

Andere Würzmittel wie Worcestershiresauce, Fischsauce, Sardellensauce und Sojasauce, kommen je nach Küche zum Einsatz und verleihen Speisen durch die Alchemie der Fermentation eine Extra-Portion Pep.

Generell würze ich ein Gericht lieber weniger und stelle die entsprechenden Würzmittel auf den Tisch, damit sich jeder selbst bedienen kann. So kann ich auch alles, was wir essen, ganz bequem meiner Tochter vorsetzen.

Am süßen Ende des Spektrums machen Sie mit feinstem Zucker nichts verkehrt, da er sich aufgrund seiner feinen Textur und des edlen Geschmacks für die meisten Dessertrezepte eignet. Eine Prise Rohrohrucker, in eine herzhafte Sauce gerührt oder vor dem Rösten über Wurzelgemüse gestreut, verleiht sie Speisen das gewisse Etwas.

Honig, Ahornsirup, Melassesirup (sowohl Rübensirup als auch Granatapfelsirup) finden sich alle in meiner Vorratskammer, sowohl für herzhafte als auch für süße Desserts. Palmzucker (Jaggery) ist für die südostasiatische Küche ein Muss. Ich bin aber auch ein großer Fan von Kokosblütensirup für zusätzliches Aroma bei kokosmilchhaltigen Currys oder Desserts.

Vorratskammer

- **Rosa Salzflocken** (zum Bestreuen)
- Weiße Salzflocken
- **Koscheres Salzgranulat** (für den Topf)
- Rosa, weiße und schwarze Pfefferkörner
- Gemahlener weißer Pfeffer
- Scharfer englischer Senf
- Worcestershiresauce
- Sriracha-Sauce (oder scharfe Chilisauce)
- **Fischsauce**
- **Sojasauce** (hell und dunkel)
- Granatapfelsirup
- Vanilleextrakt/**Vanillepaste**
- Palmzucker (Jaggery)
- Palmblütensirup
- Zuckerrohrsirup
- Rübensirup
- Ahornsirup
- **Honig**

Kühlschrank

- **Austernsauce**
- Hoisin-Sauce
- Miso-Paste (rot und weiß)
- **Parmigiano Reggiano** (die Rinde im Tiefkühler aufbewahren)
- Pecorino
- Dijon-Senf
- Körniger Senf
- **Japanische Mayonnaise (z. B. Kewpie)**

Weiß

* KNOBLAUCH
* MEERRETTICH
  + Wasabi
* DAIKON (JAPANISCHER WINTERRETTICH)
* PASTINAKE
* KOHLRABI
* FENCHEL
* KNOLLENSELLERIE
* BLUMENKOHL
  + Baby-Blumenkohl (Caulini)
* CHINAKOHL

Knoblauch

Jeder Koch, der etwas auf sich hält, wird Ihnen raten, für ein Rezept, das zwei Knoblauchzehen verlangt, die dreifache Menge, also 6 Stück, zu verwenden.
Das würzige und intensive Knoblaucharoma ist eine Bereicherung für jedes herzhafte Gericht und taucht auch gelegentlich in Desserts auf. Die Betonung liegt hier auf gelegentlich. Ich werde Ihnen nicht vorschlagen, Knoblauch anstelle von Muskatnuss in Ihren Chai zu reiben oder ähnliche Verrücktheiten.
Doch ich werde Ihnen nahelegen, dass es sich auch bei herzhaften Suppen- oder Eintopfrezepten, die keinen Knoblauch enthalten, lohnt, eine oder zwei – oder auch drei – Zehen hinzuzufügen. Die Verfasser des Rezepts haben vielleicht nur vergessen, den Knoblauch zu erwähnen.

„Knoblauch ist tief in der Küchen-DNA des Menschen verankert. Man findet ihn in großartigen Gerichten auf der ganzen Welt. Für mich ist er eine der zurückhaltendsten und doch grundlegendsten Zutaten und seine Geschmackspalette reicht von würzig bis süß, scharf bis delikat sowie herzhaft bis fruchtig. Koblauch ist wie der coole Freund, den man auf jede Party mitnehmen kann, da er mit allen wunderbar auskommt!"

– JOSÉ ANDRÉS, SPANIEN

EINKAUF & LAGERUNG

So oft wie möglich regional angebaute Knollen zu kaufen, ist bei Knoblauch sehr wichtig, da er länger hält, besser schmeckt und mit weniger Chemikalien oder Bestrahlung auskommt, einer bedauerlichen, aber notwendigen Maßnahme bei importiertem Knoblauch. Ein im frühen Sommer gereifter, frisch geernteter Knoblauch ist so saftig, dass er 3–4 Wochen getrocknet werden muss, bevor er gelagert bzw. verkauft werden kann. Manchmal findet man jungen Knoblauch auch im Supermarkt, dann sollte er wie Frühlingszwiebeln oder Lauch verwendet werden. Drücken Sie die Knolle mit Ihrer Hand. Wenn die Schale gut haftet, leicht brüchig ist und sich die Zehen darunter fest anfühlen, werden Sie eine Weile Ihre Freude daran haben. Leichtes Rasseln bedeutet, dass die Zehen begonnen haben, in der Schale zu vertrocknen. In diesem Fall reagieren Sie wie auf das Rasseln einer Schlange und machen Sie, wenn möglich, einen Bogen darum. Wenn Sie sich beim Verarbeiten einer Knoblauchknolle schon einmal geärgert haben, liegt das wahrscheinlich daran, dass der Knoblauch begonnen hat zu keimen oder „auszutreiben". Die grünen Knoblauchtriebe sehen vielleicht süß und frisch aus, werden aber beim Kochen schnell bitter und sollten am besten entfernt werden. Drücken Sie die Zehe einfach zusammen und ziehen Sie das grüne Ende heraus. Dann können Sie ihn wie gewohnt verarbeiten. Ihr Knoblauch hält länger, wenn Sie ihn an einem kühlen, dunklen, halbwegs gut belüfteten und trockenen Ort aufbewahren.

VORBEREITUNG

Sofern Sie nicht eine große Take-away-Kette besitzen, sollten Sie sich nicht zum Kauf von geschältem Knoblauch verleiten lassen, da die Schale die Zehe vor äußeren Einflüssen schützt. Deshalb wollen Sie, dass sie so lange wie möglich dran bleibt. Manchmal, vor allem bei französischen Gerichten, dürfen Knoblauch und/oder Zwiebel ihre Schale behalten, was sehr poetisch als *l'ail en chemise* (in seinem Hemd) bezeichnet wird. Das macht man, weil die Schale neben Geschmacksstoffen auch etwas Pektin enthält, die Substanz, die für das Eindicken von Marmeladen, Gelees und Saucen verantwortlich ist. Im Grunde müssen Sie Knoblauch nicht schälen, außer Sie möchten ihn pressen oder in Scheiben schneiden. Wenn Sie eine ganze Knolle rösten, kappen Sie die Spitze, um etwas Schärfe freizusetzen, aber lassen Sie die Schale dran. Wenn Sie Knoblauch schälen müssen, geht es schneller, wenn Sie mit dem Handballen, dem Boden eines Glases oder einem anderen schweren Gegenstand etwas Druck ausüben und so die Schale aufbrechen. Die Zehe sollte dann wie von selbst herausflutschen. Wenn Sie mehrere Knoblauchzehen auf einmal schälen möchten, füllen Sie diese in ein Einmachglas mit Deckel und schütteln Sie sie gut durch. Etwa eine halbe Minute sollte reichen.

ZUBEREITUNG

Knoblauch enthält jede Menge Zucker, der bei hohen Temperaturen schnell verbrennt. Um das Beste aus ihm herauszuholen, muss er deshalb bei niedriger Hitze langsam gegart werden. Um zu verhindern, dass er verbrennt, geben Sie den Knoblauch erst dazu, wenn die anderen Zutaten wie Zwiebeln oder Sellerie weich werden. Wenn Sie ein Kino-Fan sind wie ich, haben Sie vielleicht viel zu lange versucht, wie einer der Gangster aus *GoodFellas*, Ihren Knoblauch in hauchdünne Scheiben zu schneiden und ihn dann ins glänzende Öl zu schlenzen. Doch, außer man ist wirklich ein Gangster aus *GoodFellas*, sollte man seine Energie besser auf andere Dinge konzentrieren. Wenn das Gericht für einige Zeit auf dem Herd stehen wird, müssen Sie den Knoblauch wirklich nur grob hacken oder durch eine hochwertige Knoblauchpresse drücken.

Eine ganze Knoblauchknolle mit einem Schuss Olivenöl in Alufolie zu wickeln und bei mäßiger Hitze im Backofen zu rösten, ist eine gute Methode, um den Geschmack für die Verwendung in Dips und Dressings abzumildern.

Für andere Gerichte sehen Sie im unten abgebildeten Entscheidungsbaum, wie Sie den Knoblauch vor dem Kochen am besten bearbeiten.

Handelt es sich um ein rohes oder gekochtes Gericht?

Roh

Brauchen Sie den Knoblauch für eine Ceviche (rohe Meeresfrüchte) oder Ähnliches?

- **Ja** → **In dünne Scheiben schneiden, dann stapeln, in Streifen und dann in winzige Würfel schneiden**
- **Nein** → **Dann brauchen Sie ihn wahrscheinlich für einen Dip: Verwenden Sie hier einen Mixer (egal welchen)**

Gekocht

Wird der Knoblauch am Ende roh hinzugefügt?

- **Ja** → **Fein hacken**
- **Nein** → **Er hat genug Zeit zum Garen, Sie können machen, was Ihnen gefällt: ihn grob hacken, pressen, mixen**

DIY-Knoblauchpaste

Knoblauchpaste selbst herzustellen ist genauso einfach, wie sich zum Supermarkt zu schleppen und ein Glas davon zu kaufen. Doch Ersteres ist um einiges befriedigender. Mahlen Sie den Knoblauch mit Ihrem Kochmesser zu einer Paste, indem Sie den geschälten und grob gehackten Knoblauch mit etwas Salz bestreuen, Ihr Messer in einem 35 °-Winkel aufsetzen und den Knoblauch mithilfe der Reibung durch das Salz zerdrücken, bis er sich wie von Zauberhand zu Brei verwandelt.

Das Salz mildert auch den bitteren Geschmack von älterem Knoblauch. Diese Methode eignet sich also gut für Knoblauchzehen, die bereits etwas traurig aussehen. Einige bewahren die Paste mit Olivenöl in einem luftdichten Glas auf. Doch ich bin der Meinung, dass sich der Geschmack dadurch verändert und sogar verflüchtigt. Wenn Sie eine große Menge machen möchten, frieren Sie eine 5 mm dicke Schicht auf einem mit Backpapier ausgelegten Teller oder Blech ein und brechen sie dann in 2 cm große Quadrate, die Sie in alle Gerichte einrühren können – oft sogar, ohne sie vorher auftauen zu müssen.

FUNCTIONAL FOOD

Wenn Sie mit einer übereifrigen Oma/Nonna/Nana aufgewachsen sind, haben Sie sicher bei Anbruch der kalten Jahreszeit hautnah die heilenden Eigenschaften von Knoblauch miterlebt, entweder als Umschlag oder als Zugabe zu einer Brühe.

Tatsächlich wird die antibakterielle Wirkung von Knoblauch schon sehr lange als natürliches Antibiotikum gefeiert, das seit Jahrhunderten hilft, Infektionen abzuwehren und Zahnschmerzen zu lindern. Zerkaut man eine Knoblauchzehe auf einem schmerzenden Backenzahn, wird Allicin freigesetzt, eine Substanz, die entzündungshemmend wirkt und gleichzeitig eine mögliche zugrunde liegende bakterielle Infektion bekämpft.

Die Schärfe von Knoblauch wirkt auch hervorragend als Mückenschutz, indem sie den Duft menschlichen Blutes wie ein Deodorant überlagert. Am Ende ist es nicht nur ihr Atem, der nach Knoblauch riecht. Dieser natürlichen Wirkkraft verdankt Knoblauch seinen Ruf als Vampirabwehrmittel. Denn wenn der Geruch Blutsauger schon nicht fernhält (Mücken, Zecken, Vampire), dann helfen die antibakteriellen Eigenschaften vielleicht, die Blutinfektion zu heilen, die Vampirismus auslösen soll.

Den Geruch loswerden

Wenn Knoblauch-Atem ein Problem ist, fügen Sie zu Ihren Gerichten frische Petersilie hinzu, da sie ein natürlicher Atemerfrischer ist. Riechen die Fingerspitzen nach Knoblauch, hilft es, die Hände an Edelstahl zu reiben. Das kann eine spezielle „Edelstahlseife" sein oder einfach die Unterseite eines Topfes oder eines anderen Küchenutensils.

GUTE PARTNER

Knoblauch ist das weiße T-Shirt unter den herzhaften Zutaten: Er passt zu einfach allem.

ZERO-WASTE-MEDAILLE

Bevor Sie den Knoblauch ganz automatisch schälen, stellen Sie sich folgende Frage: Möchte ich, dass der Knoblauchgeschmack im Hintergrund bleibt oder hervorsticht? Wenn er im Hintergrund bleiben soll, können Sie die Schale am Knoblauch lassen und ihn gemeinsam mit dem restlichen Gemüse braten. Das ist unkompliziert, Sie haben weniger Abfall und, seien wir ehrlich, auch weniger Arbeit. Doch wenn Sie wirklich einen Haufen Knoblauchabfälle übrig haben, können Sie sie im Garten zur Schädlingsbekämpfung nutzen. Weichen Sie die Schale und andere Reste in kochend heißem Wasser ein, lassen Sie es abkühlen und füllen Sie es anschließend in eine Sprühflasche, um damit Käfer fernzuhalten.

OBSTSALAT MIT AJO BLANCO

Ich bin sicher, das Bild hat Sie bereits in seinen Bann gezogen und Sie mehr als neugierig gemacht. Aber schenken Sie mir noch kurz Ihre Aufmerksamkeit. Bei dieser traditionellen und suppenähnlichen Version des Ajo Blanco ist das Garnieren für mich das Schönste. Manche Leute verwenden Gurke, andere bevorzugen Obst, wie Melone oder Weintrauben. Ich habe beides kombiniert und die Garnierung aufgestockt. Sie können dann selbst entscheiden, wie viel Suppe Sie zum Salat servieren möchten. Sie werden feststellen, dass ich das Brot weggelassen habe, das die Suppe für gewöhnlich sämig macht und stattdessen Joghurt und Gurke kräftig miteinander vermixt habe. Soll es ein veganes Gericht werden, können Sie den Joghurt auch weglassen und stattdessen mehr Gurke nehmen. Wenn Sie schwarzen Knoblauch ergattern, können Sie das Gericht noch weiter verfeinern. So wie schwarzer Trüffel verleiht er ihm einen interessanten Geschmack und mehr Pfiff.

FÜR 4 PORTIONEN

- 2 schwarze Knoblauchzehen (wenn Sie möchten und wenn verfügbar)
- 100 g Mandelmehl
- 250 ml Gemüsebrühe
- 3 Snackgurken
- 3–4 Knoblauchzehen, geschält
- 50 g Naturjoghurt
- 1 EL Sherry-Essig
- 1 TL Salzflocken
- 100 ml natives Olivenöl extra, plus Öl zum Beträufeln
- ½ Honig- oder Piel de Sapo-Melone
- 180 g weiße Trauben, größere Früchte längs halbieren
- 150 g Johannisbeeren (wenn verfügbar)
- 1–2 Sternfrüchte (Carambola), in Scheiben geschnitten – nicht unbedingt notwendig, aber spektakulär!
- Amarant oder kleine Kräuterblätter, zum Garnieren (optional)

Werden die schwarzen Knoblauchzehen im Ganzen verwendet, 45 Minuten bei 90 °C in den vorgeheizten Backofen legen. Sind sie so weit ausgekühlt, dass man mit ihnen weiterarbeiten kann, schälen und beiseitestellen.

In einer trockenen Bratpfanne das Mandelmehl auf mittlerer Stufe etwa 5–10 Minuten rösten, bis es zu duften beginnt, aber noch keine Farbe angenommen hat. Die Pfanne hin und wieder schwenken. Dann die Brühe angießen und vom Herd nehmen.

Eine der Gurken schälen und vierteln. Die anderen auf dem Schneidebrett hin und her bewegen und dabei in mundgerechte, längliche und ungleichmäßige Stücke schneiden. Für den Salat aufheben.

Die geviertelte Gurke gemeinsam mit den normalen Knoblauchzehen, dem Joghurt, dem Essig und dem Salz in einen Standmixer oder eine Küchenmaschine geben. Etwa 1 Minute mixen, bis der Knoblauch vollständig zerkleinert ist.

Das Mandelmehl und die Brühe hinzufügen, nochmals etwa 10 Sekunden mixen, bis alles gut vermengt ist. Dann, bei laufender Maschine, langsam aber stetig das Olivenöl dazugießen. Abschmecken, den Ajo Blanco in einen Behälter füllen und vor dem Servieren mindestens 1 Stunde im Kühlschrank kalt stellen.

Mit einem Löffel die Kerne aus der Melone entfernen.

Die Melone längs halbieren und jede Hälfte in vier Spalten schneiden. Mit der Schale nach unten hinlegen und mit einem scharfen Koch- oder Gemüsemesser, wie beim Häuten eines Fischfilets, zwischen Fruchtfleisch und Schale entlangschneiden.

Am Boden einer flachen Schüssel oder Platte einen Spiegel aus kaltem Ajo Blanco angießen. Melone und Gurken nach Lust und Laune in der Schüssel anordnen, dann die Trauben, Johannisbeeren und Sternfrüchte beliebig darauf verteilen. Noch mehr Ajo Blanco darübergießen. Wenn Sie schwarzen Knoblauch verwenden, reiben Sie die getrockneten Zehen über das Gericht.

Mit den gewünschten Kräutern und einem Schuss Olivenöl garnieren und servieren.

Für Eilige: **Verwandeln Sie den Ajo Blanco in ein schnelles Tzatziki-Dressing. Mandelmehl, Brühe und Olivenöl weglassen und den Joghurt-Anteil erhöhen.**

Doppelt im Einsatz: **Am nächsten Tag auf das ganze Obst verzichten und als einfache, kalte Suppe servieren. Mit Gurkenscheiben, Mandelblättchen und einem Spritzer Olivenöl garnieren.**

HUMMUS MIT GERÖSTETEM KNOBLAUCH VOM BLECH

Hummus wird so ziemlich überall auf der Welt gerne gegessen. Doch von Zeit zu Zeit haben die Leute ein Problem mit dem rohen Knoblauch. Und wie verleiht man Hummus mehr Gehalt? Auftritt für den Kino-Typen mit der tiefen Stimme: „Mit einem Blechgericht!“ Wenn Sie einige Kichererbsen knusprig rösten und dem Knoblauch etwas von seiner Schärfe nehmen, indem Sie ihn schmoren, sind Sie die Störfaktoren los und verwandeln einen Dip in ein Gericht.

FÜR 4 PORTIONEN

- 1 Knolle Knoblauch
- 400 g Kichererbsen (Dose), abgetropft und abgespült
- ½ TL geräuchertes Paprikapulver, plus etwas mehr zum Garnieren
- 90 ml Olivenöl, plus Öl zum Beträufeln
- Saft einer ½ Zitrone
- 2 EL Tahin (aus geschältem oder ungeschältem Sesam – wie Sie möchten)
- ½ TL gemahlener Koriander
- ½ TL gemahlener Kreuzkümmel
- 1 TL Salzflocken

Den Backofen auf 200 °C vorheizen.

Den oberen Teil der Knoblauchknolle abschneiden, damit alle Zehen zu sehen sind. Ein Backblech mit Alufolie auslegen, die Knolle und etwa 50 g der Kichererbsen in die Mitte legen, mit Paprikapulver und 2 EL Olivenöl würzen. Dann mit der Folie wie ein Paket einpacken. Das Paket etwas schütteln, damit sich alle Zutaten miteinander anfreunden können und für 25 Minuten in den Ofen schieben.

Inzwischen die restlichen Kichererbsen, den Zitronensaft, das Tahin, Gewürze und Salz in die Küchenmaschine füllen. Die restlichen 50 ml Olivenöl dazugießen und zu einer cremigen Paste verarbeiten.

Nach dem Ende der Garzeit, das Folienpaket aus dem Ofen nehmen. Die gerösteten Kichererbsen beiseitestellen. Den Knoblauch etwas auskühlen lassen und dann mit einem Teelöffel oder den Fingern alle Zehen aus der Schale lösen und in die Küchenmaschine geben. Weitere 20 Sekunden mixen, bis der Knoblauch vollständig in den Hummus eingearbeitet ist.

Anschließend den Hummus in einer flachen Schale anrichten, einen Berg geröstete Kichererbsen darauf verteilen, mit etwas Olivenöl beträufeln und ein wenig Paprikapulver darüberstreuen.

Für Eilige: **Wenn Sie keine Zeit haben, mit Backblech und Ofen herumzuexperimentieren, reduzieren Sie die Knoblauchmenge auf vielleicht 3–4 Zehen. Lassen Sie ihn roh und verarbeiten Sie die gesamte Kicherebsenmenge gemeinsam mit den anderen Zutaten zu einem schnellen und einfachen Hummus-Dip. Karotten- und Sellerie-Sticks eignen sich gut zum Dippen, aber auch Teelöffel und Finger!**

Extra: **1–2 Eier weich kochen oder pochieren (siehe Seite 330), während der Knoblauch und die Kichererbsen geröstet werden. Anschließend die Eier und die knusprigen Kichererbsen auf dem Hummus verteilen und zu einem einfachen israelischen Salat servieren (Tomaten, Gurke, vielleicht etwas Zwiebel). Ein schnelles und nahrhaftes Gericht für einen Brunch oder ein Mittagessen.**

KNOBLAUCH-AIOLI

Handelt es sich dabei um einen Dip? Um einen Aufstrich? Ein eigenständiges Gericht? (Eher nicht.) Puristen wundern sich vielleicht über die Zugabe von Ei zu einer Sauce, die üblicherweise nur aus Knoblauch und Olivenöl besteht und unter der heißen, mediterranen Sonne im Mörser per Hand gemixt wird ... Doch heutzutage geht jede aufgepeppte Mayonnaise als Aioli durch. Salz zu verwenden, um durch Reibung Knoblauchpaste zu erzeugen, hat den zusätzlichen Vorteil, dass der Knoblauch an Schärfe und Bitterkeit verliert, während das separate Unterrühren von Olivenöl den Aioli-Faktor erhöht und verhindert, dass ein klebriger, klumpiger Brei daraus wird.

ERGIBT ETWA 250 ML

4–5 Knoblauchzehen, geschält
1 TL Salzflocken
1 TL warmes Wasser
Saft einer ½ Zitrone
1 Ei
170 ml Traubenkernöl
80 ml Olivenöl

Die Knoblauchzehen auf einem Holzbrett grob hacken und mit den Salzflocken bestreuen. Die flache Seite Ihrer Messerklinge in einem 35 °-Winkel, wie beim Buttern eines Brotes, gegen den Knoblauch drücken, bis der Knoblauchberg sich in eine Paste verwandelt hat.

Mit dem Stabmixer: Wasser, Zitronensaft, Ei, Knoblauchpaste und Traubenkernöl in den Messbecher Ihres Stabmixers füllen. Den Stabmixer so hineinstellen, dass er den Boden des Bechers berührt und dann mixen, bis eine Emulsion entsteht.

Mit der Küchenmaschine: Wasser, Zitronensaft, Ei und Knoblauchpaste in die Küchenmaschine füllen und das Traubenkernöl, bei laufender Maschine, langsam und stetig dazugießen.

Die Masse mit einem Gummispatel in eine saubere Schüssel füllen. Möchten Sie die Schüssel fixieren, können Sie aus einem feuchten Geschirrtuch einen Ring formen und die Schüssel hineinstellen. Das Olivenöl per Hand langsam und stetig unterrühren. Wenn gewünscht, mit Salz und Pfeffer abschmecken.

Abgedeckt, hält sich das Aioli etwa 1 Woche lang in Ihrem Kühlschrank.

Tipp: **Wenn die Masse bröselig aussieht, ist sie möglicherweise geronnen. Rühren Sie 2 TL kochendes Wasser hinein, um sie wieder zu binden.**

Sie können das Aioli auch händisch herstellen, indem Sie eine Schüssel mit dem Geschirrtuchtrick auf Ihrer Arbeitsfläche fixieren. Zerdrücken oder zerkleinern Sie den Knoblauch, bis er die Konsistenz einer Paste hat. Vermischen Sie alle Zutaten bis auf die Öle. Dann gießen Sie die Öle langsam mit einer Hand dazu, währen Sie mit der anderen schlagen.

Peppen Sie Ihr Aioli nach Lust und Laune mit verschiedenen Aromen auf, von frisch geriebenen Trüffeln bis hin zu Estragon, Paprika, Petersilie ...

Für Eilige: **Um noch schneller zu Aioli zu kommen, reiben Sie eine bis zwei Knoblauchzehen unter etwas japanische Kewpie Mayonnaise. Möglicherweise schmeckt Ihnen diese Variante sogar besser.**

PERFEKT GERÖSTETES KNOBLAUCHBROT MIT KÄSE

Sie schrecken beim Durchlesen dieses Rezepts womöglich vor dem Gedanken an 16 Knoblauchzehen in nur einem Gericht zurück. Vor allem, da es so aussieht, als könnte man es gut zu Partys mitbringen.

ABER, wenn Sie diese Anzahl auf die Menge pro Person herunterbrechen, sind es in Wahrheit nur zwei Knoblauchzehen, was recht überschaubar ist und, meiner Meinung nach, als gute Faustregel durchgeht. Außerdem habe ich dem Rezept Petersilie als natürlichen Atemerfrischer beigefügt. Sie müssen sich also keine Sorgen machen.

Beginnen Sie mit diesem Rezept schon am Vortag.

FÜR 8 PORTIONEN

150 g Butter, grob gewürfelt
16 Knoblauchzehen, geschält
30 g Petersilienblätter, plus etwas mehr zum Garnieren
1 EL Olivenöl, plus Öl zum Beträufeln
1 EL Salzflocken, plus Salz zum Bestreuen
1 TL frisch gemahlener schwarzer Pfeffer
1 Ciabatta (600 g), längs halbiert
125 g geriebener Raclette-Käse (bzw. Gruyère oder Cheddar)
375 ml Gemüsebrühe
1 Ei, leicht verquirlt
2 TL Sesam

Die Butter in einem kleinen Topf erwärmen, bis sie teilweise geschmolzen ist oder 30 Sekunden in der Mikrowelle erhitzen. Mit Knoblauch, Petersilie, Olivenöl, Salz und Pfeffer in eine kleine Küchenmaschine füllen und mixen, bis die Petersilie fein gehackt und die Butter grün ist.

Die Knoblauchbutter auf die Brothälften streichen und mit Käse bestreuen. Dann die Brothälften aufeinanderlegen und den Laib mit einem Sägemesser in 3 cm dicke Scheiben schneiden. Die Scheiben eng in einen großen Bräter schichten. Die Butter kann dabei ruhig etwas hervorquellen. Die Brühe darübergießen und darauf achten, dass alle Brotstücke damit getränkt sind. Über Nacht ziehen lassen.

Am nächsten Tag das Backrohr auf 180 °C vorheizen.

Die Brotoberseite mit dem Ei bestreichen und mit Sesam bestreuen. Dann 20–25 Minuten backen, bis die Kruste so goldbraun und knusprig ist, wie Sie es gerne mögen.

Zum Schluss mit Petersilie und Salz bestreuen und noch etwas Olivenöl darüberträufeln.

Tipp: **Wenn Sie das Gericht einmal beherrschen, können Sie mit den Geschmacksnoten herumspielen. Probieren Sie es mit salzigen Zutaten wie Sardellen oder Oliven aus, oder Sie entscheiden sich für eine scharfe und würzige Version mit Chilisauce oder purem, gehacktem Chili.**

Wenn Sie etwas Bratensaft von einem Hähnchen übrig haben, lösen Sie ihn mit etwas kochendem Wasser aus dem Bräter und verwenden Sie ihn statt der Brühe. Das funktioniert auch mit Saft von geröstetem Gemüse, vor allem bei Zwiebel und Kürbis.

Für Eilige: **Einen weichen Brotlaib oder ein Baguette mit einem Messer wie Hasselback-Gemüse alle paar Millimeter einschneiden (siehe Seite 56). Mit Olivenöl beträufeln und goldbraun backen.**

Doppelt im Einsatz: **Auch kalt schmeckt das Brot gut. Sie können Reste in Ihre Lunchbox stapeln und im Sommer mit einer Handvoll Kirschtomaten essen bzw. im Winter das Brot in eine heiße Suppe dippen.**

Zerkleinern Sie übriggebliebene Brotscheiben grob im Mixer und verwenden Sie sie zum Füllen von Brathähnchen oder Butternusskürbis.

Meerrettich

Mit seinem scharfen Geschmack und der langen, dünnen Form fällt es einem schwer zu glauben, dass Meerrettich eigentlich zur Kohlfamilie gehört, so wie alle Kohl-, Blumenkohl- und Blattsenfarten dieser Welt. Doch anders als bei Letzteren wird hier meistens die Wurzel verwendet – über Gemüse, Fleisch oder Meeresfrüchte gerieben oder mit Essig bzw. Sahne zu senfartigen Würzsaucen verarbeitet. Die Blätter können auch zerkleinert in den Salat gegeben, als Wrap für Ceviche oder Tartar verwendet oder zu eingelegten Gurken ins Glas gesteckt werden. Sie verleihen ihnen einen intensiveren Geschmack und lassen sie schön knackig bleiben. Es wird Sie überraschen – oder auch schockieren! – zu erfahren, dass Meerrettich der heimliche Wasabi-Ersatz in vielen der im Handel erhältlichen Wasabi-Tuben ist. Ihre grüne Farbe erhalten sie entweder durch das Chlorophyll von Spinat oder, häufiger, durch Lebensmittelfarbe.

„Meerrettich und Rote Bete passen perfekt zusammen. Die Süße der Bete und die Schärfe des Meerrettichs sorgen für eine wunderbare Balance.“ – MATT STONE, AUSTRALIEN

EINKAUF & LAGERUNG

Obwohl man ihn am ehesten in den Wintermonaten findet, ist es gar nicht so einfach, frischen Meerrettich zu bekommen. Selbst wenn Sie Glück haben und welchen finden, fragen Sie sich wahrscheinlich, wie Sie es schaffen sollen, diese lange, dünne Wurzel in Ihrer Hand zu verbrauchen. Doch der Geschmack von Meerrettich und der genussvolle Vorgang des auf den Teller Reibens lohnt die Investition. Wenn Sie jeweils immer nur ein kleines Stück davon verwenden, nehmen Sie eine dickere Wurzel und frieren Sie den Teil, den Sie nicht verbrauchen ein. Sie können ihn direkt aus dem Gefrierfach verwenden. Oder Sie bewahren Ihren Meerrettich im Küchenschrank in etwas Wasser auf und schälen und reiben ihn nach Bedarf. Lassen Sie ihn nur nicht zu lange stehen, da die Spitze sonst austrocknet.

FUNCTIONAL FOOD

Es ist keine Überraschung, dass Meerrettich, der im Winter während der Grippezeit geerntet wird, sich positiv auf die Gesundheit der Atemwege auswirkt. Wenn Ihre Zunge schon einmal Bekanntschaft mit einem Stück frischen Meerrettich gemacht hat, werden Sie seine starke nasenreinigende und augenspülende Wirkung erlebt haben. Die unerschrockenen Entdecker, die ihn aus Südosteuropa in den Westen brachten, betrachteten ihn als Medizin, und ihn zu essen war in England bis zum 16. Jahrhundert eher unüblich. Das tat nur „die Landbevölkerung und die Arbeiterschaft“. In Deutschland aber hatte man ihn sofort ins Herz geschlossen, und dort liebt man ihn bis heute.

Meerrettichpaste

Servieren Sie Meerrettichpaste als Würzpaste zu allem, was etwas mehr Pep nötig hat. Verwandeln Sie ihn in einen Dip, indem Sie rohe Karotten oder Rote Bete hineinreiben, oder richten Sie ihn auf einer Platte an und streuen Sie rohe Gemüsestücke darüber. Einfach 1 EL frisch geriebenen Meerrettich mit 200 g Crème fraîche, 1 EL Sahne, 1 TL Chardonnay-Essig, ¼ TL Salz und ¼ TL geriebenem weißen Pfeffer vermischen und im Kühlschrank aufbewahren. Wenn Sie keinen Meerrettich bekommen können, verwenden Sie welchen in bestmöglicher Qualität aus dem Glas – oder sogar frischen Wasabi.

JAPANISCHER MEERRETTICH: WASABI

Frischer Wasabi ist weitaus vielschichtiger als die künstlich gefärbte, aus Meerettichkonzentrat hergestellte Wasabi-Paste, die üblicherweise zu Sushi verkauft wird. Die erlesensten Wasabi-Sorten werden in Wasser angebaut und haben breite, pfeffrig schmeckende Blätter, die etwa so wie Betelblätter verwendet werden. Die Wurzel sieht aus wie die Kombination aus einem Brokkolistrunk und einem mit Seepocken bewachsenen Stegpfosten. Wasabi gibt es auch als Pulver, aber ich bevorzuge die frische Variante. Lagern Sie alles, was Sie nicht verwenden, im Gefrierfach, und wenn Sie ein echter Fan sind, könnten Sie sich eine spezielle Wasabireibe zulegen.

CEVICHE AUF WASABI-BLÄTTERN

Auf den ersten Blick passen „Wasabi" und „Ceviche" vielleicht nicht zusammen, doch der japanische Einfluss auf peruanisches Essen ist gut dokumentiert, vor allem, was die Zubereitung von Fisch angeht. Diese Mischküche hat sogar einen eigenen Namen: Nikkei – dabei werden peruanische Zutaten auf japanische Art zubereitet. Sogar der sonst für Ceviche übliche Zeitplan wurde angepasst. Vom stundenlangen Ziehenlassen hin zu gerade mal lange genug, bis die Säure (in diesem Fall Yuzu-Saft) den Fisch außen „gegart" hat. Wenn Sie Fisch gerne durchgegart essen, lassen Sie ihn vor dem Servieren eine halbe Stunde in der Marinade ziehen. Und lassen Sie die aromatische, saure Flüssigkeit am Boden der Schüssel nicht verkommen. Sie wird oft mit einem Schuss Pisco verfeinert und als Aphrodisiacum getrunken, das „Leche de tigre" ... „Tigermilch" genannt wird. Roooaar!

FÜR 4 PORTIONEN ALS VORSPEISE

- 1 Avocado, entsteint
- 80 ml Yuzu-Saft (siehe Tipps)
- 2 TL Wasabi-Paste
- 2 EL helle Sojasauce
- 1 TL Sesamöl
- 2 EL Saft von eingelegtem Ingwer (optional)
- 100 g Meerforelle oder Lachs in Sashimi-Qualität, in 1,5–2 cm große Würfel geschnitten (siehe Tipps)
- 100 g Königsmakrele in Sashimi-Qualität, in 1,5–2 cm große Würfel geschnitten
- 1 Salatgurke, gewürfelt
- 6 Radieschen, in dünne Scheiben geschnitten
- 10–12 frische Wasabi-Blätter (siehe Tipps)

Zum Garnieren

- Japanische Mayonnaise (Kewpie)
- Frischer Ingwer, gerieben
- Eingelegter Ingwer oder Daikon (Seite 48), gehackt
- Sesam
- Furikake aus Daikon-Blättern (Seite 52), optional

Das Fruchtfleisch der Avocado in einer Schüssel mit einer Gabel zerdrücken und 2 TL Yuzu-Saft sowie 1 TL Wasabi-Paste unterrühren.

Den restlichen Yuzu-Saft und die Wasabi-Paste in eine Schüssel geben, die groß genug für die gesamte Fischmenge ist.

Die Sojasauce, das Sesamöl und eventuell den Saft des eingelegten Ingwers hinzufügen und mit dem Schneebesen zu einer Marinade schlagen.

Den Fisch, die Gurke und die Radieschen kurz vor dem Servieren behutsam mit der Marinade vermengen. Das Gericht sollte maximal 5 Minuten ziehen, doch ich serviere es ohnehin am liebsten sofort.

Etwas Avocadomus auf den Wasabi-Blättern verteilen. Zuerst etwas Mayonnaise und dann einen ½ EL Ceviche daraufsetzen. Mit Ingwer, einer Prise Sesam und eventuell Furikake garnieren und sofort servieren.

Tipp: **Yuzu ist eine japanische Zitrusfrucht, die vom Geschmack an Clementinen erinnert, jedoch süßer ist, aber auch mehr Säure enthält.**

Feinkostläden bieten verschiedene Sorten davon an. Doch wenn Sie keine bekommen können, verwenden Sie Zitronen- oder Limettensaft und fügen 1 kleine Prise Zucker hinzu.

Bitten Sie den Fischhändler, den Fisch in Sashimi-Scheiben aufzuschneiden, die Sie zu Hause würfeln. Sie können den Fisch auch im Geschäft würfeln lassen, wenn Sie die Ceviche am Abend desselben Tages machen möchten. Ansonsten den Fisch mit einem sehr scharfen Messer entgegen der Faserrichtung schneiden.

Wenn Sie keine frischen Wasabi-Blätter bekommen können, nehmen Sie Nori-Blätter, die man auch für Maki verwendet, und vierteln diese. Vegetarische Ceviche schmeckt super mit Pilzen statt Fisch.

Daikon

Mit einem lateinischen Namen, der mich jedes Mal zum Schmunzeln bringt, wenn ich ihn lese – *Longipinnatus* – und dem gebräuchlichen Namen, der auf Japanisch so viel wie „große Wurzel" heißt, erreicht der Daikon auf der Schärfeskala einen relativ geringen Wert. Roh schmeckt er wie ein Glas mit Radieschen versetztem Wasser. Was nicht verwunderlich ist, da er zur Familie der Rettiche gehört. Durch seinen milden Geschmack und die frische, knackige Konsistenz passt Daikon perfekt zu fermentiertem Gemüse wie koreanischem Kimchi, japanisch eingelegtem Gemüse und delikateren japanischen Gerichten wie *Nimono*. Hier wird Gemüse in dicke Scheiben geschnitten und dann in mit Sojasauce verfeinerter Dashi-Brühe langsam geschmort. Wird er frisch in einen Salat gerieben, nimmt Daikon die Marinade auf wie kein anderes Gemüse. Deshalb wird er auch oft fein gerieben unter Ponzu-Saucen gemischt, die zum Dippen von Tempura-Gemüse gedacht sind. Aber auch Daikon selbst kann im Teigmantel frittiert werden.

„Ich schneide ihn in dünne Streifen, würze ihn leicht mit Salz und Zucker und koche ihn langsam, bis er weich und süß ist. Fügt man ein Stück Butter hinzu, wird er schön cremig. Diese Masse fülle ich gerne in Pasteten, belege Burger damit oder stelle sie kalt, forme Bällchen daraus, paniere sie mit Panko-Mehl und frittiere sie. Oder ich mache eine Gemüsebeilage daraus und vermische sie mit Pilzen. Daikon passt einfach wunderbar zu allen erdigen Zutaten.“

– MAY CHOW, KANADA

EINKAUF & LAGERUNG

Daikon ist ein Wintergemüse. Achten Sie darauf, dass die Blätter noch dran sind. Ihr Vorhandensein ist der beste Beweis für Frische, vor allem, wenn sie wie die Farnwedel einer gut gepflegten Zimmerpflanze in einem kalifornischen Stranddomizil aussehen. Haben Sie einen Daikon mit Blättern ergattert, schneiden Sie diese an der Basis ab und bewahren Sie sie separat in einem feuchten Küchenpapier oder Tuch auf, da die Blätter der Wurzel Feuchtigkeit entziehen. Sind keine Blätter dran, achten Sie darauf, dass der Rettich fest und die Schale noch glänzend und straff ist und nicht von zu vielen Tagen im Regal bereits ihre Spannkraft verloren hat. Einige Rettiche, vor allem die großen, sind am Blattansatz grün, da sie es geschafft haben, die Erdschicht zu durchstoßen und an der Oberfläche etwas Sonne zu tanken, was die Photosynthese in Gang gesetzt hat. Diese Exemplare sind für gewöhnlich älter und trockener und somit etwas schärfer. Was nicht verwunderlich ist, denn es braucht nun mal Zeit und Erfahrung, um es bis ganz nach oben zu schaffen.

FUNCTIONAL FOOD

Es gibt einen Grund dafür, dass Daikon aus vielen asisatischen Küchen nicht wegzudenken ist: seine verdauungsfördernde Wirkung. Denn der Schwefel im Rettich bringt Ihren Darm ordentlich in Schwung. Daikon (und der seltenere schwarze Rettich) besitzt mehr davon als das gewöhnliche Radieschen und macht ihren Verdauungsapparat zu einem gut funktionierenden Kraftwerk. Komplementärmediziner glauben, dass Daikon dasselbe enzymatische Profil wie der menschliche Verdauungstrakt besitzt, und sein Saft wird zur Linderung von Verdauungsbeschwerden und Sodbrennen eingesetzt. Doch seien Sie gewarnt: Diese hochwirksamen Enzyme können auf ihrem Weg nach draußen auch Blähungen verursachen.

GUTE PARTNER

Frühlingszwiebeln, Ingwer, Miso, Möhre, Sesam, Sojasauce.

Daikon Oroshi

Ponzu, der traditionelle japanische Dip für Gerichte wie Tempura und Gyoza, schmeckt ohne die Zugabe von geriebenem Daikon, d. h. *Daikon Oroshi*, auf jeden Fall langweiliger. Frei übersetzt als „starker Wind", in Anspielung auf die frische Würze, die er verleiht, wird geriebener Daikon entweder vor (oder manchmal nach) dem Servieren in die Ponzu-Sauce gerührt, auf Nudeln oder neben einem Fisch- oder Fleischgericht serviert und als Würzmittel so ähnlich wie Wasabi verwendet. Auch viele japanische Suppen und Eintöpfe profitieren von einer kleinen Menge geriebenem Daikon, die man wie einen Klecks schmelzenden Schnees auf die Brühe setzt, was als *Mizore*, oder „Schneeregen", bezeichnet wird. Für die Zubereitung zu Hause beginnen Sie mit der unteren Daikon-Hälfte, die milder im Geschmack ist, und halbieren Sie sie der Länge nach. Dann wird der Daikon fein gerieben bzw. in einer Küchenmaschine verarbeitet, bis er eine musähnliche Konsistenz hat. Überschüssige Flüssigkeit durch ein sauberes Tuch oder ein feines Sieb abgießen und sofort verwenden bzw. in einer dünnen Lage zum späteren Gebrauch einfrieren.

ZERO-WASTE-MEDAILLE

Wenn Sie sich einen Daikon als ein riesiges, langgezogenes französisches Radieschen, dem die Farbe entzogen wurde, vorstellen, lässt sich daraus schließen, dass die Blätter ähnlich wie alle anderen pfeffrigen Blätter verwendet werden können. In Japan werden die Blätter oft mit Sesamöl, Sesamsamen, Sojasauce und Mirin zu *Furikake* gebraten, das sich perfekt zum Aromatisieren von Salaten oder zum Würzen von gedämpftem Reis eignet. Die Daikonschale enthält einen Großteil der Schärfe. Wenn Sie also den Schärfegrad erhöhen möchten, lassen Sie die Schale dran. Für delikatere Gerichte, entfernen Sie die Schale und bewahren Sie sie als Zusatz zu Kimchi auf oder verarbeiten Sie sie im Standmixer zu einer milderen Version von Meerrettich.

EINGELEGTER ROSA DAIKON

Wenn Sie eingelegten Ingwer mögen, sagen Sie *konichiwa* zu eingelegtem Daikon. Er ist knackiger, schärfer, süßer und gewinnt auch den Preis-Leistungs-Vergleich. Es ist faszinierend, wie der blütenweiße Daikon durch die roten Radieschen und den jungen Ingwer ein zartes Rosa annimmt und sich die feinen Scheiben bauschen und kräuseln wie die duftigen Lagen eines Tutus. Servieren Sie ihn zu Sushi oder Sashimi, geben Sie Sandwiches damit einen Extra-Kick oder essen Sie ihn einfach pur, so wie ich es viel zu oft mache. Er passt auch hervorragend zu einer Poke Bowl, wie z. B. jener auf Seite 52.

ERGIBT EIN GLAS MIT 850 ML

550 g Daikon, geschält und in dünne Scheiben geschnitten
40 g frischer, junger Ingwer, geschält und gerieben
2 Radieschen, fein gerieben
3 TL Salzflocken
55 g feinster Zucker
60 ml Reisweinessig
60 ml Mirin

Ein Einmachglas mit 850 ml Fassungsvermögen mit heißem Wasser und Spülmittel waschen, gut abspülen und verkehrt herum trocknen lassen.

Ein Sieb auf eine Schüssel setzen und den Daikon, den Ingwer und die Radieschen hineingeben. Mit 1 TL Salz bestreuen und 2 Stunden stehen lassen, um dem Gemüse die Feuchtigkeit zu entziehen.

Dann die Daikon-Mischung ausdrücken und in das trockene Glas füllen.

Den Zucker, den Essig, den Mirin und das restliche Salz in einen kleinen Topf geben.

125 ml Wasser hinzufügen und aufkochen. Die heiße Flüssigkeit in das Einmachglas gießen und darauf achten, dass alle Scheiben damit bedeckt sind.

Den Deckel verschließen und abkühlen lassen. Anschließend an einem kühlen, dunklen Ort aufbewahren. Ich lagere dieses eingelegte Gemüse gerne im Kühlschrank, da die kühle Frische des ersten Bisses die herannahende Schärfe des zweiten etwas mildert.

Nach 3–4 Tagen ist der Daikon schön rosa und essfertig. Im verschlossenen Glas hält er sich 2 Monate. Einmal offen, sollte er im Kühlschrank gelagert und innerhalb von 1 Monat aufgebraucht werden. Achten Sie dabei darauf, dass das Gemüse immer mit dem Saft bedeckt ist.

DAIKON-FLADEN MIT XO-SAUCE

Hier geht es nicht so sehr um das Rezept. Es ist das Mischverhältnis, auf das es hier ankommt: Daikon, Wasser und Mehl werden im Verhältnis 10:4:2 gemischt. Nur wenn Sie dieses ideale Mengenverhältnis einhalten, bekommen diese würzigen Fladen ihre perfekte Textur, werden innen fluffig und außen knusprig. Dazu kommen die milde Schärfe und fleischige Konsistenz des Daikon, der mit der richtigen Menge Teig gebunden wird. Beginnen Sie mit diesem Rezept schon am Vortag.

FÜR 4 PORTIONEN

- 2 Frühlingszwiebeln
- 1 mittelgroßer Daikon (400 g)
- 60 ml Erdnussöl, plus etwas mehr zum Einfetten
- ½ TL gemahlener weißer Pfeffer
- ½ TL Salzflocken
- ½ TL feinster Zucker
- 1 TL Sesamöl
- 80 g glutenfreies Universalmehl
- 1 Handvoll frische Shiitake
- 250 ml Hong Kong Veggie-Xo (Seite 221) oder Crispy Chili in Öl (Asienladen)

Tipp: **Normalerweise wird dieses Gericht in einer tiefen Pfanne oder einem tiefen Gefäß gedämpft und vor dem Braten in Würfel geschnitten. Auch hier muss das ideale Mengenverhältnis eingehalten werden.**

Extra: **Manchmal wird chinesische Lap-Cheong-Wurst unter den Teig gemischt. In diesem Fall schneiden Sie die Wurst in feine Würfel und braten Sie sie gemeinsam mit den weißen Frühlingszwiebeln an.**

Die Frühlingszwiebeln in feine Ringe schneiden. Dabei die grünen Teile zum Garnieren im Kühlschrank aufheben. Den Daikon schälen, grob reiben und beiseitestellen.

Dann in einer Bratpfanne 1 EL Erdnussöl erhitzen, die weißen Frühlingszwiebeln hinzufügen und 1–2 Minuten anschwitzen, bis sie weich sind. Daikon, Pfeffer, Salz, Zucker und Sesamöl hinzufügen und 10 Minuten weitergaren, bis der Daikon zart, glänzend und glasig ist.

Die Masse durch ein Sieb in einen Messbecher abgießen und abkühlen lassen.

Nachsehen, wie viel Flüssigkeit aus der Daikon-Masse ausgetreten ist und noch einmal mit den Händen oder einem Kochlöffel aus Holz ausdrücken. Dann den Messbecher mit Wasser auf 160 ml auffüllen. Die Flüssigkeit in eine große Schüssel gießen, dann mit dem Schneebesen das Mehl einrühren, bis ein recht klebriger Teig entsteht. Die abgekühlte Daikon-Masse mit einem Gummispatel unterrühren.

Zwei ofenfeste Teller mit Backpapier auslegen. Ich verwende Teller aus Steingut mit einem Durchmesser von 18 cm und hohem Rand. Den Teig zu zwei flachen, 5 mm dicken Scheiben formen und auf die Teller legen.

Einen großen Bambusdämpfer (in dem die Teller bequem Platz haben) auf einen Topf oder Wok mit köchelndem Wasser stellen und die Fladen 45–50 Minuten dämpfen. Sie sind danach fest, nur die Oberfläche bleibt vielleicht noch etwas klebrig, bis sie ganz abgekühlt sind. Auskühlen lassen und dann mindestens 2 Stunden, besser noch über Nacht, kalt stellen.

Kurz vor dem Servieren in einer Pfanne die restlichen 2 EL Erdnussöl auf hoher Stufe erhitzen. Die Pilze etwa 3 Minuten darin braten, bis sie goldbraun sind. Dann mit einem Schaumlöffel herausnehmen und abtropfen lassen.

Einen Fladen in die Pfanne legen und auf einer Seite 4 Minuten braten, bis er goldbraun ist, dann wenden und auf der anderen Seite wiederholen. Anschließend mit dem anderen Fladen genauso vorgehen.

Die Pfanne abermals erhitzen, die Xo-Sauce hinzufügen und unter Rühren aufwärmen. Dann in eine Servierschüssel füllen.

Die Fladen heiß servieren, Pilze und den zurückgelegten grünen Teil der Frühlingszwiebeln darüberstreuen und die Xo-Sauce dazureichen.

POKE BOWLS MIT THUNFISCH UND FURIKAKE AUS DAIKON-BLÄTTERN

Diese Bowls sind bis obenhin vollgepackt mit verschiedenen Konsistenzen und Farben, die sie zu einem wahren Fest für den Gaumen machen. Wie bei jeder guten Party gilt: Kann jemand nicht kommen, finden Sie einen Ersatz, der denselben Zweck erfüllt. Etwa Tiefkühlerbsen anstelle von Edamame-Bohnen und marinierter Tempeh anstelle von Thunfisch, wenn Ihnen das mehr zusagt. Das selbstgemachte Furikake ist ein Traum. Dafür werden ein paar Daikon-Blätter verwendet, die großartig schmecken und sonst im Kompost landen würden. Wenn Sie keine Zeit haben, es selbst herzustellen, kaufen Sie einfach eine beliebige japanische Gewürzmischung für Reis. Doch Sie wissen, dass wir beide etwas enttäuscht sein werden, wenn Sie für das Furikake nicht 100 Prozent gegeben haben.

FÜR 4 PORTIONEN

- 335 g Jasminreis
- 300 g Daikon, geschält
- 2 Möhren, geschält
- 50 g eingelegter Ingwer (oder eingelegter Daikon von Seite 48), plus 2 EL des Ingwersafts
- 2 TL Sesamöl
- 2 Dosen Thunfisch (à 170 g) im eigenen Saft, abgetropft (alternativ Tempeh)
- 100 g Kewpie -Mayonnaise
- 3 TL Sojasauce
- Avocadoscheiben, zum Garnieren
- Blanchierte Edamame, zum Garnieren
- Zitronenspalten, zum Garnieren

Furikake aus Daikon-Blättern (ergibt 200 g)

- 3 Nori-Blätter, mit der Schere fein zerkleinert
- 2 TL schwarzer und weißer Sesam
- 1 EL Rohrohrzucker
- 2 TL Zwiebelpulver
- 50 g Daikon-Blätter (etwa 10–12 Stück), gewaschen und sorgfältig getrocknet
- 6 g Bonitoflocken (optional)
- 2 TL koreanisches Chilipulver
- 2 TL Knoblauchpulver
- 2 TL Salzflocken

In einem Topf den Reis mit 500 ml kaltem Wasser auf mittlerer bis hoher Stufe erhitzen und aufkochen.

Die Hitze reduzieren, abdecken und 12–15 Minuten köcheln lassen, bis der Reis gar ist. Vom Herd nehmen und bis zum Servieren abgedeckt lassen.

Inzwischen das Furikake zubereiten. Den Backofen auf 180 °C vorheizen und ein Backblech mit Backpapier auslegen. In einer Schüssel die Nori-Blätter, den Sesam, den Zucker und das Zwiebelpulver vermengen und dann auf dem Backblech verstreichen.

5 Minuten lang backen, bis die Masse zu blubbern beginnt. Aus dem Ofen nehmen und abkühlen lassen. Die Ofentemperatur auf 100 °C reduzieren, die Daikon-Blätter auf einen Gitterrost legen und 20 Minuten backen, bis sie vollständig getrocknet sind.

Die geröstete Nori-Masse in eine Schüssel kippen. Dann die Bonitoflocken, die Gewürze und das Salz untermischen und die Masse mit den Fingerspitzen zu einem groben Pulver zerkrümeln. Die getrockneten Daikon-Blätter hinzufügen und ebenfalls etwas mit den Fingern zerkrümeln. Alles gut vermengen und dann beiseitestellen.

Den Daikon und die Möhren mit einem Sparschäler in dünne Streifen hobeln. In einer Schüssel mit dem Ingwer, dem Ingwersaft und dem Sesamöl vermengen.

Den Thunfisch, den Reis und den Salat auf Servierschüsseln aufteilen. Mit einem Klecks Mayonnaise garnieren und etwas Sojasauce darüberträufeln. Avocadoscheiben und Edamame dazugeben, das Furikake darüberstreuen und mit Zitronenspalten servieren.

Für Eilige: **Ja, ich gebe zu, ich bin enttäuscht, dass Sie das hier lesen, da es wahrscheinlich bedeutet, dass Sie kein eigenes Furikake zubereiten. Doch Sie können auch einfach ein Stück Möhre und etwas Daikon reiben, beides vermengen und mit Sesamöl, Einlegesaft (oder Essig) und Salz marinieren. Ich weiß, Sie werden es lieben und nächstes Mal versuchen, das richtige Rezept probieren …**

Doppelt im Einsatz: **Dieses Furikake eignet sich auch hervorragend zum Garnieren von so ziemlich allem, von gewöhnlichem Reis bis hin zu Mais. Ich esse es wahnsinnig gerne mit den schnell marinierten Radieschen von Seite 188.**

Pastinake

Sie können sie das ganze Jahr bekommen, doch wie ihre engen Verwandten Möhre und Petersilie zeigt sie sich während der kühleren Jahreszeit, vom Spätherbst bis in den Winter, von ihrer besten Seite. Dann ist sie besonders süß und zart. Umgangssprachlich als „weiße Möhre" bezeichnet, sollte man beim Frische-Check von Pastinaken wie bei Möhren vorgehen. Die Pastinaken sollten sich fest anfühlen und einen anständigen Umfang haben (da sie beim Rösten schrumpfen). Kleine bis mittelgroße Pastinaken sind weniger fasrig und ergeben die besten Pommes. Kleine Exemplare bleiben ganz und mittelgroße werden halbiert oder geviertelt. Große Pastinaken, die lange gereift sind und deren natürliche Stärken sich in Zucker verwandeln konnten, verwendet man besser für frittierte Pastinaken-Chips oder gerieben für Kuchen.

„Die süße und saftige Nussigkeit der Pastinake ist einfach himmlisch. Und es ist überraschend, welch delikates Aroma sie einem Gericht verleiht. Ich würde Pastinakeneis jederzeit gegenüber Erdbeereis vorziehen.“

– MARK BEST, AUSTRALIEN

EINKAUF & LAGERUNG

Wie bei Möhren gilt: Je länger die Ernte zurückliegt, desto weicher und trockener werden Pastinaken. Kaufen Sie deshalb keine Exemplare, die schon etwas schlaff oder kraftlos aussehen. Lassen Sie auf jeden Fall die Finger davon, wenn der Blattansatz eingetrocknet ist. Man findet im Supermarkt selten Pastinaken, die noch ihre petersilienähnlichen Blätter tragen. Doch wenn Sie welche bekommen können, greifen Sie zu. Das ist nämlich ein eindeutiges Zeichen, dass sie erst kürzlich geerntet wurden. Suchen Sie besonders glatte Exemplare aus, da feine Härchen darauf hindeuten, dass sie in trockener Erde gewachsen sind und deshalb auch holzig schmecken können. Wenn Sie Ihre Pastinaken mit Schale essen möchten, kaufen Sie besser Bio-Qualität. Im Gemüsefach können sie einige Wochen aufbewahrt werden. Für Eintöpfe und Schmorgerichte können Sie sie auch zerkleinern und einfrieren.

ZUBEREITUNG

Pastinaken sind wahnsinnig vielseitig. Sie lassen sich in Salate reiben, in Salzwasser kochen oder einfach dämpfen, bis sie weich sind. Für ein schnelles Pastinaken-Püree oder eine Suppe Olivenöl über 2 cm große Pastinakenstücke und in Scheiben geschnittenen Lauch träufeln und bei 190 °C 30 Minuten im Ofen rösten. Dann mit ausreichend Brühe oder Wasser pürieren, bis die gewünschte Konsistenz erreicht ist und zum Schluss würzen. Werden Pastinaken geröstet, müssen sie nicht geschält werden, da die Schale dafür sorgt, dass sie ihre Form bewahren. Pastinaken eignen sich mit ihrem süßen, nussigen Geschmack auch hervorragend für Kuchen. Diese Eigenschaft nutzte man vor allem im Mittelalter, bevor der Rohrzucker Einzug in Europa hielt.

GUTE PARTNER

Ahornsirup, Butter, Gewürze (vor allem Kreuzkümmel, Currypulver, Muskatnuss, Pfeffer), Honig, Ingwer, Knoblauch, Möhren, Petersilie, Rohrohrzucker, Sahne, Thymian.

ZERO-WASTE-MEDAILLE

Heben Sie Schalen und abgeschnittene Enden in einem Tiefkühlbeutel auf und machen Sie Brühe daraus. Oder aber Sie erhitzen etwas Reiskleieöl auf 180 °C und braten die Schale (und vielleicht auch einige dünne Streifen Fruchtfleisch), bis sie goldbraun ist, und lassen sie auf Küchenpapier abtropfen. Beim Abkühlen verwandeln sich die Streifen in knusprig-gekräuselte Chips. Köstlich! Wenn Sie Pastinakenblätter ergattern konnten, verwenden Sie sie wie Petersilie oder Möhrengrün zum Garnieren Ihrer Pastinakenkreation oder verarbeiten Sie sie zu einem Pesto.

HASSELBACK-PASTINAKEN MIT ROSMARINÖL & SALZ

Obwohl Pastinaken sich wie Möhren verhalten, wenn sie gerieben oder zerkleinert werden, sind sie, im Ganzen geröstet, definitiv trockener. Werden die Fasern am dicken Ende endlich weich genug, sind die Spitzen fast verbrannt. Doch schneidet man sie nach der klassischen Hasselback-Methode fächerartig ein, dringt die Hitze durch die ziehharmonikaförmigen Lagen auch bis zur dicksten Stelle der Pastinake vor, und man erhält ein viel gleichmäßigeres und wunderschönes Ergebnis. Für noch mehr Geschmack verfeinern wir das Olivenöl mit Rosmarin und verwandeln denselben Rosmarin in ein würziges Salz. Damit wird auch Ihren Gästen klar, dass Sie ein solches Gericht nur für ganz besondere Freunde zubereiten!

FÜR 4 PORTIONEN

80 ml Olivenöl
4 Rosmarinzweige
6–8 mittelgroße Pastinaken, gewaschen (und ohne fasrige Stellen)
1 TL Salzflocken

Den Backofen auf 180 °C vorheizen.

Das Olivenöl und die Rosmarinzweige in den Bräter geben, in dem die Pastinaken geröstet werden. In den Ofen stellen und 5 Minuten erhitzen.

Inzwischen eine ungeschälte Pastinake auf ein Schneidebrett legen und jeweils ein Essstäbchen auf beiden Seiten neben die Pastinake legen.

Die Pastinake oben mit einem scharfen Messer einschneiden, bis Sie auf die Essstäbchen stoßen. Dabei am dicken Ende öfter einschneiden als an der dünneren Spitze.

Mit den anderen Pastinaken wiederholen.

Die Rosmarinzweige aus dem Bräter entfernen und auf einem Küchenpapier abtropfen lassen. Den Bräter vorsichtig kippen, damit das Rosmarinöl sich auf einer Seite sammeln kann, und die Fächer-Pastinaken nacheinander behutsam hineinlegen und im Öl wenden.

40–45 Minuten rösten, bis alle Pastinakenenden weich sind. Dabei etwa alle 15 Minuten wenden, um eine gleichmäßige Färbung zu erzielen.

Die Nadeln vom abgekühlten Rosmarin zupfen und in der Küchenmaschine oder im Mörser zu einem groben Pulver mahlen. ½ TL Salz hinzufügen, abermals vermahlen und probieren. Wenn nötig, noch etwas Salz hinzufügen.

Die gerösteten Pastinaken auf einem Servierteller anrichten, mit dem Öl aus dem Bräter beträufeln, das Rosmarinsalz darüberstreuen und servieren.

Tipp: **Ich halte die Pastinake gerne an der Spitze fest und rolle sie ein wenig von einer Seite auf die andere. Dabei stütze ich mich mit dem Messer weiterhin auf einem der Essstäbchen ab. Wenn Ihnen diese Methode nicht zusagt, halten Sie die Wurzel am anderen Ende fest. Jetzt, wo Sie Hasselback-Profi sind, können Sie die Technik an jedem anderen runden oder zylinderförmigen Gemüse wie Möhren, Süßkartoffeln und vor allem Kartoffeln anwenden.**

PASTINAKEN-LATKES

Latkes sind fixer Bestandteil der jüdischen Küche und werden vor allem zum allseits beliebten Hanukkah-Fest gegessen. Es ist auch als „Lichterfest" bekannt, bei dem gefeiert wird, dass eine winzige Menge Öl, die kaum für 12 Stunden reichen würde, am Ende acht Tage und nicht nur eine Nacht brannte. So als ob Ihr Smartphone eine ganze Woche mit nur einem Prozent Akku auskommen würde. Eindeutig ein Wunder. Dieses Wunder zieht ein weiteres nach sich: das eigene Körpergewicht in Form fettiger Kost zu sich zu nehmen, von Donuts über gebratenen Fisch bis hin zu meinem persönlichen Favoriten – gebratenem, stärkehaltigem Gemüse. Diese Latkes oder eigentlich Rösti werden meistens aus Kartoffeln hergestellt und schmecken absolut köstlich, wenn das alles ist, was Sie zur Verfügung haben. Doch wenn Sie Pastinaken haben, geben Sie ein paar dazu und Sie erhalten ein wesentlich leichteres, süßeres, himmlisches Kanapee, das Sie zu allen Festen servieren können.

ERGIBT 16–18 STÜCK (JE NACH GRÖSSE)

1 Ofenkartoffel (160 g), gewaschen und geschrubbt (schälen ist nicht notwendig)
2 mittelgroße Pastinaken (360 g), gewaschen und geschrubbt (schälen ist nicht notwendig)
1 Schalotte (oder eine kleine braune Zwiebel), geschält
½ TL Salzflocken, plus Salz zum Bestreuen
½ Zitrone
2 Eier
35 g glutenfreies Mehl (oder Matzemehl)
¼ TL gemahlener weißer Pfeffer
125 ml Sonnenblumenöl oder Erdnussöl

Garniervorschläge:
Lachsrogen
Geräucherter Lachs
Crème fraîche
Dill- oder Kerbelzweige
Zitronenspalten

Eine Schüssel mit einem Passiertuch (oder einem sauberen Geschirrtuch) auslegen. Kartoffel, Pastinaken und Schalotte grob in die Schüssel reiben. Das Salz hinzufügen und den Zitronensaft hineinpressen. Die verbrauchte Zitronenhälfte in eine kleine Schüssel mit Wasser legen und beiseitestellen.

Die Masse mit der Hand vermengen und überschüssige Flüssigkeit herauspressen. Das Tuch fest zudrehen und den Beutel mit einem Kochlöffel als Presse über die Schüssel hängen, um die Flüssigkeit aufzufangen. Sie können auch ein Sieb verwenden, um ihn zu erhöhen.

Die Flüssigkeit mindestens 5 Minuten ruhig stehen lassen, damit sich die Stärke setzen kann.

Inzwischen in einer anderen Schüssel die Eier mit einer Gabel verquirlen. Kartoffelmasse, Mehl und Pfeffer hinzufügen. Die Stärke, die sich am Boden der ersten Schüssel gesammelt hat, herauslöffeln (sie fühlt sich wie flüssiger Kleber an) und ebenfalls in die Schüssel geben. Alle Zutaten mit den Händen oder einem Kochlöffel aus Holz sehr gut vermengen, wie Sie es auch bei Fleischfrikadellen machen würden.

Das Öl in einer großen, tiefen Pfanne auf mittlerer Stufe erhitzen. Etwas Kartoffelmasse in die Pfanne geben. Wenn sie zu brutzeln beginnt und fast sofort braun wird, ist das Öl heiß genug.

Ein Backblech mit Küchenpapier auslegen. Mit einem Messbecher mit 60 ml Fassungsvermögen gleich große Portionen aus der Masse schaufeln und zu flachen Pattys formen. Die Hände gelegentlich in das beiseitegestellte Zitronenwasser tauchen, damit die Masse nicht an den Händen klebt.

Die Latkes portionsweise auf jeder Seite 3–4 Minuten braten, bis sie goldbraun sind. Aus der Pfanne holen, auf Küchenpapier abtropfen lassen und sofort mit etwas Salz bestreuen. (Optional einen Rost auf ein Backblech stellen, Latkes darauflegen und bei 100 °C im Ofen warm halten, bis alle fertig sind.)

Warm servieren und mit verschiedenen Aufstrichen und Toppings garnieren. Mein Favorit ist ganz klassisch Crème fraîche (oder Sauerrahm) mit Räucherlachs (oder Lachsrogen), garniert mit Dill oder Kerbel.

Tipp: **Kalte Latkes lassen sich hervorragend in die Lunchbox packen. Wenn nötig, kann man sie auch noch einmal anbraten, um sie wieder knusprig zu machen.**

Extra: **Für zusätzlichen Geschmack 1 EL Schmalz oder Entenfett mit in die Pfanne geben.**

DATTELPUDDING MIT INGWER

Dattelpudding ist mein Wintereinstiegs-Dessert. Der wärmende Ingwer, der hier gleich in vier verschiedenen Formen daherkommt, dient nur dazu, es als winterlichen Dauerbrenner zu etablieren. Doch eigentlich ist es die Zugabe von Pastinaken, die dieses Gericht zum Knüller macht. Am besten auf einem Sirupsee aus Salzkaramell, mit Sahne und Eis anrichten. Herrlich! Salzkaramellreste sind übrigens das BESTE Topping für Eis … oder eigentlich für jedes Dessert.

FÜR 4–6 PORTIONEN

- 300 g Medjool-Datteln (siehe Tipp), entsteint und grob gehackt
- 400 g Pastinaken, gerieben; plus 1 geschälte und in dünne Scheiben geschnittene Pastinake zum Garnieren
- 2 TL Ingwer, frisch gerieben
- 190 g kandierter Ingwer, in Scheiben geschnitten
- 2 TL Ingwer, gemahlener
- 2 TL Natron
- 250 ml Ginger Ale, kochend heiß
- 250 g Butter, geschmolzen
- 370 g lose geschütteter Vollrohr- oder Demerara-Zucker
- 2 TL natürlicher Vanilleextrakt
- 4 Eier
- 450 g Mehl
- 3 ½ TL Backpulver
- ¼ TL Salzflocken

Salzkaramellsauce

- 185 g lose geschütteter Vollrohr- oder Demerara-Zucker
- 300 g Sahne
- 1 TL natürlicher Vanilleextrakt
- 50 g Butter
- ½ TL Salzflocken

Den Backofen auf 180 °C vorheizen. Eine Kuchen- oder Backform mit 3 Liter Fassungsvermögen einfetten und mit Backpapier auslegen.

Die Datteln und die geriebenen Pastinaken gemeinsam mit dem geriebenen, dem kandierten und dem gemahlenen Ingwer sowie dem Natron in eine Rührschüssel geben. Das kochende Ginger Ale darübergießen und 20 Minuten weich werden bzw. abkühlen lassen.

Dann die geschmolzene Butter, den Zucker und den Vanilleextrakt in einer großen Rührschüssel mithilfe eines Kochlöffels vermengen. Die Eier einzeln hinzufügen und nach jedem Ei gut verrühren. Die Pastinaken-Ingwer-Masse unterrühren und dann Mehl, Backpulver und Salz unterheben, bis alle Zutaten gut miteinander vermengt sind.

Den Teig in die Kuchenform füllen. Die Pastinakenstreifen künstlerisch auf dem Pudding verteilen. Etwa 1 Stunde backen, bis an einem zur Probe in die Pudding-Mitte gestochenen Holzstäbchen kein Teig mehr hängen bleibt. Wenn der Pudding oben zu schnell dunkel wird, die letzten 15 Minuten mit Alufolie abdecken. Anschließend auf einem Kuchengitter in der Form abkühlen lassen.

Währenddessen in einem Topf die Zutaten für die Sauce auf mittlerer Stufe vermengen. Öfter umrühren, bis die Masse zu kochen beginnt. Jetzt die Hitze reduzieren und ein paar Minuten köcheln lassen, bis sie eindickt und sich von Blond zu Brond verfärbt.

Den warmen Pudding in Servierschüsseln anrichten und einen großzügigen Schöpflöffel warmer Sauce darübergießen.

Tipp: **Medjool-Datteln sind größer und weicher als die Datteln, die man normalerweise im Backregal findet. Suchen Sie bei den Frischeprodukten Ihres lokalen Gemüsehändlers oder im Feinkostladen danach.**

Für Eilige: **Wenn Sie es nicht abwarten können, bis der Pudding fertig ist, können Sie etwas Teig in eine Tasse füllen und in 30-Sekunden-Intervallen in der Mikrowelle erhitzen, bis er durchgebacken ist. Setzen Sie eine Kugel Vanilleeis oben drauf und ziehen Sie sich auf der Couch weiter eine dieser Fernsehshows rein. Kein Kommentar.**

Kohlrabi

Der Kohlrabi ist für die Kohlfamilie das, was Kim für die Kardashians ist: spezieller als ihre Verwandten und am besten bekannt für ihre untere Hälfte. Wenn Sie es mögen, einen Brokkoli oder Kohl durchzuschneiden, um zu seinem ach so süßen Herzen zu gelangen, erhalten Sie bei Kohlrabi etwas weitaus Lohnenderes. Haben Sie erst einmal die holzige Schale entfernt, erfüllt die pralle Knolle all Ihre Kohlherz-Hoffnungen – und wartet nur darauf, gebraten, in dünne Scheiben geschnitten oder wie ein Apfel während des Kochens angebissen zu werden (meine Lieblingsmethode). Wie ihre Kohl-Kollegen sind die weißen Sorten außen leicht grün und innen schön weiß. Seltener findet man die violette Variante, die, hat man die schöne Schale erst entfernt, innen ebenfalls weiß ist. Am besten schneidet man sie deshalb in feine Streifen, damit die Schale als Blickfang erhalten bleibt, ohne dass einem holzige Fasern in die Quere kommen.

„Ich gare den Kohlrabi gerne bei niedriger Hitze, da so sein herrlich süßes Aroma und sein warmer Nussgeschmack am besten zur Geltung kommen. Das Beste an einem langsam gegarten Kohlrabi ist seine Konsistenz: fest und zartschmelzend zugleich. Mit einem scharfen Messer kann man das Gemüse sauber durchschneiden, ohne dass es zerfällt.“ – JEREMY CHAN, GROSSBRITANNIEN

EINKAUF & LAGERUNG

Auch hier sind es die Blätter, die uns zeigen, ob wir zugreifen oder die Finger davon lassen sollten. Halten Sie also vom Herbstbeginn bis in den Frühling Ausschau nach Kohlrabi, die noch im Besitz ihrer gekräuselten Blätter sind. Wenn Sie nur die nackte Knolle mit ein paar Alien-artigen Antennen vor sich haben, nehmen Sie Kohlrabi, die sich für ihre Größe schwer anfühlen und frisch aussehen sowie die eine oder andere Kante haben. Mittelgroße Knollen geben geschmacklich am meisten her. Je älter und größer eine Kohlrabi wird, desto holziger ist sie. Kohlrabi bevorzugt eine kalte, feuchte Umgebung. Bewahren Sie ihn deshalb locker eingewickelt im Gemüsefach auf. Wenn Sie die Knolle von den Blättern trennen, verlängert das die Haltbarkeit.

VORBEREITUNG

Konnten Sie ein Exemplar mit Blättern erobern, trennen Sie sie ab und bewahren Sie sie auf (unter dem Punkt „Zero-Waste-Medaille“ finden Sie Verwertungsideen). Und dann machen Sie mit der Knolle weiter. Entfernen Sie alle „Antennen“, bis nur mehr ein nicht flauschiger Tennisball übrig bleibt. Probieren Sie eine der Antennen. Ist sie holzig, müssen Sie den Kohlrabi schälen. Schmeckt sie schön zart, können Sie sich das Schälen ersparen! Für Salate einfach mit einem Messer oder einem Gemüsehobel in dünne Streifen schneiden. Möchten Sie Kohlrabi dämpfen oder kochen, empfiehlt es sich, ihn zu würfeln und viel kürzer zu garen, als Sie vielleicht denken. Doch ich greife zu weit vor … Lesen Sie einfach weiter!

ZUBEREITUNG

Obwohl der Kohlrabi in klassischen Rezepten am liebsten gedämpft oder gekocht wird, tut man ihm meiner Meinung nach unrecht, wenn man ihn kohlähnlicher behandelt, als er ist. Ich schneide ihn gerne in dünne Scheiben, um diese mit Butter, Senfkörnern und einem Schuss Weißwein zu sautieren. Dabei gibt die Textur leicht nach, und der Geschmack bleibt süßlich mit einem Hauch von Bitterkeit, die herrlich mit der cremigen Butter harmoniert. Ich mag Kohlrabi auch roh, in feine Streifen geschnitten, vielleicht kurz mit einem Schuss Essig und etwas Salz gegart und unter einen beliebigen bunten Salat gemischt.

GUTE PARTNER

Apfelessig, Butter, Crème fraîche, Dill, Käse (vor allem Hartkäse), Knoblauch, Kümmel, Petersilie, Sauerrahm, Senf (Sauce und Körner), Sesamöl, Sojasauce, Zitrusfrüchte (vor allem Orangen, Zitronen).

ZERO-WASTE-MEDAILLE

Denken Sie nicht mal daran, die Blätter Ihres Kohlrabi wegzuwerfen. Sie schmecken geröstet, wie etwa Grünkohl oder Baby-Brokkoli, einfach herrlich. Die Schale können Sie für Gemüsebrühe verwenden, wenn Sie sie gern selbst zubereiten (sie wird jedoch eine leicht schwefelige Note hinterlassen, also setzen Sie sie sparsam ein).

WALDORFSALAT MIT KOHLRABI

Der Mann, dem das Rezept für diesen legendären Salat zugeschrieben wird – Oscar Tchirky, langjähriger Maître d'hôtel im Waldorf Astoria gegen Ende des 19. Jahrhunderts – hielt es für nötig, die folgende, sehr konkrete Anweisung in das Originalrezept aufzunehmen, das nur aus drei Sätzen besteht: „Achten Sie gut darauf, dass keine Apfelkerne in den Salat gelangen." Ich bin noch weiter gegangen und habe ganz auf den Apfel verzichtet. Die apfelähnliche Form und ihre Süße machen den Kohlrabi zu einer naheliegenden Ergänzung für die klassische Variante von Oscar, die ursprünglich aus Apfel, Sellerie und Mayonnaise bestand. Doch inzwischen gibt es unzählige Variationen (wahrscheinlich weil das Rezept tatsächlich, abgesehen von dem Teil mit den Kernen, recht vage formuliert ist), einschließlich der Zugabe von Walnusskernen, die ich, angesichts der Tatsache, dass sowohl Sellerie als auch Kohlrabi diese Nuss lieben, als unverzichtbar erachte.

FÜR 4 PORTIONEN ALS BEILAGE

- 2 EL Rosinen
- 1 Schalotte, fein gehackt
- 60 ml Chardonnay-Essig
- 60 ml Olivenöl
- 115 g Walnusskerne, geröstet und fein gehackt
- 1 violetter Kohlrabi, die kleinen Blätter aufheben
- 1 Sellerieherz, die kleinen Blätter aufheben
- 1 Birne, in dünne Scheiben geschnitten
- 100 g rote oder weiße Trauben, größere Früchte halbieren, oder frische Johannisbeeren
- 1 Bund Schnittlauch, in 3 cm lange Stücke geschnitten
- 125 g Mayonnaise
- Saft von 1 Zitrone

Die Rosinen und die Schalotte in eine Schüssel geben, Essig darübergießen und 5 Minuten marinieren. Dann das Olivenöl und die Hälfte der Walnusskerne unterrühren und mit Salz und Pfeffer abschmecken.

Inzwischen den Kohlrabi in kleine Stifte und den Sellerie in dünne Scheiben schneiden und bis zum Servieren in eine Schüssel mit Eiswasser legen.

Kohlrabi und Sellerie abgießen und die Birne behutsam unterheben. Etwas von der Walnuss-Vinaigrette unterrühren und auf einem Servierteller anrichten.

Die restliche Vinaigrette darüberträufeln und dann die Trauben, den Schnittlauch, die Sellerie- und Kohlrabiblätter sowie die restlichen Walnusskerne darüberstreuen.

Die Mayonnaise gut mit dem Zitronensaft vermengen, über den Salat träufeln und sofort servieren.

Tipp: **Kohlrabi ist ein saisonales Gemüse. Wenn Sie sich also nach diesem Salat verzehren, doch weit und breit kein Kohlrabi zu finden ist, nehmen Sie etwas mehr Sellerie und Birne als Ersatz. Sie können auch grüne Äpfel nehmen, wenn Sie nichts anderes zur Hand haben.**

Fenchel

Obwohl es Fenchel vor allem in den Herbst- und Wintermonaten zu kaufen gibt, kommt sein erfrischender Anisgeschmack im Sommer am besten zur Geltung. Ich mag ihn gerne in feine Streifen geschnitten (mit einem Gemüsehobel oder scharfen Messer), gut gewürzt und mit Zitronensaft und Olivenöl mariniert als einfache Beilage zu Fisch. Bei wärmerem Wetter mischen Sie ein paar gehackte, reife Tomaten und vielleicht etwas Frischkäse wie z. B. Ricotta darunter, wenn Sie welchen vorrätig haben. Geschmorter Fenchel schmeckt besonders in der kalten Jahreszeit einfach köstlich. Mit etwas Zitronenschale erwacht er sprichwörtlich zum Leben. Eigentlich können Sie Fenchel immer mit etwas Zitrone servieren. Die beiden haben sich rasch miteinander angefreundet, als die Zitronen über das Römische Reich in den Mittelmeerraum gelangten. Und vergessen Sie auf keinen Fall das Fenchelgrün. Verwenden Sie es wie Dill – Fenchel und Dill sind schließlich miteinander verwandt.

„Fenchel ist eine der herrlichsten Gemüsesorten voller köstlicher Aromen. Sie können ihn schmoren, braten, backen oder einen Salat daraus machen. Geben Sie einfach überall Fenchel dazu – er ist einfach großartig!“ – GEORGE CALOMBARIS, AUSTRALIEN

EINKAUF & LAGERUNG

Fenchel reagiert ähnlich wie Sellerie, wenn er zu lange im Regal liegt. Er beginnt Feuchtigkeit zu verlieren und sieht etwas mitgenommen aus. Kaufen Sie nur Knollen ohne braune oder schleimige Stellen, die darauf hindeuten, dass er zu kalt gelagert wurde. Ist das Fenchelgrün schön frisch, wickeln Sie es in ein feuchtes Küchenpapier oder Tuch und lagern Sie es im Kühlschrank. Verbrauchen Sie den Fenchel am besten innerhalb weniger Tage, da der Kühlschrank ihm laufend Frische entzieht. Wenn Sie jeweils nur ein kleines Stück verwenden, schlagen Sie den Rest in ein Bienenwachstuch ein, damit die Schnittkanten nicht austrocknen.

ZUBEREITUNG

Fenchel wird schnell braun und verliert seine Farbe, sobald er angeschnitten wurde. Halten Sie also etwas mit Zitronensaft versetztes Eiswasser bereit, um die Stücke darin aufzubewahren. Für viele Rezepte muss der Fenchel gehobelt werden, was am besten mit einem Gemüsehobel funktioniert. Folgen Sie beim Schneiden der Form des Fenchels und arbeiten Sie nicht gegen die Faserrichtung wie bei Fleisch. Das Knollenende dient Ihnen dabei zum Festhalten. Wenn Sie mit einem Messer arbeiten, halbieren Sie den Fenchel der Länge nach, dann mit der Schnittfläche nach unten hinlegen und in Halbmonde schneiden.

FUNCTIONAL FOOD

Fenchelsamen werden oft in Produkten für Stillende wie Tee oder Kekse verwendet, da die Samen (sowie die Pflanze) östrogenähnliche Wirkung besitzen, was den Milchfluss anregt und auch gegen Menstruationsbeschwerden hilft. Einige Mütter berichten auch, dass sie die Bauchschmerzen ihrer Babys durch erhöhte Fenchelaufnahme während der Stillzeit erfolgreich lindern konnten.

GUTE PARTNER

Apfel, Butter, Fisch, Käse (Parmesan, Frischkäse, Blauschimmelkäse), Oliven, Olivenöl, Orangen, Paprika, Tomaten, Zitrone.

ZERO-WASTE-MEDAILLE

Sieht Ihr Fenchel etwas mitgenommen aus, entfernen Sie Druckstellen oder eingetrocknete Blattansätze, bevor Sie ihn in feine Scheiben schneiden und in Eiswasser wiederbeleben. Doch lassen Sie ihn nicht länger als eine Stunde im Wasser, da er sonst sein Aroma verliert. Etwaige Reste kommen zu Ihrem „Brühen-Vorrat“ im Tiefkühlfach.

FENCHEL-TOMATEN-PANZANELLA MIT SELBSTGEMACHTEM RICOTTA

Es mag Ihnen übertrieben erscheinen, von Ihnen zu verlangen, den Ricotta selbst zu machen. Doch die Sache ist die: Er lässt sich so schnell und einfach herstellen, dass Sie ihn ab jetzt wahrscheinlich öfter selbst machen. Normalerweise verwendet man für Panzanella altes Brot, das sich mit Tomatensaft vollsaugt und so wieder weich wird. In dieser Version dreht sich alles um das Gegenspiel von knusprigem Brot und knackigem Fenchel mit cremigem Ricotta, unterbrochen nur von der unglaublichen Süße sonnenreifer Tomaten. Durch die Mischung aus verschiedenen Samen fühle ich mich jedes Mal wie im Bagel-Belt. Dann wird mir klar, dass ich eigentlich einen „Bagel mit allem“ in einer Schüssel gemacht habe.

FÜR 4 PORTIONEN ALS BEILAGE ODER VORSPEISE

- 1 kleine Fenchelknolle, das Fenchelgrün abgetrennt und separat aufbewahrt
- 1 rote Zwiebel, in dünne Scheiben geschnitten
- 500 g alte Tomatensorten (Erbstücktomaten), in Stücke geschnitten
- 60 ml Rotweinessig
- 60 ml natives Olivenöl extra, plus Öl zum Beträufeln
- 150 g Sauerteigbrot, in Stücke gezupft
- 3 EL knusprig gebratene Schalotten, grob gehackt
- 1 TL Kümmelsamen
- 1 TL Sesam
- 1 TL Schwarzkümmelsamen
- Heiliges, grünes oder rotblättriges Basilikum, zum Garnieren (optional)

Ricotta (ergibt 500 g)

- 2 TL Fenchelsamen (oder 1 TL gemahlener Fenchel, wenn Sie welchen bekommen können)
- 1 l Milch (siehe Tipp)
- 2 EL Zitronensaft

Für den Ricotta die Fenchelsamen in einem Mörser zu einem recht feinen Pulver mahlen und zusammen mit der Milch in einen Topf geben. Auf mittlerer Stufe erwärmen und aufkochen lassen. Dann den Zitronensaft unterrühren und, sobald die Flüssigkeit zu gerinnen beginnt, vom Herd nehmen, beiseitestellen und 30 Minuten gerinnen lassen.

Ein Sieb mit einem Passiertuch oder einem sauberen Geschirrtuch auslegen. Dann die Masse durch das Sieb streichen und den Quark von der Molke trennen. Heben Sie die Molke auf und verwenden Sie sie, wenn Sie das nächste Mal Pancakes oder Gemüsesuppe machen!

Das Sieb auf eine große Schüssel setzen und für 1 Stunde zum Abtropfen und Auskühlen in den Kühlschrank stellen.

Inzwischen die Fenchelknolle längs halbieren und die Hälften, beginnend auf der Schnittfläche, mit einem Gemüsehobel fein hobeln. Die Streifen in eine Schüssel mit Eiswasser legen.

Zwiebel, Tomaten und Essig in eine Schüssel füllen und in einer Pfanne das Olivenöl auf hoher Stufe erhitzen.

Die Brotstücke hinzufügen und unter Rühren 4–5 Minuten anrösten, bis sie goldbraun sind. Gebratene Schalotten, Kümmel-, Sesam- und Schwarzkümmelsamen darüberstreuen und 1–2 Minuten mitbraten, bis die Samen zu duften beginnen.

Vor dem Servieren den Fenchel abgießen und mit den Tomaten vermengen. Auf einer Platte anrichten und den Ricotta darüber verteilen. Die knusprig-würzigen Brotstücke, das Fenchelgrün und das Basilikum darüberstreuen und zum Schluss etwas Olivenöl darüberträufeln.

Tipp: **Je reichhaltiger und cremiger Ihre Milch ist, desto besser werden Geschmack und Textur des Ricotta. Da Sie schon den Aufwand betreiben und ihn selbst machen, nehmen Sie die beste Milch, die Sie bekommen können.**

Für Eilige: **Hier sage ich natürlich: Kaufen Sie den Ricotta … Wenn Sie ihn also nicht selbst machen, nehmen Sie wenn möglich welchen, der aus Büffelmilch hergestellt wurde, da er, was Geschmack und Konsistenz angeht, unschlagbar ist. Die nächstbeste Alternative wäre Ricotta aus reiner Molke, so wie er normalerweise gemacht wird.**

FENCHEL-CACCIATORE MIT FREE-STYLE-POLENTAKNÖDELN

Hähnchen-Cacciatore ist normalerweise ein Hähncheneintopf „auf Jägerart". Ich habe mir die Grundidee zu eigen gemacht und mich im Supermarkt an Fenchel anstelle von Geflügel herangepirscht. Ich habe auch das Konzept von Polenta auf den Kopf gestellt und sie in Free-style-Knödel verwandelt, die dem Eintopf an der Oberfläche Gehalt und Textur verleihen und nicht stillschweigend darunter versteckt werden. Beim Schmoren werden die faserigen Kanten des Fenchels weich und seine blumige Note kommt zum Vorschein. Ich brate ihn gerne etwas an, bevor ich ihn im Ofen vor sich hin schmoren lasse. Auch das Zusammenspiel von Tomate und Fenchel im gegarten Zustand ist im Vergleich zum Salat auf der vorherigen Seite interessant.

FÜR 4–6 PORTIONEN

190 g Polenta
3–4 mittelgroße Fenchelknollen, Stiele entfernen (siehe Tipps), Fenchelgrün aufheben
2 EL Olivenöl, plus Öl zum Beträufeln
140 g Kalamata-Oliven, entsteint (siehe Tipp)
2–3 Knoblauchzehen, grob gehackt
400 g ganze, geschälte Tomaten (Dose)
1 TL Rohrohrzucker
1 TL Salz
2 Rosmarinzweige
Geriebener Parmesan, zum Garnieren

Den Backofen auf 190 °C vorheizen und gleichzeitig eine ofenfeste Kasserolle darin aufwärmen. Die Polenta in 250 ml kaltem Wasser quellen lassen, während die restlichen Zutaten vorbereitet werden.

Die Fenchelknollen an der breitesten Stelle der Länge nach durchschneiden und die Hälften noch einmal halbieren. Gut in Olivenöl wenden.

Die heiße Kasserolle mit Ofenhandschuhen vorsichtig aus dem Backrohr holen und den Fenchel in einer Lage hineinschichten. Dann auf mittlerer bis hoher Stufe auf beiden Seiten 5–10 Minuten anbraten.

Die Hitze auf mittlere bis niedrige Stufe reduzieren, die Oliven und den Knoblauch hinzufügen und rühren, bis sie gut mit Saft überzogen sind. Die Tomaten in die Pfanne gießen und ein wenig zerdrücken. Die leere Dose bis zur Hälfte mit Wasser füllen, kurz schwenken und in die Pfanne gießen. Mit Zucker und Salz bestreuen und 10 Minuten köcheln lassen.

Die gequollene Polenta mit zwei Esslöffeln zu Nocken formen und diese auf der Sauce verteilen. Das Gefäß mit Alufolie oder einem festsitzenden Deckel abdecken. Ins Backrohr schieben und 40 Minuten backen, bis der Fenchel weich und die Sauce eingedickt ist.

Die Kasserolle aus dem Ofen nehmen und die Folie bzw. den Deckel entfernen. Die Ofentemperatur auf 220 °C erhöhen. Dann die Rosmarinzweige auf das Gericht legen und mit dem Parmesan bestreuen. Ohne Abdeckung weitere 5 Minuten im Ofen garen.

Bei Bedarf würzen und abschließend noch einmal mit Parmesan und Fenchelgrün bestreuen. Als reichhaltige Beilage oder herzhaftes Hauptgericht für Veggie-Fans servieren.

Tipp: **Vergessen Sie nicht, die Fenchelstiele zu Ihrem „Brühen-Vorrat" im Tiefkühlfach zu geben. Die Oliven entsteinen, indem Sie sie mit den Fingern an der dicksten Stelle zusammendrücken, bis die Kerne herausflutschen.**

Für Eilige: **Wenn Sie den Fenchel nicht anbraten möchten, geben Sie alle Zutaten (ausgenommen die Knödel) in eine Backform und garen Sie sie 45 Minuten im auf 240 °C vorgeheizten Backofen. Mit Instant-Polenta servieren.**

Extra: **Lösen Sie ein paar Fenchel-Bratwürste aus der Hülle und braten Sie sie wie Fleischbällchen rundherum braun an. Geben Sie sie anschließend zur köchelnden Sauce dazu. Und mit ein paar Hähnchenkeulen machen Sie einfach ein Hähnchen-Cacciatore mit Fenchel daraus.**

Resteverwertung: **Etwaige Reste können Sie in ein Gratin verwandeln, indem Sie ein wenig Parmesan und Fenchelgrün mit Panko vermengen und die Mischung dann vor dem Backen darüberstreuen.**

KNUSPRIGE FENCHEL-WEDGES MIT SAUERRAHM & SÜSSER CHILISAUCE

Wenn Sie, wie meine Wenigkeit, in den 1980ern und 1990ern aufgewachsen sind, haben Sie ausreichend Wedges mit Sauerrahm und süßer Chilisauce abbekommen. Damals galt diese Kombination – knusprige Wedges mit der milden Schärfe und dem aufdringlichen Zuckergeschmack der süßen Chilisauce, gepaart mit der kühlen Frische des Sauerrahms auf den Lippen – unter Teenagern schon fast als Gourmet-Gericht. Hier kommt meine Version für Erwachsene, bei der Kartoffel-Wedges durch Fenchel ersetzt werden, jede Menge Würze im Spiel ist und das Ganze eine Leichtigkeit bekommt, bei der auch Sie sich wieder für Wedges begeistern können.

FÜR 4–6 PORTIONEN ALS BEILAGE

- 2 Fenchelknollen, das Fenchelgrün aufheben
- 1 Knoblauchzehe, angedrückt
- 1 EL reduzierter Essig (von der Sauce Hollandaise auf Seite 330) oder Weißweinessig
- 1 ½ EL Salzflocken
- 100 g Panko (japanisches Paniermehl)
- 150 g Universalmehl
- 1 TL gemahlener weißer Pfeffer
- 2 Eier
- Reiskleie- oder Sonnenblumenöl, zum Frittieren
- 4 EL selbst gemachtes indonesisches Sambal mit Ananas (Seite 220), bzw. gekauftes
- 2 EL Zuckerrohrsirup oder flüssiger Honig
- Sauerrahm, zum Dippen

Die Fenchelknollen längs halbieren und der Länge nach in 2 cm dicke Spalten schneiden.

Mit der Knoblauchzehe, dem Essig und 1 EL Salzflocken in eine große, ofenfeste Schüssel geben. Mit kochendem Wasser übergießen und 10 Minuten stehen lassen, damit der Fenchel etwas weicher wird.

Inzwischen etwas vom Fenchelgrün zum Garnieren beiseitelegen und den Rest fein hacken. Es soll zumindest 1 EL ergeben. Mit dem Pankomehl und den restlichen Salzflocken in einer flachen Schüssel vermengen und in einer separaten flachen Schüssel das Mehl und den Pfeffer vermischen. Die Eier in eine dritte Schüssel aufschlagen und mit einer Gabel leicht verquirlen.

Einen breiten Topf 7 cm hoch mit dem Frittieröl Ihrer Wahl füllen und auf 180 °C erhitzen. Das Öl ist heiß genug, wenn etwas Panko innerhalb von 10 Sekunden im Öl goldbraun wird. Ein Backblech mit Küchenpapier auslegen und ein Kuchengitter daraufstellen.

Den eingeweichten Fenchel abgießen. Die Stücke nacheinander zuerst im Mehl und dann in der Eimasse wenden und anschließend gut mit Paniermehl bedecken.

Im heißen Öl portionsweise 3 Minuten frittieren, bis sie goldbraun sind. Auf dem Kuchengitter abtropfen lassen, während die restlichen Stücke frittiert werden. Noch einmal mit Salz würzen, solange sie heiß sind.

Für eine schnelle und einfache süße Chilisauce das Sambal und den Zuckerrohrsirup gut vermengen.

Das restliche Fenchelgrün über die Fenchel-Wedges streuen und heiß servieren. Sauerrahm und die selbst gemachte süße Chili-Sauce zum Dippen dazureichen.

Tipp: **Kleine Knollen oder Baby-Fenchel eignen sich besonders gut für dieses Rezept. Für Fingerfood können Sie sie vierteln oder sogar halbieren, wenn Sie besonders klein sind. Die Fenchelspalten können im Voraus blanchiert werden, um sie dann kurz vor dem Servieren zu frittieren. Doch panieren Sie sie erst unmittelbar vor dem Frittieren, damit sie nicht matschig werden.**

Glutenfrei: **Reispaniermehl oder Quinoaflocken lassen sich unter glutenfreiem Mehl gut frittieren.**

Vegan: **Zerdrückte Avocado mit Zitronensaft ist eine gute Dip-Alternative. Den Saft, der bei Dosenbohnen oder Kichererbsen (Aquafaba) übrig bleibt, kann man beim Panieren als Eiersatz verwenden.**

Knollensellerie

In einem Kurs über Filmtheorie, den ich an der Uni belegt hatte, beschäftigten wir uns einmal mit dem Horrorfilm *Eraserhead* von David Lynch, in welchem der Protagonist von einem babyähnlichen, knollenförmigen Etwas heimgesucht wird. Jedes Mal, wenn ich eine Knolle Sellerie sehe, muss ich seltsamerweise an den Film denken. Es sei Ihnen verziehen, dass Sie auf den ersten Blick vielleicht glauben, dass hier die Wurzel der „Selleriewurzel" (wie sie auch genannt wird) gegessen wird. Eigentlich handelt es sich um eine vergrößerte Knolle und die eigentlichen Wurzeln sind die wurmartigen Fortsätze an ihrer Unterseite. Beim Garen verwandelt sich der milde, erdige Geschmack des Knollenselleries in ein nussiges und würziges Aroma. Er kann auch roh gegessen werden. Gerieben in eine Remoulade gerührt, bietet er einen herrlichen Kontrast.

„Einfach großartig schmeckt Knollensellerie in Suppen und roh in Salaten sowie in einem berühmten türkischen Gericht, für das er kurz in jeder Menge Olivenöl und Orangesaft angebraten wird. Die Zitrusfrucht verleiht dem Gericht einen herrlich leichten Geschmack, der den aromatischen Knollensellerie gut ergänzt und ihn seine Farbe behalten lässt.“ – COSKUN UYSAL, TÜRKEI

EINKAUF & LAGERUNG

Da er ja zur Sellerie-Familie gehört, können Sie beim Kauf von frischem Knollensellerie im Herbst und Winter nach demselben Prinzip vorgehen: je lebendiger die Blätter, desto frischer die Knolle. Lassen Sie sich nicht davon beunruhigen, wenn alle Blätter entfernt wurden, solange die Knolle selbst einen festen Eindruck macht. Dieser Umstand zeugt meistens eher von einem übereifrigen Gemüsehändler als von schlechter Qualiät. Röstet man die Knolle gemeinsam mit den Blättern, vergrößert sich seine Geschmackspalette. Wenn Sie also ein Exemplar mit Blättern bekommen können, greifen Sie zu. Die Schale des Knollenselleries sollte so glatt wie möglich sein. Das erleichtert das Schälen, und Sie müssen keine großen Stücke herausschneiden. Lagern Sie ihn ungewaschen und locker, in einer Tüte verpackt, im Kühlschrank. Dort hält er sich über 1 Woche. Man kann Knollensellerie auch gut einfrieren. An einem stressfreien Sonntagnachmittag könnten Sie ihn also schälen, zerkleinern und einfrieren, um ihn später für die Verwendung in Suppen oder Eintöpfen zu portionieren.

Wash 'n' Go

Die größte Hürde beim Verzehr von Knollensellerie ist die Tatsache, dass er sehr schwierig zu säubern ist. Die knorrigen Wurzeln sind dermaßen in sich selbst verschlungen, dass Sie Schmutz auf heimtückischste Weise einschließen und als „Oktopus“ unter den Gemüsesorten durchgehen können. Wenn Sie auf herkömmliche Weise vorgehen und sie herausschneiden, besteht die Gefahr, dass dabei ein Drittel der Knolle verloren geht. Weichen Sie das ganze Ding stattdessen mindestens 10 Minuten in einer großen Schüssel mit Wasser ein, stellen Sie dann den Wasserhahn an und spülen Sie die Knolle unter laufendem Wasser ab, bis auch besonders hartnäckige Schmutzpartikel sich geschlagen geben. So gelangt auch wieder Feuchtigkeit in die Knolle. Wenn die Zeit knapp ist, vierteln Sie den Knollensellerie zuerst, um zu sehen, wie tief die Wurzeln in die Knolle reichen. Schneiden Sie sie dann mit einem Gemüsemesser so nah wie möglich am Fruchtfleisch ab.

GUTE PARTNER

Apfel, Apfelessig, Kartoffeln, Petersilie, Senf (vor allem grobkörniger Dijon-Senf), Zitrone.

ZERO-WASTE-MEDAILLE

Auch wenn die Selleriestiele der Knolle wahrscheinlich zu bitter sind, um sie in ihr Erdnussmusglas zu tunken, können Sie sie zu Ihrem „Brühen-Vorrat“ im Tiefkühlfach stecken und Gemüsebrühe daraus machen. Sie erhält dadurch ein extrem erdiges Aroma, ohne dass Sie Geld für einen zusätzlichen Bund Stangensellerie berappen müssen.

IM SALZMANTEL GEBACKENER KNOLLENSELLERIE MIT KÄSE

Dieses Gericht ist der Inbegriff von „ugly delicious“ (schrecklich köstlich): Die Schale ist schwarz und schrumpelig, jedoch vollständig essbar, während das Fruchtfleisch im Inneren würzig und frisch und gleichzeitig schön cremig ist. Ich kann nicht genug davon schwärmen. Und das sage ich nicht, weil ich nett sein will.

FÜR 4 PORTIONEN ALS BEILAGE

- 30 g Salzflocken
- 2 Stück Knollensellerie, 400–500 g pro Stück (siehe Tipps)
- 50 g Butter, zerkleinert
- 120 g Crème fraîche
- 100 g geriebener Gruyère oder Mozzarella
- ½ Bund Thymian, zu einzelnen Zweigen gezupft
- 1 TL Selleriesamen
- Salz, Pfeffer

Den Gitterrost in der Mitte des Backofens platzieren und ein mit Alufolie ausgelegtes Backblech darunterstellen. Den Backofen auf 220 °C vorheizen.

Das Salz und 500 ml frisch aufgekochtes Wasser in eine große Schüssel geben und rühren, bis sich das Salz aufgelöst hat. Den Knollensellerie hineinlegen und hin- und herbewegen, um ihn mit Wasser zu benetzen. So erhält er ganz einfach eine Salzkruste, die sowohl als Würze dient als auch die Wärme im Ofen noch verstärkt.

Den Knollensellerie auf den Gitterrost legen (über dem Backblech, um austretenden Saft aufzufangen und den Ofen sauber zu halten) und 1 ¼ Stunden garen, bis man ihn mit einem Messer an der fleischigsten Stelle wie Butter durchschneiden kann.

Anschließend 10 Minuten abkühlen lassen und dann die einzelnen Knollen an der Seite mit einem scharfen Messer einschneiden, sodass man sie mit den Fingern vorsichtig aufklappen kann. (Wem das zu schwierig ist, der schneidet die Knollen mit einem Buttermesser einfach in zwei Hälften.)

Den Knollensellerie so in einer Backform auflegen, dass das Fleisch gut sichtbar ist und dann mit Butterstückchen belegen. Die Hälfte der Crème fraîche auf den Knollen verteilen und dann Käse, Thymianzweige und Selleriesamen darüberstreuen. Mit Salz und Pfeffer würzen.

Den Gitterrost im oberen Bereich des Ofens platzieren. Den Ofengrill auf hoher Stufe anschalten und den Knollensellerie 4–5 Minuten grillen, bis der Käse goldbraun ist. Warm servieren.

Tipp: **Für diese falsche Béchamel-Sauce werden Crème fraîche oder Sauerrahm, Käse und Butter einfach übereinandergeschichtet. Umrühren ist nicht nötig … und sie funktioniert auch prima bei Lasagne!**

Wenn Sie keinen Knollensellerie haben, aber Kohlrabi vorrätig ist, können Sie ihn ebenfalls auf diese Art zubereiten.

Blumenkohl

Wenn es um vielseitige Gemüsesorten geht, kommt man an Blumenkohl nicht vorbei. Er kann im Ganzen geschmort, im Mixer zu „Blumenkohl-Couscous“ zerkleinert, zu einer Suppe püriert oder zu Piccalilli eingelegt werden. Aufgrund seines herrlich milden Aromas werden in vielen Küchen verschiedenste Speisen mit diesem Kohlgemüse ergänzt. Verarbeiten Sie ihn wie seinen nahen Verwandten, den Brokkoli, indem Sie ihn dämpfen oder in ein Pfannengericht rühren. Er hat sich auch als echter Formwandler erwiesen. In dicke Scheiben geschnitten und gebraten wie ein Steak oder zu Pulver getrocknet als alternatives Stärkemehl für Cracker.

Weiß

Blumenkohl

„Ich liebe Blumenkohl, gegrillt als Steaks mit einer Vinaigrette aus Balsamico-Essig und Olivenöl oder im Winter püriert als Gratin mit Mornaysauce und natürlich auch als Suppe.“ – PHILIPPE MOUCHEL, FRANKREICH

EINKAUF & LAGERUNG

Am makellos weißen und zarten Fruchtfleisch von frischem Blumenkohl kann man leicht erkennen, dass man hier einen Volltreffer landet. Obwohl seine Hauptsaison der Herbst ist, bekommt man ihn fast das ganze Jahr über. Achten Sie auf eine saubere Blüte (d. h. den Kopf) und knackig frische Blätter. Ein weiterer guter Frischeindikator ist die Stelle, wo der Kopf vom Stiel getrennt wurde. Je feuchter sie ist, desto frischer sind die Röschen. Erinnert der Strunk (in Farbe oder Textur) an Asche oder weist die Blüte Verfärbungen auf, kann man davon ausgehen, dass diese Köpfe schon so einiges gesehen haben. Aber das lässt sich leicht mit einem Gemüsemesser oder -schäler beheben. Schlappe Röschen sind auch nicht das Ende der Welt. Verwenden Sie sie für Blumenkohlsuppe, und niemand wird etwas merken. Es ist immer kosteneffizienter, einen ganzen Kopf zu kaufen und mit etwaigen Resten, seien sie gebraten oder gedämpft, dem Gericht, das Sie am darauffolgenden Tag kochen, Gehalt zu verleihen. Blumenkohl kann sich bis zu 2 Wochen im Gemüsefach halten, wenn die Blätter beim Kauf knackig und frisch waren. Wenn Sie sich lieber für einen halben Blumenkohl entscheiden, stellen Sie ihn entweder im untersten Kühlschrankfach in ein Glas mit Wasser oder packen Sie ihn lose ein, bevor Sie ihn im Gemüsefach verstauen, um den unvermeidlichen Austrocknungsprozess zu verlangsamen. Übrigens können Sie blanchierte Blumenkohlröschen auch auf einem Tablett einfrieren, bevor Sie sie portionieren und wieder ins Gefrierfach packen.

NOCH MEHR BLUMENKOHL: BABY-BLUMENKOHL (CAULINI)

Auch als „blühender Blumenkohl“ oder Fioretto bekannt, hat er keinen kompakten Kopf, sondern besitzt längliche Stiele mit cremeweißen Blüten. Sie zieren gerne die Teller in schicken Restaurants, wo sie angekocht und anschließend in Butter oder leichter Brühe geschwenkt werden. Sie eignen sich auch wunderbar für Tempura. Dafür werden sie kurz in blubbernden Teig getunkt und dann frittiert, wobei die feinen Blüten ihre zarten Ranken durch die knusprige Hülle strecken. Ich mische Caulini auch gerne unter Pfannengerichte, denen sie, wie Brokkolini, etwas Extra-Crunch verleihen. Sie passen auch hervorragend zu einer Portion von Laus Gemüse (siehe Rezept auf Seite 104).

GUTE PARTNER

Butter, Chili, Currypulver, Käse (vor allem Cheddar, Blauschimmelkäse, Parmesan), Knoblauch, Pfeffer, Sahne, Sardellen, Zitrone (vor allem die Schale).

Rice is nice

Blumenkohl-Reis hat sich zu einer beliebten getreidefreien Alternative zu seinem Namensvetter entwickelt, der jedem Gericht eine Extraportion Geschmack verleiht. Verzichten Sie auf die fertige, abgepackte Variante und machen Sie ihn selbst. Ich reibe rohen Blumenkohl ganz einfach (oder zerkleinere ihn im Mixer, wenn es mehr als zwei Köpfe sind) und gieße mein heißes Curry oder meinen Eintopf darüber, damit er etwas weicher wird. Oder Sie reiben ihn etwas gröber und schon wird Blumenkohl-Couscous daraus.

Rotes Blumenkohl-Tabouleh

½ Zwiebel fein würfeln, mit 4 gewürfelten Pflaumentomaten und 1–2 zerdrückten Knoblauchzehen vermengen und mit Salz und Pfeffer abschmecken. Einen violetten Blumenkohl in Röschen zerteilen, in eine ofenfeste Schüssel geben und mit kochend heißem Wasser bedecken. Inzwischen die Schale von 1 Zitrone abreiben, dann den Saft auspressen und zu den Tomaten gießen. Den Blumenkohl abgießen, gut abtropfen lassen und dann mit der Zitronenschale, 1 TL gemahlenem Sumach und 2 EL Olivenöl in der Küchenmaschine fein zerkleinern und mit den Tomaten vermengen. Anschließend 40 g gehackte Petersilie und 20 g gehackte Minze darüberstreuen und kurz vor dem Servieren alles miteinander vermengen. (Wenn Sie keinen violetten Blumenkohl bekommen können, suchen Sie nach anderen Farbvarianten. Es gibt sie von Hellgrün über Gelb bis hin zu Orange. Oder zerkleinern Sie eine kleine, gekochte Rote Bete gemeinsam mit weißem Blumenkohl, um die typische Färbung nachzuahmen!)

ZERO-WASTE-MEDAILLE

Blumenkohlblätter schmecken überraschend gut. Rösten Sie sie wie Grünkohl-Chips (siehe Seite 360), bis sie goldbraun und knusprig sind. Wenn Sie ein Rezept haben, für das Sie nur die Röschen benötigen, werfen Sie den Strunk auf keinen Fall weg. Ihn mag ich am liebsten. Schneiden Sie das Strunkende ab, damit Sie wissen, wie viel der holzigen Schale entfernt werden muss und machen Sie sich mit einem Gemüsemesser oder -schäler daran, das süße und hellere Innere freizulegen. Diesen Teil können Sie wie Stangensellerie roh essen, und vielleicht möchten die kleinen Leute in Ihrem Haushalt ja auch davon naschen. Das wird sie zu lebenslagen Kohlgemüse-Fans machen, und eines Tages schreiben sie vielleicht sogar über diese Erfahrung. Blumenkohlreste zerkleinern Sie am besten in der Küchenmaschine, übergießen sie mit kochendem Wasser, blanchieren sie kurz und gießen sie dann ab. Anschließend flach auf einem Tablett ausbreiten, einfrieren, dann portionieren und bis zur Verwendung im Tiefkühlfach lagern.

IM OFEN GERÖSTETER GANZER BLUMENKOHL

Keine Gemüsebibel des 21. Jahrhunderts wäre ohne dieses Gericht komplett. Als nämlich der Küchenchef und Eigentümer des Miznon, Eyal Shani, begann, ganze geröstete Blumenkohlköpfe auf die Tische seiner Restaurants in Tel Aviv, New York und Melbourne zu zaubern, hat das schlichtweg die Art und Weise, wie die Leute ihr Gemüse zu Hause zubereiten, verändert. Jetzt steht dieses Gericht in jedem neu eröffneten vegetarischen Lokal auf der Speisekarte, da es bei allen gut ankommt. Auch mein Mann Nick findet dieses Gericht toll, da er sich für gewöhnlich um den Abwasch kümmert (das, was alle besseren Hälften tun sollten). Bei den Gewürzen variiere ich hin und wieder. An Tagen, an denen ich es orientalisch mag, reibe ich den Blumenkohl vor dem Rösten mit Gewürzen wie Kreuzkümmel und Koriander ein und verfeinere ihn mit Dukkah und Granatapfel. Und manchmal reibe ich ihn mit Kurkuma ein, bereite eine Gurken-Raita zu und serviere ihn mit viel frischem Koriander. Haben Sie das Prinzip des „Dampfbratens" erst einmal verstanden, liegt Ihnen sozusagen die Blumenkohlwelt zu Füßen.

FÜR 4–6 PORTIONEN

1 Blumenkohl, wenn möglich mit ein paar saftigen Blättern
2 EL Olivenöl, plus Öl zum Beträufeln
1 TL Salzflocken, plus Salz zum Bestreuen

Den Blumenkohl zuerst 5 Minuten mit dem Kopf nach unten und dann weitere 5 Minuten mit dem Strunk nach unten in einer großen Schüssel mit Salzwasser einweichen. So haben alle „Mitreisenden" Zeit, das Schiff zu verlassen.

Mit den Fingerspitzen und vielleicht dem einen oder anderen Wasserstrahl die Blattansätze von noch vorhandenem Schmutz befreien. Den Strunk, wenn nötig, flach abschneiden, damit der Blumenkohl aufrecht steht.

Eine ofenfeste Kasserolle vorbereiten (ich nehme gerne eine aus Gusseisen), in die der Blumenkohl auch bei geschlossenem Deckel bequem hineinpasst. Den Blumenkohl mit dem Strunk nach unten hineinsetzen. Die Kasserolle zwei Finger hoch mit kaltem Wasser füllen. Den Deckel daraufsetzen und auf mittlerer bis niedriger Stufe 15 Minuten kochen/dämpfen. Die geringe Wassermenge gart den dickeren Strunk, während es den zarteren Kopf nur dämpft. So wird Letzterer nicht matschig.

Den Backofen inzwischen auf 240 °C vorheizen.

Nach 15 Minuten den Deckel von der Kasserolle nehmen und den Blumenkohl mit einem Geschirrtuch vorsichtig herausheben. Das Wasser abgießen, den Blumenkohl mit dem Kopf nach oben wieder in das Gefäß setzen und 5–10 Minuten warten, bis das restliche Wasser verdampft ist. Dadurch wird er im Ofen knuspriger.

Ist der Blumenkohl so weit abgekühlt, dass man ihn anfassen kann, auf ein Schneidebrett setzen und das Olivenöl sowie das Salz mit den Händen in jede Ritze einmassieren.

Zwei Backpapierbögen überlappend nebeneinanderlegen, zu einer Art Gefäß formen und in die Kasserolle legen. Den Blumenkohl vorsichtig hineinlegen, in den Ofen schieben und 25–35 Minuten rösten, je nachdem wie groß der Blumenkohl ist und wie braun Sie ihn an der Oberfläche werden lassen möchten, ohne die Nerven zu verlieren. Ich röste einen 1,2 kg schweren Kopf normalerweise 30 Minuten lang.

(Manchmal röste ich den Blumenkohl mit aufgesetztem Deckel, um noch mehr Hitze zu erzeugen. Sie können ihn aber auch in einem Topf dämpfen und dann auf einem Backblech rösten, wenn Sie es vorziehen, weniger gefährlich zu leben.)

Den Blumenkohl kurz abkühlen lassen, dann behutsam mitsamt dem Backpapier herausheben, damit er nicht zerfällt. Mit etwas Olivenöl beträufeln, noch etwas Salz darüberstreuen und anschließend servieren.

WEISSE & GRÜNE GIARDINIERA

Ich mag das Konzept hinter diesem italienischen eingelegten Gemüse. In diesem Fall sind Sie der „Gärtner“/die „Gärtnerin“ und pflanzen und kultivieren in jedem Glas sprichwörtlich Ihren eigenen „Garten“. Bei der klassischen Variante sind die Farben die der Trikolore, bei der sich Gemüse wie weißer Blumenkohl, rote Paprika und grüner Sellerie abwechseln und sich vereinzelt Möhrenstücke dazwischenschummeln. Doch ich wollte hier nur grüne und weiße Blumenkohlsorten verwenden. Haben Sie bei diesem eingelegten Gemüse erst einmal den Dreh raus, können Sie auch andere Gemüsesorten dafür verwenden und damit Ihre Vorräte für jene Regentage auffüllen, an denen der einzige Garten, den Sie genießen möchten, der in Ihrer Vorratskammer ist, der schon darauf wartet, auf Sandwiches oder Käseplatten angerichtet zu werden.

Beginnen Sie mit diesem Rezept schon am Vortag.

ERGIBT EIN GLAS MIT 1,5 LITER FASSUNGSVERMÖGEN

- ½ Blumenkohl (etwa 250 g), in Röschen zerteilt
- 1 kleiner Romanesco/Brokkoli (etwa 400 g), in Röschen zerteilt
- 3 Frühlingszwiebeln, in 1 cm dicke Scheiben geschnitten
- 3 kleine Stangen Sellerie, in 3 cm lange Stücke geschnitten
- 4 Knoblauchzehen, geschält
- 5 getrocknete Lorbeerblätter
- 2 lange grüne Chilischoten, längs halbiert
- 35 g Salzflocken
- 2 EL Fenchelsamen
- 2 EL braune Senfkörner
- 300 g grüne oder sizilianische Oliven, entsteint und halbiert

Einlegeflüssigkeit

- 375 ml Weißweinessig
- 375 ml Wasser
- 2 TL Salzflocken

Die Blumenkohl- und Romanescoröschen zusammen mit den Frühlingszwiebeln, dem Sellerie, dem Knoblauch, den Lorbeerblättern und dem Chili in eine große nicht reaktive Schüssel (aus Edelstahl oder Emaille) geben.

Salz hinzufügen und alles vermengen. Dann mit Wasser gerade eben so bedecken und über Nacht ziehen lassen.

Am nächsten Tag ein Einmachglas mit 1,5 Liter Fassungsvermögen mit heißem Wasser und Spülmittel waschen, gut abspülen und verkehrt herum trocknen lassen.

Jeweils 1 EL Fenchelsamen und Senfkörner in das saubere, trockene Glas geben. Das Gemüse abgießen und gut mit den Oliven vermengen. Anschließend alles in das Einmachglas füllen. Mit den restlichen Fenchelsamen und Senfkörnern abschließen.

In einem Topf die Zutaten für die Einlegeflüssigkeit auf hoher Stufe zum Kochen bringen. Die heiße Flüssigkeit mit einem sauberen Schöpflöffel bis 5 mm unter den Rand in das Glas füllen. Den Deckel verschließen, abkühlen lassen und an einem kühlen, dunklen Ort lagern. Nach ein paar Tagen können Sie sich über das Gemüse hermachen.

Ungeöffnet hält die Giardiniera 2–3 Monate.

Einmal offen, sollte sie im Kühlschrank gelagert und innerhalb von 1 Monat aufgebraucht werden. Achten Sie dabei darauf, dass das Gemüse immer mit Saft bedeckt ist.

Tipp: **Eingelegter Knoblauch nimmt manchmal einen grünbläulichen Farbton an, kann aber nichtsdestotrotz gegessen werden. In einigen Kulturen wird farbiger Knoblauch sogar sehr geschätzt. So wird z. B. der „Laba“-Knoblauch, mit seiner vielversprechenden jadegrünen Farbe, zum chinesischen Neujahr serviert.**

Wenn Ihre Giardiniera ohne grünen Knoblauch auskommen soll, verwenden Sie gefiltertes Wasser, jodfreies Salz und und nicht-reaktives Kochgeschirr für die Einlegeflüssigkeit.

FRITTIERTER BLUMENKOHL AUF KERALA-ART MIT KOKOSCHUTNEY

Knusprige Blumenkohlstücke mit köstlichen südindischen Gewürzen und ergänzt durch ein schnelles und einfaches Kokoschutney. Das Gericht ist bereits glutenfrei, wird aber mit einem Dip aus Kokosjoghurt auch vegan. Servieren Sie es als herrliches Fingerfood oder als köstliches Frühstück, mit einem Spiegelei oder Rührei. Ist dieses Buch innerhalb der nächsten Stunde nicht mit öligen Fingerabdrücken übersät, bin ich wirklich enttäuscht.

FÜR 4 PORTIONEN ALS VORSPEISE

½ Blumenkohl
150 g Kichererbsenmehl
75 g Reismehl
¼ TL Backpulver
1 TL Salzflocken
2 TL gemahlene Kurkuma
2 TL Kaschmir-Chilipulver
2 TL mildes Currypulver
250 ml sehr kaltes Mineralwasser
1 Knoblauchzehe, fein gerieben
1 TL frischer Ingwer, fein gerieben
Reiskleieöl, zum Braten
3 Zweige mit Curryblättern, gewaschen und trocken getupft
Koriandergrün, zum Garnieren
1–2 Limetten, in Spalten geschnitten
Griechisches Joghurt, zum Garnieren

Kokoschutney (ergibt 375 ml)

100 g Kokosnussfleisch (bzw. Kokosraspeln)
1 ½ EL Kokosöl
1 TL Kreuzkümmelsamen
1 TL schwarze Senfkörner
1 TL Chiliflocken
20 Curryblätter, gewaschen und trocken getupft
1 grüne Chilischote, gehackt
1 ½ TL Tamarindenpaste
1 TL Rohrohrzucker
1 Bund Koriandergrün, gehackt

Den Strunk vom Blumenkohl entfernen, in dünne Scheiben schneiden und beiseitestellen. Den restlichen Blumenkohl in kleine, 3–4 cm große Röschen zerteilen. Die Blätter abziehen und zum Braten aufbewahren.

In einer großen Schüssel Kichererbsenmehl, Reismehl, Backpulver, Salzflocken und jeweils 1 TL Kurkuma-, Chili- und Currypulver vermengen. In die Mitte eine Mulde drücken, das Mineralwasser hineingießen, Knoblauch und Ingwer hinzufügen und alles zu einer glatten Masse verrühren. Die Blumenkohlröschen unterheben und mit dem Teig überziehen. Danach mindestens 15 Minuten (bis zu 1 Stunde) kalt stellen.

Für das Kokoschutney das Kokosnussfleisch in eine Schüssel geben und mit frisch aufgekochtem Wasser übergießen. 5 Minuten weich werden lassen. Inzwischen in einer Pfanne das Kokosöl, den Kreuzkümmel, die Senfkörner, die Chiliflocken, die Curryblätter und den in Scheiben geschnittenen Blumenkohlstrunk auf mittlerer bis hoher Stufe erhitzen und 3–4 Minuten anbraten, bis die Senfkörner aufplatzen und der Blumenkohl weich ist. Alles zusammen mit den restlichen Chutney-Zutaten und dem abgetropften Kokosnussfleisch in einen Mixer geben und zu einer glatten Masse verarbeiten. Um das Ganze cremiger zu machen, löffelweise Wasser hinzufügen und nach Geschmack würzen.

In einen Wok oder einen Topf 3 cm hoch Reiskleieöl füllen und auf hoher Stufe auf 180 °C erhitzen. Ein kleiner Teigklecks sollte nicht länger als 30 Sekunden brauchen, um goldbraun zu werden. Die gut abgetrockneten Curryblätterzweige hineinlegen (Achtung Spritzgefahr!) und 30 Sekunden frittieren, bis sie knusprig sind. Auf Küchenpapier abtropfen lassen.

Den überschüssigen Teig von den Blumenkohlröschen schütteln, zusammen mit den Blättern portionsweise in das heiße Öl geben und 3–4 Minuten frittieren, bis sie goldbraun sind.

Anschließend auf Küchenpapier abtropfen lassen.

Ein Viertel des Frittieröls durch ein Sieb in einen kalten Topf gießen und eine 5 mm hohe Schicht in der Pfanne lassen. Die Pfanne gemeinsam mit den restlichen Gewürzen auf den Herd stellen und 1 Minute erhitzen, bis das Öl zu brutzeln beginnt. Die frittierten Blumenkohlstücke hinzufügen und unter Rühren 3 Minuten garen, bis sie mit dem Gewürzöl überzogen und goldbraun sind.

Auf einer Servierplatte anrichten und mit den knusprigen Curry-Blättern sowie dem Koriander bestreuen. Mit dem Kokoschutney, den Limettenspalten und dem Joghurt servieren.

KÄSE-MAKKARONI

Oft sind Käse-Makkaroni-Rezepte zu kompliziert (ja, ich meine die Béchamelsauce). An diesem Rezept liebe ich daher die Tatsache, dass das Einzige, was zwischen Ihnen und einer Schüssel voll cremiger Köstlichkeit mit prachtvollen Spargelstangen steht, die Garzeit der Nudeln ist. Haben Sie keine Zeit, das Gemüse zu kochen, schneiden Sie den Spargel in feine Scheiben und geben Sie diese kurz, bevor Sie die Nudeln abgießen, in das Sieb. Das gart den Spargel so weit, dass er nicht mehr als roh durchgeht. Sie können auch kurz, bevor Sie den Herd ausmachen und die Nudeln abgießen, etwas vom Blumenkohl in das Nudelwasser reiben. Kochendes Wasser in rauen Mengen über 150–300 g Tiefkühlerbsen zu gießen ist eine weitere Alternative.

FÜR 4 PORTIONEN

- 500 g Makkaroni (oder glutenfreie Pasta)
- 3–4 Bund Spargel, insgesamt etwa 600 g
- ½ Blumenkohl, mit Blättern
- 100 g Butter
- 300 g Comté-Käse (oder Gruyère oder Cheddar), gerieben
- 250 g Parmesan, gerieben
- Olivenöl, zum Beträufeln

Nussbutter als Extra

- 80 g Butter
- 1 Handvoll rohe oder geröstete Haselnusskerne

Ihren größten Topf zu drei viertel mit Wasser füllen, großzügig mit Salz würzen und kräftig aufkochen lassen. Die Makkaroni hinzufügen und 3 Minuten von der angegebenen Kochdauer abziehen und den Timer stellen.

Inzwischen die holzigen Enden des Spargels abschneiden und beiseitelegen. Dann die Stangen in mundgerechte Stücke schneiden. Den Blumenkohl in mundgerechte Röschen und die Stiele in kleine Stücke zerteilen. Die Blätter ebenfalls in mundgerechte Stücke schneiden und aufheben.

In einem großen beschichteten Topf die Butter schmelzen.

Ist der Timer abgelaufen, den Blumenkohl zu den Nudeln kippen und den Timer auf weitere 2 Minuten stellen. Ist die Zeit abgelaufen, den Spargel dazugeben und den Timer auf noch 1 Minute stellen. Eine Tasse mit Nudelwasser füllen und beiseitestellen. Dann den Spargel, den Blumenkohl und die Pasta behutsam in ein Sieb abgießen.

Für die Nussbutter die Spargelenden und die Blumenkohlblätter zusammen mit der Butter und den Haselnüssen in den leeren Nudeltopf geben. Alles auf mittlerer Stufe vor sich hin brutzeln und braun werden lassen, bis es aus dem Topf duftet, als würden Sie Kekse darin backen. Dann bis zum Garnieren beiseitestellen.

Inzwischen den geriebenen Comté und etwa 200 g Parmesan in den Topf mit der geschmolzenen Butter geben, dann die gekochten Nudeln, das Gemüse und das in der Tasse aufbewahrte Nudelwasser dazugeben. Gut verrühren, bis alles ein einziges, cremiges Durcheinander ist. Dann mit Salz und jeder Menge frisch geriebenem schwarzen Pfeffer abschmecken.

Zum Schluss die braune Buttermasse auf den Käse-Makkaroni verteilen. Alle Servierschüsseln mit dem restlichen Parmesan bestreuen, etwas schwarzen Pfeffer darübermahlen, mit einem Schuss Olivenöl beträufeln und servieren.

Doppelt im Einsatz: **Bewahren Sie die Reste in einem ofenfesten Gefäß auf. Dann müssen Sie am nächsten Tag nur noch Panko oder Reismehl darüberstreuen, etwas Olivenöl darübergießen, mit geriebenem Parmesan abschließen und alles etwa 10 Minuten bei 180 °C erwärmen.**

Chinakohl

Die Blätter gekräuselt wie ein Wirsing und im Biss knackig wie grüner Salat, ist Chinakohl ein tolles Kohlgemüse für Anfänger. In wärmeren und feuchteren Klimazonen zu Hause, wo er das ganze Jahr über wächst, nimmt er Aromen viel besser auf, ist hitzeempfindlicher als seine kühlen Verwandten und passt gut zu frischen Sommersalaten und Pfannengerichten. Die festen Blätter von Weiß- oder Rotkohl müssen oft blanchiert werden, damit sie weich werden. Roher Chinakohl dagegen ist bereits saftig und knackig und passt daher wunderbar zu Coleslaw. Chinakohl spielt auch die Hauptrolle in einem meiner Lieblingsfermente: Kimchi – Koreas würzige Antwort auf Sauerkraut. Ohne Kimchi in Ihrem Kühlschrank verpassen Sie wirklich etwas. (Sie leiden vielleicht unter, wie ich es gerne nenne, FORKO: Fear Of Regular Kimchi Outage – Angst davor, dass Ihr Kimchi-Vorrat knapp wird.) Es handelt sich hier nicht nur um eine einfache Beilage oder einen Snack, der obendrein sehr gesund ist. Kimchi ist auch eine einfache Basis für viele Gerichte.

„Größere Blätter blanchiere ich und verwende sie als Wrap für Teigtaschen, oder ich schneide ihn ganz fein für asiatischen Krautsalat. Dabei verwende ich sowohl die Blätter als auch die Stiele, um Abfall zu vermeiden, aber auch um von den unterschiedlichen Texturen zu profitieren.“

–CHRISTINE MANFIELD, AUSTRALIEN

EINKAUF & LAGERUNG

Da dem Chinakohl die Festigkeit seiner Verwandten fehlt, verliert er auch schneller an Spannkraft. Er hält deshalb nicht so lange im Gemüsefach wie klassischer Winterkohl. Oft wird im Geschäft der obere Teil des Chinakohls abgeschnitten, sobald die gekräuselten Blätter beginnen sich einzurollen oder einen leichten Graustich annehmen. Achten Sie auch auf sich ausbreitende graue Stellen auf Chinakohl-Hälften, die schon vorab auseinandergeschnitten wurden. Je länger sie den Elementen ausgesetzt sind, desto trockener und härter werden die Schnittflächen. Deshalb kaufen Sie Chinakohl am besten im Ganzen und verbrauchen in innerhalb weniger Tage. Achten Sie darauf, dass das Fleisch schön weiß und knackig ist und die Blätter eng aneinanderliegen. Alles, was Sie nicht sofort verbrauchen, können Sie in ein Bienenwachstuch oder ein feuchtes Küchentuch einwickeln. Doch versuchen Sie, Chinakohl so schnell wie möglich aufzubrauchen, da auch der Kühlschrank ihn nicht länger als 4 Tage frisch halten kann, sobald er einmal angeschnitten ist. Tatsächlich sagt mein Mann, der „Lebensmittelprophet“, nachdem wir wieder einmal einen Kohlgemüsevorrat eingekauft haben, zu mir: „Du musst den Chinakohl zuerst verbrauchen, damit du ihn nicht vergisst.“ Und entweder schlemmen wir wirklich wie die Chinakohl-Könige oder ziehen nach einer Woche einen auf wundersame Weise verschrumpelten Chinakohl-Kopf aus dem Gemüsefach.

ZUBEREITUNG

Abgesehen vom Strunk, der gewaschen und für die nächste Gemüsebrühe im Tiefkühlfach aufbewahrt wird, kann der restliche Chinakohl zur Gänze verarbeitet werden. Beginnen Sie bei den grünen Blättern und schneiden Sie sie für Coleslaw oder andere Salate mit einem scharfen Messer in feine Streifen. Die feine Textur ist viel zu schön, um hierfür die Küchenmaschine zu bemühen. Als Zusatz für Suppen oder für Kimchi werden die Blätter in dickere Streifen geschnitten. Die ganzen Blätter können Sie als Wrap für Hackfleisch verwenden, entweder roh wie bei San Choy Bau oder gegart für gefüllte Kohltaschen, ohne dass sie vorab blanchiert werden müssen. Tatsächlich kann in den meisten Kohl-Rezepten der Kohl durch Chinakohl ersetzt werden. Sie müssen nur die Garzeit reduzieren, damit am Ende kein matschiger Brei übrigbleibt.

GUTE PARTNER

Austernsauce, Kewpie-Mayonnaise, Koriander, Möhre, Sesam (Öl, Samen), Sojasauce.

ZERO-WASTE-MEDAILLE

Bewahren Sie die äußeren Blätter vor dem Komposthaufen und verwenden Sie sie für Pfannengerichte. Auf hoher Stufe scharf angebraten, verleihen sie ihnen eine herrliche Textur und zusätzliche Frische und nehmen die Sauce im Handumdrehen auf.

KIMCHI AUF DREIERLEI ART

Hier kommen drei gute Gründe, Kimchi entweder selbst herzustellen oder ein Glas mit qualitativ hochwertigem Inhalt aus dem Geschäft mitzunehmen. Wenn viele „Bioaktiv"-Hinweise darauf angebracht sind, wissen Sie, dass es sich um gute Qualität handelt.

FÜR 3 PORTIONEN

Kimchi-Bohnen

In einer Pfanne 1 EL Olivenöl auf mittlerer Stufe erhitzen. 75 g Kimchi hinzufügen und 3–5 Minuten anbraten, bis es Farbe annimmt und im Duft noch intensiver wird. 180 g gegarte weiße Bohnen unterrühren, niederdrücken (mit einer kleineren Pfanne) und auf mittlerer Stufe 10 Minuten garen. Immer wieder umrühren und niederdrücken, damit die Bohnen warm werden, Farbe annehmen und sich die Aromen vermischen. Sie müssen aber nicht die ganze Zeit neben dem Herd stehen bleiben. Auf getoasteten Sauerteigbrotscheiben servieren. Sie können das Brot vorher mit Avocadomus bestreichen und mit einem Klecks griechischen Joghurt garnieren.

Gebratener Reis mit Kimchi

Einen Wok oder eine große, gut eingebrannte Gusseisenpfanne erhitzen, bis sie zu rauchen beginnt. 1 TL Erdnussöl und 75 g Kimchi hinzufügen. Unter Rühren Farbe annehmen lassen, dann aus der Pfanne nehmen und beiseitestellen. Weitere 2 EL Erdnussöl erhitzen und 370 g kalten, gekochten Reis auf hoher Stufe darin anbraten, bis der Reis Farbe annimmt. Dann den Reis auf eine Seite schieben (bzw. herausnehmen, wenn die Pfanne nicht groß genug ist). 2–3 Eier hineinschlagen und die Spiegeleier braten, bis der Dotter gerade noch flüssig ist. Aus der Pfanne gleiten lassen und beiseitestellen. Den Reis und das Kimchi wieder in die Pfanne geben, ein paar Mal durchrühren und dann 2 EL Sojasauce dazugießen. Nach Geschmack würzen. Möglicherweise möchten Sie mehr Sojasauce verwenden. Mit den Spiegeleiern belegt servieren und, wenn Sie etwas mehr Pep brauchen, mit in Scheiben geschnittenen Frühlingszwiebeln sowie einem Spritzer Sriracha-Sauce garnieren.

Kimchi-Aioli

1 EL Kimchi-Saft sowie 100 g abgetropftes, grob zerkleinertes Kimchi in eine Küchenmaschine füllen. 1 Ei hineinschlagen, 185 ml Traubenkernöl mit 60 ml Olivenöl vermengen und die Ölmischung bei laufendem Motor langsam und stetig dazugießen, bis eine Emulsion entstanden ist. (Wenn Sie einen Stabmixer mit einem Messbecher haben, können Sie einfach alle Zutaten in den Messbecher füllen, den Stabmixer so hineinstellen, dass er den Boden berührt und mixen.) Nach Geschmack würzen. Im Kühlschrank aufbewahren und als Dip zu knusprigem Fingerfood servieren oder dieses damit beträufeln. (Auf dem Foto wurden dünne, stärkehaltige Kartoffelsticks in Sonnenblumenöl frittiert, bis sie außen knusprig und innen schön zart waren.)

CHINAKOHL-SLAW MIT PFLAUMENSAUCE UND KNUSPRIG GEBRATENEN NUDELN

Ich werde nie vergessen, wie erwachsen ich mich in der Highschool fühlte, als wir in der 12. Klasse unseren Gemeinschaftsraum beziehen durften. Neben der Spüle stand ein alter Tisch, der als Kochnische diente und mit einigen wenigen Geräten ausgestattet war, die die Lehrer uns anvertrauten: einem Wasserkocher, einem Toaster und einer Mikrowelle mit abgenutzten Knöpfen. Wie sich herausstellte, hatten sie keinen Grund zur Sorge, da unser Jahrgang von einer neuen Welle innovativer Kochkunst mitgerissen wurde: Nudeln, die nicht gekocht werden mussten. Ja genau, endlich hatten wir alle Geräte, die wir brauchten, um etwas Ordentliches zuzubereiten, aber stattdessen zogen wir 2-Minuten-Nudeln aus ihrer Verpackung und knabberten an ihnen wie an Toast. Ich möchte gerne glauben, dass ich nicht gekochte Nudeln längst hinter mir gelassen habe, doch dieser Slaw, mit knusprigen Nudeln (die von der gekochten Sorte) und gekauften Honig-Cashews ist genauso aberwitzig und schmeckt richtig köstlich – auch wenn man erwachsen ist.

FÜR 6–8 PORTIONEN ALS BEILAGE

- 3 Frühlingszwiebeln, schräg in dünne Scheiben geschnitten
- 4 Radieschen, geviertelt und in dünne Scheiben geschnitten
- ½ Chinakohl (etwa 600 g), fein gehobelt
- 100 g in Öl geröstete Nudeln (Fertigprodukt, aus dem Asienladen)
- 50 g gehackte Honig-Cashews

Pflaumensauce-Dressing

- 80 ml Pflaumensauce (siehe Tipps)
- 60 ml Reisweinessig
- 1 EL Sojasauce
- 2 TL Sesamöl

Frühlingszwiebeln und Radieschen in eine Schüssel geben, mit kaltem Wasser bedecken und 5 Minuten einweichen.

Alle Zutaten für das Dressing in einer Schüssel miteinander vermengen und nach Geschmack würzen.

Radieschen und Frühlingszwiebeln abgießen und dann in einer großen Schüssel mit dem Chinakohl vermengen.

Die Hälfte der Nudeln und der Cashewkerne darüberstreuen und mit der Hälfte des Dressings beträufeln.

In eine Servierschüssel füllen und mit den restlichen Cashewkernen sowie mit den knusprigen Nudeln garnieren. Das restliche Dressing dazureichen und kurz vor dem Verzehr noch einmal darüberträufeln.

Tipp: **Das Wunderbare an diesem Salat sind der Knusperfaktor und das Dressing. Doch wenn Sie ihn zu früh marinieren, kann das in einem Desaster enden. Servieren Sie deshalb alles auf einem Tablett und lassen Sie Ihre Gäste den Salat selbst marinieren, um das perfekte Knuspererlebnis zu garantieren. Wenn Sie Reste von Tkemali (Seite 368, Brokkoli-Steak) verwerten möchten, können Sie diese für etwas mehr Pep anstelle einer gekauften Pflaumensauce verwenden.**

Wenn Sie Zeit haben: **Für selbstgemachte Honig-Cashews zu gleichen Teilen Honig, Zucker und Butter in einem Topf schmelzen lassen, dann vom Herd nehmen und ein paar geröstete Cashewkerne dazugeben. Auf ein mit Backpapier ausgelegtes Backblech kippen, mit 1 Prise Salz würzen und bei 160 °C 10–15 Minuten im Ofen backen, bis sie goldbraun sind.**

Glutenfrei: **Verwenden Sie frittierte Reis- anstelle von Weizen-Vermicelli. Bei 180 °C in Erdnuss- oder Sonnenblumenöl frittieren, bis sie knusprig sind, auf Küchenpapier abtropfen lassen und servieren. Wenn Sie es lieber einfach halten möchten, schneiden Sie für den Knusperfaktor Möhren in feine Streifen.**

Gelb

- **INGWER**
  - + Galangal
  - + Kurkuma
- **ZITRONENGRAS**
- **MAIS**
- **PATISSONKÜRBIS**

Ingwer

Ich hatte einmal einen Kater, der den Namen *Ginger* (englisch für Ingwer) trug. Als wir ihn von der Tierschutzorganisation RSPCA adoptierten, hieß er bereits so. Ich glaube, der Name kam daher, dass er sich auch in kleinen Dosen bemerkbar machte und dass er Biss hatte (besonders mit zunehmendem Alter). Ingwerwurzeln sind zwar eher blond, goldfarben oder braun – im Englischen werden aber Rothaarige trotzdem als *Ginger* bezeichnet. Dies kommt von den scharlachroten bis orangefarbenen Blüten der Ingwerpflanze. Bestimmt hat es auch damit zu tun, dass Rothaarige – wie dieses Rhizom und wie auch mein Kater – ganz schön feurige Persönlichkeiten sein können (eine Narbe an meiner Oberlippe beweist dies). Wenn Sie also jemals an einer Zimtstange gerochen und gedacht haben, „Wenn es doch nur etwas gäbe, das ich kauen könnte und das ein ebenso warmes, würziges Aroma hat!", dann brauchen Sie mehr *Ginger* in Ihrer Küche. Und ich rede hier nicht von meinem Kater. Technisch gesehen ist Ingwer ein Rhizom und kein Gemüse im eigentlichen Sinn. Ich schmuggle es aber trotzdem in dieses Buch, weil ich glaube, dass Sie mehr davon verwenden sollten. Ingwer spendet ein fantastisches Aroma, mit dem eine Vielzahl von Gemüsesorten einfach interessanter schmecken.

„In der ghanaischen Küche spielt Ingwer eine zentrale Rolle. Sogar im Suppengemüse ist er drin. Wir lieben sein Aroma und seine Schärfe. Manchmal ist er unverschämt dominant, dann wieder hält er sich im Hintergrund. Bei Midunu Chocolates machen wir karamellisierte Ingwertrüffel, die „Ya“ heißen, weil sie so temperamentvoll sind.“

–SELASSIE ATADIKA, GHANA

EINKAUF & LAGERUNG

Junger, frischer Ingwer ist meist im Spätsommer und Frühherbst zu finden. Man erkennt ihn an seiner durchsichtigen Schale, die an manchen Stellen zartrosa angehaucht ist und sich fast mit dem Fingernagel abschälen lässt. Mit zunehmendem Alter wird die Schale des Ingwers dicker und nimmt einen goldschimmernden Farbton an. Auch seine Schärfe wird zunehmend ausgeprägter. Sie denken jetzt vielleicht: „Alles klar – je jünger, desto besser, richtig?“ So einfach ist das aber nicht. Viel hängt davon ab, was sie mit dem Ingwer vorhaben. Junger Ingwer ist perfekt, um ihn in dünne Scheiben oder feine Stifte zu schneiden und in Salaten, Dip-Saucen oder Brühen zu verwenden oder ihn einfach so zu essen. Er hat einen milden Geschmack, der leicht auf der Zunge kribbelt, wenn man genug davon isst.

Älteren Ingwer hingegen spürt man sofort in der Nase – und manchmal auch in den Tränendrüsen. Seine warme, subtropische Schärfe macht sich bemerkbar, sobald man ihn anschneidet. Lassen Sie sich nicht abschrecken, wenn er ein wenig holzig oder „struppig“ ist. Älterer Ingwer eignet sich dank seines intensiven Geschmacks perfekt dafür, in Currypasten gerieben zu werden. Lassen Sie ihn in heißem Wasser ziehen und trinken Sie ihn als Tee oder fügen Sie dicke Scheiben zu Suppen und Brühen hinzu. Vor dem Servieren entfernen Sie die Scheiben einfach. Egal, ob Sie jungen oder alten Ingwer verwenden: Die Wurzel sollte hart sein, nicht zu runzlig und keine schimmligen Stellen aufweisen. Wenn sich der Winter dem Ende zuneigt und Sie nur Ingwer mit schimmeligen Enden auftreiben können, sollten Sie diese abschneiden, sobald Sie zu Hause sind, sodass der Schimmel den Rest der Wurzel nicht befallen kann (so wie Samwell Tarly es bei Jorah Mormonts Grauschuppen in *Game of Thrones* gemacht hat!).

Wenn Sie den Ingwer rasch verbrauchen möchten, lagern Sie ihn am besten im Ganzen in der Kühlschranktür. Haben Sie den Ingwer erst angeschnitten, verpacken Sie ihn in Bienenwachstücher oder in einem Papiersack und lagern ihn im Gemüsefach. Wenn Sie Ingwer häufig zum Kochen, in Smoothies und Tees verwenden, pflanzen Sie einfach eine frische Ingwerwurzel in einem kleinen Blumentopf auf dem Fensterbrett und gießen Sie sie reichlich. Sobald sie austreibt, schütteln Sie die Erde ab, schneiden ein Stück ab, pflanzen die verbleibende Wurzel wieder ein und warten auf den nächsten Trieb. Es ist wie Zauberei!

ZUBEREITUNG: GEMAHLEN ODER FRISCH?

Wenn ein Rezept gemahlenen Ingwer verlangt, können Sie stattdessen auch frischen Ingwer verwenden (und umgekehrt). Sie werden aber bemerken, dass Sie wesentlich mehr frischen Ingwer benötigen, um das Aroma von gemahlenem Ingwer nachzuahmen, und wesentlich weniger gemahlenen Ingwer, um die Schärfe von frischem Ingwer zu erzielen. Um gemahlenen Ingwer optimal zu dosieren, fügen Sie zunächst nur wenig hinzu und kosten Sie laufend. Wenn Sie gemahlenen durch frischen Ingwer ersetzen, sollten Sie auch eine Prise Zimt hinzufügen.

FUNCTIONAL FOOD

In Sanskrit wird Ingwer als „Hornknolle“ bezeichnet – tatsächlich hat Ingwer oft eine recht zweideutige Form, was wohl einer der Gründe für seinen Ruf als Lustmacher ist. Nachdem Ingwer aus Südostasien im Westen Einzug gehalten hatte, wurde er rasch für seine stimmungsaufhellende sowie den Blutfluss steigernde Wirkung bekannt, die sich angeblich auch auf die Sensibilität der erogenen Zonen auswirkt. Ingwer ist außerdem ein gutes Hausmittel gegen Reise- und Höhenkrankheit sowie gegen die morgendliche Übelkeit, die häufig im frühen Stadium einer Schwangerschaft auftritt. Zufall? Wohl kaum.

GUTE PARTNER

Ananas, Birne, Chinesisches 5-Gewürze-Pulver, Essig (besonders Mirin, Weißwein- und Apfelessig), Fisch, Frühlingszwiebeln, Honig, Möhren, Knoblauch, Kurkuma, Limette, Sahne, Schokolade (besonders dunkle), Sesamöl, Sojasauce, Zitrone, Zitronengras.

INGWERGEWÄCHSE: GALANGAL

Galangal (Großer Galgant) ist das Hulk-ähnliche Alter Ego von Ingwer. Galangal wird manchmal auch als thailändischer Ingwer bezeichnet und hat eine rötlichere Schale, ein holzigeres Fleisch und einen schärferen, säuerlicheren Geschmack mit einer leichten Note von Pinien. Wenn Sie den Galangal in dicke Scheiben schneiden und in Suppen wie Tom Kha Kai verwenden, muss er nicht geschält werden. Als Zutat in indonesischen, malaysischen oder thailändischen Currypasten wird er zunächst zerteilt, dann geschält und grob gehackt. Galangal kann bis zu 3 Monate lang tiefgefroren werden, ohne dass er an Aroma einbüßt. Ich würde ihn aber vor dem Einfrieren zerteilen.

INGWERGEWÄCHSE: KURKUMA

Was an Kurkuma sofort auffällt, ist ihre Farbe – ein leuchtendes Orange unter einer dünnen Schale, das alles, womit es in Berührung kommt, sonnengelb färbt, sowohl in getrocknetem als auch in frischem Zustand.

Wenn gelbe Fingerspitzen nicht so Ihr Ding sind, tragen Sie bei der Verarbeitung am besten Wegwerfhandschuhe oder verwenden Sie gemahlene Kurkuma, das direkt in Currys, Eintöpfe oder Reis gestreut werden kann. Wenn Sie getrocknete statt frische Kurkuma verwenden, entspricht 1 TL Pulver etwa einem 2,5 cm langen Stück frischer Kurkuma. Kurkuma verleiht Gerichten eine leicht scharfe, bittere Note und ist außerdem für ihre antioxidativen und entzündungshemmenden Eigenschaften bekannt. Kurkuma wird für die tägliche Behandlung von Gelenksschmerzen empfohlen und sollte mit schwarzem Pfeffer eingenommen werden, der die Aufnahme im Körper fördert.

„Die Farben von Kurkuma sind wie ein Kaleidoskop – es gibt grüne, rote, weiße, rosafarbene und braune Varianten. Die seltsamste Kurkumaknolle, die ich je zu Gesicht bekommen habe, war leuchtend blau – das war im äußersten Norden Thailands.“ – DAVID THOMPSON, AUSTRALIEN

GRANOLA MIT AHORNSIRUP UND INGWER

Eines der Dinge, die Ingwer zu etwas Besonderem machen, ist, dass er völlig anders schmeckt, je nachdem ob er in frischem, kristallisiertem oder gemahlenem Zustand verarbeitet wird. Gemahlener Ingwer verleiht dieser Granola-Mischung eine sanft-erdige, leicht scharfe Note. Die Mischung wird getoastet, bis sie dunkelbraun ist. Eine herrliche Art und Weise, in den Tag zu starten – besonders mit warmer Milch an einem kalten Wintermorgen!

FÜR 1 KG

270 g Haferflocken
200 g Trockenfrüchte (wie Cranberrys, Blaubeeren, Apfelstücke)
200 g Samen und Nüsse (wie Kokosnussflocken, gehackte Pekannusskerne, Mandelblättchen und Sonnenblumenkerne)
110 g kandierter Ingwer, in dünne Scheiben geschnitten
110 g Rohrohrzucker
1 TL Salzflocken
185 ml Ahornsirup
125 ml natives Olivenöl extra
1 TL Vanillepaste
3 TL gemahlener Ingwer
1 TL gemahlener Zimt
½ TL gemahlener Piment
¼ TL gemahlener Kardamom

Den Backofen auf 160 °C vorheizen. Zwei Backbleche mit Backpapier auslegen.

Haferflocken, Trockenfrüchte, Samen und Nüsse, kandierten Ingwer, Zucker und Salz in eine große Schüssel geben. Mit Ahornsirup, Olivenöl und Vanillepaste beträufeln und anschließend gut verrühren.

Die Granola-Mischung auf die zwei Backbleche verteilen. 45 Minuten lang backen, dazwischen umrühren und die Backbleche alle 10–15 Minuten austauschen, bis die Mischung getoastet ist und eine goldene Farbe annimmt. Die gemahlenen Gewürze unterrühren.

Leicht abkühlen lassen und sofort mit Milch servieren, oder gänzlich abkühlen lassen und in einem luftdicht verschlossenen Behälter bis zu 1 Monat lang lagern.

Tipp: **Diese Art von „Studentenfutter" kann auf vielerlei Weise zubereitet werden. Benutzen Sie einfach die Trockenfrüchte und Nüsse, die Sie vorrätig haben.**

Für Eilige: **Streuen Sie ein wenig gemahlenen Zimt und Ingwer auf eine fertig gekaufte Granola-Mischung oder über Ihren Haferbrei und genießen Sie das typisch scharfe, erdige Aroma!**

GOLDENE KURKUMA-MILCH

Dieses goldfarbene Elixier ist so etwas wie das Yoga der Heißgetränke: Es ist trendig und gesund, Sie haben es erst vor Kurzem entdeckt und sind jetzt absolut süchtig danach!
Genau wie Yoga werden Tonika mit Kurkuma schon lange in der ayurvedischen Medizin Indiens verwendet. In seiner einfachsten Form ist dieses Getränk als *Haldi Doodh* bekannt, ein Schlaftrunk, der mit warmer Milch (oder Wasser) und einem Esslöffel Kurkumapulver zubereitet wird.
Diese Version verwendet frische Kurkuma und Kokosmilch. Sie können diese natürlich durch jede beliebige Art von Milch ersetzen, die Sie gerade zur Hand haben. Ein erdendes, cremiges und wohltuendes Getränk, das sie im Pyjama ebenso gut genießen können wie im Trainings-Outfit.

FÜR 800 ML

25 g frische Kurkuma (eine etwa 2,5 cm lange Knolle, geschält) (siehe Tipp)
10 g frischer Ingwer (eine etwa 2,5 cm lange Knolle, geschält) (siehe Tipp)
½ TL schwarzer Pfeffer aus der Mühle
½ TL gemahlener Zimt
½ TL Salzflocken
½ TL Cayennepfeffer (optional)
400 ml Kokosmilch
1 EL Honig, Ahornsirup oder Kokosblütenzucker

Kurkuma und Ingwer mit einer Edelstahlreibe fein reiben. Die Edelstahlreibe dann sofort in heißes, mit Spülmittel versetztes Wasser geben. (Um Kurkuma von der Reibe zu entfernen, muss man sich ziemlich ins Zeug legen. Wenn Sie also keine Edelstahlreibe haben, schneiden Sie die Kurkuma stattdessen in dünne Scheiben.)

Kurkuma und Ingwer mit dem Pfeffer, Zimt, Salz und eventuell Cayennepfeffer in einen Topf geben. Die Kokosmilch und 350 ml Wasser hinzufügen und köcheln lassen. Ab und zu mit dem Schneebesen durchrühren.

Die Milch kosten und nach Belieben süßen (oder auch nicht).

Wenn Sie der Bodensatz stört, können Sie das Getränk vor dem Servieren durch ein feines Sieb gießen. Wenn nicht, lassen Sie sich die Stückchen, die sich am Boden absetzen, so richtig schmecken – sie sind nämlich überaus gesund!

In einem Glasbehälter lässt sich das Getränk nach der Zubereitung bis zu 10 Tage lang im Kühlschrank aufbewahren. Vor dem Servieren gieße ich meine Portion in ein Einmachglas, damit ich sie ordentlich durchschütteln kann und sich die Gewürze besser verteilen.

Tipp: **Wenn Sie keine frische Kurkuma und/oder keinen frischen Ingwer haben, verwenden Sie einfach die Pulverform. Ich würde 1 TL Kurkuma- und ¼ TL gemahlener Ingwer empfehlen. Durch Ausprobieren finden Sie sicher die Menge heraus, die Ihnen am besten schmeckt. Dies wird auch vom Frischegrad und der Intensität Ihrer Gewürze abhängen.**

Für Eilige: **„Golden Milk"-Mischungen in Pulverform finden sich in den meisten Reformhäusern. Es ist allerdings wesentlich günstiger, diese selbst herzustellen. Namasté!**

GEMÜSE MIT FRISCHEM INGWER NACH LAU

Wann immer man mich fragt, wo man in Melbourne richtig gutes, hausgemachtes Essen bekommt, empfehle ich Lau's Family Kitchen in St. Kilda. Gilbert Lau, Gründer des legendären Flower Drum in Melbourne, und seine Söhne Michael und Jason geben einem das Gefühl, gemeinsam mit etwa 50 anderen Leuten zu einem gemütlichen Abendessen bei Freunden eingeladen zu sein – mit den feinsten, raffiniertesten Gerichten der kantonesischen Küche. Diese Kreation hat mich fasziniert, seit ich meine erste Rezension über das Restaurant verfasst habe. Seitdem ist viel Zeit vergangen, aber es ist immer noch das Erste, was ich bei meinem Besuch bestelle.

Ich fragte Gilbert, ob er etwas dagegen hätte, wenn ich mir sein Rezept ausleihe. Er lud mich sofort in die Küche ein, um mir zu zeigen, wie man es zubereitet! Mein Mann verlangt mindestens einmal die Woche nach diesem Gericht, das sich bestimmt auch in Ihrer Familie als Hit erweisen wird!

FÜR 4 PORTIONEN

- 500 g grünes Gemüse, z. B. Zucchini, Zuckerschoten, Knackerbsen, junger Spinat, Pak Choi, Brokkolini, Gai Lan (chinesischer Brokkoli) und Chinakohl, in mundgerechte Stücke geschnitten
- 60 ml Sonnenblumenöl
- 1 daumengroßes Stück frischer Ingwer, geschält und grob gehackt
- 60 ml Gemüse- oder Hühnerbrühe
- 1 Prise Salzflocken
- 1 Prise Zucker

„Fizzy Ginger" (optional)

- 60 ml Sonnenblumenöl
- 1 daumengroßes Stück frischer Ingwer, geschält und fein geschnitten

Die härteren Gemüsesorten (wie Gai Lan und Brokkolini) in einem Topf mit kochendem Wasser blanchieren. Zuerst die Stiele hineingeben und diese etwa 2 Minuten lang blanchieren, die Röschen hinzufügen und 1 weitere Minute lang blanchieren. Das Gemüse dann sofort in eine Schüssel mit Eiswasser geben, damit es nicht übergart wird.

Nach dem Abkühlen abgießen, dann gründlich schleudern, damit kein Wasser mehr darin enthalten ist, das beim Braten im Wok spritzen kann.

In der Zwischenzeit die Wok-Pfanne oder eine große, breite Bratpfanne erhitzen, bis sie raucht. Wenn Sie einen Induktionsherd haben (so wie ich), kann dies gut und gern auch 15–20 Minuten dauern.

Für das „Fizzy Ginger" (falls gewünscht) Öl in die Pfanne gießen, dann den Ingwer hinzufügen und 1–2 Minuten kochen, bis das Öl nicht mehr blubbert und der Ingwer schön kross ist.

Auf Küchenpapier abtropfen lassen.

Das Sonnenblumenöl in der Pfanne erhitzen. Zunächst den Ingwer und dann die Gemüsesorten portionsweise hinzufügen, und zwar nach Konsistenz geordnet. Mit den holzigsten Gemüsesorten, die Stiele haben, beginnen. Dann Schoten, Zucchini oder Pak Choi braten und zuletzt das Blattgemüse. Jede Gemüsesorte nach dem Braten auf einen Teller geben.

Nun das gesamte Gemüse wieder in die Pfanne geben, mit Brühe übergießen und die Flüssigkeit ein wenig verdunsten lassen. Salz und Zucker hinzufügen, noch ein letztes Mal durchmischen, aus der Pfanne kippen und sofort servieren.

Tipp: **Junger Pak Choi ist perfekt für dieses Gericht, muss aber vor der Zubereitung gut gewaschen werden, und zwar auch zwischen den einzelnen Blättern. Nach Entfernen der Blätter und Stiele den Pak Choi vierteln und unter fließendem Wasser waschen. Mit den Fingern ein wenig nachhelfen, damit kein Schmutz zurückbleibt.**

Für Eilige: **Wenn die Zeit fürs Blanchieren nicht reicht, härteres Gemüse einfach 1 Minute lang kochen und dann direkt in die heiße Wok-Pfanne geben. Noch schneller geht es natürlich, wenn man nur weiches Gemüse verwendet.**

INGWER-COOKIES MIT SECHS GEWÜRZEN

Wenn Sie Lebkuchen lieben, dann sind diese in der Mitte weichen, außen knusprigen Cookies genau das Richtige für Sie. Rezepte dieser Art verlangen oft eine Vielzahl verschiedenster Gewürze, sodass Sie sich gleich eine neue Gewürz-Garderobe zulegen müssten! Ich schlage vor, stattdessen in eine frische Packung chinesisches 5-Gewürze-Pulver zu investieren. Das Verhältnis der einzelnen Zutaten kann zwar leicht variieren – immer mit von der Partie sind allerdings Sternanispulver, Fenchelsamen, Cassia (oder Zimt), Pfefferkörner und Nelken. Das Ingwerpulver hat einen wärmenden, vollmundigen Geschmack. Ein warmes Getränk zu diesen Cookies muss sein, um das Aroma der Gewürze zusätzlich zu betonen. Meine Präferenzen sind warme Milch oder schwarzer Filterkaffee.

Wenn Sie gleich mehrere Portionen dieses Teigs zubereiten, können Sie das tollste Lebkuchenhaus bauen, das es in Ihrer Nachbarschaft jemals gegeben hat! Bonuspunkte für alle, die Ingwerkonfekt in die Fensteröffnungen schmelzen, um einen Glasmalerei-Effekt zu erhalten.

ERGIBT 50 COOKIES

- 115 g Rübensirup (oder Molasse; siehe Tipps)
- 120 g Butter
- 1 TL Natron, gesiebt
- 1 Ei, verquirlt
- 350 g Mehl, plus etwas mehr zum Verarbeiten
- 1 ½ EL gemahlener Ingwer
- 1 ½ TL chinesisches 5-Gewürze-Pulver
- 150 g dunkler Rohrohrzucker
- 55 g Kaffeezucker (siehe Tipps)
- 70 g kandierter Ingwer, fein gehobelt (mit Küchenhobel, Reibe oder sehr scharfem Messer)

Rübensirup und Butter in einem großen Topf auf hoher Stufe zum Kochen bringen. Natron hinzufügen und gut verrühren. Die Mischung soll schäumen und ihr Volumen verdoppeln. Leicht abkühlen lassen, dann das Ei mit einem Gummispatel vorsichtig einrühren.

In einer Schüssel Mehl, Gewürze und Rohrohrzucker gut vermengen, dann in die Mitte eine Vertiefung drücken. Mit dem Spatel die warme Sirupmischung in die Mehlmischung schaben. Dabei nur so viel umrühren, bis die trockenen Zutaten sich verbinden und keine Klumpen mehr vorhanden sind.

Auf eine saubere Arbeitsoberfläche geben und eine Kugel formen. Diese halbieren und zwei flache Scheiben formen. In Frischhaltefolie wickeln und mindestens 1 Stunde lang oder über Nacht kühl stellen.

Den Ofen auf 180 °C vorheizen. Drei große Backbleche mit Backpapier auslegen.

Das Nudelholz und die Arbeitsfläche mit Mehl bestäuben, dann eine der Teigscheiben auf 5 mm Dicke ausrollen. Mit einem 6 cm großen Keksausstecher (oder einer Tasse mit gewelltem Rand aus Omas Porzellansammlung) Cookies ausstechen und diese mit 1 cm Abstand auf den Backblechen anordnen. Den verbleibenden Teig ebenfalls auf diese Weise verarbeiten.

Die Cookies mit den Zuckerkristallen, Kaffeezucker und dem kandierten Ingwer bestreuen. 7–8 Minuten backen, bis sie goldbraun sind. Die Backbleche auf Kuchengittern vollständig auskühlen lassen.

In einem luftdichten Behälter halten sich diese Cookies bis zu 1 Woche, im Tiefkühler bis zu 1 Monat. Machen Sie also gleich die doppelte Menge, wenn Sie Lust haben!

Tipp: **Jeder dunkle, zähflüssige Zuckersirup lässt sich für dieses Rezept verwenden – also auch Dattel-, Kokos- oder Palmzuckersirup.**

Kaffeezucker ist in manchen Supermärkten, Fachgeschäften und mit großer Wahrscheinlichkeit auch in Ihrem nächsten Hipster-Café erhältlich.

Zitronengras

Zitronengras muss man erst einmal weich klopfen, ehe man etwas davon hat. Am besten funktioniert das mit einem Fleischklopfer, mit dem man die Stiele von frischem Zitronengras so richtig bearbeitet. Dadurch wird das wunderbar scharfe, pfeffrig-zitronige Aroma freigesetzt, das in der Wurzel dieses eigentlich recht unscheinbaren, vertrockneten Grashalms steckt. Die frischen, belebenden Noten und der zitronige Nachgeschmack passen sowohl zu süßen als auch pikanten Gerichten wie Currypasten, in Marinaden für Huhn oder Meeresfrüchte oder als Zitronenersatz in Süßspeisen wie Creme oder Quark.
Ist das Zitronengras erst einmal weich geklopft, können Sie es biegen, verknoten und zu jeder beliebigen südostasiatischen Brühe oder Sauce dazugeben, um den Geschmack perfekt abzurunden. Es ist sozusagen die Schleife, die Ihr Abendessen verziert!

„Geschält und in hauchdünne Scheiben geschnitten, macht Zitronengras jedes Salatdressing zu einer wahren Köstlichkeit. Ich liebe Zitronengras in einem warmen Salat mit Meeresfrüchten und jeder Menge frischer Kräuter und in Suppenfonds.“ – PALISA ANDERSON, AUSTRALIEN

EINKAUF & LAGERUNG

Die helle, leicht knollige Zitronengraswurzel wird oft mit dem Blattbüschel verkauft. Die Blätter trocknen nach der Ernte schnell aus – machen Sie sich also keine Sorgen, wenn sie eher den Eindruck machen, als könnte man damit einem Korb weben als sie essen! Nur allzu verschrumpelt und trocken sollten sie nicht sein. Drücken Sie mit dem Fingernagel den unteren Teil der Knolle leicht ein (wo man den Abdruck nicht so sehen kann) und riechen Sie an der Knolle. Je rascher diese Aroma freisetzt, umso frischer ist der Stiel. Sobald Sie zu Hause sind, schneiden Sie die Spitze des Stiels ab (da diese dem Rest der Knolle viel Feuchtigkeit entzieht) und wickeln das Ganze in ein Bienenwachstuch oder ein feuchtes Geschirrtuch ein. Im Kühlschrank hält sich das Zitronengras einige Wochen.

ZUBEREITUNG

Der süßeste, aromatischste Teil ist der, der wenige Zentimeter ab der Wurzel beginnt und bis dorthin reicht, wo der Stiel eine dunklere Farbe annimmt. Schneiden Sie ab der Wurzel etwa drei Fingerbreit ab, hacken Sie das Stück klein oder schneiden Sie es in 2 cm breite Scheiben, die Sie mitkochen und vor dem Servieren entfernen (oder auch nicht, wenn Ihnen ein besonders authentischer Effekt vorschwebt). Ähnlich einem Teebeutel wird der Geschmack von Zitronengras intensiver, je länger man es ziehen lässt. Es empfiehlt sich also, Zitronengras von Anfang an mitzukochen.

FUNCTIONAL FOOD

Tee mit Zitronengras hat sich als wirksam bei Magenverstimmungen erwiesen. Laut einiger Studien kann frisch geschnittenes (oder getrocknetes) Zitronengras, täglich als Tee genossen, bei der Stressbewältigung helfen. Zitronengras ist mit Zitronella verwandt und wirkt als natürliches Mückenbekämpfungsmittel. Bauen Sie also ein wenig davon in Ihrem Garten an, um die Quälgeister abzuschrecken!

GUTE PARTNER

Chili, Fischsauce, Frühlingszwiebel, Galangal (Großer Galgant), Kaffir-Limetten, Knoblauch, Kokosnuss, Koriander, Kräuter (Minze, vietnamesische Minze, thailändisches Basilikum), Palmzucker, Vanille.

ZERO-WASTE-MEDAILLE

Hacken Sie die dunkleren Spitzen und die holzigen Wurzelenden (von Hand oder in der Küchenmaschine) und verwenden Sie sie in Marinaden und Currypasten direkt aus dem Tiefkühler. Wenn Sie eine frische Zitronengraswurzel in ein Glas Wasser geben und das Wasser alle paar Tage wechseln, sollte die Wurzel innerhalb von 2 Wochen erneut austreiben.

FISCH-POPS MIT ZITRONENGRAS UND GRÜNEM MANGO-SALAT

Wenn sich Fischfrikadellen und Lollipops vermehren könnten, würde das Endergebnis in etwa so aussehen – einfach durch den kleinsten gemeinsamen Nenner teilen, und Sie haben einen Fisch-Pop! Man kann diese Pops auch ohne Spieße grillen und mit Zitronengrasscheibchen bestreuen.

ERGIBT 12 STÜCK

4 Stangen Zitronengras
½ Bund Koriander
500 g weißer Fisch mit festem Fleisch, wie Mönchsfisch oder Dorsch, grob gehackt (alternativ weiße Bohnen oder Kichererbsen)
3 EL hochwertige thailändische grüne Currypaste (nicht zu salzig)
1 TL Palmzucker
6 Kaffir-Limettenblätter, fein gehackt, plus etwas mehr zum Garnieren
Erdnuss- oder Sonnenblumenöl zum Bestreichen

Zitronengras-Dressing
2 EL Fischsauce (alternativ Sojasauce)
2 EL Palmzucker oder Rohrohrzucker
60 ml Limettensaft (vorzugsweise von Kaffir-Limetten)
1 rote Chilischote, mit dem Messer angedrückt, aber noch ganz
1 EL Erdnussöl
1 Prise Chiliflocken

Grüner Mango-Salat
1 lange, grüne (unreife) Mango, Fruchtfleisch in Streifen geschnitten
1 Pomelo, geschält und in Spalten zerteilt (geschält und entkernt), dann mit den Fingern in grobe Stücke zerteilt
1 Bananenschalotte, fein geschnitten
2 Frühlingszwiebeln, schräg in feine Ringe geschnitten
½ Bund Minze (die abgezupften Blätter)
40 g Cashewkerne, geröstet und gehackt
35 g Erdnusskerne, geröstet und gehackt

Die Zitronengrasstangen dritteln und die weißen Stiele beiseitelegen (sie werden später ins Dressing geraspelt). Die Blätter vom Koriander abzupfen und für den Salat beiseitelegen. Die Korianderstiele fein hacken und für das Dressing beiseitelegen (benötigt wird etwa 1 EL gehackte Stiele).

Den Fisch in die Küchenmaschine geben, Currypaste, Zucker und Limettenblätter hinzufügen und zu einer groben Paste verarbeiten. Eine Schüssel mit Wasser bereitstellen und ein Backblech mit Backpapier auslegen. Die Fischmischung mit feuchten Händen um die 12 Zitronengrasstangen zu Frikadellen formen. Hände dabei nach Bedarf erneut nass machen, damit nichts daran kleben bleibt. Die Spieße auf das mit Backpapier ausgelegte Backblech legen und 20 Minuten kaltstellen, damit die Mischung fest wird.

Für das Dressing die beiseitegelegten Zitronengrasstangen in einen kleinen Topf raspeln (benötigt wird ca. 1 EL geraspeltes Zitronengras). Fischsauce, Zucker und 2 EL Limettensaft hinzufügen. Köcheln lassen, bis der Zucker sich aufgelöst hat, und dann vom Herd nehmen. Die angedrückte Chilischote, das Erdnussöl, die Chiliflocken, die beiseitegelegten, gehackten Korianderstiele und den restlichen Limettensaft hinzufügen und durchrühren. Nach Bedarf würzen.

Für den Salat die Mango, Pomelo, Schalotte, Frühlingszwiebeln und den Großteil der Minze in eine Schüssel geben. Den Großteil der Korianderblätter hinzufügen. Die gerösteten Nüsse hinzufügen (einige zum Bestreuen aufheben). Mit dem Großteil des Dressings beträufeln und vermischen. Die beiseitegestellten Nüsse und Kräuter darüberstreuen.

Eine Grillpfanne oder die Grillplatte eines Holzkohlegrills erhitzen, bis sie raucht. Ein Stück Backpapier befeuchten, überschüssiges Wasser abschütteln und das Papier auf die Grillpfanne oder -platte legen (so bleibt der Fisch nicht am Papier kleben). Die Fisch-Pops mit Öl bestreichen und ca. 4 Minuten auf jeder Seite grillen. Sobald die Oberfläche der Fisch-Pops fest ist, das Backpapier abziehen und die Fisch-Pops auf der „nackten" Grillplatte fertig garen. So entsteht ein schönes Grillmuster.

Die Spieße mit dem Salat und dem restlichen Dressing in einer Dippschale servieren.

KOKOS-SAGO MIT ZITRONENGRAS-CREME UND FRISCHER MANGO

Der Geschmack von Zitronengras harmoniert sowohl mit süßen als auch mit pikanten Speisen. Dieses Dessert kombiniert das frische, spritzige Aroma von Zitronengras mit gehaltvoller Kokoscreme und herrlich glibbrigen Sago-Perlen. „Sago“ und „Tapioka“ werden fast immer synonym verwendet. Echtes Sago wird aber eigentlich aus der Stärke der Sago-Palme gewonnen, während Tapioka aus Cassava hergestellt wird.
Verwenden Sie einfach, was immer Sie finden! Und da es sich bei beiden Produkten theoretisch um Gemüse handelt, sollte ich dieses Rezept wohl unter „Salate“ auflisten ...

FÜR 4 PORTIONEN

Mango (oder anderes frisches Obst), in Würfel geschnitten (zum Garnieren)
Limettenschale, in Streifen geschnitten (als Deko)

Kokos-Sago

150 g Sago-Perlen, getrocknet
3 grüne Zitronengrasstangen, mit dem Messerrücken angedrückt
400 ml Dose Kokoscreme
¼ TL Salz
1 EL feinster Zucker (optional, besonders, wenn Sie süßere Kokoscreme verwenden)

Zitronengras-Quark

3 Stangen Zitronengras, weißer Teil grob gehackt
fein geriebene Schale von 3 Limetten (vorzugsweise Kaffir)
125 ml Limettensaft
110 g feinster Zucker
3 Eigelb, plus 1 ganzes Ei
80 g Butter, gewürfelt

Für das Sago 3 Liter Wasser in einem Topf zum Kochen bringen. Die Sago-Perlen und die angedrückten, grünen Zitronengrasstangen hinzufügen und auf mittlerer bis hoher Stufe 20–30 Minuten lang köcheln lassen, bis die Perlen weich und fast durchsichtig sind. Gelegentlich umrühren.

Die Sago-Perlen abgießen, das Zitronengras entfernen und die Perlen mit kaltem Wasser abspülen. In einer Schüssel Kokoscreme, Salz und Zucker (falls gewünscht) vermengen. Sago-Perlen einrühren. 1 Stunde kaltstellen (oder bis die Mischung leicht eingedickt ist).

Für die Creme die gehackten Zitronengrasstangen, die Limettenschale, den Limettensaft und den Zucker in einen Topf mit dickem Boden geben. Kurz vor dem Aufkochen vom Herd nehmen und 20 Minuten lang ziehen lassen. Durch ein feines Sieb streichen und wieder in den Topf geben. Die Eigelb und das ganze Ei hinzufügen und mit dem Schneebesen rühren, bis die Creme eine gelbe Färbung annimmt. Jetzt mit einem Gummispatel 7–8 Minuten lang ununterbrochen rühren, bis die Mischung eine cremeartige Konsistenz hat und am Rücken eines Löffels haften bleibt. Wenn Sie mit dem Finger durch die Creme streichen, sollte eine Furche zurückbleiben.

Die Mischung in die Küchenmaschine geben und ca. 5 Minuten abkühlen lassen. Küchenmaschine starten und die Butterwürfel nach und nach hinzufügen.

Bei niedriger Geschwindigkeit laufen lassen, bis die Butter gut eingearbeitet und die Creme glatt und geschmeidig ist. Wenn die gesamte Menge verarbeitet werden soll, Creme durch ein Sieb in eine Schüssel streichen und mit Backpapier abdecken, damit sich keine Haut bildet. Mindestens 1 Stunde kaltstellen, damit die Creme zur Gänze abkühlt. (Oder die Creme in sterilisierte Marmeladegläser streichen und bis zur Verwendung kaltstellen. Im verschlossenen Glas hält sie bis zu 3 Monate. Geöffnete Gläser innerhalb von 1–2 Wochen verbrauchen.)

Zum Servieren die Creme auf vier Gläser verteilen.

Die Sago-Perlen und dann die Mango daraufsetzen und mit der Limettenschale verzieren.

Tipp: **Anstelle von feinstem Zucker kann auch Palmzucker oder sogar Kokosblütenzucker verwendet werden. Farblich gesehen gelingt die Creme aber mit weißem Zucker!**

Mais

Die Menschheit hatte jede Menge Zeit, um einen perfekten Maiskolben hervorzubringen – schließlich wurden in Mexiko fossilisierte Maispollen gefunden, die stolze 80.000 Jahre alt sind! Es gibt hunderte Arten Mais, darunter rosafarbenen, violetten und sogar zweifarbigen Mais, der weiße und gelbe Körner hat. Heute wird meist „Zuckermais" verkauft, eine süßliche Sorte, die ihren natürlichen Zuckeranteil länger behält. Auch Babymais findet sich häufig – er wird frühzeitig geerntet und macht sich hervorragend in Wok-Gerichten und in Laksa. Sonnengetrocknetes Popcorn direkt am Kolben (eine Spezialität in Amerika) wird mit Butter bestrichen und in der Mikrowelle oder einem dicht verschlossenen Topf auf dem Herd gegart.

„Gegrillte Maiskolben, nur mit Zitrone und Salz genossen, sind ein Gedicht! Wir grillen auch die Blätter und zerstoßen sie zu Pulver, mit dem wir Kekse backen. Die abgenagten Kolben benutzen wir, um Englischer Creme für Eiscreme eine besondere Note zu verleihen.“ – DARREN ROBERTSON, VEREINIGTES KÖNIGREICH

EINKAUF & LAGERUNG

Ob Sie's glauben oder nicht – Mais büßt innerhalb von 6 Stunden (!) nach der Ernte bereits bis zu 40 Prozent an Süße ein. Wenn Sie also ein Maximum an Geschmack erzielen wollen, halten Sie Ausschau nach ganzen Maiskolben, mit grünen Außenblättern und trockenem, buschigem „Bart“, der noch nicht dunkel oder welk aussieht. Mais schmeckt bei warmem Wetter an besten – kaufen Sie ihn daher vorzugsweise im Sommer und im frühen Herbst. Immer öfter sieht man, dass Mais bereits „ausgezogen“ und in Plastik gewickelt auf einer Schaumstoffunterlage verkauft wird. Zumindest hat man hier Gelegenheit, die Körner genauer zu inspizieren. Ich kaufe ihn aber trotzdem lieber so, wie Gott ihn schuf – aus Prinzip und auch deshalb, weil sich Mais in seiner natürlichen Verpackung einfach länger hält. Riechen Sie auf jeden Fall an den Enden: Sie sollten frisch und süßlich riechen, nicht sauer oder unangenehm. Wenn der Mais nicht mehr schön gelb ist oder die Körner Vertiefungen aufweisen, wurde er entweder zu früh oder zu spät geerntet. Das wirkt sich auf die Süße sowie den Feuchtigkeitsanteil aus. Kochen Sie ihn in diesem Fall einfach ein wenig länger, um seine alte Frische wiederherzustellen. Um die Körnerqualität eines vollständig „bekleideten“ Maiskolbens zu überprüfen, ziehen Sie die Blätter ein wenig zur Seite (aber decken Sie den Kolben schön wieder zu, wenn Sie ihn im Regal zurücklassen).

Der Frischegrad von Mais wird in Stunden gezählt, nicht in Tagen. Tiefgefrorener oder Dosenmais sind also gute Optionen, wenn frischer Mais gerade schwer zu bekommen ist oder Sie wenig Zeit haben. Frische Maiskolben sollten immer mit den Blättern gelagert werden. Bei verpacktem Mais empfiehlt es sich, das Plastik sofort zu entfernen, wenn Sie zu Hause sind. Wenn die Maiskolben anfangen, an den Enden ein wenig säuerlich zu riechen, schneiden Sie die Enden einfach ab und kochen Sie den restlichen Maiskolben sofort. Schaben Sie die Körner dann ab und verwenden Sie sie für alle möglichen Gerichte innerhalb von 1–2 Tagen.

ZUBEREITUNG

Je weniger Sie mit frischem Mais anstellen, desto besser. Umfassen Sie den Bart und die Blätter und ziehen Sie sie dann nach unten hin ab. Den verbleibenden Bart mit den Fingern oder einer Gemüsebürste entfernen. Die ganzen Maiskolben in kochendes Wasser geben und 3–8 Minuten lang garen, bis sie leuchtend gelb sind. Erst nach dem Kochen salzen, da die Körner sonst hart werden. Roher Mais kann auch vom Kolben abgeschabt und in Salaten oder einer heißen Brühe verwendet werden und liefert Süße und Biss. Die leeren Kolben verleihen Brühe eine goldene Note. Stecken Sie sie am besten zu Ihrem Brühen-Vorrat im Tiefkühlfach und verwenden Sie sie ab jetzt und bis in alle Ewigkeit, um Ihrer Gemüsebrühe einen Hauch Süße zu verleihen. Im Sommer ist gegrillter Mais unwiderstehlich, besonders, wenn er mit den Blättern gegart wird (die Alufolie der Natur!). Bestreuen Sie die Maiskolben nach dem Garen großzügig mit Salzflocken, um die Süße so richtig zur Geltung zu bringen – gesalzenes Karamell in Gemüseform!

GUTE PARTNER

Butter, Chili, Käse (besonders Parmesan), Olivenöl, Pfeffer, Zitrone.

KINDERLEICHTE MAIS-PUFFER

Sie werden diese Puffer mit Sicherheit immer wieder machen und den hier angeführten Grundrezepten Ihre eigenen Geschmacksvarianten hinzufügen. Je mehr Gemüse sie hineinpacken, desto besser – von Zucchini über Tiefkühlerbsen bis hin zu roten Paprikastückchen und noch mehr! Dieses Rezept verwendet Tiefkühlmais, der mehr Feuchtigkeit enthält und im Vorfeld nicht aufgetaut werden muss. Die dampfend heißen, knusprigen Puffer schmecken herrlich zum Frühstück und machen sich ebenso gut im Lunchpaket.

FÜR 4 PORTIONEN

- 300 g TK-Maiskörner
- 75 g Mehl (ich verwende glutenfreies – Ihnen steht die Wahl natürlich frei)
- 1 TL Backpulver
- 2 Eier, verquirlt
- 80 ml Milch
- 55 g geriebener Halloumi
- ½ TL Salzflocken
- ½ TL schwarzer Pfeffer aus der Mühle
- Erdnuss- oder Sonnenblumenöl zum Braten in der Pfanne

Tipp: Sie können auch die Körner eines frischen Maiskolbens abschaben und in den Teig einrühren. In diesem Fall müssen Sie aber 1 zusätzlichen EL Milch verwenden, um die Konsistenz von Pfannkuchenteig zu erlangen.

Für Eilige: Verwenden Sie eine fertige Pfannkuchenmischung! Geben Sie die gefrorenen Maiskörner, den Halloumi, die Milch und die Eier direkt in die Flasche und schütteln Sie sie gut durch.

Den gefrorenen Mais in einer Schüssel mit dem Mehl und dem Backpulver vermengen, sodass die Körner gut bedeckt sind. Eier, Milch, Halloumi, Salzflocken und Pfeffer hinzufügen und gut durchmischen. 15 Minuten ruhen lassen, bis die Mischung leicht schäumt.

Nach Belieben Geschmacksaromen hinzufügen (siehe unten – Ihrer Kreativität sind keine Grenzen gesetzt).

1 cm Öl in einer großen Bratpfanne auf mittlerer Stufe erhitzen. Backblech mit Küchenpapier auslegen und ein Kuchengitter daraufstellen.

Portionsweise jeweils 1 gehäuften EL Maismischung in das heiße Öl setzen und 1–2 Minuten braten, bis der Puffer eine goldgelbe Farbe annimmt. Puffer wenden und auf der anderen Seite ebenfalls 1–2 Minuten braten, bis sie durchgegart und goldgelb sind. Auf dem Kuchengitter abtropfen lassen und den restlichen Teig auf dieselbe Weise verarbeiten. Heiß servieren und genießen.

Tex-Mex-Puffer

1 TL geräuchertes Paprikapulver, 1 kleine, geriebene rote Zwiebel und ½ Bund gehackten Koriander zum Teig hinzufügen. Wie oben angeführt, verarbeiten. Mit Limettenspalten, zusätzlichem Koriander und Chilisalz servieren. Auch mit Chipotle-Chilis oder geräucherter Paprika versetzte Mayonnaise schmeckt köstlich dazu.

Indonesische Puffer

100 g fein geschnittene grüne Bohnen oder Schlangenbohnen, 1 EL fein geriebener Ingwer und 1 fein gehackte rote Chilischote, entkernt. Wie oben angeführt, verarbeiten. Mit vietnamesischen Dip-Saucen (Nuoc Cham, S. 221) servieren.

Indische Puffer

Die Blätter von 2 Curryblattzweigen oder von ½ Bund Koriander kross braten und ein Drittel davon in den Teig krümeln. 1 TL gemahlene Kurkuma einrühren.

Wie oben angeführt, verarbeiten. Die verbleibenden Blätter darüberstreuen und mit Joghurt servieren, in den ein Klecks Koriander-Raita (Seite 280) oder Mango-Pickle eingerührt wurde.

MAIS-OMELETTE

Dieses Rezept ist irgendwo zwischen einem Maispuffer und einer Frittata angesiedelt und ist überaus schnell gemacht. Frischer Mais gart schneller, als Sie glauben, und verleiht Gerichten eine herrliche Süße. Die Eier geben dem Ganzen eine cremig-flaumige Struktur.
Ich koche dieses Rezept oft in den Wochen nach Weihnachten, um die Reste des Weihnachtsschinkens zu verwerten. Auch Speck macht sich hier gut. Wenn Sie kein Fleisch essen, verwenden Sie einfach Ziegenkäse und/oder Butter, um dem Omelette ein wenig Dekadenz zu verleihen.

FÜR 2 PORTIONEN

1 Maiskolben
4 Scheiben Räucherspeck oder 2 Scheiben dick geschnittener Schinken
40 g Butter (optional, falls Sie Schinken statt Speck oder keines von beidem verwenden)
6 Eier
2 EL grob gehackter Dill
Pfeffer

Die Maiskörner vom Kolben abschaben. Den Kolben dazu flach auf ein Schneidebrett legen und mit einem scharfen Messer Reihe für Reihe abschaben. Den Speck in lange, dünne Streifen oder den Schinken in Würfel schneiden.

Speck und Mais in einer Bratpfanne auf mittlerer Stufe etwa 4 Minuten lang anbraten, bis der Mais seine Farbe ändert und der Speck rundherum leicht knusprig wird. Der Speck gibt genügend Fett ab – Sie müssen also nicht extra Fett hinzufügen. (Wenn Sie Schinken statt Speck verwenden, schmelzen Sie die Butter in der Pfanne, ehe Sie ihn mit dem Mais anbraten.)

Eier verquirlen, bis sie eine goldgelbe Farbe annehmen.

Die Eier über die Maismischung gießen, die Hitze ein wenig reduzieren und mit einem Gummispatel Achter durch die Mischung ziehen, bis alle Zutaten gut eingearbeitet sind.

Den Dill einrühren und mit Pfeffer aus der Mühle bestreuen. Den Herd abdrehen, bevor die Eier fest werden. Sofort servieren.

Tipp: **Dieses Grundrezept lässt sich nach Lust und Laune variieren (je nachdem, was Sie im Kühlschrank haben). Anstelle von frischem Mais kann man das Omelette auch mit Tiefkühlerbsen oder -mais zubereiten.**

Fleischlose Variante: **Wenn Sie Speck oder Schinken weglassen, verwenden Sie stattdessen 40 g Butter und/oder Ziegenkäse. Butter hinzufügen, sobald die Maiskörner ihre Farbe ändern, dann den Ziegenkäse gemeinsam mit dem verquirlten Ei einrühren.**

MAISSUPPE

Ich habe ein Faible für Maissuppe, mit oder ohne Huhn. In Maiskolben steckt jede Menge Aroma. Ganz Gewiefte kochen die leeren Kolben in der Brühe mit, um ihr eine süßliche Note zu verleihen, die an Umami erinnert (und ganz nebenbei auch nichts kostet). Ich habe nachstehend auch ein paar Varianten mit Huhn angeführt – das Grundrezept ist aber rein vegetarisch.

FÜR 4–6 PORTIONEN

- 4 Maiskolben
- 10 Frühlingszwiebeln
- 3 Knoblauchzehen, in dünne Scheiben geschnitten
- 1 TL fein geriebener Ingwer
- 1 TL schwarzer Pfeffer aus der Mühle
- 22 g kross gebratene Frühlingszwiebeln, plus ein paar zum Garnieren
- 2 EL Sojasauce
- 1 EL Sesamöl
- 2 l Gemüsebrühe (oder Wasser)
- 1 EL Apfelessig
- 2 Eiweiß, leicht verquirlt
- 1 Bund Spargel, in feine Scheiben geschnitten (optional)
- Gerösteter Sesam zum Garnieren

Die Körner vom Kolben lösen und sowohl Kolben als auch Körner in einen großen Topf geben.

Die Frühlingszwiebeln fein schneiden und die weißen und grünen Teile getrennt beiseitestellen.

Die weißen Frühlingszwiebelscheiben sowie Knoblauch, Ingwer, Pfeffer, kross gebratene Frühlingszwiebeln, Sojasauce und Sesamöl in den Topf mit dem Mais geben. Anschließend die Brühe darübergießen.

Zum Köcheln bringen, dann den Deckel daraufgeben, die Hitze auf kleine Flamme reduzieren und ca. 45 Minuten lang kochen, bis der Mais weich ist und die Brühe vollmundig schmeckt.

Vom Herd nehmen und die Maiskolben mit einer Zange aus dem Topf nehmen. Die Suppe mit dem Stabmixer kurz durchrühren, bis ein Teil der Maiskörner cremig ist, aber ca. die Hälfte der Körner noch intakt sind.

Essig hinzufügen, dann die Eiklar mit einem Holzlöffel einrühren. Den Großteil der grünen Frühlingszwiebelstückchen und den geschnittenen Spargel einrühren. Die Suppe 3–4 Minuten stehen lassen, sodass die Eiweiße durch die Restwärme gegart werden.

Die Suppe gleichmäßig auf die Servierschüsseln aufteilen. Sesamkörner, die restlichen kross gebratenen sowie rohen Frühlingszwiebeln darüberstreuen und servieren.

Tipp: **Um Maiskörner vom Kolben zu lösen, lege ich den Kolben flach auf ein Holzbrett und schabe mit dem Messer Reihe für Reihe ab. Die Maisschäler, die auf dem Markt erhältlich sind, beeindrucken mich nicht sonderlich – sie gehen viel zu leicht kaputt.**

Extra: **Für Hühnersuppe mit Mais einfach Hühner- statt Gemüsebrühe verwenden. Während der letzten 30 Minuten 2 ganze Hähnchenschenkel hinzufügen, dann entfernen und das Fleisch vom Knochen lösen. Fleisch unten in die Servierschüsseln geben und Suppe darübergießen.**

Für Eilige: **Wenn es superschnell gehen soll, einfach das Fleisch von einem fertig gekauften Grillhähnchen lösen und in die Servierschüsseln geben, bevor die Suppe darübergegossen wird.**

Kleiner Tipp: **Grillhähnchen kurz vor Geschäftsschluss kaufen (da kosten sie auch weniger!), wenn sich im Warmhaltebeutel schon eine Menge Marinade, Würzmittel und Fett angesammelt hat. Diese im Beutel verbleibende Flüssigkeit in die Basisbrühe gießen und mit dem Wasser strecken, in dem der Mais gekocht wurde. Wenn Sie nur genügend Wasser für ein oder zwei Portionen hinzufügen, können Sie in weniger als 10 Minuten (oder sobald der Mais gar ist) eine fantastische Suppe genießen.**

MAISKOLBEN MIT KÄSEWÖLKCHEN UND APFEL-CHIPOTLE-BARBECUESAUCE

Wenn Sie bei „Käsewölkchen" noch nicht aufgehorcht haben, sollten Sie dies spätestens bei „Apfel-Chipotle" tun. Dieses Rezept ist eine fantastische Art und Weise, um einen Maiskolben zu genießen, und wie gemacht für eine Sommerparty. Die Barbecuesauce lässt sich für zahllose andere Kombinationen verwenden, auch wenn die Maiskolben längst verspeist worden sind. Bepinseln Sie andere grillfreundliche Gemüsesorten damit wie Champignons, Patisson-Kürbisse oder Zucchini oder verwenden Sie sie als Dipsauce anstelle des guten alten Ketchup. Einfach lecker!

FÜR 4 PORTIONEN ALS BEILAGE

4 Maiskolben, mit Blättern
Olivenöl zum Bepinseln
125 g dicke Vollei-Mayonnaise (oder Knoblauch-Aioli, Seite 37)
25 g Pecorino oder Parmesan
Fein gehackter Schnittlauch zum Garnieren

Apfel-Chipotle-Barbecuesauce (ergibt ca. 530 ml)
250 ml Apfelmus
125 ml Tomatensauce
125 ml Barbecuesauce
60 ml Ahornsirup
2 Chipotle-Chilis in Adobo-Sauce (oder 1 Chili, wenn es nicht zu scharf sein soll), fein gehackt
1 EL Worcestershiresauce (optional)
1 TL geräuchertes Paprikapulver

Grillpfanne oder Grillplatte sehr stark erhitzen.

Die Maisblätter abziehen, aber nicht vom Kolben entfernen. Bart mit Gemüsebürste oder Fingern entfernen. Maiskolben in gut gesalzenem Wasser mindestens 10 Minuten lang einweichen, damit die Blätter weich werden und nicht verkohlen, ehe die Körner gar sind.

Wasser von den Blättern abschütteln, dann mit ein wenig Olivenöl bepinseln oder einreiben. Die Blätter wieder über die Maiskolben ziehen, um die Körner vor der Hitze des Grillers zu schützen. Kolben schräg auf den Griller bzw. in die Grillpfanne legen und 15–20 Minuten lang alle 5 Minuten wenden, oder bis die Blätter schwärzlich werden. 10 Minuten lang beiseitestellen, sodass die Körner im Dampf der Blätter weitergaren.

In der Zwischenzeit die Zutaten der Barbecuesauce vermischen und abschmecken. (Das Rezept ist recht ergiebig – in einem luftdichten Behälter hält sich die Sauce im Kühlschrank aber bis zu 1 Monat lang.) 60 ml der Sauce als Dipsauce in die Mayonnaise einrühren. Weitere 60 ml der Sauce in einer kleinen Pfanne leicht erwärmen.

Wenn die Maiskolben gar sind, Blätter zurückziehen, sodass man die Körner sieht. Mit der erwärmten Barbecuesauce bestreichen und den Käse darüberreiben, sodass er an Schäfchenwolken in den Anden erinnert. Mit Schnittlauch bestreuen und mit der Dipsauce servieren.

Für Eilige: **Die Maiskolben in Hälften brechen oder schneiden und 4–5 Minuten kochen, bis sie leuchtend gelb sind. In der Zwischenzeit die Sauce zubereiten. Käse darüberreiben, mit Schnittlauch bestreuen und voilà!**

Doppelt im Einsatz: **Übriggebliebene Körner vom Kolben abschaben (auch mit dem Käse), ein wenig Sahne und/oder Brühe hinzufügen und mit dem Stabmixer zu Maispüree oder einer Chipotle-Maissuppe verarbeiten.**

Patisson-Kürbis

Willkommen im Reich der Kürbisse! Patisson-Kürbisse sind Gartenkürbisse und sind auch als Bischofs- oder Kaisermütze oder als UFO-Kürbis bekannt. Tatsächlich sehen sie aus, als hätte jemand gelbe Zucchini in einen Sack gesteckt und sich versehentlich daraufgesetzt. Gar nicht selten werden Patisson-Kürbisse gerade wegen ihres eigenartigen Aussehens gekauft. Umso größer ist die Freude, wenn man feststellt, dass sie sich nicht nur als Tischdekoration außerordentlich gut machen, sondern auch toll schmecken. Im Gegensatz zu Zucchini, deren Innenstruktur durch den hohen Anteil an weichen Kernen kompromittiert wird, sind die Kerne des Patisson-Kürbis in einer sauberen kleinen Höhle enthalten und lassen sich leicht entfernen. Das Kürbisfleisch ist folglich fester und hält härteren Bedingungen (wie dem Garen im Backrohr) besser stand.

„Ich liebe Flaschenkürbisse (‚Lauki' in Hindi), die unglaublich vielseitig sind. Meine Mutter macht daraus eine Art Eintopf mit Joghurt, Senföl, Kreuzkümmel, Lorbeerblättern und Kardamom. Ich verwende Flaschenkürbis in Pfannkuchen mit Joghurt – dazu passt ein Chili-Chutney aus Kaschmir!" – PRATEEK SADHU, INDIEN

EINKAUF & LAGERUNG

Patisson-Kürbis hat eine wunderbar glänzende Schale – ein perfekt verpackter Sommergruß! Im Hochsommer sind diese Kürbisse am häufigsten anzutreffen. Je kleiner, desto süßer sind sie. Die größeren Modelle lassen sich wunderbar füllen. Die Stiele sollten gelblich-grün sein, wie bei Zucchini, und nicht welk aussehen. Überprüfen Sie den gewellten Rand auch auf Beulen und braune Stellen. Drücken Sie den Kürbis sanft, um zu sehen, wie sehr er nachgibt. Lässt er sich eindrücken, hat er bereits eine Menge Feuchtigkeit verloren. Patisson-Kürbisse sollten so rasch wie möglich verarbeitet werden. Da das Fleisch und die Schale eher zart sind, hält er sich im Kühlschrank nur 1, 2 Tage. Um Patisson-Kürbisse länger aufzubewahren, schneiden Sie sie einfach in grobe Würfel (wie bei Zucchini) und frieren ihn auf einem Tablett ein. Sind die Würfel dann gefroren, füllen Sie sie in geeignete Behältnisse und geben sie wieder in den Tiefkühler.

ZUBEREITUNG

Behandeln Sie Patisson-Kürbisse ebenso wie ihre Verwandten, die langen, gelben Zucchini. In schräge Scheiben geschnitten, lassen sie sich gut grillen. Gewürfelt machen sie sich in Currys und Eintöpfen gut. Geraspelt und mit Teig vermengt, können Sie sie zu Puffern verarbeiten, oder aber Sie panieren die Kürbisstücke und frittieren sie. Kleinere Patisson-Kürbisse können im Ganzen gedünstet oder geröstet werden. Größere hingegen sollten Sie vor dem Verarbeiten zerteilen.
Patisson-Kürbisse lassen sich auch mit der traditionellen Kürbismethode zubereiten: Schneiden Sie den Deckel ab, höhlen Sie den Kürbis mit einem Teelöffel aus, hacken Sie das Kürbisfleisch und füllen Sie den Kürbis mit Reis, Gewürzen, dem Kürbisfleisch und/oder Hackfleisch und Kräutern. Garen Sie den Kürbis in einer Tomatensauce oder beträufeln Sie ihn mit Olivenöl, wickeln Sie ihn in Alufolie und backen Sie ihn (mit „Deckel"). Ein köstliches Essen, perfekt vorportioniert!

GUTE PARTNER

Käse (insbesondere Feta, Parmesan, Ricotta, cremiger Ziegenkäse), Chili, Knoblauch, Kräuter (besonders Basilikum, Majoran, Oregano, Petersilie, Thymian), rote Zwiebel.

CHIMICHURRI-KÜRBIS MIT „AMPEL"-EFFEKT

Grillstreifen sind das Beste an Gerichten vom Grill. Dank der praktischen Grillpfanne müssen Sie aber nicht in der Hitze draußen stehen und Fliegen verjagen, um ein ähnliches Ergebnis zu erhalten! Patisson-Kürbisse direkt in die heiße Grillpfanne zu geben, ohne diese zuerst einzuölen, mag unheilvoll klingen – ist die Pfanne aber heiß genug, bleiben die Kürbisstücke nicht daran kleben, behalten ihre Form und werden nicht matschig und fettig. Wenn Sie keine Grillpfanne haben, tut es auch eine andere Bratpfanne mit dickem Boden. Allerdings müssen Sie sich dann mit „Grillflecken" anstelle von Grillstreifen zufriedengeben. Egal, was Sie tun, widerstehen Sie der Versuchung, dem Kürbis Öl hinzuzufügen, ehe er fertig gegart ist. Das geht mit Sicherheit schief!

FÜR 4–6 PORTIONEN

6–7 Patisson-Kürbisse oder andere Sommerkürbisse (oder eine Mischung)
250 g Kirschtomaten, geviertelt
Minzblätter, zum Garnieren

Rote & grüne Chimichurri-Sauce

1 lange, grüne Chilischote, gehackt
1 Knoblauchzehe, gehackt
½ Bund Petersilie, Blätter und Stiele gehackt
½ Bund Koriander, Blätter und Stiele gehackt
1 kleine rote Zwiebel, gehackt
1 EL geräuchertes Paprikapulver
125 ml Olivenöl
60 ml Rotweinessig
1 EL Honig
150 g gegrillte Paprikaschoten (Seite 200), gehackt

Für das Chimichurri alle Zutaten (außer den Paprikaschoten) in eine kleine Küchenmaschine geben und fein hacken. Mit Salz und Pfeffer ordentlich würzen, dann etwa 125 ml des grünen Chimichurri beiseitestellen.

Die Paprikaschoten zum verbleibenden Chimichurri hinzufügen und in der Küchenmaschine zu einer roten Sauce verarbeiten. Beide Saucen bis zum Servieren kühl stellen.

Knapp vor dem Servieren eine Grillpfanne etwa 5 Minuten lang erhitzen, bis sie raucht.

Jeden Kürbis entlang der horizontalen Achse in die Hälfte schneiden, sodass die Stücke ca. 1,5 cm breit sind. Größere Kürbisse müssen Sie vielleicht dritteln.

Die Kürbisstücke (wenn nötig portionsweise) mit der Schnittfläche nach unten in einer Lage in die heiße Grillpfanne legen. Wenn Sie ein Zischen und Prasseln hören, ist alles gut. Wenn nicht, ist die Pfanne noch nicht heiß genug! In diesem Fall die Kürbisse rasch wieder entfernen und noch ein wenig warten. Die erste Ladung Kürbisse ca. 3 Minuten auf jeder Seite grillen und sie dann an den Rand der Pfanne schieben, um Platz für die nächsten zu machen. (Bei der angegebenen Breite ist es nahezu unmöglich, die Kürbisse zu übergaren. Ein wenig mehr Zeit in der Pfanne macht sie lediglich zarter.) Mit dem Großteil der grünen Chimichurri-Sauce bestreichen.

Die Kirschtomaten mit der restlichen grünen Chimichurri-Sauce vermengen. Die rote Chimichurri-Sauce mit dem Löffel auf der Servierplatte verteilen, dann die Tomaten und die gegrillten Kürbisse daraufsetzen. Heiß und mit Minzblättern bestreut servieren.

Tipp: **Wenn Sie gerade keine Patisson-Kürbisse bekommen können, nehmen Sie einfach Zucchini. In lange, ca. 1,5 cm dicke Streifen schneiden und auf die gleiche Weise zubereiten.**

Für Eilige: **Schneiden Sie den Kürbis in dünnere Scheiben und grillen Sie ihn für ca. 1 Minute auf jeder Seite, bis das Kürbisfleisch weich ist. Statt Chimichurri lassen sich auch Sambal, eine gute Chilikonfitüre oder eine süße Chilisauce verwenden.**

GOLDENER NAPFKUCHEN

Als wir diesen Kuchen fotografiert haben, gab ich meinem Verleger eine Kostprobe mit. Seine Tochter meinte: „Das schmeckt gar nicht wie Gemüsekuchen!“ Dem kann ich nur zustimmen. Meistens wird versucht, heimlich Gemüse in einen Kuchen zu schummeln, um der Familie eine weitere Portion „Gesundes“ unterzujubeln. Hier hingegen tun sich Patisson-Kürbisse (oder Zucchini, wenn Ihnen das lieber ist) überhaupt keinen Zwang an und versuchen erst gar nicht, sich zu verstecken. Das Resultat? Der Napfkuchen ist saftig und samtig, mit gelben und grünen Sprenkeln! Ein Genuss für Sie selbst und für andere. Die Nachfragen nach dem Rezept werden groß sein – stellen Sie sich darauf ein!

FÜR 8 PORTIONEN

- 20 g Butter, geschmolzen
- 250 g grob geraspelter Patisson-Kürbis oder Zucchini (siehe Tipp)
- 110 g feinster Zucker
- Fein geriebene Schale von 1 Bio-Zitrone, plus 80 ml Zitronensaft
- 1 EL fein gehackte Zitronenthymianblätter (oder normale Thymianblätter, falls Sie nur diese zur Hand haben)
- 180 ml leichtes, natives Olivenöl extra, plus etwas mehr zum Einfetten
- 3 Eier
- 250 ml Buttermilch
- 170 g Rohrohrzucker
- 45 g Kokosraspel
- 375 g Mehl
- 3 TL Backpulver
- ½ TL Salzflocken
- 175 g Puderzucker

Getrocknete Kürbisblüten

- 2 Patisson-Kürbisse, mit dem Küchenhobel oder einem scharfen Messer in dünne Scheiben geschnitten

Den Backofen auf 160 °C vorheizen. Eine Napfkuchenform mit 25 cm Durchmesser mit der geschmolzenen Butter einfetten und dann in den Kühlschrank stellen.

Geriebenen Kürbis, Zucker, Zitronenschale und Zitronenthymianblätter in eine Schüssel geben und vermengen. Etwa 10 Minuten lang ziehen lassen.

Öl, Eier, Buttermilch und Rohrohrzucker hinzufügen und gut vermischen. Kokosraspeln hinzufügen, dann Mehl, Backpulver und Salz versieben und mit einem Holzlöffel unterziehen (nicht zu stark verrühren).

Den Teig in die Napfkuchenform geben und auf mittlerer Schiene 1 Stunde lang backen, oder bis an einem in die Kuchenmitte gestochenen Stäbchen kein Teig mehr hängen bleibt. Den Kuchen in der Form auf einem Kuchengitter 10 Minuten lang abkühlen lassen und dann zum vollständigen Abkühlen auf das Kuchengitter stürzen.

Falls Sie getrocknete Kürbisblüten machen möchten, Backrohr auf 100 °C einstellen. Die Kürbisscheiben auf ein Kuchengitter legen, sodass Sie herunterhängen. 20 Minuten lang im Ofen trocknen, bis sich gerüschte „Blüten“ bilden.

In der Zwischenzeit mit der Glasur anfangen. Puderzucker in eine Schüssel geben, 60 ml Zitronensaft hinzufügen und gut verrühren. Mehr Zitronensaft teelöffelweise hinzufügen, bis Sie eine glatte, löffelbare Glasur erhalten.

Die Glasur mit dem Löffel auf dem ausgekühlten Kuchen verteilen und mit den Kürbisblüten garnieren. Lose mit einem Bienenwachstuch oder Alufolie abgedeckt, ist dieser Kuchen extrem gut haltbar.

Lagern Sie ihn am besten im untersten Regal Ihres Kühlschranks. Allzu viel wird aber wahrscheinlich nicht übrigbleiben!

Tipp: **Falls Sie Zucchini verwenden, aber trotzdem die helle Farbe des Teigs beibehalten möchten, schälen Sie sie einfach (oder lassen Sie sie dran, um dem Kuchen ein richtiges Gemüse-Feeling zu verleihen).**

Für Eilige: **Die Glasur und die getrockneten „Blüten“ sind optional. Sie können den Kuchen auch mit Puderzucker bestäuben, mit frischen Zitronenthymianblättchen verzieren oder mit einem Klecks Naturjoghurt servieren.**

Orange

* MÖHRE
* SÜSSKARTOFFEL
* BUTTERNUSS-KÜRBIS
  + Spaghettikürbis
* KÜRBIS

Möhre

Wenn Sie jemals versucht haben, Möhren anzubauen, haben Sie sicher bemerkt, dass es ganz schön schwierig ist, lange, gerade und gleichmäßig orangefarbene Exemplare zu züchten. Das kommt daher, dass Möhren ursprünglich gar nicht orangefarben waren. Wahrscheinlich waren sie lila, weiß oder sogar gelb – all die Farben, die wir nun mit älteren, seltenen Sorten assoziieren. Erst im 16. Jahrhundert fing man in den Niederlanden damit an, orangefarbene Möhren zu züchten, als Zeichen der Unterstützung der mächtigen Oranje-Nassau-Dynastie, die so etwas waren wie die Hiltons ihrer Zeit. Mit der Macht ist es so eine Sache – liefen die Dinge mal nicht so gut für das Haus Oranje-Nassau, galten Besitz oder Verkauf orangefarbener Möhren als Verrat. Die niederländische Königsfamilie stammt übrigens heute noch aus dieser Dynastie, und die Niederländer sind nach wie vor verrückt nach Orange, besonders, was den Sport betrifft. Aber was ist jetzt mit diesen verräterischen Möhren? Nun ja. Sie sind zum zweitbeliebtesten Gemüse der Welt avanciert, gleich nach der Kartoffel.

„Von Möhren kriege ich nicht genug. Ich röste sie, verarbeite sie zu Saft, spiralisiere sie, schneide sie in Stücke und serviere sie roh. Ich mache Püree daraus, trockne, backe und brate sie. Möhren haben den Ruf, süß zu schmecken. Wenn man sie aber lange genug röstet, entwickeln sie auch leicht bittere Aromen. Ihr frischer Geschmack bringt auch andere Gemüsesorten optimal zur Geltung.“ – AMANDA COHEN, KANADA

EINKAUF & LAGERUNG

Glücklicherweise können wir das ganze Jahr über Möhren genießen, ohne gleich des Hochverrats bezichtigt zu werden. Und zwar nicht nur in Orange, sondern auch in anderen Farben. Während der kühleren Jahreszeit wird es besonders spannend, denn da kommen auch die ausgefalleneren Sorten ins Spiel. Diese eignen sich besonders gut zum Schmoren, Dünsten und Rösten. Auch als Einlegegemüse machen sie sich wunderbar: Ihr Geschmack ist intensiver, und die dicht aneinander gepackten Fasern bewahren ihre Form auch bei Hitze. Wie auch Rote Bete und Rotkohl färben lilafarbene Möhren die Speisen, in denen sie verwendet werden, durch ihren Anteil an Anthocyanen. Zum Knabbern zwischendurch und zum Raspeln in Salate sind die leuchtend orangefarbenen Varianten am besten geeignet. Sie haben ein sirupartiges Aroma und sind einfach herrlich knackig. Wenn Sie Möhren im Bund kaufen, sollte das Möhrengrün buschig sein und eine leuchtend grüne Farbe haben, ähnlich der von Kräutern (schließlich ist die Möhre mit Dill und Petersilie verwandt). Wenn Sie Möhren lieber „oben ohne“ erstehen, schnuppern Sie unbedingt an ihnen. Die Möhren sollten süßlich riechen und eine glänzende Schale ohne Grauschleier haben. Die Wurzel sollte fest und nicht biegsam sein. Je länger die Garzeit in Ihrem Rezept, desto dicker sollte die Möhre sein. Für Schmorgerichte und lange Garzeiten bei niedriger Temperatur bieten sich also kurze, dicke Exemplare an. Möhren wachsen unter der Erde und lieben kühle Temperaturen. Im Gemüsefach Ihres Kühlschranks sind sie daher am besten aufgehoben.

Schneiden Sie das Möhrengrün ab, wenn Sie nach Hause kommen, und lagern Sie es wie Kräuter. Die Blätter können in Rezepten statt Petersilie verwendet werden. Achten Sie aber darauf, mehr Salz und Fett zu verwenden, da sie ein wenig bitter schmecken können. Wenn Sie Möhren gerne zu Sticks verarbeiten, an denen Sie am Nachmittag knabbern oder die Sie in letzter Minute in die Lunchbox schmuggeln, lagern Sie diese am besten in einem luftdichten Behälter mit Eiswasser.

FUNCTIONAL FOOD

Wenn Sie versucht sind, diese Passage zu überspringen, weil Sie sich das übliche Klischee von „mit Möhren kann man im Dunkeln sehen“ erwarten – tun Sie's nicht. Denn ... Trommelwirbel ... Das sind Fake News! Und zwar in jeder Hinsicht! Einer Anekdote zufolge musste die britische Luftwaffe im Zweiten Weltkrieg den Einsatz von Radartechnologie zur Erkennung feindlicher Flugzeuge verbergen. So erstellte die Regierung eine Falschinformationskampagne, mit Propagandaplakaten und allem drum und dran, um glaubhaft zu machen, dass die Piloten ihre plötzliche Nachtsichtigkeit dem Verzehr von Möhren verdankten – ein bisschen so wie Popeye und sein Spinat (das ist aber eine eigene Geschichte). Die Gemüsebauern Großbritanniens freuten sich über die plötzliche Verkaufssteigerung bei Möhren –

grundsätzlich eine gute Idee in einer Zeit, in der viele Lebensmittel knapp waren, Wurzelgemüse aber in Hülle und Fülle vorhanden war. Ob dieser schlaue Plan funktionierte oder nicht, hängt davon ab, wen man fragt. Jedenfalls gibt es Gerüchte von deutschen Kampfflugzeugen, die – nur zur Sicherheit! – das ein oder andere Bund Möhren mitführten. Was sehr wohl stimmt, ist, dass Möhren viel Vitamin A enthalten, was für die Augengesundheit generell ein Vorteil ist. Die Taschenlampenfunktion an Ihrem Smartphone werden Sie aber wohl weiterhin benötigen.

GUTE PARTNER

Gewürze (besonders Muskat, Nelken, Zimt), Ingwer, Käse (besonders Feta, Gruyère, Parmesan, Ziegenkäse), Olivenöl, Orangen (besonders die Schale), Sahne, Salbei.

GLUTENFREIER MÖHRENKUCHEN MIT PFIFF

Das ist wahrscheinlich der saftigste Möhrenkuchen, den Sie jemals backen werden. Das Frischkäse-Topping liefert dank frisch geriebener Orangenschale einen zusätzlichen Kick und wird aufgetragen wie Butter auf Brot. Die Gewürze und Nüsse machen jeden Bissen unwiderstehlich. Als meine Schwiegermutter vor Jahren anfing, glutenfrei zu backen, war es praktisch unmöglich, gutes, glutenfreies Mehl zu finden. Heute ist das anders und glutenfreie Sorten sind überall erhältlich. Wenn Sie lieber reguläres Mehl verwenden, können Sie das natürlich tun. Ich versuche, beim Backen Rücksicht auf Unverträglichkeiten zu nehmen – es gibt nichts Schöneres, als den freudigen Gesichtsausdruck, wenn Gäste hören, dass auch sie mit gutem Gewissen ein Stück Kuchen genießen können!

FÜR 6–8 PORTIONEN

- 2 Möhren (320 g), geschält
- 1 daumengroßes Stück frischer Ingwer, geschält
- 150 g Walnusskerne, grob gehackt
- 200 g dunkler Rohrohrzucker
- 125 ml Pflanzenöl
- 4 Eier
- 1 TL natürliches Vanilleextrakt
- 1 TL gemahlener Kreuzkümmel
- ½ TL gemahlener Zimt
- 300 g glutenfreies Mehl
- 1 Prise Salz
- 1 ½ EL Backpulver
- 1 TL Natron

Frischkäse-Topping

- 500 g Frischkäse, zimmerwarm
- 120 g Butter, zimmerwarm
- 155 g Puderzucker, gesiebt
- Geriebene Schale von 1 Bio-Orange, plus etwas mehr zum Garnieren

Den Ofen auf 180 °C vorheizen. Den Boden und die Seiten einer 13 x 24 cm großen Kastenform mit Backpapier auslegen.

Möhren, Ingwer und Walnusskerne in der Küchenmaschine oder mit der Küchenreibe grob raspeln (ohne Küchenmaschine die Nüsse grob hacken). Beiseitestellen.

In einer Schüssel Zucker und Öl zu einer zähen, braunen Paste vermengen.

Die Eier einzeln einrühren und dabei sicherstellen, dass ein Ei vollständig eingerührt ist, bevor das nächste hinzugefügt wird. Möhrenmischung, Vanille, Kreuzkümmel und Zimt einrühren und mit dem Spatel vermengen.

Mehl, Salz, Backpulver und Natron sieben und einrühren, bis keine Klumpen mehr vorhanden sind. Teig in die Kastenform gießen und 45–50 Minuten backen, bis an einem zur Probe in die Kuchenmitte gestochenen Holzstäbchen kein Teig mehr hängen bleibt.

Kuchen in der Form auf einem Kuchengitter vollständig auskühlen lassen.

Für das Topping Frischkäse, Butter, Puderzucker und Orangenschale mit der Küchenmaschine oder dem Standmixer zu einer sehr glatten Masse verarbeiten.

Topping dick auf den ausgekühlten Kuchen auftragen. Vor dem Servieren noch mit extra Orangenschale garnieren.

Tipp: **Dieser Möhrenkuchen hat kein Verfallsdatum. Ohne Topping lässt er sich, in Scheiben geschnitten, einfrieren oder sogar toasten (ähnlich wie Bananenbrot). Der Kuchen lässt sich wunderbar am Vortag zubereiten – stellen Sie ihn luftdicht verschlossen kühl und tragen Sie das Topping kurz vor dem Servieren auf.**

Für Eilige: **Vergessen Sie das Frischkäse-Topping und sieben Sie einfach Puderzucker über den Kuchen. Vielleicht schaffen Sie es noch, ein wenig Orangenschale darüberzuraspeln.**

RIGATONI MIT MÖHRENGRÜN

Wenn Sie das Glück hatten, ein Bund Möhren mit Möhrengrün zu ergattern, sollten Sie das Grün so behandeln wie auch andere Kräuter und es zu einem pfiffigen Pesto verarbeiten. Dieses Rezept verwendet Kürbiskerne anstelle von Pinienkernen und ist somit nussfrei und auch für Pesto-Fans geeignet, die Nüsse nicht mögen oder vertragen. Tolle Sache!

FÜR 4 PORTIONEN

Salz
2 Bund Möhren, Möhrengrün entfernt und gründlich gewaschen (siehe Tipps)
75 g Kürbiskerne, plus ein wenig mehr zum Garnieren
50 g Pecorino, gehackt, plus ein wenig mehr gerieben zum Garnieren
Schale und Saft von 1 Bio-Zitrone
2 Knoblauchzehen, geschält
1 TL Salzflocken
½ TL schwarzer Pfeffer aus der Mühle
125 ml natives Olivenöl extra
400 g Rigatoni
50 g Rucola

Einen großen Topf mit gut gesalzenem Wasser zum Kochen bringen.

Ein wenig Möhrengrün zum Garnieren beiseitelegen, das restliche Grün 20 Sekunden lang ins kochende Salzwasser geben, bis es welk wird. Mit einer Zange herausheben, Kochwasser nicht wegschütten. Möhrengrün in einem Sieb unter fließendem, kaltem Wasser abschrecken.

Möhrengrün ausdrücken und mit Kürbiskernen, Pecorino, Schale und Saft der Zitrone, Knoblauch, Salz, Pfeffer und Olivenöl zu einer feinen Paste verarbeiten. Nach Bedarf würzen und beiseitestellen.

Möhren schälen und mit dem Sparschäler schräg in dünne, längliche Scheiben schneiden.

Den Topf mit Wasser erneut zum Kochen bringen. Pasta, wie auf der Packung angeführt, kochen. Möhrenscheiben in der letzten Minute hinzufügen.

250 ml des Kochwassers abschöpfen und beiseitestellen. Die Pasta dann abgießen. Pasta, Möhren, Pesto und Hälfte des beiseitegestellten Kochwassers in den Topf geben und umrühren, sodass alles gut überzogen ist. Bei Bedarf mehr Kochwasser hinzufügen. Rucola untermengen.

Auf einer Servierplatte oder in einzelnen Schüsseln anrichten. Das beiseitegestellte Möhrengrün, den beiseitegestellten Pecorino und die Kürbiskerne darüberstreuen.

Tipp: In Möhrengrün sammelt sich leicht Sand und Erde an, besonders nach starken Regenfällen. Damit das Pesto in diesem Rezept garantiert knirschfrei ist, weichen Sie das Möhrengrün vor der Verarbeitung 10 Minuten lang in einer Schüssel mit kaltem Wasser ein, um Sand und Kies freizusetzen.

Wenn Sie keinen Pecorino zur Hand haben, verwenden Sie einfach gut gereiften Parmesan. 12 Monate oder länger ist ideal.

Kürbiskerne und Möhrengrün können leicht eine bittere Note entwickeln. Vor dem Servieren sollten Sie also alles gut abschmecken und gegebenenfalls korrigieren, indem Sie ein wenig Salz und Olivenöl hinzufügen.

Ersatz: Wenn Sie kein Möhrengrün auftreiben können, schmeckt das Pesto auch mit Basilikum oder Petersilie.

Für eine gänzlich pflanzliche Variante lassen Sie den Pecorino weg und fügen mehr Kürbiskerne, Olivenöl und Salz hinzu, um potenziellen bitteren Aromen entgegenzuwirken.

MÖHREN-SOUFFLÉS MIT KNUSPRIGEM GRÜN & SALSA VERDE

Wenn Sie zu den Personen gehören, die das Wort „Soufflé“ hören und sofort denken „Nicht mit mir!“, kann ich das gut verstehen. Soufflés können einen ganz schön einschüchtern – besonders die „Sterneküche“-Variante! Ich habe daher meinen Kumpel Phil Wood nach seinem berühmten Rezept für sein Möhren-Soufflé gebeten – das am Pt. Leo Estate Weingut auf der Mornington Halbinsel in Victoria serviert wird und eine geschmackliche Offenbarung ist – und dann eine alltagstauglichere Version für zu Hause ausgearbeitet. Frittiertes Möhrengrün (Sterneküche-Alarm!) ist natürlich optional.

FÜR 4 PORTIONEN

- 100 g Butter, plus ein wenig mehr zum Einfetten
- 650 g kleine Möhren, geschält und in 1 cm dicke Stücke geschnitten
- 1 TL Kümmel, leicht geröstet
- 1 EL Honig (es darf ruhig einer mit kräftigem Geschmack sein)
- 1 TL Salzflocken
- 50 g Parmesan, fein gerieben, plus ein wenig mehr zum Garnieren
- 50 g Mehl
- 375 ml Milch
- 3 Eier, Eigelb und Eiweiß getrennt
- Gehackte Pistazienkerne zum Garnieren

Salsa Verde

- ca. 60 g Basilikumblätter (oder Möhrengrün, falls Sie welches zur Hand haben)
- ca. 60 g Petersilienblätter
- 2 EL Kapern
- 60 ml Zitronensaft (ca. 1 Zitrone)
- 60 ml natives Olivenöl extra

Den Ofen auf 180 °C vorheizen. Acht Soufflésförmchen zu je 180 ml nach oben hin mit Butter ausstreichen.

Die Zutaten der Salsa verde in einer kleinen Küchenmaschine fein hacken und beiseitestellen.

Möhren, Kümmel, Honig, Salz und 500 ml Wasser in einen Topf geben. Zum Köcheln bringen und mit einem Stück Backpapier abdecken (in der „Cartouche“-Form – siehe die Tipps für die Butter-Möhren auf der nächsten Seite). Auf niedriger Stufe 15–20 Minuten lang garen, bis die Möhren gabelzart sind.

400 g der Möhren in die Küchenmaschine geben.

Den Boden jedes Förmchens mit Parmesan ausstreuen und die Förmchen so schwenken, dass auch die Seitenwände bedeckt sind. Die restlichen Möhren auf die Förmchen verteilen.

Topf wieder auf den Herd stellen. Die Hälfte der Butter schmelzen und das Mehl mit einem Holzlöffel einrühren. 2 Minuten lang unter ständigem Rühren leicht dünsten, bis die Butter-Mehl-Mischung goldbraun ist und nach Keksen riecht. Mit dem Schneebesen langsam die Milch unterrühren und unter ständigem Rühren zum Köcheln bringen. Auf niedriger Stufe kochen und 5–6 Minuten lang immer wieder mit einem Holzlöffel umrühren, bis die Sauce die Konsistenz von Kartoffelbrei hat.

Sauce in der Küchenmaschine mit den Möhren pürieren. Die restlichen 50 g Butter mitpürieren. 10 Minuten abkühlen lassen, dann die Eigelb zugeben und erneut pürieren.

In der Zwischenzeit das Eiweiß mit einem elektrischen Standmixer steif schlagen.

Einen Löffel Eischnee in die Möhrenmischung geben, dann mit einem Gummispatel den restlichen Eischnee in Achterbewegungen unter die abgekühlte Möhrenmischung rühren. Die Förmchen zu zwei Drittel befüllen. Ränder mit dem Daumen abwischen.

Förmchen auf ein Backblech geben und 15–18 Minuten lang im Ofen backen, bis die Soufflés aufgegangen sind und eine goldene Farbe angenommen haben. Soufflés mit Parmesan und gehackten Pistazienkernen bestreuen und einen Löffel Salsa verde daraufsetzen. Sofort servieren.

GAJAR MAKHANI – BUTTERKAROTTEN AUF INDISCHE ART

Currys schmecken am nächsten Tag – oder sogar einige Tage später – immer am besten. Die meisten Gemüsecurrys werden nach 1, 2 Tagen allerdings matschig. Dieses hier ist eine löbliche Ausnahme. Möhren habe eine ideale Konsistenz und behalten ihre Form auch bei Hitze. Sie werden lediglich al dente, aber nicht zu weich. Schneiden Sie Ihre Möhren in mundgerechte Happen und servieren Sie dieses Gericht mit Reis und Naan-Brot. Das Besteck können Sie getrost in der Lade lassen: Dieses Curry schreit förmlich danach, mit den Händen gegessen zu werden. Wenn Sauce übrig bleibt, tunken Sie diese mit Naan- oder Roti-Brot auf. Oder Sie fügen gegrilltes, ausgelöstes Hähnchenfleisch hinzu, entweder bevor oder nachdem alle Möhren gegessen worden sind, und voilà – fertig ist das Butter Chicken!

FÜR 4–8 PORTIONEN

50 g Butter
2 EL Pflanzenöl
150 g Cashewkerne
2 Knoblauchzehen, fein gehackt
1 EL fein geriebener Ingwer
1 EL braune Senfkörner
4 Zweige mit Curryblättern (ca. 35–40 abgezupfte Blätter)
1 Bund Koriander, Blätter abgezupft, Stiele und Wurzeln gründlich gewaschen und fein gehackt
3 TL Garam masala
1 TL gemahlene Kurkuma
1 TL gemahlener Kreuzkümmel
1 TL mildes Chilipulver
375 g griechischer Joghurt
800 g Möhren, geschält und schräg in 3 cm große Stücke geschnitten
1 EL Rohrohrzucker
700 g Tomatensauce
250 ml Kokoscreme, plus etwas mehr zum Servieren
Gekochter Basmatireis als Beilage
Naan oder Roti als Beilage

Butter und Öl in einem großen Topf auf mittlerer Stufe erhitzen. Cashews hinzufügen und 3 Minuten lang rösten, bis sie goldbraun sind.

Knoblauch, Ingwer, Senfsamen und Curryblätter hinzufügen und 2 Minuten lang anbraten, bis sie ihr Aroma entfalten. Die Hälfte der Cashewkerne zum Garnieren beiseitestellen.

Korianderstiele und Gewürze in den Topf geben und 1 Minute lang unter ständigem Rühren anbraten, bis sie zu wunderbar zu duften beginnen.

Joghurt einrühren und gut vermischen. Möhren hinzufügen und umrühren, bis alle gut mit der Sauce bedeckt sind. Zucker, Tomatensauce, Kokoscreme und 250 ml Wasser hinzufügen und zum Köcheln bringen.

Das Curry mit Backpapier abdecken („Cartouche", siehe Tipps), damit sich die Sauce nicht zu schnell reduziert. Alternativ dazu können Sie den Topf auch teilweise mit einem Deckel abdecken. Auf niedriger Stufe 45 Minuten lang köcheln, bis das dickste Möhrenstück, das Sie finden können, gabelzart ist, sich die Sauce reduziert hat und eine sämige Konsistenz aufweist.

Mit extra Kokoscreme beträufeln und mit den beiseitegestellten Cashewkernen und Korianderblättern bestreuen und mit Reis, Naan oder Roti servieren.

Tipp: Die Verwendung einer „Cartouche" aus Backpapier stellt eine besonders schonende Garung sicher und eignet sich für das Pochieren sowie die Herstellung von Brühen mit langer Garzeit bei niedrigen Temperaturen. Um eine Cartouche herzustellen, falten Sie einfach ein viereckiges Stück Backpapier zu Vierteln und schneiden dann mit der Schere einen runden Rand aus, der dem Durchmesser Ihres Topfes entspricht. Auch in der Mitte müssen Sie ein kleines Loch ausschneiden, damit die heiße Luft entweichen kann.

Brote wie Naan und Roti erhalten Sie in indischen Supermärkten. Halten Sie Ausschau nach Produkten mit kurzer Haltbarkeitsdauer und nicht zu vielen Inhaltsstoffen. Für einen (fast) authentischen Tandoor-Grillgeschmack erwärmen Sie die Brote vor dem Servieren in einer heißen Pfanne oder im Toaster.

Süßkartoffel

Von unseren Freunden in Neuseeland „Kumara" genannt, ist die Süßkartoffel eines dieser unverwüstlichen Knollengewächse, die nicht umzubringen sind. Die meistverbreitete Sorte – orangefarben – ist fast immer erhältlich und meist in der Ecke mit all dem anderen Röstgemüse zu finden. Sehr wohl aber ändert die Süßkartoffel im Laufe des Jahres ihren Look: Sieht sie zunächst beeindruckend knollig aus, wie der Unterarm eines Bikers, büßt sie in den Wintermonaten einiges an Substanz ein und schrumpft auf Daumengröße. Auch die Farben ändern sich – von goldfarben zu lila und wieder zurück. Wenn Sie sich fragen, ob die Farbe den Geschmack ändert, so lautet die Antwort: Ja! Lilafarbene Süßkartoffeln enthalten mehr Stärke, ergeben süßere Pommes und behalten auch ihre Form besser. Die kleineren, roten Süßkartoffeln schmecken im Ganzen und in der Schale gebraten köstlich – das Innere verwandelt sich während des Garens in Kartoffelbrei.

„Süßkartoffeln versetzen mich in meine Kindheit in Neuseeland zurück, wo „Kumara“ ein absoluter Favorit ist. Ich brate sie am liebsten in der Schale, bis sie weich und karamellisiert sind.“

–MONICA GALETTI, SAMOA

EINKAUF & LAGERUNG

Wie bei jedem Wurzelgemüse sollten Sie auch bei Süßkartoffeln Ausschau nach Exemplaren halten, die sich nicht verbiegen lassen. Ist dies nämlich der Fall, liegen sie garantiert schon länger im Regal, als Ihnen lieb ist. Ein wenig Schmutz schadet nie – schließlich fungiert er als natürliche Barriere, die die Haltbarkeitsdauer verlängert. Um die Zubereitung zu vereinfachen, wählen Sie am besten Süßkartoffeln aus, die eine ähnliche Größe haben, besonders dann, wenn Sie sie in der Schale braten möchten. So stellen Sie sicher, dass alle Knollen zur ungefähr gleichen Zeit fertig sind. Süßkartoffeln sind zwar enger mit Wasserspinat verwandt als mit Kartoffeln, werden aber ebenso wie Kartoffeln an einem kühlen, dunklen Ort und geschützt vor Sonnenlicht gelagert. Sie sind etwa 1 Monat lang haltbar. Im Gegensatz zu Kartoffeln können Sie Süßkartoffeln aber bedenkenlos in der Nähe von Zwiebeln lagern, ohne dass eine Partei daran Schaden nimmt.

ZUBEREITUNG

Ich schäle Süßkartoffeln nie, da die Schale jede Menge Nährstoffe enthält und außerdem dafür sorgt, dass die Süßkartoffeln ihre Form behalten. Aufgrund ihrer knubbeligen Beschaffenheit ist es gar nicht so leicht, Süßkartoffeln in gleich große Stücke zu zerteilen. Versuchen Sie es aber trotzdem, um eine einheitliche Garzeit zu gewährleisten. Ich verwende übrig gebliebene Süßkartoffeln gerne in Suppen, Wraps, Sandwiches und generell in jedem Gericht, das Eier enthält. Durch ihren niedrigen glykämischen Index sind sie eine fantastische Wahl für einen morgendlichen Energieschub. Ein Frühstück aus Süßkartoffelpuffern oder Hash Browns gefällig? Der ghanaische Koch Selassie Atadika kennt ein Rezept für gedünstetes Süßkartoffelkraut, das aus Liberia stammt: „Ich mache einen Rösti mit Süßkartoffeln und gebe ein wenig Currypulver in den Teig. Serviert wird das Ganze mit Kokosnusschutney. Ich experimentiere gerade damit, das Kraut der Süßkartoffeln in Kokosnussmilch zu dünsten. Man kann es dann so essen oder pürieren und als Dip für Süßkartoffelchips verwenden.“

GUTE PARTNER

Ahornsirup, Avocado, Butter, Käse (besonders Feta, Parmesan, Ziegenkäse), Honig, Koriander, Kreuzkümmel, Muskatnuss, Nelken, Olivenöl, Sauerrahm, Speck.

ZERO-WASTE-MEDAILLE

Frittiert und mit Cayennepfeffer gewürzt, wird die Schale von Süßkartoffeln zu einem herrlich knackigen Snack, der noch besser schmeckt, weil Sie sich dabei als waschechter Abfallkrieger fühlen können. Wenn Ihnen Süßkartoffeln in freier Natur unterkommen, vergessen Sie nicht, dass man das Kraut ebenfalls essen kann: gedünstet oder blanchiert im Salat, ähnlich wie Spinat.

SÜSSKARTOFFEL-POMMES MIT CAYENNEPFEFFER

Manche Leute meinen, dass Süßkartoffel-Pommes nur ein Abklatsch der „echten“ Pommes sind – ich gehöre nicht zu ihnen. Meiner Meinung nach sind sie eine vollkommen eigenständige Kreation und verdienen es, als solche behandelt zu werden, schon allein deshalb, weil Sie sich das Schälen und Vorkochen sparen, das bei herkömmlichen Pommes anfällt! Nutzen Sie die Erkenntnisse der Ernährungswissenschaft und bestreuen Sie die Süßkartoffel-Pommes mit ein wenig Stärke, damit sie noch knuspriger werden.

FÜR 4 PORTIONEN

- 4–6 Süßkartoffeln, ca. 600 g, gewaschen und gebürstet (schälen ist nicht notwendig)
- 2 EL glutenfreies Mehl oder Maisstärke
- 2 EL Erdnuss- oder Sonnenblumenöl
- 1 ½ TL geräuchertes Paprikapulver
- 1 TL Cayennepfeffer
- 1 TL Knoblauchpulver
- 2 TL Salzflocken

Die Süßkartoffeln halbieren, mit der flachen Seite nach unten auf ein Brett legen und der Länge nach zu Pommes mit etwas mehr als 5 mm Dicke schneiden (je gleichmäßiger Sie das hinkriegen, desto besser).

Den Backofen auf 220 °C vorheizen.

Zwei Backbleche mit Alufolie auskleiden.

Die Pommes in eine Schüssel geben, die ausreichend groß ist, um sie darin herumzuschwenken. Mit Mehl bestäuben und schwenken, sodass alle ausreichend mit Mehl bedeckt sind. Mit Öl beträufeln und mit den Händen die Pommes leicht in der Schüssel herumbewegen. Sichtbare Stellen mit Mehl mit den Fingern verreiben.

Pommes auf den Backblechen anordnen. Darauf achten, nicht zu viele Pommes auf ein Blech zu packen. Bildlich gesprochen sollte jedes Pommes ausreichend Platz haben, um seine Arme auszustrecken! 30–35 Minuten lang backen, bis die Pommes auch in der Mitte weich sind.

Die große Schüssel von vorher auswischen, dann Paprika, Cayennepfeffer, Knoblauchpulver und Salzflocken vermengen. Sobald die Pommes fertig sind, in der Schüssel mit den Gewürzen wälzen. Heiß genießen.

Tipp: **Backöfen sind bekannt für ihre Unberechenbarkeit. Sie kennen Ihren Ofen am besten – vielleicht müssen die Backbleche nach der Hälfte der Garzeit den Platz tauschen, damit die Pommes gleichmäßiger Hitze ausgesetzt sind, oder Sie müssen die Backbleche drehen, damit die Hitze sich nicht auf einzelne Bereiche konzentriert.**

Für Eilige: **Die Süßkartoffeln mit dem Gemüsehobel dünn hobeln, im Öl schwenken und in einer Lage auf den mit Alufolie ausgelegten Backblechen 15–20 Minuten lang im auf 170 °C vorgeheizten Ofen kross backen. Nach der halben Garzeit wenden. In den Gewürzen schwenken und servieren.**

GEFÜLLTE LILA SÜSSKARTOFFEL

Sie ahnen sicher schon, was ich Ihnen zuallererst sagen werde: Wenn Sie keine lila Süßkartoffeln auftreiben können (diese sind nämlich saisonabhängiger als die orangefarbenen), verwenden Sie einfach Letztere! Sollten Sie aber lila Knollen ergattern, ist dies das perfekte Rezept, um sie in Szene zu setzen. Manche Sorten sind sowohl innen als auch außen lila, was einen besonders dramatischen Effekt ergibt.
Andere haben eine lila Schale und ein weißes Fleisch. Was mir an diesem Rezept besonders gefällt, ist, dass die Süßkartoffeln ihr Jäckchen anbehalten und auf diese Weise auf jeden Fall Farbe ins Spiel bringen. Da die Schale dranbleibt, ist auch das Risiko geringer, dass die Süßkartoffel unter der Last der fantastischen Füllung kollabiert ... Kleine Portiönchen haben hier nichts verloren – legen Sie im Zweifelsfall ruhig nach!

FÜR 4 PORTIONEN

- 2 EL natives Olivenöl extra
- 1 TL geräuchertes Paprikapulver
- 4 x 250 g lila Süßkartoffeln, gewaschen und gebürstet
- 35 g Salzflocken
- 125 g Sauerrahm
- 125 g Mais (frisch oder aus der Dose, abgetropft)
- 100 g grob geriebener Cheddarkäse
- Koriandergrün, zum Garnieren
- Gehackter Schnittlauch, zum Garnieren

Den Backofen auf 200 °C vorheizen. Ein Backblech mit Backpapier auslegen.

Olivenöl und Paprika in einer kleinen Schüssel vermischen und beiseitestellen.

Jede Süßkartoffel etwa 4 cm lang einschneiden (finden Sie den natürlichen Balancepunkt, an dem die Süßkartoffel ruhig steht. Gelingt Ihnen das nicht, schneiden Sie eine dünne Scheibe vom Boden ab, sodass sie nicht mehr rollt).

Salzflocken und 500 ml frisch gekochtes Wasser in eine hitzebeständige Schüssel geben und umrühren, bis sich die Salzflocken auflösen. Süßkartoffeln hinzufügen und in der Schüssel wälzen, bis sie vollständig vom Salzwasser bedeckt sind.

Süßkartoffeln auf das Backblech legen und 40–50 Minuten lang backen, bis Sie die Süßkartoffeln zur Gänze mit einem Gemüsemesser durchdringen können.

Aus dem Ofen nehmen und 5 Minuten abkühlen lassen. Das Innere der Süßkartoffeln über den Schlitz entfernen und die Süßkartoffeln aufklappen, sodass Platz für die Füllung entsteht.

Den Sauerrahm zwischen den Süßkartoffeln aufteilen und mit Mais und Cheddar bestreuen. Mit dem Paprikaöl beträufeln, mit Salz und Pfeffer würzen und mit Koriander und Schnittlauch garnieren. Warm servieren.

Doppelt im Einsatz: **Probieren Sie dieses Rezept auch mit kleineren Süßkartoffeln aus oder mit den Süßkartoffel-Pommes auf der gegenüberliegenden Seite, die Sie auf einer Servierplatte mit der Füllung belegen.**

Für Eilige: **Süßkartoffeln in eine mikrowellengeeignete Schüssel geben. Die Süßkartoffeln oben einschneiden (wo sie später aufgeklappt werden) und die Schale mit Paprikaöl bepinseln. Auf hoher Stufe 8–10 Minuten in der Mikrowelle garen. Sind die Süßkartoffeln noch nicht durch, werden sie in 1-Minuten-Intervallen fertig gegart.**

DARLS DAAL

Dieses Daal-Rezept stammt von meiner guten Freundin Jane 'Grylltown' Grylls, die über einen der besten Gaumen in der Branche verfügt. Wenn Sie das Daal erst kosten, werden Sie mir recht geben! Fügen Sie nach Lust und Laune Gemüse hinzu! Alles, was ganz unten in Ihrer Gemüselade ein einsames Dasein fristet, wird mit dieser üppigen Kokosnusssuppe zu neuem Leben erweckt. In der kalten Jahreszeit gart Jane das Daal bei 170 °C 1, 2 Stunden im Backofen, was nicht nur ihr Haus im ländlichen Victoria warm hält, sondern auch bedeutet, dass sie nicht umrühren muss. Eine Win-win-Situation, wie sie meint!

FÜR 4–6 PORTIONEN

1 EL Olivenöl
50 g Butter
1 braune Zwiebel, gewürfelt
2 große Knoblauchzehen, gerieben
1,5 cm großes Stück frischer Ingwer, gerieben
1 Bund Koriander (Stiele, gut abgespült und fein gehackt, Blätter zum Garnieren beiseitestellen)
300 g Kürbis, gewürfelt
200 g Süßkartoffel, in 1 cm dicke Scheiben oder Würfel geschnitten
1 EL gemahlene Kurkuma (oder ca. 2 EL frische Kurkuma, falls erhältlich)
1 EL Garam Masala
1 EL Currypulver
1 Prise Chilipulver
2 Zweige mit Curryblättern (ca. 20 abgezupfte Blätter)
2 Lorbeerblätter
1 Zimtstange
400 ml Kokosmilch
400 g Dosentomaten (optional)
200 g rote Linsen, abgespült
500 ml Gemüsebrühe
50 g Palmzucker, gerieben
Saft ½ Zitrone
Salz, Pfeffer
100 g Baby-Spinat
150 g frische oder Tiefkühlerbsen
Naturjoghurt zum Garnieren
Geschnittene rote Chilischoten zum Garnieren
Zitronenspalten zum Garnieren

Olivenöl und Butter in einer großen, feuerfesten Kasserolle erhitzen. Zwiebel hinzufügen und auf mittlerer Stufe mit Deckel ca. 8–10 Minuten glasig dünsten. Knoblauch, Ingwer und Korianderstiele hinzufügen und gut durchrühren.

Kürbis, Süßkartoffel, Gewürze, Curry- und Lorbeerblätter sowie Zimtstange hinzufügen. Einige Minuten weiterrühren.

Mit der Kokosmilch ablöschen (und den Tomaten, falls Sie welche verwenden) und Rückstände vom Boden gründlich abschaben. Linsen, Brühe, Palmzucker und 250 ml Wasser hinzufügen, kurz umrühren..

Zum Kochen bringen, ab und zu umrühren und 20–25 Minuten lang köcheln, bis die Linsen cremig werden und die Süßkartoffeln gabelzart sind.

Zimtstange und Lorbeerblätter entfernen. Zitronensaft einrühren und abschmecken. Mit Salz und schwarzem Pfeffer aus der Mühle würzen.

Kurz vor dem Servieren Spinat und Erbsen hinzufügen und weitere 2 Minuten kochen, bis die Erbsen zart und die Spinatblätter welk sind.

Mit einem Klecks Joghurt, der geschnittenen Chilischote, den Korianderblättern und Zitronenspalten servieren. Dieses Daal lässt sich auch prima einfrieren. Wenn etwas übrigbleibt, portionieren Sie es gleich und ab damit in den Tiefkühler.

Für Eilige: **Die Linsen separat in 1 l gefiltertem Wasser oder Brühe 25 Minuten lang köcheln lassen.**

In der Zwischenzeit die Zwiebel in einem anderen Topf anschwitzen. Kürbis und Süßkartoffel reiben, Zwiebel, Gewürze und andere Zutaten des Daals hinzufügen und vermengen, sobald die Linsen gar sind.

Vegane Version: **Statt Butter und Joghurt einfach Kokosöl und -Joghurtalternative verwenden.**

Doppelt im Einsatz: **Mit dem Stabmixer das Daal zu einer aromatischen Linsen- und Gemüsesuppe verarbeiten.**

HACKFLEISCHAUFLAUF MIT SÜSS-KARTOFFELN („SHEPHERD'S PIE")

Eines der Dinge, die ich an Süßkartoffeln so mag, ist, dass sich ihr Fleisch ohne weiteres Zutun in köstliche Stampfkartoffeln verwandelt, wenn man sie lange genug im Ofen gart. Das folgende Rezept macht sich diesen Vorteil zunutze, indem es die Süßkartoffeln mitsamt der Schale als oberste Lage für einen klassischen „Shepherd's Pie" verwendet. Ich schlage Schweine- und Rinderhackfleisch für den Auflauf vor – Sie können aber ebensogut Pilze, in der Pfanne gedünstet, oder Pilz-Tempeh (S. 428) benutzen, oder auch Bohnen und Linsen. Sie werden sehen – dieser Auflauf wird sich als der absolute Renner erweisen!

FÜR 4–6 PORTIONEN

- 1 kg kleine Süßkartoffeln, gewaschen
- Ordentliche Prise frisch geriebene Muskatnuss (3–4 mal über die Reibe raspeln)
- 50 g Butter, geschmolzen
- 60 ml natives Olivenöl extra, plus etwas mehr zum Bepinseln
- 60 g Pancetta, fein gewürfelt
- 300 g Schweinehackfleisch aus Freilandhaltung
- 400 g Rinderhackfleisch aus Weidehaltung
- 1 Zwiebel, fein gehackt
- 1 Möhre, fein gehackt
- 1 Stange Staudensellerie, fein gehackt
- 2 EL Worcestershiresauce
- 1 Knoblauchzehe, fein gehackt
- 2 EL Tomatenmark
- 250 ml Rinderbrühe (alternativ Gemüsebrühe)
- 2 EL Sahne (oder Vollmilch)
- 140 g TK-Erbsen, leicht angetaut
- Salzflocken
- Fein gehackte Petersilie zum Garnieren
- Kross gebratene Schalotten zum Garnieren

Den Backofen auf 200 °C vorheizen. Die Süßkartoffeln rundherum mit einer Gabel einstechen. In einer Auflaufform anordnen und 45 Minuten lang backen, bis sie weich sind. Die Süßkartoffeln können auch eine karamellartige Flüssigkeit abgeben, die an Baumharz erinnert.

Aus dem Ofen nehmen und kurz abkühlen lassen. Süßkartoffeln grob hacken (kein Schälen erforderlich) und in einer Schüssel mit Muskatnuss, Butter und 1 EL Olivenöl schwenken. Anschließend beiseitestellen.

Eine Kasserolle mit einem Fassungsvermögen von 2,5 Litern mit Öl bepinseln.

In der Zwischenzeit den Pancetta in einer tiefen, trockenen Bratpfanne auf mittlerer Stufe goldbraun braten. Pancetta in eine Schüssel geben. Schweine- und Rinderhackfleisch in einer Schüssel vermengen, 1 weiteren EL Öl in die Pfanne geben, das Hackfleisch hinzufügen und wie einen riesigen Hamburger nach unten drücken. 4 Minuten auf der einen Seite bräunen lassen, dann zerteilen und weitere 3 Minuten auf hoher Stufe unter Rühren garen. In die Schüssel mit dem Pancetta geben.

Das restliche Öl in die Pfanne geben. Zwiebeln, Möhren, Stangensellerie und Worcestershire-Sauce hinzufügen und unter oftmaligem Rühren 8 Minuten lang braten, bis das Gemüse weich ist. Knoblauch hinzufügen und 1 weitere Minute lang braten, bis er sein Aroma entfaltet. Hackfleisch und Pancetta wieder in die Pfanne geben, Tomatenmark, Brühe und Sahne einrühren und 3–5 Minuten lang köcheln, bis die Mischung sich leicht reduziert hat.

Erbsen einrühren und das Hackfleischgemisch in die Kasserolle geben. Die Süßkartoffelmischung darauf verteilen, mit Salzflocken bestreuen und 30 Minuten lang backen, bis die Süßkartoffeln goldbraun sind und blubbern. Mit Petersilie und frittierten Schalotten bestreuen und mit Salat servieren.

Tipp: **Je höher die Qualität der Zutaten, desto besser der Geschmack. Setzen Sie auf Qualität vor Quantität, indem Sie das beste Hackfleisch kaufen, das Sie kriegen können – aber eben weniger davon. Machen Sie den Rest mit sautierten Pilzen, Bohnen und Linsen wett! Fleisch lässt sich auch hervorragend komplett gegen diese Zutaten austauschen.**

Süße und pikante
Süßkartoffel-Galettes
(Seiten 152–153)

SÜSSE UND PIKANTE SÜSSKARTOFFEL-GALETTES

Ihr Name würde vermuten lassen, dass sich Süßkartoffeln besonders für süße Speisen eignen – tatsächlich kommen Süßkartoffeln bevorzugt in pikanten Gerichten zum Einsatz. In diesem Rezept bildet ihre natürliche Süße ein wunderbares Gegenstück zu dem salzigen Aroma von Feta. In den süßen Galettes hingegen zeigt die Süßkartoffel, dass sie auch in Desserts so einiges draufhat, und verbündet sich mit Ahornsirup und Zimt. Getoastete Marshmallows setzen noch eins drauf und sorgen für einen amerikanischen Touch. Wow! Wenn Sie die Zutaten für die Füllung halbieren, können Sie für Ihre nächste Party gleich beide servieren. Aber seien Sie gewarnt: Der Ansturm wird riesig sein!

TEIG FÜR DIE GALETTES

FÜR 2 GALETTES

450 g Vollkornmehl, plus etwas mehr zum Verarbeiten
1 TL Salzflocken
250 g Sauerrahmbutter, in Stücke geschnitten
1 EL Apfelessig
200 ml gekühltes Wasser

Mehl und Salzflocken in eine Schüssel geben. Die Butterstückchen mit den Fingerspitzen verreiben, sodass die Mischung an grobe Krümel erinnert. Apfelessig und gekühltes Wasser hinzufügen und zu einem krümeligen Teig verarbeiten. In zwei gleich große Teile teilen und jeden zu einer Scheibe formen. In ein Bienenwachstuch oder Plastikfolie einschlagen und 30 Minuten lang kühl stellen.

Zwei Backbleche mit Backpapier auslegen (am Rand einen Überstand lassen).

Auf einer leicht bemehlten Oberfläche jede Teigscheibe zu einem 40 cm großen Kreis ausrollen. Die Teigscheiben über das Nudelholz hängen und auf diese Weise auf die Backbleche transportieren. Bis zur Weiterverarbeitung oder über Nacht im Kühlschrank lagern.

PIKANTE FÜLLUNG MIT SÜSSKARTOFFELN, LAUCH & THYMIAN

FÜR 8 PORTIONEN

300 g Süßkartoffeln, diagonal in dünne Scheiben geschnitten
200 g marinierter Feta
2 EL natives Olivenöl extra (oder das Öl verwenden, in dem der Feta mariniert wurde), plus etwas mehr zum Servieren
1 kleine Lauchstange, nur der weiße Teil, dünn geschnitten
2 Knoblauchzehen, in dünne Scheiben geschnitten
½ Bund Thymian, Blätter abgezupft, plus etwas mehr zum Garnieren
100 g karamellisierte Zwiebelkonfitüre
1 Ei, verquirlt
2 TL Kümmelsamen
Salzflocken zum Bestreuen

Den Backofen auf 200 °C vorheizen.

Süßkartoffeln, Feta, Olivenöl, Lauch, Knoblauch und die Hälfte der Thymianblätter in einer Schüssel schwenken. Die Teigscheiben mit der Zwiebelkonfitüre bestreichen, am Rand 5 cm Abstand lassen. Mit der Süßkartoffelmischung belegen.

Die Teigränder mit dem verquirlten Ei bestreichen. Kümmel und Salzflocken darüberstreuen und das eventuell übrig gebliebene Ei über den Süßkartoffelbelag gießen. Mit den restlichen Thmyianblättchen bestreuen.

In den Ofen schieben und die Temperatur auf 160 °C reduzieren. 1 Stunde lang backen, bis sich die Teigscheiben auf dem Blech leicht hin- und herbewegen lassen. Nach der Hälfte der Backzeit überprüfen, ob die Galettes zu dunkel werden, und gegebenenfalls mit Alufolie abdecken. Mit etwas Olivenöl beträufeln und extra Thymianblättchen darüberstreuen. Vor dem Servieren in Dreiecke schneiden.

SÜSSKARTOFFEL & AHORNSIRUP

FÜR 8 PORTIONEN

300 g Süßkartoffeln, gebürstet, der Länge nach in dünne Scheiben geschnitten
125 ml Ahornsirup
1 TL gemahlener Zimt
¼ TL geriebene Muskatnuss
150 g Mandelmehl
55 g Rohzucker, plus etwas mehr zum Bestreuen
1 Ei, Eigelb und Eiweiß getrennt
1 TL Vanillepaste
25 g Mandelblättchen
180 g Marshmallows, mit der Schere halbiert

Den Backofen auf 200 °C vorheizen.

Süßkartoffelscheiben in eine Schüssel geben, Ahornsirup, Zimt und Muskatnuss hinzufügen und gut vermischen.

In einer zweiten Schüssel Mandelmehl, Zucker, Eiweiß und Vanillepaste vermengen. Die Teigscheiben mit der Mandelpaste bestreichen und am Rand 5 cm Abstand lassen.

Die Süßkartoffeln aus der Ahornsirupmischung nehmen und den verbleibenden Sirup in der Schüssel beiseitestellen. Süßkartoffeln auf die Mandelpaste legen. Das Eigelb zum verbleibenden Ahornsirup hinzufügen, gut vermischen und über den Teig pinseln. Übrig gebliebene Ahornsirupmischung über den Süßkartoffelbelag gießen. Mit Mandeln und extra Zucker bestreuen.

In den Ofen schieben und die Temperatur auf 160 °C reduzieren. 1 Stunde lang backen, oder bis sich die Teigscheiben auf dem Blech leicht hin- und herbewegen lassen. Nach der Hälfte der Backzeit überprüfen, ob die Galettes zu dunkel werden, und gegebenenfalls mit Alufolie abdecken.

Aus dem Backrohr nehmen und mit den Marshmallowhälften belegen. Backrohrtemperatur auf 220 °C erhöhen und noch einmal ca. 5 Minuten backen.

Vor dem Servieren in Dreiecke schneiden.

Tipp: **Wenn Sie nur eine Galette backen, können Sie die rohe Teigscheibe bis zu 4 Wochen lang einfrieren. Vergessen Sie aber nicht, sie vor dem Einfrieren gut einzuwickeln. Für eine Galette benötigen Sie nur die Hälfte der gewählten Füllung.**

Für Eilige: **Falls Sie eine Teigscheibe im Tiefkühler haben, tauen Sie sie auf der Küchenablage auf und belegen Sie sie mit Resten von gebratenem Gemüse und Feta. Backen Sie die Galette, bis der Teig goldbraun ist.**

Butternuss-kürbis

Hier stehen Sie also, einen herkömmlichen Kürbis in der einen und einen Butternusskürbis in der anderen Hand, über Ihrem Kopf ein Fragezeichen. Die Frage, die Sie sich stellen, ist die: Gibt es zwischen den beiden einen Unterschied? Ja und nein, ist die Antwort. Ja insofern, als das Fleisch des Butternusskürbis trockener ist als das des herkömmlichen Kürbis und außerdem mehr Fasern enthält. Dadurch behält Butternusskürbis seine Form bei Hitze besser. Nein insofern, als man in den meisten Rezepten bedenkenlos Butternusskürbis anstelle von anderen Kürbissorten (und umgekehrt) verwenden kann. Wenn Sie es eilig haben, ist Butternusskürbis die bessere Wahl, weil er sich leichter schneiden lässt und weniger Kerne hat, die entfernt werden müssen. Wenn Sie den Kürbis im Ganzen garen und dann Ihren (vorzugsweise vegetarischen) Gästen als dramatischen Mittelpunkt des Menüs servieren möchten, liegen Sie mit Butternusskürbis richtig. Schneiden Sie ihn der Länge nach mit einem scharfen, robusten Messer in die Hälfte, entfernen Sie die Kerne mit einem Löffel, übergießen Sie den Kürbis mit irgendeiner Marinade und braten Sie ihn etwa 45 Minuten lang im Ofen bei 190 °C, oder bis das Kürbisfleisch weich ist, wenn Sie mit einer Gabel hineinstechen.

Butternusskürbis

„Auf den ersten Blick erinnert mich die Schale von Butternusskürbis immer an die triste Farbe der Wände meiner alten Schule! Sein Innenleben ist aber alles andere als langweilig. Geschält wird in meiner Küche nicht, und Dampfgaren gilt bei mir als Verbrechen. Garen Sie ihn bei hohen Temperaturen im Backrohr oder in der Pfanne. Er wird es Ihnen danken!“ – SIMON BRYANT, GB

EINKAUF & LAGERUNG

Butternusskürbisse werden nicht mit Samthandschuhen angefasst, ehe sie in Ihrem Einkaufskorb landen – sie sind ziemlich robuste Zeitgenossen. Um Exemplare mit tiefen Einschnitten oder weichen Dellen sollten Sie dennoch einen Bogen machen. Eine dickere Haut zeigt, dass der Kürbis ausreichend Zeit hatte, zu reifen. Butternusskürbisse lieben kühleres Wetter und brauchen eine Weile, bis sie verzehrfertig sind. Wählen Sie ein Exemplar, dass sich schwer für seine Größe anfühlt. Dies zeigt, dass der Kürbis frisch ist und noch nicht angefangen hat, von innen heraus auszutrocknen. Sie können dies testen, indem Sie den Butternusskürbis seitlich in die Hand nehmen und fühlen, wie er auf Ihrer Handfläche das Gleichgewicht hält. Wenn er sich zu sehr gegen die Spitze neigt, ist sein unterer Bereich wahrscheinlich eher hohl. Butternusskürbisse werden am besten an einem kühlen, dunklen Ort gelagert. Sie sind mindestens einen Monat lang haltbar. Wenn Sie nur den halben Kürbis verwenden, schneiden Sie ihn horizontal in die Hälfte, damit möglichst wenig Oberfläche freiliegt. Decken Sie die Schnittstelle ab und lagern Sie die Kürbishälfte im Kühlschrank. Reste von gebackenem oder gedünstetem Butternusskürbis können Sie ebenfalls im Kühlschrank lagern und nach Lust und Laune in Sandwiches, Wraps und Salaten verwenden oder zu Püree verarbeiten. Frieren Sie das Kürbispüree ein und verwenden Sie es als Dickungsmittel für Suppen oder als Sauce für Pasta und Risotto, mit gerösteten Kürbis- oder Pinienkernen als Topping. Ich persönlich friere lieber frischen Butternusskürbis auf einem Tablett ein und gebe die Stücke dann in einen Behälter, sodass sich der Kürbis leicht portionieren lässt. Auch andere Kürbisarten lassen sich auf diese Weise tiefkühlen. Da Butternusskürbis aber ein besonders festes, trockenes Fleisch hat, funktioniert diese Methode bei ihm besonders gut.

GUTE PARTNER

Cayennepfeffer, Knoblauch, Kräuter (besonders Koriander, Minze, Oregano), Kreuzkümmel, Muskatnuss, Olivenöl, Paprika, Schnittlauch.

NOCH MEHR KÜRBIS: SPAGHETTIKÜRBIS

Wenn Sie Zucchini-Nudeln mögen, gönnen Sie Ihrem Spiralschneider eine Pause und lassen Sie Mutter Natur die ganze Arbeit machen. Der Spaghettikürbis ist ein besonders faserhaltiges Mitglied der Kürbisfamilie. Ist er erst einmal gar, lässt sich sein Fruchtfleisch mit der Gabel mühelos in goldene „Nudeln“ zerlegen. Sein Geschmack ist zugegebenermaßen etwas fade – aber das macht ihn noch vielseitiger als neutralen Spaghetti-Ersatz. Herkömmliche Rezepte schlagen meist vor, den Spaghettikürbis zu kochen. Ich persönlich finde, dass er ohnehin ziemlich wasserlastig ist, und stecke ihn lieber in den Backofen. Der Länge nach halbieren, entkernen, die Hälften umdrehen und mit der Gabel die Schale mehrmals einstechen, dann bei 200 °C 30–40 Minuten lang mit der Schnittseite nach unten garen. Ist der Kürbis weich, das Fruchtfleisch mit der Gabel herausholen. Der Nudeleffekt ergibt sich ganz von allein, schneller als Sie „Ich kann es gar nicht abwarten, das Fruchtfleisch mit Parmesan, Knoblauch und Olivenöl zu vermischen“ sagen können.

GEBUTTERTER KÜRBIS MIT NUSS

Wissen Sie, was ich noch mehr liebe, als Wortspiele? Braune Butter – auch Nussbutter oder *beurre noisette* genannt. Während die festen Bestandteile der Butter (Milchproteine und Milchzucker) vor sich hin köcheln, wird sich in Ihrer Küche ein köstlich-nussiges Aroma ausbreiten. Wenn der Geruch an gebackene Kekse erinnert, ist es so weit. In der klassischen Küche wird Salbei oft mit Nussbutter kombiniert. In diesem Rezept geht es mehr um ein harmonisches Gleichgewicht zwischen süß, kross, aromatisch und salzig. Wie es erzielt wird, ist nebensächlich. Werden Sie ruhig kreativ: Wenn Sie andere Nüsse zu Hause haben, verwenden Sie sie. Wenn Salbei nicht Ihr Ding ist, tauschen sie ihn gegen ein anderes Küchenkraut aus. Tauschen Sie die Oliven gegen Anchovis ein, um ein wenig zu experimentieren. Ich habe auch nichts dagegen, wenn Sie die Butter gegen Olivenöl tauschen und aus diesem Rezept ein gänzlich veganes machen. Sauce mit verbranntem Öl ist allerdings nicht empfehlenswert. Lassen Sie es erst gar nicht so weit kommen: Folgen Sie den nachstehenden Doppelt-im-Einsatz-Anweisungen und rösten Sie die zerquetschten Oliven mit dem Kürbis mit.

FÜR 4 PORTIONEN

- 1 Butternusskürbis
- 1 TL Vollrohrzucker (Mascobado passt hier besonders gut)
- 1 TL Salzflocken
- 80 ml Olivenöl, plus 1 weiterer TL
- 100 g Macadamianusskerne
- 80 g Butter
- 50 g Kalamata-Oliven, mit Kern
- 1 Handvoll frische Salbeiblätter, plus etwas mehr zum Garnieren

Den Backofen mit dem Backblech auf 190 °C vorheizen.

Den Kürbis halbieren, indem Sie ihn mit dem Messer entlang einer Seite aufschneiden. Den Kürbis auf die andere Seite drehen, ohne das Messer zu entfernen, und ihn entlang dieser Seite aufschneiden. Die Kerne mit dem Löffel entfernen. Eine ausgehöhlte Kürbishälfte als Schüssel benutzen und darin Zucker, Salz und 2 EL Olivenöl zu einer Paste vermengen. Die Kürbishälften damit einreiben.

Das heiße Backblech aus dem Backrohr nehmen und vorsichtig mit Backpapier auslegen. Die Mitte des Backblechs mit 2 weiteren EL Olivenöl beträufeln und die Kürbishälften mit der Schnittfläche nach unten auf die eingeölten Stellen legen.

In den Backofen schieben und 40–50 Minuten lang garen, bis sich die Schale mit einer Gabel durchstechen lässt.

15 Minuten vor Ende der Garzeit die Makadamianusskerne in ein sauberes Geschirrtuch wickeln. Die Nusskerne mit dem Nudelholz, Stößel oder dem Boden einer Flasche grob zerstoßen.

Die zerstoßenen Nüsse in eine kalte Bratpfanne geben. Die Butter und den verbleibenden TL Olivenöl hinzugeben und auf mittlerer Stufe rösten. Die Oliven zwischen Daumen und Zeigefinger quetschen, um sie zu halbieren und die Kerne zu entfernen. Die entkernten Oliven und den Salbei in die Buttermischung geben und bei mäßiger Hitze 2–3 Minuten lang brutzeln lassen, bis die Butter so braun ist wie die Nüsse.

Wenn der Kürbis gar ist, die Nussmischung in die ausgehöhlten Kürbishälften geben und die restliche Sauce rund um den Kürbis verteilen. Mit Salbei garnieren, salzen, pfeffern und sofort servieren.

Für Eilige: **Kürbis am Vortag garen und im Backofen bei 180 °C aufwärmen, während die Nüsse geröstet werden. Ein tolles vegetarisches Gericht, das in 10 Minuten servierfertig ist!**

Doppelt im Einsatz: **Für eine kinderleichte Vorspeise, Oliven und Makadamianüsse in einer kleinen, feuerfesten Form in einem Schuss Olivenöl schwenken und 8–10 Minuten lang bei 200 °C im Backofen rösten.**

BUTTERNUSS-TAJINE MIT SIEBEN GEWÜRZEN

Was kann verlockender sein als eine Tajine, der Klassiker der nordafrikanischen Küche, den wir den Mauren zu verdanken haben? Sie werden für das Rezept nicht die ganze Gewürzmischung verbrauchen. Reste lassen sich bis zu 2 Monate lang in einem Einmachglas aufbewahren und machen sich toll in anderen Gerichten, wie dem Erbsen-Pilaf auf Seite 447. Obwohl das Wort „Tajine“ sich eigentlich auf das Gefäß bezieht, in dem die Zutaten gekocht werden, müssen Sie dieses nicht extra kaufen. Eine Gusseisenpfanne oder feuerfeste, niedrige Auflaufform mit Deckel tun es ebenso gut.

FÜR 6 PORTIONEN

- 1 mittelgroßer Butternusskürbis
- 80 ml natives Olivenöl extra
- 1 braune Zwiebel, fein gehackt
- 1 Bund Petersilie, Blätter abgezupft und fein gehackt, Stiele dünn geschnitten
- 2 Knoblauchzehen, fein gehackt
- 50 g Sultaninen oder gehackte Trockenaprikosen
- 2 EL getrocknete Berberitzen (optional)
- 400 g Kichererbsen (Dose) abgetropft und abgespült
- 800 g ganze, geschälte Dosentomaten
- 2 EL Granatapfelsirup, plus etwas mehr zum Servieren
- 2 rote Paprika, in Schiffchen geschnitten
- 1 große Prise Salzflocken
- 80 g Walnusskerne, grob zerstoßen
- Minzblätter, zum Garnieren
- Zitronenschale, zum Garnieren
- Fladenbrot oder Couscous, als Beilage

Sieben-Gewürz-Pulver (ergibt ½ Tasse)

- 2 EL schwarzer Pfeffer aus der Mühle
- 2 EL gemahlener Kreuzkümmel
- 1 EL gemahlener Koriander
- 1 EL Nelkenpulver
- 2 TL geriebene Muskatnuss
- 2 TL gemahlener Zimt
- 1 TL gemahlener Kardamom

Alle Zutaten für das Gewürzpulver in ein luftdichtes Gefäß geben. Gut schütteln, damit sich die Gewürze gleichmäßig verteilen.

Backrohr auf 180 °C vorheizen und ein Backblech mit Backpapier auslegen.

Den Kürbis mit einem scharfen Messer der Länge nach halbieren. Kerne mit dem Löffel entfernen und Kürbis vierteln. 150 g des Kürbis grob raspeln und beiseitestellen. Den Rest in 3 cm große Würfel schneiden.

60 ml Olivenöl in einer feuerfesten Auflaufform oder Gusseisenpfanne auf mittlerer Stufe erhitzen. Zwiebel und Petersilienstiele hinzufügen. Deckel daraufgeben und unter gelegentlichem Rühren 8–10 Minuten lang kochen, bis die Zwiebel weich und glasig ist. 1 EL der Gewürzmischung, den geraspelten Kürbis, Knoblauch, Sultaninen und Berberitzen zugeben.

2 Minuten lang kochen, bis die Mischung glänzt und alle Zutaten gut vermengt sind.

Kichererbsen, Tomaten, Granatapfelsirup und 400 ml Wasser zugeben. Zum Köcheln bringen, zudecken und 1 Stunde lang im Ofen garen, bis die Sauce dicker ist.

In der Zwischenzeit die Kürbiswürfel mit der Paprika und dem restlichen Olivenöl in einer Schüssel vermengen und auf dem Backblech verteilen. Mit Salzflocken bestreuen und 25 Minuten lang rösten, bis der Kürbis gar ist und eine leicht goldene Farbe angenommen hat.

Den gerösteten Kürbis und die Paprika in die Tajine einrühren. Mit den Walnusskernen, gehackten Petersilien- und Minzblättern sowie der Zitronenschale bestreuen. Mit mehr Olivenöl und dem Granatapfelsirup beträufeln und sofort mit Fladenbrot oder Couscous servieren.

Für Eilige: **Anstatt den Kürbis und die Paprika zu rösten, verwenden Sie einfach übrig gebliebenes Röstgemüse.**

Doppelt im Einsatz: **Reste in einer feuerfesten Form aufwärmen, 1, 2 Eier darüberschlagen und mit getoastetem Fladenbrot servieren. Couscous-Reste lassen sich verwerten, indem Sie sie auf die übrig gebliebene Tajine verteilen und das Ganze im Backrohr aufwärmen: Tajine-Gratin nennt sich das in meiner Küche!**

Kürbis

Als die gute Fee einen Kürbis als Kutsche für Cinderella bestimmte, wusste sie sehr wohl, was sie tat. Diese vielseitigen Zeitgenossen sind widerstandsfähig, behalten ihre Form auch nach dem Rösten, bringen Sie sicher zum Ball und wieder zurück (ich scherze!), sind bei kühler, trockener Lagerung monatelang haltbar und können auf vielerlei Arten zubereitet werden: roh in den Salat geraspelt, zerstampft im Milchreis als weiche, süße Köstlichkeit, geröstet (mein Favorit) oder püriert in der Suppe. In Nordamerika wird Kürbis hauptsächlich für süße Gerichte verwendet. Besonders populär ist er zu Halloween, wenn er als Laterne zum Einsatz kommt (dafür werden Jack-o'-lanterns verwendet, die eine besonders dicke Schale und ein eher geschmackloses Fruchtfleisch haben) sowie zu Thanksgiving, wenn er zum berühmten „Pumpkin Pie" verarbeitet wird (oft wird hier zu Kürbis aus der Dose gegriffen). Der Rest der Welt verwendet Kürbis in Currys, Tajines und Eintöpfen und liebt ihn aufgrund seiner Süße und cremigen Textur.

„Meine Mutter ist eine fantastische Gärtnerin, und wir hatten immer jede Menge Kürbis. 35 Jahre später, in der Küche meines Restaurants *Attica*, war Kürbis gänzlich aus der Mode geraten. Wir dachten uns eine neue Zubereitungsmethode aus, bei der der Kürbis 12 Stunden lang ohne Zugabe von Gewürzen gedünstet wurde. Ich fand einfach, dass es Zeit für ein Kürbis-Revival war. Unsere Gäste fanden das auch und wählten ihn mehrmals zum Favoriten auf unserer Speisekarte." – BEN SHEWRY, NEUSEELAND

EINKAUF & LAGERUNG

Kürbis hat vom Herbst bis in den frühen Winter Saison. Je nach Sorte haben Kürbisse verschiedene Farben. Halten Sie auf jeden Fall Ausschau nach einem festen, trockenen Stiel ohne Anzeichen von Schimmel, denn dieser deutet auf Regenschäden hin, was die Haltbarkeit von Kürbissen dramatisch verkürzt. Je länger der Stiel, umso länger die Haltbarkeit. Ein Kürbis, der hohl klingt, ist reif. Klopfen Sie also ordentlich drauf und achten Sie darauf, ob das Geräusch an einen Basketball erinnert! Wenn Sie sich die Qual der Wahl ersparen wollen, kaufen Sie einen bereits halbierten Kürbis, bei dem Sie überprüfen können, wie fest das Fruchtfleisch und wie leuchtend die Farbe ist. Verwenden Sie den angeschnittenen Kürbis aber bald, da das exponierte Fruchtfleisch schnell verdirbt (Schlag Mitternacht, sozusagen). Warzenähnliche Gebilde und Verfärbungen auf der Schale deuten auf einen guten Reifegrad hin und sollten Sie nicht abschrecken. Heutzutage haben wir die Wahl zwischen einer Menge interessanter Kürbissorten. Mein Favorit ist der Japanische Kürbis, auch *Kabocha* genannt. Er hat einen wunderbar süßen Geschmack, eine zarte Schale, die man rösten und essen kann, und behält seine Form auch, während er gart.

Fachgerecht (kühl und trocken) und im Ganzen gelagert, sind Kürbisse mehrere Monate lang haltbar. Ich drehe meine alle paar Wochen um, um Druckstellen und Wasseransammlungen unter den Kürbissen vorzubeugen. Überprüfen Sie Ihre Kürbisse auch regelmäßig auf weiche Stellen – verarbeiten Sie ihn lieber gleich, ehe Sie den ganzen Kürbis wegwerfen müssen. Ist der Kürbis erst angeschnitten, verhindern Sie, dass die Schnittstelle mit Sauerstoff in Berührung kommt, indem Sie den Kürbis in ein Bienenwachstuch einschlagen und im Kühlschrank lagern. Wenn Sie den Kürbis nur für ein Rezept angeschnitten haben und den Rest erst nach längerer Zeit verwerten wollen, schneiden Sie ihn in Würfel und frieren Sie sie ein. Sie können ihn dann nach Belieben und Bedarf rösten, dünsten oder schmoren.

GUTE PARTNER

Ahornsirup, Rohrohrzucker, Butter, Ingwer, Käse (besonders Feta, Gruyère, Parmesan, Ziegenkäse), Muskatnuss, Nelken, Orangen (besonders die Schale), Salbei.

ZERO-WASTE-MEDAILLE

Wenn Sie Ihren Kürbis lieber schälen, werfen Sie die Schale nicht weg! Einfach mit Olivenöl beträufeln, salzen und im Backrohr bei 180 °C schön kross rösten. Kürbiskerne gehören zu den meistgefragten „Innereien" der Gemüsewelt. Wenn Sie einen ganzen Kürbis mit Kernen ergattert haben, können Sie Ihren

Reichtum direkt auf die Bank tragen (oder zumindest zum Backrohr)! Waschen Sie die Kürbiskerne gut und stellen Sie sicher, dass Sie die strähnigen Kürbisfasern soweit wie möglich entfernen (nicht wegwerfen – sie machen sich toll in Gemüsebrühe). Ist dies erst einmal erledigt, rösten Sie die Kerne im Backrohr bei 170 °C, bis sie schön golden und getrocknet sind. Achten Sie auf das typische Knackgeräusch, das anzeigt, dass die Kerne fertig sind, und überprüfen Sie die Kerne auf jeden Fall nach 20 Minuten. Diese Methode lässt sich übrigens auch auf die Kerne von Butternusskürbissen anwenden. Ich verwende geröstete Kürbiskerne gerne zum Dekorieren von Kürbisgerichten oder schwenke sie vor dem Rösten in Honig und Sojasauce – ein toller Snack! Ich glaube, ich muss mir gleich welche aus der Küche holen ...

Mit Kürbissen ist nicht zu spaßen

In der Tat ist der Kürbis die gesundheitsgefährdendste Gemüsesorte, die es gibt! Unhandlich, mit hartem Fruchtfleisch und glänzender – ergo rutschiger – Schale ... Wer ihn anschneidet, geht ein nicht unerhebliches Unfallrisiko ein. Dieses lässt sich minimieren, indem Sie den Kürbis zunächst in handliche Stücke zerteilen (ein gutes Hackmesser bietet sich hier an). Wickeln Sie den Griff in ein Küchenhandtuch ein, um sich beim Herausziehen des Messers nicht zu verletzen. Für das Schälen und Schneiden können Sie dann ein Messer mit einer feineren Klinge benutzen. Ich persönlich würde mir die Mühe des Schälens erst gar nicht machen, außer, Sie möchten reines Fruchtfleisch zu einer feinen Suppe verarbeiten oder seine orange Farbe unbedingt beibehalten. Halten Sie Ausschau nach Kürbissen mit nicht gewachster, dünnerer Schale (oder nehmen Sie gleich eine Kürbishälfte) und das Anschneiden gestaltet sich wesentlich einfacher.

Kürbissuppe

Den Backofen auf 190 °C vorheizen. Einen mittelgroßen Kürbis mit Schale in 2 cm große Würfel schneiden. Würfel in eine große Rührschüssel geben, mit angedrückten Knoblauchzehen (in der Schale), geputzten Schalotten (in der Schale), Thymianzweigen, ein paar Roma-Tomaten, einer guten Prise Salz und einem Schuss Olivenöl vermischen. In eine Auflaufform geben. Wenn Sie es üppig lieben, gießen Sie etwa 2 EL Sahne über das Ganze. 20–25 Minuten im Ofen rösten, bis der Kürbis schön weich ist.
Die Knoblauchzehen und Schalotten aus der Schale und in die Küchenmaschine quetschen. Kürbisschale mit einem Obstmesser oder einem scharfen Löffel entfernen, wenn die Suppe leuchtend orange sein soll (ansonsten können Sie sich die Mühe sparen). Kürbis und verbleibende Zutaten mit 1 Liter Brühe in die Küchenmaschine geben und pürieren.

Klassisches Kürbis-
risotto (Seite 168) und
Arancini (Seite 170)

Kürbis-Risogalo mit Zuckerrohrsirup
(Seite 169)

KÜRBIS-RISOTTO & RISOGALO

Dieses Rezept ist ein echter Multitasker und lässt sich auf drei-, mit etwas Kreativität sogar auf viererlei Weise abändern. Ein Risotto kochen zu können, ist per se schon etwas Nützliches – vor allem, wenn man bedenkt, wie viele Gemüse-Gewürz-Kombinationen sich daraus ergeben. Mit der gleichen Menge Butter, Reis und geraspeltem Kürbis lässt sich auch Risogalo herstellen, der köstliche griechische Milchreis, der wie eine Umarmung wirkt. Lassen Sie die Risottomischung auskühlen und Sie sind auf dem besten Weg zum ultimativen Fingerfood: Arancini, köstliche, mit Käse gefüllte Reisbällchen, oder eine süße Abwandlung davon, bestehend aus den mit Zuckerrohrsirup beträufelten Risogalo-Resten.

KLASSISCHES KÜRBIS-RISOTTO

FÜR 4 PORTIONEN

80 g Butter
3 Schalotten, fein gehackt
2 Knoblauchzehen, fein gehackt
250 g grob geraspelter Kürbis
330 g Arborio-Reis
1 EL natives Olivenöl extra
500 ml frisch aufgekochtes Wasser
750 ml Hühner- oder Gemüsebrühe
Fein geriebene Schale und Saft von ½ Bio-Zitrone
50 g Parmesan, fein gerieben, plus ein wenig mehr zum Garnieren
Salz, Pfeffer
Eingelegter Feta, zum Garnieren
1 Bund Petersilie, Blätter abgezupft und fein gehackt, Stiele dünn geschnitten
1 EL fein gehackter Schnittlauch, zum Garnieren

60 g Butter in einer großen, breiten Bratpfanne auf mittlerer Stufe schmelzen. Schalotten hinzufügen und ca. 2 Minuten lang braten, bis die Mischung anfängt, zu zischen. Deckel daraufgeben, Hitze reduzieren und 5 Minuten lang garen. Deckel abnehmen und ca. 1 Minute lang umrühren, bis die Schalotten weich und glasig sind.

Knoblauch und Kürbis hinzufügen und 2 Minuten lang dünsten, bis die Mischung weich ist, aber keine Farbe angenommen hat. Reis und Olivenöl hinzugeben und 3 Minuten lang dünsten, sodass der Reis geröstet und jedes Reiskorn mit Butter überzogen ist.

Vom Herd nehmen, heißes Wasser hinzugießen und verrühren. Auf niedriger Stufe köcheln, bis der Großteil der Flüssigkeit aufgesaugt wurde. Gelegentlich umrühren.

125 ml der Brühe hinzugießen und Vorgang wiederholen. Nach und nach die verbleibenden 125 ml Brühe hinzufügen, bis der Reis gar ist und den Großteil der Flüssigkeit aufgesaugt hat. Dies dauert ca. 18 Minuten.

Vom Herd nehmen und Schale und Saft der Zitrone, die restlichen 20 g Butter und den Parmesan einrühren. Deckel daraufgeben und alles ca. 1 Minute ruhen lassen.

Mit Salz und Pfeffer würzen. Feta darüberstreuen und mit Petersilie, Schnittlauch und extra Parmesan servieren.

KÜRBIS-RISOGALO MIT ZUCKERROHRSIRUP

FÜR 4 PORTIONEN

- 80 g Butter
- 330 g Arborio-Reis
- 85 g Sultaninen
- 1 Zimtstange oder 1 TL gemahlener Zimt
- Schale und Saft ½ Bio-Orange
- Schale 1 Zitrone
- 250 g grob geraspelter Kürbis
- ½ Vanilleschote, ausgekratzt (oder 1 TL Vanillepaste)
- 60 ml Zuckerrohr- oder Reismalzsirup, plus etwas mehr zum Servieren
- 500 ml frisch aufgekochtes Wasser
- 625 ml Milch
- 125 g Crème fraîche, plus ein wenig mehr zum Garnieren
- Gehackte Honig-Cashews (oder andere Nüsse) zum Servieren

Schnelle kandierte Orangenschalen

- Schale von 1 ½ Bio-Orangen, in dünne, lange Streifen geschnitten
- 220 g feinster Zucker

Butter in einer großen, breiten Bratpfanne auf mittlerer Stufe schmelzen. Reis, Sultaninen, Zimt, Orangen- und Zitronenschale hinzufügen. Unter Umrühren 3 Minuten lang rösten, bis jedes Reiskorn mit Butter überzogen ist.

Kürbis und Vanillepaste hinzufügen und umrühren. Weitere 2 Minuten kochen, bis der Kürbis etwas weicher geworden ist. Vom Herd nehmen und den Zuckerrohrsirup und das heiße Wasser einrühren. Auf niedriger Stufe köcheln, bis der Großteil der Flüssigkeit aufgesaugt wurde. Gelegentlich umrühren.

125 ml der Milch hinzugießen und Vorgang wiederholen. Nach und nach die verbleibenden 125 ml Milch hinzufügen, bis der Reis gar ist und den Großteil der Flüssigkeit aufgesaugt hat. Dies dauert ca. 18 Minuten.

Für die kandierten Orangenschalen die Schalen in eine feuerfeste Schüssel geben, mit kochendem Wasser bedecken und abgießen. Zucker und 125 ml Wasser in einer breite Pfanne auf hoher Stufe erhitzen und 4 Minuten lang kochen, bis sich der Zucker aufgelöst hat. Hitze reduzieren, Schalen hinzufügen und 5–10 Minuten lang garen, bis die Schalen kandiert und klebrig sind. Mit einem Schaumlöffel herausheben und den Sirup beiseitestellen (schmeckt hervorragend zu pochiertem Obst oder dem Rhabarber von Seite 207).

Reis vom Herd nehmen und Crème fraîche einrühren. Deckel daraufgeben und 5 Minuten stehen lassen, bis die Mischung leicht eindickt.

Mit einem Extraklecks Crème fraîche und Sirup beträufeln und, mit kandierter Orangenschale und Honig-Cashews bestreut, servieren.

ARANCINI

24 ARANCINI IN CANAPÉ-GRÖSSE

1 Menge gekochtes Risotto (Seite 168) für pikante Arancini oder 1 Menge gekochtes Risogalo (Seite 169) für süße Arancini, vollständig abgekühlt
2 Eier
150 g Mehl
180 g Panko
Reiskleieöl, zum Frittieren

Pikant
100 g Mozzarella, in 1 cm große Stücke geschnitten
1 Bund Basilikum, die abgezupften Blätter
Knoblauch-Aioli (Seite 37), zum Servieren

Süß
125 ml Zuckerrohr- (oder Reismalzsirup)
100 g Zartbitterschokolade, fein gehackt
Erdbeeren, zum Garnieren
Puderzucker, zum Servieren

Die Reismischung auf einen Eiswürfelbehälter mit 24 Fächern verteilen und kalt stellen (jedes Stück entspricht 1 EL Mischung).

Eier in einer Schüssel leicht verquirlen. Mehl in eine separate Schüssel und Pankol in eine dritte Schüssel geben.

Die gekühlte Mischung zu Bällchen formen. Hände nach Bedarf in einer Schüssel mit Wasser anfeuchten.

Für pikante Arancini eine Vertiefung in jedes Bällchen machen und mit Mozzarellawürfel füllen. Noch einmal zwischen den Handflächen rollen, um den Käse gut zu verschließen.

Bällchen im Mehl, Ei und zuletzt im Panko wälzen. 20 Minuten oder über Nacht kalt stellen.

Vor der Zubereitung einen großen Topf zu zwei Dritteln mit Öl füllen und das Öl auf mittlerer Stufe auf 180 °C erhitzen. Überprüfen Sie, ob die Temperatur stimmt, indem Sie einen Brotwürfel in das Öl geben. Wird er innerhalb von 15 Sekunden goldbraun, ist die richtige Temperatur erreicht. Die Bällchen in fünf Durchgängen 2–3 Minuten lang frittieren, bis sie schön goldfarben sind. Das Ergebnis jeden Durchgangs auf einem Küchentuch abtropfen lassen.

Extra-Tipp für die pikanten Arancini: **Die Basilikumblätter ins heiße Öl geben – Vorsicht, Spritzgefahr! 1 Minute lang frittieren, bis das Öl keine Blasen mehr wirft. Mit dem Schaumlöffel herausnehmen und abtropfen lassen. Die warmen Arancini mit Salz bestreuen und das frittierte Basilikum darüber zerbröseln. Mit Aioli als Dipping-Sauce und auf dem Gnocchi-Sugo von Seite 300 servieren.**

Extra-Tipp für die süßen Arancini: **Die Arancini mit Zuckerrohrsirup beträufeln und die Schokolade darüberstreuen, sodass diese zu schmelzen beginnt. Mit Erdbeeren und Staubzucker bestreuen und warm servieren.**

Tipp: **Wenn Sie lieber backen als frittieren, den Ofen auf 180 °C vorheizen, Arancini auf ein mit Backpapier ausgelegtes Backblech legen und 20–25 Minuten goldbraun und knusprig backen.**

Sie können die frittierten, ausgekühlten Arancini auch in kleineren Portionen einfrieren und später nach Bedarf verwenden. Im Tiefkühler sind die Arancini bis zu 3 Monate lang haltbar. Im Ofen bei 180 °C vollständig aufwärmen.

Rot

- TOMATE
  + Tomatillo
- RADIESCHEN
- ROTE PAPRIKA
- RHABARBER
- CHILI

Tomate

Tomaten sind vor allem im Hochsommer ein Genuss. Ich weiß, dass man sie das ganze Jahr über bekommt, doch machen wir uns nichts vor: Diese harten, orangefarbenen Bälle, die im Winter angeboten werden, sind Ihr Geld nicht wert! Wenn Sie (so wie ich) Tomaten lieben, greifen Sie in der kalten Jahreszeit lieber auf Dosentomaten oder Tomatensauce zurück. Gehören Sie zu den Glücklichen, die selbst welche angepflanzt haben, oder besitzt Ihr Nachbar eine Tomatenstaude, die über den Zaun wuchert, dann suchen Sie nicht weiter. Selbstgezogene Tomaten schmecken einfach am süßesten, da ihnen die Schmach einer Lagerung im Kühlhaus erspart bleibt. Die nächstbeste Option sind Bauernmärkte und Hofläden, die oft Tomatenraritäten in vielen sommerlichen Farben anbieten. Knollenartige Sorten mit Falten wie die Ochsenherztomate oder Tomaten in ungewöhnlichen Farben wie die Green Zebra oder die Black Russian sind wahre Gustostücke. Lassen Sie sich also nicht von unregelmäßigen Formen oder Texturen abschrecken und achten Sie darauf, dass Ihre Tomaten nicht nur aus Falten, sondern auch aus Fleisch bestehen. Tomaten mit dünner Haut eignen sich am besten für frische Salate. Wenn Sie jedoch Tomaten einlegen, langsam braten oder fermentieren möchten, entscheiden Sie sich für die besten unter den Konserventomaten: die länglichen Roma-Tomaten, auch bekannt als Pflaumentomaten.

„Tomaten sind für unsere Familie und unser Essen ungeheuer wichtig. Den Tag der Tomate lernte ich erst viel später schätzen, als ich verstand, dass es dabei darum ging, zukünftigen Generationen zu vermitteln, welchen Wert das Konservieren saisonaler Produkte, die im Überfluss vorhanden sind, und das Bewahren kultureller Traditionen, die damit einhergehen, besitzt. Heute ist er für mich ein ganz besonderer Tag im italienischen Veranstaltungskalender." – GUY GROSSI, AUSTRALIEN

EINKAUF & LAGERUNG

Wenn es darum geht, süße, sonnengereifte Tomaten zu erkennen, verlassen Sie sich am besten auf Ihre Nase. Sobald Tomaten reif sind, verströmen Sie ein besonders würziges Aroma, das man am besten am Stielansatz „erschnüffelt". Sind sie besonders gut im Geschmack, riecht man das schon aus einiger Entfernung. Halten Sie also Ihre Nase offen. Tomaten sollten sich schwer anfühlen und bei Druck leicht nachgeben, etwa so wie Fleisch, nicht wie ein Schwamm.

Rispentomaten und jene, die noch den Stiel oder die Kelchblätter besitzen, halten am längsten. Kirschtomaten werden oft in Plastikschalen verkauft, doch einige kleinere Läden tauschen diese an der Kasse durch Papiertüten (oder Ihre mitgebrachte Stofftasche) und geben die Plastikgefäße an den Produzenten zurück oder recyceln sie zumindest. Hat Ihr Händler diesen Trend verschlafen, machen Sie ihn darauf aufmerksam.

Tomaten gehören in die Obstschale und nicht in den Kühlschrank! Das war auch für mich neu. Ihre zarte Schale und ihr saftiges Fleisch nehmen unglaublich schnell andere Gerüche an, was ihren süßen Geschmack und ihr Aroma beeinträchtigt. Da sie außerdem die Wärme lieben, dämpft die Kälte des Kühlschranks ihr unglaubliches Geschmackspotenzial. Wenn Sie Tomaten schon im Voraus kaufen, nehmen Sie festere Exemplare. Bei Last-Minute-Käufen können Sie ruhig die weicheren nehmen. Sie sind oft günstiger und schmecken auch besser. Was Dosentomaten angeht, scheiden sich die Geister. Die einen schwören auf lokale Produkte, während die anderen auf Dosen aus der „alten Heimat" zurückgreifen. Egal, wie Sie sich entscheiden, suchen Sie nach Dosen, die „BPA-frei" sind und außer Tomaten keine anderen Zutaten enthalten.

FUNCTIONAL FOOD

Am australischen Valentinstag lassen nicht Schokolade und Rosen mein Herz höher schlagen, sondern Tomaten und Basilikum, eine der besten Geschmackskombinationen von Mutter Natur, die in den Sommermonaten ihren aromatischen Höhepunkt erreicht. Gemeinsam schmecken sie nicht nur auf dem Teller herrlich, sondern sie helfen einander auch beim Wachsen, wie Ihnen jeder erfahrene Gärtner versichern wird.

Sie teilen sich nicht nur die Nährstoffe im Boden, Basilikum trägt auch zur natürlichen Süße der Tomaten bei und schützt sie vor Schädlingen, indem er seine Duftschwaden über das Beet wabern lässt. In üppigen Gemüsegärten sieht man sie deshalb oft in trauter Zweisamkeit nebeneinander. Und allen, die Heilung für ihr krankes Herz suchen, sei gesagt: Tomaten, deren eigene herzförmige Kammern zum Vorschein kommen, wenn man sie halbiert, stecken voller Antioxidantien, Vitamin A und C, Folsäure, Beta-Carotin und, am wichtigsten, Lykopin – ein Karotin, das u. a. die Wundheilung beschleunigt, den Blutdruck senkt und entzündungshemmend wirkt.

Die natürliche Wirkung von Lykopin kann sich besser entfalten, wenn irgendeine Form von Lipid (d. h. Fett) involviert ist … z. B. sein klassischer mediterraner Partner, das Olivenöl! Würzen Sie Ihre Tomaten großzügig mit Salz und Pfeffer, bevor Sie das Olivenöl hinzufügen, damit sie die Aromen aufnehmen können (Fett wirkt für die saftigen Tomatenspalten wie eine Schutzschicht) und vermengen Sie alles gut miteinander. Fügen Sie frische Kräuter erst kurz vor dem Servieren hinzu, da das Gewicht der Ölmoleküle die Blätter wie ein trauriges Emoji aussehen lässt.

GUTE PARTNER

Aubergine, Basilikum, Käse (vor allem Mozzarella, Parmesan), Knoblauch, Meeresfrüchte, Olivenöl, Paprika, Zucchini, Zwiebel.

ZERO-WASTE-MEDAILLE

Wenn Sie Tomaten blanchieren, trocknen Sie die Schalen und verwandeln Sie sie in Tomatenpulver!

Es ist ganz einfach: Erhitzen Sie die Schalen in der Mikrowelle 4–5 Minuten auf hoher Stufe, bis sie getrocknet sind, oder lassen Sie sie über Nacht im Backofen, bei niedrigster Temperatur und leicht geöffneter Tür. Die fertigen Schalen im Mixer mit etwas Salz und eventuell ein wenig Cayennepfeffer zerkleinern und den Glasrand Ihrer Bloddy Mary in das Pulver drücken oder pochierte Eier damit bestreuen.

Sie können die Schalen auch frittieren und sie zum Garnieren verwenden oder als „Brühen-Vorrat“ für Gemüsebrühe, Suppen und Eintöpfe einfrieren.

NOCH MEHR TOMATEN: TOMATILLO

Tomatillos oder „kleine Tomaten“ sehen wie grüne (oder manchmal auch lila) Tomaten aus, die wie die Andenbeere (Physalis) in eine filigrane Schale, den Blütenkelch, gehüllt sind. Alle drei gehören nämlich zur Familie der Nachtschattengewächse. Der einzige Unterschied besteht darin, dass die Tomaten mit ihrem milden und süßen Aroma überall auf der Welt Erfolg hatten, während Andenbeeren und Tomatillos mit ihrer leicht klebrigen Oberfläche und dem würzig-sauren Aroma eher als Spezialität gehandelt werden.

Wenn Sie vorhaben, eine authentische, mexikanische Salsa Verde zuzubereiten oder perfekt gebratene, grüne Tomaten zu machen, müssen Sie auf die Schnelle ein paar davon auftreiben. Suchen sie feste Früchte mit intakter Hülle, die Sie erst kurz vor dem Kochen entfernen.

Doppelt gemoppelt

Enthält ein Rezept Tomaten, können Sie dem Gericht ohne viel Aufwand noch mehr Geschmack verleihen, indem Sie sie zusätzlich in anderer Form beifügen. Kocht man frische Tomaten ein, entsteht eine dicke, reichhaltige Sauce. Fügt man sie hingegen erst gegen Ende hinzu, verleiht man dem Gericht Säure.

Saftige Tomatensauce wird mit einem oder zwei Teelöffeln süßen Tomatenmarks verfeinert, während gewürfelte oder ganze Tomaten aus der Dose einem Gericht zusätzlich Textur und Gehalt verleihen, da sie für gewöhnlich nicht so zerfallen wie frische Exemplare. Manchmal hebt eine Prise Zucker ihr natürlich süßes Aroma noch besser hervor. Und wenn alle Stricke reißen und Sie finden, dass Ihrem Gericht noch immer das gewisse Etwas fehlt, hat ein Klecks Tomatenketchup noch nie geschadet. Entweder gegen Ende der Garzeit in den Topf geben oder danach auf den Tellerrand klecksen.

„Eine richtig reife Tomate mit Salz und Olivenöl kann an einem heißen Sommertag so erfrischend sein wie ein Glas Wasser." – ANA ROŠ, SLOWENIEN

Blanchieren oder nicht blanchieren?

Das ist hier die Frage. Und die Antwort hängt wirklich davon ab, was Sie mit Ihren Tomaten vorhaben. Wenn Sie sie zu einer sämigen Tomatensuppe oder Pasta-Sauce verarbeiten möchten, können Sie auf das Blanchieren getrost verzichten. Ich blanchiere Tomaten nur, wenn es wirklich nötig ist, z. B. wenn ich nicht möchte, dass der samtige Geschmack gekochter Tomaten durch Schalenstückchen auf der Zunge gestört wird. Füllen Sie Ihren größten Topf mit Wasser, bringen Sie es zum Kochen und schneiden Sie mit einem gezackten Gemüsemesser ein X in die Unterseite der Tomaten. Halten Sie auch eine Schüssel mit Eiswasser bereit. Nacheinander jeweils etwa fünf Tomaten für 20–30 Sekunden in das kochende Wasser legen, mit einem Schaumlöffel ins Eiswasser heben und schälen, sobald die Tomaten so weit abgekühlt sind, dass man sie anfassen kann.

Passierte Tomaten

Ich habe versucht, die Herkunft des Wortes „passiert" zu recherchieren, und bin auf verschiedene Varianten von „Brei" und „verstrichen" gestoßen, die kombiniert, die Geschichte dieser roten Masse in ihrer Gesamtheit beschreiben.

Es handelt sich um einen flüssigen Brei, der entsteht, wenn man Tomaten durch ein Sieb streicht. Dabei wird ein Produktüberschuss genutzt, um italienische Familien und Liebhaber tomatenlastiger Küche in den kommenden Jahren über jene Jahreszeit zu bringen, in der Sonnenschein nur auf dem Tisch und abgefüllt in Flaschen verfügbar ist.

Den Backofen auf 180 °C vorheizen. 2 kg reife Tomaten gut waschen – je reifer, desto besser. Zuerst vierteln und dann auf einem mit Backpapier ausgelegten Backblech verteilen. Mit 1 EL Olivenöl beträufeln, 1 TL Salz darüberstreuen und im vorgeheizten Backofen 45 Minuten backen, bis sie Blasen werfen und weich genug sind, um zerdrückt zu werden. (Oder Sie lassen sie in einem großen Topf unter gelegentlichem Rühren 45 Minuten köcheln, bis die Tomaten zusammenfallen. Manche Leute geben auch gerne Kräuter wie Basilikum oder Thymian bzw. Aromastoffe wie Zwiebel oder Knoblauch dazu.) Durch eine Kartoffelpresse oder ein Sieb drücken bzw., mit Schale und allem drum und dran, im Mixer bis zur gewünschten Konsistenz verarbeiten. In heiß sterilisierte Gläser füllen und sofort verschließen. Deckelprobe machen: Wenn sich bis zum nächsten Morgen ein Vakuum gebildet hat und die Deckel nach innen gewölbt sind, haben Sie ein Jahr Zeit, die Tomaten zu verbrauchen. Bildet sich bei einigen Gläsern kein Vakuum, in den Kühlschrank stellen und innerhalb von 2 Wochen aufbrauchen. Alle Gläser nach dem Öffnen im Kühlschrank aufbewahren.

GESCHMORTE TOMATEN MIT CHILI

Meine Freunde Sandra und John haben mir bei sich zu Hause ein sensationelles Tomaten-Sugo kredenzt und mich so zu diesem Rezept inspiriert. Sie konnten sich nicht darauf einigen, wer der Urheber des Rezepts war, doch jetzt haben wir beschlossen, dass alle etwas davon haben sollen. Ich habe ihre Methode etwas verändert, um das Nachkochen noch einfacher zu machen. Doch das Prinzip ist das gleiche. Der Clou an diesem Rezept ist, dass die Tomaten bei niedriger Hitze ganz langsam geschmort werden. Belegen Sie damit Bruschetta – italienischer geht es wirklich nicht!

ERGIBT EIN GLAS MIT 750 ML

1 kg Rispentomaten
125 ml natives Olivenöl extra
1 TL feinster Zucker
Salzflocken, zum Abschmecken
5–6 große Knoblauchzehen, halbiert
Chiliflocken, zum Abschmecken

Den Backofen auf 100 °C vorheizen.

Die Rispentomaten samt Rispe auf ein Backblech legen. Das Olivenöl gleichmäßig über die Tomaten träufeln, Zucker und Salz darüberstreuen und den Knoblauch sowie die Chiliflocken darauf verteilen. Darauf achten, dass der Knoblauch mit Öl bedeckt ist.

1 ½–2 Stunden schmoren lassen, bis die Tomaten sehr weich sind, aber noch ihre Form behalten. Aus dem Ofen nehmen und etwas abkühlen lassen. Den Knoblauch aus der Schale lösen.

Die Tomaten sofort verbrauchen oder gemeinsam mit dem herrlichen Gewürzöl in einem sauberen 750-ml-Behälter mit fest sitzendem Deckel aufbewahren.

Im Kühlschrank halten sich die Tomaten bis zu 2 Wochen. Vor dem Servieren Raumtemperatur annehmen lassen oder vorsichtig erwärmen.

Wenn Sie Zeit haben: **Wenn Ihnen nach einem delikateren Gaumenschmaus ist, schälen Sie die Tomaten. Am einfachsten geht das, indem Sie sie oben abschneiden und dort mit dem Schälen beginnen, nachdem Sie sie kurz in kochendes Wasser getaucht und dann sofort in einer Schüssel abgelegt haben. Sie brauchen hier nicht mit Eiswasser herumzutricksen. Die Restwärme reicht aus, um die Schale dazu zu bewegen sich abzulösen, und so kann im Wasser auch kein Aroma verlorengehen. Trocknen Sie die Schalen und zerkleinern Sie sie mit Salz im Mixer für die Glasränder Ihrer Bloody Mary.**

3 X TOMATEN AUF GETOASTETEM BROT

Tomaten auf Toastbrot: Das ist alles! Mehr braucht man zu diesen Toppings auch nicht …

ERGIBT JEWEILS 4 STÜCK

Bagel-Belt-Tomaten

50 g Butter in einer Pfanne schmelzen. 2 halbierte Bagels mit der Schnittseite nach unten hineinlegen und in der Butter rösten, bis sie goldbraun sind. Inzwischen 3 große Fleischtomaten in dicke Scheiben schneiden und mit speziellem Essig (Malz oder Sherry) oder etwas Saft von den eingelegten Zwiebeln auf Seite 282 marinieren.

Die Bagel-Hälften mit 125 g körnigem Frischkäse bestreichen und mit den Tomatenscheiben sowie etwas eingelegten Zwiebeln oder frischen roten Zwiebeln belegen. Mit Basilikum und jeder Menge schwarzem Pfeffer aus der Mühle garnieren und sofort servieren.

Tomaten-Erdnuss-Brioche

4 getoastete Scheiben Brioche mit 180 g stückigem (crunchy) Erdnussmus bestreichen. 250 g Kirschtomaten halbieren, mit ⅛ TL schwarzem Pfeffer aus der Mühle würzen und auf die Briochescheiben schichten. 1 EL Honig oder Zuckerrohrsirup darüberträufeln. Mit 3 EL gehackten, gerösteten Erdnusskernen und eventuell kleinen Kräuterblättern von Petersilie oder Basilikum garnieren.

Toast mit geschmorten Tomaten und Balsamicoessig

4 Scheiben Sauerteigbrot in einer heißen Grillpfanne anrösten und dann herausnehmen. In derselben heißen Pfanne 250 g Kirschtomaten (wenn möglich, in verschiedenen Farben) und 75 g entsteinte schwarze Oliven 4–5 Minuten garen, bis die Tomatenschale aufzuplatzen beginnt.

Das Gemüse in eine Schüssel füllen und mit 80 ml Olivenöl, 2 EL Balsamicoessig und etwas schwarzem Pfeffer aus der Mühle vermengen. Dabei die Tomaten leicht zerdrücken.

1–2 Knoblauchzehen halbieren und die Toasts mit der Schnittfläche einreiben. Die Tomatenmischung darauf verteilen und mit gehobeltem Parmesan sowie Thymianblättern garnieren.

FATTOUSH-SALAT MIT KNUSPRIGER PITA

In den meisten Küchen, in denen viel mit Tomaten gekocht wird, gibt es eine Art Tomaten-Brot-Salat mit Öl, der sich einerseits den Saft der Tomaten zunutze macht, um altes Brot wieder zum Leben zu erwecken, und andererseits die Saugfähigkeit besagten Brotes nutzt, um den leckeren Saft in sich aufzunehmen.

Das Wort Fattoush ist arabischen Ursprungs und bedeutet etwa so viel wie „zerkleinern", was sich auf das zerkleinerte Fladenbrot im Gericht bezieht. Alle Zutaten bleiben hier recht groß, damit Sie das mit dem „Zerkleinern" selbst übernehmen können. Lassen Sie Ihre Gäste wie bei einem Salatbuffet selbst auswählen, was auf ihren Teller kommt. Und machen Sie jede Menge von der knusprigen Pita, da sie wirklich süchtig macht.

FÜR 4 PORTIONEN

125 ml Olivenöl
60 ml Zitronensaft sowie Zitronenspalten, zum Garnieren
3 Knoblauchzehen, zerdrückt
Salz, Pfeffer
6–8 Tomaten in verschiedenen Formen und Farben, in Scheiben geschnitten
3–4 Snackgurken, grob zerkleinert (oder in feine Scheiben gehobelt)
1 rote Paprika, in Scheiben geschnitten
½ rote Zwiebel, in feine Ringe geschnitten
⅛ TL gemahlener Sumach
1 EL Petersilie, fein gehackt
1 EL Minze, fein gehackt
Zitronenspalten, zum Garnieren

Knusprige Pita

4 kleine oder 2 große Pitas, in mundgerechte Dreiecke zerkleinert
2 EL Olivenöl

Den Backofen auf 220 °C vorheizen.

Das Olivenöl, den Zitronensaft und den Knoblauch in einer Schüssel vermengen und mit Salz und Pfeffer würzen.

So viele (oder wenige) Tomaten und Gurken wie möglich gemeinsam mit den Paprika- und Zwiebelstücken auf dem Teller anrichten. Mit Sumach bestreuen, 60 ml von der Marinade darüberträufeln und etwas ziehen lassen.

Inzwischen die Pita-Dreiecke im Olivenöl wenden, auf einem Backblech verteilen und 10 Minuten lang backen, bis sie goldbraun und knusprig sind.

Die Pita-Dreiecke ebenfalls auf dem Teller anrichten. Kräuter darüberstreuen und sofort servieren. Die Zitronenspalten und das Dressing dazureichen.

Tipp: **Pita-Brot gibt es oft im Angebot, sobald sich sein Haltbarkeitsdatum dem Ende zuneigt. Greifen Sie zu und frieren Sie es ein, bis Sie es für dieses Rezept verwenden, oder backen Sie es einfach, wie oben beschrieben, und servieren Sie es mit den Aufstrichen und Dips, die Sie gerade im Kühlschrank haben.**

Für Eilige: **Die Pita im Ganzen in den Toaster stecken und vor dem Servieren „zerkleinern".**

Radieschen

Ob rund und rot wie eine Christbaumkugel, von innen heraus rosa wie eine Wassermelone oder länglich mit einem Farbverlauf von dunkel nach hell, das Radieschen ist immer ein Hingucker. Ich mische dünne Radieschenscheiben gerne unter Salate, um diesen mehr Farbe und Biss zu verleihen. Französische Radieschen serviere ich zum Brunch, im Ganzen (die Blätter lasse ich dran!) und mit schaumig geschlagener Butter. Der Geschmack von rohen Radieschen reicht von mildem Senfaroma bis hin zu pfeffriger Schärfe, die man mit einem körnigen Senfdressing noch betonen oder mit cremigeren Zutaten mildern kann. Beim Kochen behalten sie zum Großteil ihre Farbe und Form und ein paar dunkel gebratene Stellen unterstreichen nur ihren rustikalen Charme. Radieschengrün können Sie wie Rucola-Blätter verwenden, als feine Streifen in Salaten oder gegart in Suppen und Eintöpfen.

„Wir machen Radieschen-Carpaccio, indem wir sie mit dem Gemüsehobel in feine Scheiben schneiden und dann in Eiswasser legen, damit sie noch mehr Biss bekommen. Sie können die Scheiben für Salate verwenden, sie einfach mit Butter und Meersalz servieren oder als Beilage zu Meeresfrüchten wie Tintenfisch oder Forelle reichen.“

–MAURO COLAGRECO, ARGENTINIEN

EINKAUF & LAGERUNG

Radieschen, die vor allem im Frühling Saison haben, werden fast immer im Bund und inklusive Blättern angeboten, deren Farbe von hell- bis dunkelgrün variiert. Beides ist in Ordnung, solange die Blätter sich schön fest anfühlen und keine matschigen Stellen aufweisen. Schädlinge lieben Radieschengrün. Lassen Sie sich also nicht von ein paar Fraßlöchern im einen oder anderen Blatt abschrecken. Es zeigt, dass sie äußerst schmackhaft sind. Was die Farbe betrifft, können sie rot bis rosa, pink, violett und sogar schwarz sein. Radieschen verlieren nach einiger Zeit ihre Farbe und Festigkeit. Suchen Sie sich deshalb Exemplare mit besonders kräftiger Farbe und rundlicher Form, die sich für ihre Größe schwer anfühlen und bei Druck nicht nachgeben. Die Schale sollte sich kühl anfühlen und das Fleisch darunter möglichst weiß sein. Verfärbungen deuten darauf hin, dass sie zu lange Zeit im Regal (oder im Kühlschrank) verbracht haben. Je weniger Blätter ein Radieschen am Stielansatz hat, desto besser. Viele Blätter bedeuten, dass es dem Sonnenlicht ausgesetzt war und nicht lange halten wird.

Ist das Radieschengrün bei Ihrem Bund noch dran, entfernen Sie es, sobald Sie nach Hause kommen. Wenn Sie die Radieschen nicht innerhalb einiger Tage verbrauchen, schneiden Sie auch den Blattansatz ab, da die Blätter dem Gemüse Feuchtigkeit entziehen (außer Sie möchten sie rösten oder im Ganzen servieren. Dann bleibt der Ansatz dran, muss aber beobachtet werden). Die Radieschen am besten sofort waschen und, ohne sie abzutrocknen, gemeinsam mit einem feuchten Tuch oder Küchenpapier in einem Behälter im Kühlschrank lagern. So bleiben die Radieschen in einer feuchten, kühlen Umgebung ähnlich der Erde, aus der sie kommen.

ZUBEREITUNG

Waschen Sie Radieschen besonders gut, da sich vor allem rund um die Stiele gerne Sand und Erde sammeln. Die Blätter müssen in einer Schüssel gut eingeweicht werden und mindestens drei Wasch- und Schleuderdurchgänge in der Salatschleuder absolvieren, damit Ihre Suppe nicht zu einer knirschenden Enttäuschung wird. Die Radieschen selbst vor dem Schneiden mindestens 1 Stunde in kaltes Wasser legen. Möchten Sie sie im Ganzen anrichten, weichen Sie sie sogar besser über Nacht ein, damit sie garantiert strahlend sauber sind, sich eventuell verlorene Feuchtigkeit zurückholen können und mehr Biss erhalten. Von Natur aus eher bitter und scharf, mögen Radieschen Fett und lieben Salz. Es braucht also nur einen Klecks guter Butter und Salzflocken, um das Beste aus ihnen herauszuholen.

GUTE PARTNER

Butter, Essig (vor allem Apfelessig, Chardonnay-Essig), Frühlingszwiebeln, Gurke, Kräuter (vor allem Dill, Kerbel, Minze, Petersilie, Schnittlauch), Käse (vor allem Blauschimmelkäse, Feta und körniger Frischkäse).

SCHNELL MARINIERTE RADIESCHEN MIT WASABI-MAYONNAISE

Je poröser ein Obst oder ein Gemüse ist, desto schneller lässt es sich marinieren. Daher sind Radieschen hier mit ihrem schwammigen Inneren, das zum Großteil aus Wasser besteht, der perfekte Kandidat. Servieren Sie diese schnell marinierten Radieschen zum Frühstück mit Wasabi-Mayonnaise (die Franzosen essen sie gerne mit Butter) oder zu einem Hauptgericht, das mehr Säure und Biss braucht.

FÜR 4–6 PORTIONEN ALS SNACK

1 Bund französische Radieschen inkl. Blättern, gewaschen und vom Sand befreit
250 ml Weißweinessig
1 EL rosa Pfefferkörner, plus zerdrückte Pfefferkörner zum Garnieren
2 TL Salzflocken
2 TL Honig
1 Knoblauchzehe, angedrückt
1 lange rote Chilischote, längs halbiert
125 g Kewpie-Mayonnaise
2 TL Wasabi-Paste
Togarashi oder Furikake aus Daikonblättern (Seite 52), zum Garnieren

Die äußeren Radieschenstiele kürzen und die kleineren Blätter intakt lassen. Größere Radieschen halbieren, kleinere bleiben ganz. Die Radieschen auf zwei ofenfeste Gefäße oder Tassen mit 375 ml Fassungsvermögen aufteilen.

Essig, Pfefferkörner, Salz, Honig, Knoblauch, Chili und 250 ml Wasser in einem Topf zum Kochen bringen. Den Sud über die Radieschen gießen und dabei möglichst die Blätter aussparen, damit sie nicht welk werden. Anschließend 15 Minuten ziehen lassen.

In einer kleinen Schüssel die Mayonnaise mit der Wasabipaste vermengen, bis sie schön hellgrün ist. Die zerdrückten rosa Pfefferkörner in einer weiteren kleinen Schüssel mit Togarashi oder Furikake vermengen.

Entspricht der Marinierungsgrad der Radieschen Ihrem Geschmack, können Sie sie direkt essen. An Blättern und Stielen festhalten und ganz einfach in die Wasabi-Mayonnaise und die Togarashi-Würze eintunken.

Sie können die Radieschen auch bis zu 1 Woche in einem luftdichten Behälter im Kühlschrank marinieren.

Tipp: **Zwischen den Blättern und Stielen von Radieschen sammelt sich jede Menge Sand. Nachdem Sie sie sorgfältig gewaschen haben, können Sie sie 10–15 Minuten in kaltem Wasser einweichen, um den Schmutz wirklich ein für allemal loszuwerden.**

Doppelt im Einsatz: **Übrig gebliebene marinierte Radieschen können unter Salate gemischt und als Scheiben in Burgern verwendet werden. Die Wasabi-Mayonnaise eignet sich hervorragend als Unterlage auf Sandwiches oder Wraps. Sie können sie auch wunderbar über Meeresfrüchte und anderes Gemüse träufeln.**

GESCHMORTE RADIESCHEN IN KRÄUTERBUTTER

Wie das Amen im Gebet, steht nach jedem Wochenendeinkauf meiner Eltern eine Schüssel mit Radieschen auf ihrer Küchentheke. Mitte der Woche steht die Schüssel immer noch da und die Radieschen machen sich über die Sinnhaftigkeit ihrer Existenz Gedanken. Manchmal schaue ich vorbei und lege sie über Nacht in Eiswasser, um ihnen wieder Leben einzuhauchen. Manchmal landen sie im Backofen und sehen dann ungefähr so wie hier aus. Und wenn wir schon beim Thema Überfluss sind, packe ich die Gelegenheit am Schopf und zeige Ihnen, wie man Kräuterbutter macht. Sie werden sehen, dass es dafür viel mehr praktische Einsatzmöglichkeiten gibt, als Sie denken. Sie passt hervorragend zu allen Arten von geröstetem Gemüse, zu Steaks oder schnellem Knoblauchbrot (Seite 38).

FÜR 4 PORTIONEN

1 kg Radieschen (2 Bund), in Wasser eingeweicht
1 EL Olivenöl

Kräuterbutter

2 Knoblauchzehen, grob gehackt
½ TL Salzflocken
7 g Estragonblätter, plus etwas mehr zum Garnieren
7 g Petersilienblätter, plus etwas mehr zum Garnieren
185 g gesalzene, weiche Butter

Den Backofen auf 190 °C vorheizen.

Größere Radieschen halbieren. Die Wurzel und einen kleinen Teil des grünen Stiels aus optischen Gründen am Gemüse lassen. Sehr große Radieschen vierteln.

Mit Olivenöl vermengen, auf einem Backblech verteilen und für 20 Minuten in den Ofen schieben.

Inzwischen die Kräuterbutter zubereiten. Den Knoblauch, die Salzflocken und die Kräuter in einer Küchenmaschine zu einer groben Paste verarbeiten, dann die Butter hinzufügen und den Motor laufen lassen, bis alles miteinander vermengt ist. Die Kräuterbutter auf ein Stück Frischhaltefolie, Backpapier oder ein Bienenwachstuch häufen, einwickeln und mit den Fingern zu einer Rolle formen.

Ein Viertel der Rolle herunterschneiden und in kleine Stücke zerteilen. Die Radieschen glasieren, indem Sie sie auf dem Backblech mit den Butterstücken vermischen. Die restliche Butter gut einpacken und für den späteren Gebrauch einfrieren.

Dann die Radieschen weitere 5 Minuten im Ofen garen.

Warm servieren, noch mehr Kräuter und Salzflocken darüberstreuen und eventuell mit einem weiteren Klecks Kräuterbutter garnieren.

Tipp: **Dieses Gericht funktioniert zur Not auch mit jungen weißen Rüben oder Babymöhren.**

Für Eilige: **Statt der Kräuterbutter können Sie etwas zerdrückten Knoblauch und ein Stück Butter unter die gerösteten Radieschen mengen, sobald sie beginnen, weich zu werden. Dann noch ein paar Minuten weiterrösten.**

Rote Paprika

Paprika stammt ursprünglich aus Amerika und gehört zur Familie der Nachtschattengewächse. Obwohl man rote, grüne, gelbe, orange, rosafarbene und sogar violette Paprikaschoten kaufen kann, wird es Sie überraschen zu hören, dass viele davon an ein- und derselben Pflanze wachsen und nur zu verschiedenen Zeitpunkten geerntet werden. Grüne Paprika wird unreif geerntet und schmeckt daher auch bitterer. Rote Paprika dagegen hat seine volle Reife erreicht und hatte Zeit, einen gewissen Zuckergehalt aufzubauen. Paprika ist das ganze Jahr über erhältlich, ist jedoch in den Sommermonaten besonders preiswert (und auch besonders süß).

Rot

Rote Paprika

„Man sollte seinem Gemüse besser zuhören. Es weiß ganz genau, wie es behandelt werden möchte. Paprikaschoten sind kraftvolle kleine Dinger mit starkem Charakter, und beim Kochen sollte man nicht leichtfertig mit ihnen umgehen. Man muss ihnen einen gewissen Respekt entgegenbringen, wenn sie bei Ihren Kochabsichten mitspielen sollen. Sie sind wie der Gast, bei dem Sie gut überlegen müssen, neben wen Sie ihn beim Abendessen setzen. Wenn Sie hier ins Schwarze treffen, ist er der Mittelpunkt jeder Party." – IVAN BREHM, BRASILIEN

EINKAUF & LAGERUNG

Die Haut der Paprika ist recht dünn, so als ob sie dem Fruchtfleisch beim Wachsen immer hinterherhinkt und deswegen etwas spannt. Diesen „Ballon"-Vergleich nutze ich auch beim Einkaufen, da er einem veranschaulicht, wonach man, unabhängig von der Farbe, Ausschau halten muss.

Sie suchen Exemplare mit glänzender, fester Haut, ohne Falten oder eingefallene Stellen. Lassen Sie jene mit dunklen Stellen entlang der Falten links liegen. Diese könnten darauf hindeuten, dass die Paprika innen von Schimmel befallen ist. Es gibt Paprikaschoten mit drei und mit vier Ausbuchtungen. Für Salate nehme ich gerne jene mit drei Ausbuchtungen (weniger Rundungen, weniger Arbeitsaufwand). Jene mit vier Kammern sind stabiler und fallen beim Füllen oder Überbacken nicht um und verlieren dabei ihr Innenleben. Eine gängige Gärtnerweisheit besagt, dass die Anzahl der Ausbuchtungen auf das Geschlecht (und sogar die Süße) der Paprika hinweist. Doch da die Blüte und nicht die Frucht das Geschlecht vorgibt, handelt es sich hier um einen Mythos. Eine süße Paprika erkennt man, wie immer, vor allem am Geruch. Sie sollte nach Paprikapulver oder Chutney duften.

Wenn Sie Paprikaschoten innerhalb weniger Tage verbrauchen, können Sie sie ruhig außerhalb des Kühlschranks aufbewahren. Dadurch behalten sie ihren Biss. Darüber hinaus sollten sie besser locker verpackt im Gemüsefach aufbewahrt werden. Ihre zarte Haut und das saftige Fruchtfleisch brauchen Platz und Bewegungsfreiheit. Stopfen Sie sie also nicht mit zu vielen anderen Dingen in die Gemüselade und legen Sie kein schweres Gemüse darauf, da Druckstellen für dieses Gemüse den Anfang vom Ende bedeuten. Sie reagieren im Allgemeinen auch sehr empfindlich auf Gerüche und Gase. Halten Sie deshalb Abstand zu Äpfeln, Birnen und besonders Bananen. Wenn Sie Ihr frisches Obst und Gemüse am liebsten sofort nach dem Nachhausekommen waschen, trocknen Sie Ihre Paprikaschoten gut ab, da Feuchtigkeit die Bildung von Schimmel und matschigen Stellen begünstigt.

ZUBEREITUNG

Exemplare mit ausgefallenen Farben mische ich gerne unter Salate, als Hingucker und für mehr Biss. Grüne Paprika eignet sich gut für lange Kochvorgänge und kann zum Füllen und/oder Backen verwendet werden.

Rote Paprika eignet sich wunderbar zum Sautieren. Das heiße Öl bringt sie herrlich zum Glänzen und entlockt ihr während des Garens noch zusätzliche Karamellnoten.

Paprika ist das umgänglichste Mitglied der Capsicum-Familie. Während Chili am vorderen Gaumen hitzig und leidenschaftlich auftritt, hält sich die Paprika gerne zurück und spielt die Süße und Bescheidene (aber nur, bis Sie einen verirrten Spritzer ins Auge bekommen). Wenn Sie den Geschmack von gegrillter Paprika mögen (Seite 200) aber kein offenes Feuer zur Verfügung haben, vierteln, putzen und rösten Sie sie etwa 20 Minuten im heißen Backofen, bis sie Blasen wirft. Was das Putzen betrifft, finde ich es am einfachsten, die Kerne gemeinsam mit dem Stiel zu entfernen. Schneiden Sie von oben so nah wie möglich am Stiel entlang und holen Sie alles mit einer einzigen Drehbewegung heraus. Sie können auch das obere Fünftel der Paprika horizontal abschneiden und dann die weißen Scheidewände und die Kerne herauszupfen.

GUTE PARTNER

Aubergine, Basilikum, Essig (besonders Balsamico-, Rotwein- und Sherry-Essig), Kartoffeln, Käse (besonders Mozzarella, Parmesan, Ziegenkäse), Knoblauch, Kräuter (besonders Koriander, Petersilie), Olivenöl, Paprikapulver, rote Zwiebel, Tomaten.

Romesco-Suppe
(Seite 198)

ROMESCO-SUPPE

In Katalonien ist Romesco normalerweise eine leuchtend rote Sauce, die zu Fisch serviert wird. Da die Protagonisten in diesem Rezept, Tomaten und Paprikaschoten, von Händlern und Seeleuten aus Amerika in diese Region gebracht wurden, wäre es wohl einst ein ziemlich schickes Gericht gewesen.

Es kann sowohl Sauce als auch Suppe sein. Für Letztere fügt man einfach etwas mehr Brühe, ein paar knusprige Croûtons und eine völlig unpassende, aber köstliche Kugel Burrata, einen italienischen Mozzarella-artigen Frischkäse, hinzu.

FÜR 4–6 PORTIONEN

4 rote Paprika, geviertelt und geputzt
1 Knoblauchzehe, angedrückt
250 g Kirschtomaten, mit Rispe
400 g ganze geschälte Tomaten (Dose)
1 TL geräuchertes Paprikapulver, plus etwas mehr zum Garnieren
½ TL Cayennepfeffer
500 ml Gemüsebrühe (siehe Tipp)
125 ml natives Olivenöl extra, plus Öl zum Garnieren
2 EL Sherry-Essig
65 g Mandelstifte
4 kleine Kugeln Burrata (optional)

Knoblauch-Croûtons

350 g Sauerteigbrot, zu Croûtons zerkleinert
2 Knoblauchzehen, fein gerieben
2 EL Olivenöl
50 g Butter, geschmolzen

Den Backofen auf 190 °C vorheizen.

Die Paprika, den Knoblauch und alle Tomaten in eine große Kasserolle oder in einen Bräter geben. Paprikapulver und Cayennepfeffer darüberstreuen.

Die Brühe, das Olivenöl und den Essig angießen, die Mandeln einstreuen und umrühren.

Mit einem Deckel oder Alufolie abdecken und 45 Minuten lang garen, bis alle Zutaten weich sind.

Deckel oder Folie entfernen und die Temperatur im Backofen auf 210 °C erhöhen. Weitere 15–20 Minuten garen, bis die Mandeln leicht geröstet sind.

Inzwischen für die Knoblauch-Croûtons alle Zutaten in eine Schüssel füllen und gut vermengen. Dann auf einem Backblech verteilen und während der letzten 15 Minuten Garzeit im oberen Ofenbereich mitrösten. Anschließend aus dem Ofen nehmen und beiseitestellen.

Den Inhalt des Bräters in vier Portionen in den Mixer füllen und zu einer glatten Flüssigkeit verarbeiten. Jede fertige Portion in einen Suppentopf füllen. (Oder Sie geben alles in einen Suppentopf und pürieren den Inhalt mit einem Stabmixer.)

Die Suppe zum Köcheln bringen und nach Geschmack würzen.

Mit einem Schöpflöffel in Schüsseln füllen und Olivenöl darüberträufeln. 1 Prise Paprikapulver darüberstreuen und die Croûtons darauf verteilen. Falls Sie die Burrata verwenden, legen Sie je 1 Kugel in die Schüsseln und stechen Sie die Haut mit einem Messer an, damit die käsige Köstlichkeit in die Suppe entweichen kann.

Sofort servieren.

Tipp: **Wenn Sie ein paar „Paprikatränen" von der gegrillten Paprika auf Seite 200 übrig haben, verfeinern Sie die Brühe für diese Suppe damit. So erhält sie noch mehr leckeres rauchiges Paprikaaroma.**

Doppelt im Einsatz: **Diese Suppe ergibt außerdem eine hervorragende Sauce für Hähnchen-Parmigiana. Da sie schon recht dickflüssig ist, muss man sie auch nicht mehr einkochen.**

GEGRILLTE PAPRIKASCHOTEN

Meine Oma Zina war beim Kauf von Obst und Gemüse immer auf Schnäppchenjagd und ergatterte Exemplare, die kurz davor waren, im Müll zu landen (das war, bevor Organisationen zur Lebensmittelrettung existierten). Mit einem Messer befreite sie die Produkte geschickt von schlechten Stellen und verwandelte sie in köstliche Nachmittagssnacks und preisgünstige Ostblockgerichte. Auch mich zieht es immer wieder zu diesen Produkten mit geringer Haltbarkeit und maximalem Geschmack. Dort suche ich mir die weichen Früchte zum Einfrieren oder Backen und saftiges Gemüse, na ja, um Säfte zu machen. Und wenn ich ganz viel Glück habe, finde ich eine leuchtend rote Paprika mit der einen oder anderen Delle (ein Messer schafft da schnell Abhilfe), die ich voller Überzeugung zu saftigen und würzigen Grillstreifen verarbeiten kann.

Verfeinern Sie damit Salate, Sandwiches oder Wraps oder garnieren Sie Ihren Antipasti-Teller damit. Verwenden Sie das restliche Öl zum Marinieren und als Sauce.

ERGIBT EIN GLAS MIT 750 ML

- 1 kg rote Paprika
- 60 ml Rotweinessig
- 125 ml natives Olivenöl extra, plus Öl zum Garnieren
- 1 TL schwarzer Pfeffer aus der Mühle
- 1 TL edelsüßes Paprikapulver (optional)
- 2 Knoblauchzehen, in feine Scheiben geschnitten
- 6 Lorbeerblätter
- 2 TL Salzflocken

Möchten Sie die Paprikastreifen länger als 1 Woche aufheben, das Glas mit heißem Wasser und Spülmittel waschen, gut abspülen und verkehrt herum trocknen lassen.

Eine Grillplatte auf einem Grill sehr gut aufheizen. Die Paprikaschoten darauflegen und 25 Minuten grillen, bis die Haut schwarz ist. Dabei alle 5–10 Minuten wenden.

Oder den Ofengrill auf höchster Stufe anschalten und die Paprikaschoten direkt auf dem Ofenrost, unmittelbar unterhalb des Grills garen und ein Backblech darunterstellen. Haben Sie einen Gasherd, können Sie die Paprikaschoten mit einer hitzebeständigen Zange über die offene Flamme halten und von Zeit zu Zeit drehen, bis sie rundherum schwarz sind. (Achtung: Ihr Gasherd wird danach einen Putztrupp benötigen!)

Die Paprikaschoten in eine ofenfeste Schüssel legen und gut mit Alufolie abdecken. 5–10 Minuten ausdampfen lassen.

Die Haut mithilfe der Folie von den Paprikaschoten ziehen (sie eignet sich gut dafür UND schützt Ihre Fingerspitzen vor Brandblasen). Dann die Stiele herausziehen (dadurch werden Sie auch die meisten Kerne los) und die restlichen Kerne entfernen. Die Flüssigkeit am Schüsselboden durch ein Sieb gießen und aufheben (siehe Tipp). Anschließend die Paprikaschoten abspülen und in Streifen schneiden.

Die restlichen Zutaten in einer großen Schüssel vermengen. Die Paprikastreifen hinzufügen und mit der leckeren Marinade überziehen.

Sofort servieren oder die Streifen in ein Glas geben, vollständig mit Öl bedecken und verschließen. Im Kühlschrank hält die Paprika mit Öl bedeckt bis zu 3 Monate.

Tipp: **Der Saft, der aus der gegrillten Paprika austritt, ist wie flüssiges Gold. Der Koch Jeremy Fox verlieh ihm den perfekten Namen: Paprikatränen. Verwenden Sie ihn wie Brühe, für Suppen, Saucen, Bratensaucen, Dressings und Ähnliches.**

Für Eilige: **Kaufen Sie gegrillte Paprika im Feinkostladen und marinieren Sie sie im selben Sud, nachdem Sie das Öl, den Essig und die Gewürze vorher langsam erwärmt haben.**

PIPÉRADE

Diese Mischung aus Salsa Roja und Ratatouille kommt ursprünglich aus dem Baskenland und ist unglaublich vielseitig. Sie kann als würzige Beilage zu Fleisch und Fisch oder als Hauptgang zu knusprigem Brot serviert werden.

An dieser Version mag ich, dass die Zubereitung viel schneller und sauberer ist und man die Paprikaschoten für den typisch rauchigen Geschmack nicht über einer offenen Flamme grillen muss (doch wenn das eher Ihr Ding ist, nehmen Sie sich das Rezept auf der gegenüberliegenden Seite vor). Hier ist Multi-Tasking die Devise. Unter dem Grill blubbert und schmort die Paprika vor sich hin, während Sie sich um die Sauce kümmern.

FÜR 4–6 PORTIONEN

- 1 EL Olivenöl, plus Öl zum Beträufeln
- 1 Zwiebel, in feine Ringe geschnitten
- 4 Knoblauchzehen, grob gehackt
- 1 EL Tomatenmark (Tomatenkonzentrat)
- 1 TL Rohrohrzucker
- 1 TL Salz
- 1 TL Piment d'Espelette oder scharfes Paprikapulver
- 400 g ganze geschälte Tomaten (Dose)
- 2 grüne Paprikaschoten, in lange, dünne Streifen geschnitten

Den Ofengrill auf 250 °C bzw. die höchstmögliche Temperatur aufheizen.

Das Olivenöl in einem großen, ofenfesten Topf auf mittlerer bis niedriger Stufe erwärmen und die Zwiebeln 5–7 Minuten bei geschlossenem Deckel glasig anschwitzen.

Den Knoblauch, das Tomatenmark, den Zucker, das Salz und das Piment d'Espelette unterrühren. Die Tomaten in die Handfläche gießen und mit den Fingern kurz zerdrücken, bevor sie im Topf landen. Dann unter Rühren mit den anderen Zutaten vermengen. Die Masse bei geschlossenem Deckel vor sich hin köcheln lassen.

Inzwischen die Paprikaschoten mit etwas Öl beträufeln und gleichmäßig auf einem Backblech verteilen. Im Ofen oder unter dem Grill 15 Minuten lang garen, bis die Haut schwarz und das Fruchtfleisch weich wird.

Die Paprika in den Topf geben, wieder mit dem Deckel verschließen und die Aromen weitere 5 Minuten auf mittlerer Stufe zueinander finden lassen. Anschließend servieren.

Tipp: **Möchten Sie bei diesem Gericht noch einen Schritt weitergehen, nehmen Sie sich die Zeit, die Paprika über einer offenen Flamme zu grillen, die verbrannte Haut abzuziehen und sie in dünne Streifen zu schneiden, bevor Sie sie zu der Sauce hinzufügen.**

Grüne Paprikaschoten haben einen intensiven, bitteren Geschmack, den manche als zu stark empfinden. Sie können hier gerne gelbe, rote und grüne Paprika mischen. Das macht auch optisch was her.

Für Eilige: **Haben Sie bereits einige gegrillte Paprikaschoten zur Hand, machen Sie Pipérade daraus, indem Sie sie zum Schluss in den Topf geben.**

Doppelt im Einsatz: **Das hier liefert eine köstliche Basis für Spiegeleier. Die Sauce in einer ofenfesten Pfanne einfach zum Köcheln bingen, Vertiefungen hineindrücken und in jede ein Ei schlagen. Dann unter dem Ofengrill garen, bis sie zu stocken beginnen.**

Mit etwas Paprikapulver bestreuen und die Eier mithilfe der Restwärme fertig garen lassen. Und schon haben Sie leckeres Shakshuka!

PAPRIKA MIT SAMOSAFÜLLUNG

Durch ihre natürliche Schalenform eignen sich Paprikaschoten wunderbar zum Füllen. Ich mag es, sie mit einer gut gewürzten Masse zu füllen, egal ob es sich dabei um eine indische Samosa-Füllung oder um eine Eigenkreation handelt.

Jede Paprikaform kann hier verwendet werden, von gewöhnlicher, runder Paprika bis hin zu Spitzpaprika, wenn Sie welche bekommen können.

Sie müssen nur vorgegart werden, um sie etwas weicher zu machen. Doch dann können Sie ihnen wirklich jede Füllung verpassen, die Ihnen in den Sinn kommt.

FÜR 6 PORTIONEN

6 rote und/oder gelbe Paprika, längs halbiert, nicht geputzt
95 g griechischer Joghurt
3 Knoblauchzehen, zerdrückt
Zerkleinerte Papadam-Brote, zum Garnieren (optional)
Koriandergrün, zum Garnieren

Samosa-Füllung
500 g mittelgroße, mehlige Kartoffeln, wie z. B. Desiree, geschält und in 2 cm große Stücke geschnitten
Salz, Pfeffer
60 ml Senf- oder Pflanzenöl
2 TL Senfkörner
1 EL gemahlene Kurkuma
1 TL Currypulver
1 TL Garam Masala
1 TL schwarzer Pfeffer aus der Mühle
2 Knoblauchzehen, fein gehackt
2 dünne, grüne Chilischoten, in feine Scheiben geschnitten
1–2 Zweige mit Curryblättern, die Blätter abgezupft und gehackt, plus ein paar mehr zum Garnieren
400 g Rinderhackfleisch (alternativ Pilze oder Linsen)
140 g Tiefkühlerbsen, aufgetaut
1 EL Rohrohrzucker
1 EL Weißweinessig

Den Backofen auf 200 °C vorheizen.

Mit der Samosa-Füllung beginnen. Die Kartoffeln in einem Topf mit kaltem, gut gesalzenem Wasser bedecken und auf hoher Stufe zum Kochen bringen. Dann die Hitze reduzieren und 15 Minuten köcheln lassen, bis die Kartoffeln gar sind. Abgießen und bis zur Verwendung beiseitestellen.

Inzwischen in einer Pfanne das Senföl auf mittlerer bis hoher Stufe erhitzen. Wenn Sie auf Ihrer über der Pfanne ausgestreckten Handfläche spüren, dass diese Wärme ausstrahlt, rühren Sie die Senfkörner ein. Sie werden fast sofort zu platzen beginnen. Die Hälfte der Körner herausnehmen und beiseitestellen. Jetzt Kurkuma, Currypulver, Garam Masala, Pfeffer, Knoblauch, Chili und Curry-Blätter hinzufügen und unter gelegentlichem Rühren 1 Minute lang anbraten, bis alles wunderbar zu duften beginnt.

Dann das Hackfleisch in die Pfanne geben, größere Hackfleischstücke mit dem Holzlöffel zerteilen und unter Rühren 5 Minuten braten, bis es schön braun ist. Kartoffeln, Erbsen, Zucker und Essig unterrühren und mit Salz und Pfeffer würzen.

Die Paprikaschoten mit der Schnittfläche nach unten auf ein Backblech legen und 10 Minuten rösten, bis sie zu schwitzen beginnen und schön warm sind.

Jetzt die Kerne und Scheidewände entfernen und dann die Samosa-Füllung in die Paprikahälften füllen. Auf oberster Schiene in den Ofen schieben und 5–10 Minuten rösten, bis die Paprikaschoten Farbe annehmen und das Fleisch oben schön knusprig ist.

Inzwischen den Joghurt, die beiseitegestellten Senfkörner und den Knoblauch vermengen. Wenn Sie die Papadams und zusätzliche Curryblätter verwenden, diese kurz anbraten.

Den Joghurt auf den Paprikaschoten verteilen, mit Koriander und, wenn gewünscht, mit den Papadam-Stücken und den gebratenen Curryblättern garnieren und sofort servieren.

Für Eilige: Backen Sie tiefgefrorene Samosas gemeinsam mit den Paprikaschoten und füllen Sie diese dann mit den ganzen Samosataschen. Sie müssen sie vielleicht etwas hineinquetschen und -drücken, aber das ist ja der Spaß dabei, oder? Sie können die Paprika auch würfeln, unter die Samosa-Füllung mischen, in Blätterteig einwickeln und dann backen.

Rhabarber

Es gab Zeiten, da war Rhabarber so kostbar, dass er teurer als Zimt und Safran verkauft wurde. Sogar der Papst bekam ein goldenes Kästchen mit Rhabarbersamen geschenkt, um diese im Vatikan anzupflanzen. Rhabarber musste nämlich mühsam über die schroffen Gebirge seiner ursprünglichen Heimatländer China, Tibet und der Mongolei gebracht werden, und der Anbau bzw. Handel wurde von der russischen Monarchie streng kontrolliert.
Im 17. Jahrhundert hatten die Romanows ein Rhabarbermonopol aufgebaut. Das „Rennen um den Rhabarber" war eröffnet und endete schließlich damit, dass ein ehemaliger Arzt der Zarenfamilie einige Samen aus Russland schmuggelte, wonach sich die Pflanze in ganz Großbritannien verbreitete. Dank einiger russischer Seeleute, die Skorbut damit behandelten, gelangte der Rhabarber auch nach Amerika und hatte sich bis zum Ende des 19. Jahrhunderts bereits einen neuen Spitznamen verdient: „Kuchenpflanze".

„Ich mag Rhabarber sowohl in süßen als auch in herzhaften Gerichten. Sein perfekter Partner ist Zitronenthymian, entweder von den Stielen gezupft und darüber verteilt oder im Mixer mit kaltem Pflanzenöl vermischt und über gedünsteten Rhabarber geträufelt.“

–JO BARRETT, AUSTRALIEN

EINKAUF & LAGERUNG

Meistens wird der Rhabarber ohne seine riesigen, an Elefantenohren erinnernden Blätter verkauft. Natürlich können sie aufgrund ihres hohen Gehalts an Oxalsäure und anderer giftiger Stoffe nicht gegessen werden, doch sie geben Aufschluss darüber, wie lange der Rhabarber schon im Regal liegt. Sind die Blätter noch dran, wissen Sie, was zu tun ist. Suchen Sie die Stangen mit den Dumbo-Ohren, die besonders frisch aussehen. Wurden die Blätter bereits abgetrennt, sehen Sie sich stattdessen die Wurzel an. Wird Rhabarber zum richtigen Zeitpunkt geerntet, kann man ihn einschließlich des dickeren Wurzelendes direkt aus der Erde ziehen.

Wird er zu früh geerntet, bleibt die Wurzel in der Erde und die Rhabarberstangen sind überall gleich breit. Das ist kein Weltuntergang, doch in diesem Fall müssen Sie mehr Zucker verwenden, um der Säure noch nicht ganz reifer Stiele entgegenzuwirken. Vom späten Winter bis in den Frühling ist der Rhabarber am besten. Sie werden jedoch auch bis in den Sommer hinein schöne Exemplare finden.

Verbrauchen Sie die Stiele innerhalb weniger Tage, stecken Sie sie wie Schnittblumen in ein Wasserglas, locker eingepackt, um sie vor Obst und Gemüse zu schützen, das Ethylen produziert. Möchten Sie sie länger lagern, bewahren Sie die Stiele wie Sellerie eingepackt im Gemüsefach auf. Locker in Bienenwachstücher oder Frischhaltefolie eingewickelt, damit die Luft zirkulieren kann, die Stiele aber nicht austrocknen. Rhabarber lässt sich auch gut einfrieren. Zuerst waschen, dann trocknen und in Stücke schneiden, auf einem Tablett ausgebreitet einfrieren, dann portionieren und erneut in beschrifteten Behältern bis zu einem Jahr einfrieren.

FUNCTIONAL FOOD

Rhabarber ist für uns ein hübscher, rosafarbener Akzent, den wir zu Pudding servieren. Doch ursprünglich wurde er zu einem viel funktionelleren Zweck angebaut: Er diente als Abführmittel! In der traditionellen chinesischen Medizin gehört er zur Gruppe der Kräuter, die „abführende und ausleitende Wirkung“ haben. Er entzieht dem Körper Hitze und verstärkt die Bewegung von Magen und Darm. Eine Wirkung, die ihn bis heute zu einem beliebten Bestandteil von Kräutermischungen macht. Es sind die Ballaststoffe und die als Anthrachinone bezeichneten Inhaltsstoffe des Rhabarbers, die gut für die Verdauung sind. Ein paar gedünstete oder pochierte Rhabarberstangen sind also vielleicht eine nützliche (und köstliche) Ergänzung zu Ihrem Frühstücksaufstrich.

GUTE PARTNER

Apfel, Crème fraîche, Eiscreme, Erdbeeren, Ingwer, Kardamom, Käse (besonders Blauschimmelkäse, Halloumi), Orange, Sahne (Mascarpone, Rahm, Schlagsahne), Vanille, Zimt, Zitrone.

GERÖSTETER RHABARBER AUF ZWEIERLEI ART

Rhabarber gehört zu den geschicktesten Formwandlern in der Gemüsewelt. Er wurde in unserem kulinarischen Bewusstsein vom „Gemüse" zum „Obst" und verwandelt sich, behutsam gegart, von roten, sellerieartigen Stangen in samtige lachsfarbene Stränge. Ich dünste Rhabarber gerne mit Apfel und verwende ihn im Winter für Crumbles oder serviere ihn einfach mit einem großen Klecks Joghurt oder Sahne. Und obwohl er eher einen süßen Ruf genießt, eignet er sich auch hervorragend für herzhafte Gerichte. Bringen Sie ihn doppelt zum Einsatz, indem Sie die Hälfte der Stiele zu einer herzhaften, süß-sauren Brunch-Kreation mit Schalotten und Kirschtomaten auf gegrilltem Halloumi verarbeiten und den Rest für ein süßes Frühstück mit klassischen Geschmackspartnern verwenden: Erdbeeren und Vanille. Vielleicht möchten Sie für unentschlossene Freunde, die über Nacht geblieben sind, auch beide Varianten gleichzeitig aus dem Hut zaubern.

GERÖSTETER RHABARBER AUF HALLOUMI

FÜR 4 PORTIONEN

- 4 Stangen Rhabarber, etwa 250 g
- 2 Schalotten, in dünne Ringe geschnitten
- 60 g Rohrohrzucker
- 2 EL Rotweinessig
- 1 TL schwarzer Pfeffer aus der Mühle
- 1 TL Salzflocken
- 100 g Kirschtomaten, halbiert
- 100 g Halloumi, in 1 cm dicke Scheiben geschnitten
- 2 EL Olivenöl
- Lila Basilikumblätter, zum Garnieren (optional)

Den Backofen auf 190 °C vorheizen und eine Auflaufform mit Backpapier auslegen.

Den Rhabarber in 4 cm lange Stücke schneiden und die dickeren Stücke halbieren, damit alle Stücke etwa 1 cm dick sind (um eine einheitliche Garzeit zu gewährleisten).

Rhabarber, Schalotten, Zucker, Essig, Pfeffer und Salz in die Auflaufform geben. Gut mit Alufolie abdecken und 10–15 Minuten backen, bis der Rhabarber weich ist, aber noch seine Form bewahrt.

Inzwischen die Tomaten in eine ofenfeste Form legen. Den Rhabarber mithilfe des Backpapiers aus der Form heben und alles über die Kirschtomaten in der Schüssel gießen.

5 Minuten stehen lassen, um die Tomaten mithilfe der Restwärme leicht zu garen.

Inzwischen eine beschichtete Pfanne mindestens 5 Minuten lang erhitzen. Die Halloumi-Scheiben in Öl wenden und auf jeder Seite 2–3 Minuten anbraten, bis sie goldbraun sind.

Zum Servieren den Rhabarber, die Tomaten und die Zwiebeln auf dem Halloumi anrichten. Dann mit dem Löffel den Kochsaft darüber verteilen und eventuell lila Basilikumblätter darüberstreuen.

GERÖSTETER RHABARBER MIT ERDBEEREN & VANILLE

FÜR 4 PORTIONEN

4 Stangen Rhabarber, etwa 250 g
60 g Rohrohrzucker
Fein geriebene Schale und Saft 1 Bio-Orange
100 g Erdbeeren, in dünne Scheiben geschnitten
375 g griechischer Joghurt
½ TL Vanillepaste
1 EL Honig
1 TL Rosenwasser (optional)
Granola mit Ahornsirup und Ingwer (Seite 102) oder Butterkekse, zerkrümelt

Den Backofen auf 190 °C vorheizen und eine Auflaufform mit Backpapier auslegen.

Den Rhabarber in 4 cm lange Stücke schneiden und die dickeren Stücke halbieren, damit alle Stücke etwa 1 cm dick sind (um eine einheitliche Garzeit zu gewährleisten).

Rhabarber, Zucker und Saft und Schale der Orange in die Auflaufform geben.

Gut mit Alufolie abdecken und 10–15 Minuten garen, bis der Rhabarber weich ist, aber noch seine Form bewahrt.

Inzwischen die Erdbeeren in eine ofenfeste Form legen. Den Rhabarber mithilfe des Backpapiers aus der Form heben und alles über die Erdbeeren in der Schüssel gießen. Etwa 5 Minuten stehen lassen, damit sich die Erdbeeren in der Restwärme entspannen können.

Inzwischen Joghurt, Vanille, Honig und eventuell Rosenwasser in einer Schüssel vermengen.

Granola oder zerkrümelte Butterkekse über die süße Rhabarbermischung streuen und den Jogurt dazureichen.

Gerösteter Rhabarber
auf gegrilltem Halloumi
(Seite 206)

Gerösteter Rhabarber
mit Erdbeeren und Vanille
(Seite 207)

GLUTENFREIER RHABARBER-APFEL-CRUMBLE

Das ist das Rezept meiner Schwiegermutter Jackie und ich verwende es sehr gerne, um Reste von Winterobst zu verarbeiten. Es ist glutenfrei und eignet sich perfekt für Anlässe, bei denen Sie die Essgewohnheiten Ihrer Gäste nicht kennen. Außerdem kann man es ganz einfach im Voraus zubereiten. Das Obst kann schon Tage vorher gedünstet werden. Mit dem Crumble vermengt und bestreut man es erst kurz, bevor die Gäste kommen. Sie können den Crumble auch weglassen und zu den Schüsseln mit dem zartrosa Obst Joghurt oder Sahne reichen.

Apropos dazureichen: Ich hoffe, Jackie nimmt mir nicht übel, dass ich das Gericht mit einer Crème Anglaise ergänzt habe, was nur ein schicker Name für eine ganz normale Vanillecreme ist. Sie müssen sie nicht machen, aber glauben Sie mir, es lohnt sich.

FÜR 6–8 PORTIONEN

- 1,2 kg Granny-Smith-Äpfel, geschält und in 3 cm große Stücke geschnitten
- 500 g Rhabarber, in 2 cm lange Stücke geschnitten
- 2 EL Rohrohrzucker
- 1 Zimtstange
- 2 Sternanis

Crumble

- 120 g kalte Butter, gewürfelt
- 100 g glutenfreies Mehl
- 100 g Rohrohrzucker
- 70 g Quinoaflocken
- 30 g grob gehackte Haselnusskerne, geröstet
- 40 g grob gehackte Mandelkerne, geröstet
- 25 g Mandelmehl
- 1 TL Backpulver
- ¼ TL gemahlener Piment

Crème Anglaise

- 4 Eigelb
- 75 g feinster Zucker
- 375 g Sahne
- 2 TL Vanillepaste

Äpfel, Rhabarber, Zucker, Zimtstange und Sternanis in einen großen Topf mit dickem Boden geben. 60 ml Wasser angießen, zudecken und unter gelegentlichem Rühren 30–40 Minuten köcheln lassen, bis die Äpfel zu einem Mus verkocht sind. Sind noch einige weiche Stücke dabei, geben sie dem Ganzen eine schöne Konsistenz. Leicht abkühlen lassen und dann in eine Auflaufform mit 1,5 Liter Fassungsvermögen umfüllen.

Den Backofen auf 180 °C vorheizen.

Für den Crumble in einer Schüssel die Butter und das Mehl zwischen den Fingerspitzen miteinander verkrümeln. Dann die restlichen Zutaten mit einem Kochlöffel unterrühren. Gleichmäßig bis in jeden Winkel der Auflaufform über das gedünstete Obst streuen und 15–20 Minuten backen, bis die Kruste schön goldbraun ist.

Inzwischen die Crème Anglaise zubereiten. Die Eigelb und die Hälfte des Zuckers in einer Schüssel gut zu einer hellgelben Masse verrühren. Die Sahne mit der Vanillepaste und dem restlichen Zucker in einem Topf mit dickem Boden zum Köcheln bringen und rühren, bis sich der Zucker aufgelöst hat. Unter Rühren die heiße Sahne über die Eigelbmasse gießen und gut vermengen. Alles auf mittlerer bis niedriger Stufe in einen sauberen Topf gießen (Sie können den zuletzt verwendeten waschen und abtrocknen) und unter ständigem Rühren 6–8 Minuten kochen, bis die Masse am Rücken eines Löffels haften bleibt. Wenn Sie mit dem Finger durch die Creme streichen, sollte eine Furche zurückbleiben. Die Creme durch ein feines Sieb gießen und bis zum Servieren warm halten.

Den Crumble noch warm mit der Crème Anglaise servieren. Das gedünstete Obst lässt sich wunderbar im Kühlschrank bis zu 1 Woche aufbewahren.

Tipp: **Chinesisches Fünf-Gewürze-Pulver enthält alle Gewürze, die Sie für dieses Gericht brauchen (und noch ein paar andere, also verwenden Sie es sparsam).**

Um dem Gericht mehr Textur zu verleihen, stellen Sie 2 Handvoll zerkleinerte Äpfel beiseite und beträufeln sie mit Zitronensaft, damit sie nicht braun werden. Dann den rohen Apfel unter das gedünstete Obst mengen und backen.

Für Eilige: **Stechen Sie 1 Apfel mit einer Gabel ein paar mal ein, schneiden Sie ein wenig Rhabarber in Würfel und erhitzen Sie beides mit etwas Wasser 6–8 Minuten auf hoher Stufe in der Mikrowelle, bis das Obst weich ist. Granola und Zimt darüberstreuen. Joghurt dazureichen.**

Chili

Auf welchem Weg die Chilischote von der neuen in die alte Welt gelangte ist eine faszinierende Geschichte. Die Segelschiffe des 16. Jahrhunderts bemühten sich, sie schnellstmöglich dorthin zu bringen. Spanische und portugiesische Eroberer entbrannten vor allem für die scharfen Chilis, die dem Essen beigefügt wurden und sie an die schwarzen Pfefferkörner erinnerten, die zu Hause zwar sehr beliebt, aber auch teuer waren. Eifrige Seeleute wiederum füllten ihre Taschen mit getrockneten Chilis (reich an Vitamin C), um Skorbut vorzubeugen.
So landete die Chili auch in den Küchen von Afrika, Indien, Südostasien und dem Nahen Osten. Etwas geriebener Cayennnepfeffer, eine weitere mäßig scharfe Chili-Variante, verleiht jedem Eintopf eine sanfte Wärme. Frische, gehackte rote oder grüne Chilischoten verwandeln einen langweiligen Salat in ein aromatisches Erlebnis. Chilisauce bringt die Geschmacksknospen zum Explodieren. Teigtaschen schmecken erst mit einem Spritzer Chiliöl richtig gut, und gefüllte Jalapeños sind einfach nur himmlisch. Generell gilt, je kleiner die Chili, desto schärfer. Überlegen Sie sich also gut, ob Sie sich für eine kleine rote Bird's-Eye-Chili oder einen großen, fetten Jalapeño entscheiden.

„Am liebsten koche ich mit Jalapeños und Habanero-Chilis. Ich trockne Chilis gerne und mische sie mit Salz oder aromatisiere Öle damit. Für mein Hähnchen mit Mole-Sauce mische ich in Wasser eingeweichte Chilis auch gerne mit Schokolade.“

–ROSIO SANCHEZ, MEXIKO

EINKAUF & LAGERUNG

Frische Chilischoten haben wie Paprika eine glänzende und glatte Haut ... Außer Sie haben es mit Bhut-Jolokia- oder Carolina-Reaper-Chilis zu tun, deren Haut pockennarbig ist, als ob sie mit glühend heißem Öl übergossen worden wären. Achten Sie beim Kauf von Chilis besonders auf den Stiel, der leuchtend grün sein und keine schimmeligen oder matschigen Stellen aufweisen sollte. Lagern Sie Ihre Chilischoten in der Kühlschranktür. Entfernen Sie davor den Stiel und wickeln Sie sie in ein Geschirrtuch oder Küchenpapier. Dann sollten sie 1–2 Wochen halten. Wenn Sie jeweils nur sehr kleine Mengen verbrauchen, hacken Sie die frischen Chilis, um sie dann portionsweise einzufrieren und bei Bedarf für Suppen, Eintöpfe und Saucen zu verwenden. Grüne Chilis eignen sich dafür am besten, da rote beim Einfrieren ihre Farbe verlieren. Sie können rote Chilis selbst trocknen, indem Sie sie längs halbieren, die Kerne entfernen und dann entweder im Dörrautomaten oder bei niedriger Temperatur über Nacht im Ofen trocknen. Die Tür dabei leicht offen lassen.

Sie können Sie auch hacken, und mit grobem Salz vermischt, an der Luft trocknen. Das ergibt günstiges, buntes „Chilisalz“, das Sie zum Würzen verwenden oder verschenken können. Haben Sie Chilis übrig, können Sie eigenes frisches Chiliöl herstellen, indem Sie sie in sterilisierte Flaschen oder Gläser mit breiter Öffnung geben und mit warmem Olivenöl bedecken. Das Öl nimmt mit der Zeit einen intensiven Geschmack an, hält im Kühlschrank bis zu 2 Monate und kann verwendet werden, um Dressings, Marinaden und Glasuren mehr Schärfe zu verleihen. Chilis gehören auch zu den Gemüsesorten, die sich relativ problemlos anbauen lassen, vor allem in wärmeren Gebieten. Das ist vielleicht für Hitzköpfe mit einigermaßen grünem Daumen und einem freien Fenstersims interessant.

ZUBEREITUNG

Wenn Sie nicht sicher sind, wie viel Schärfe Ihre Gäste vertragen, schaben Sie aus frischen Chilis die Scheidewände und Kerne mit einem Teelöffel heraus und heben Sie die Hälfte davon auf, damit sich am Tisch jeder selbst bedienen kann. Heiße Schokolade, mit einer langen, roten Chilischote aromatisiert, ergibt ein edles und teuflisch gutes Getränk. Wenn Ihnen nur ein Hauch von Schärfe vorschwebt, halten Sie sich an die drei Musketiere Paprikapulver, Cayennepfeffer und Chiliflocken. Paprikapulver ist hier am mildesten. Verwenden Sie geräuchertes Pulver für dunkle Saucen und edelsüßes Pulver für hellere. Cayennepfeffer ist SCHARF. ⅛ Teelöffel entspricht in etwa einer ganzen Bird's-Eye-Chilischote.

Die Flocken sind der goldene Mittelweg, schärfer als Paprikapulver und fruchtiger als Cayennepfeffer. Besonders gut schmecken sie in Chiliöl zu Teigtaschen. Für selbstgemachtes Öl 250 ml geschmacksneutrales Öl auf mittlerer bis niedriger Stufe mit 3–4 EL Chiliflocken und etwas Salz 5 Minuten erhitzen. Dann abkühlen lassen und inklusive Flocken in ein sauberes Einmachglas gießen. Im Kühlschrank lagern, wo es seinen Geschmack etwa 6 Monate behält. Ganze, getrocknete Chilischoten haben eine rauchige Note, sind komplex und vielseitig. Hellrote oder orange getrocknete Chilis wie Chipotle passen mit ihrer fruchtigen Säure und den leuchtenden Farben gut zu Hähnchen, Fisch und Gemüse. Dunklere getrocknete Chilis wie Ancho, von pflaumenfarben bis hin zu braun und schwarz verleihen dunklem Fleisch, Wild und Pilzen sowie Saucen wie Mole einen tieferen, pflaumenartigen Geschmack.

Diese getrockneten Chilischoten müssen vor dem Mahlen oder Hacken rehydriert werden. Dafür die Stiele mit einer Schere abschneiden, die Haut einritzen und die Samen, die bitter bzw. muffig sein können, herausschaben oder -klopfen, bevor Sie die Chilis in Wasser einlegen. Für einen kräftigeren Geschmack braten Chili-Liebhaber die getrockneten Chilis vor dem Einweichen in etwas Öl, bis sie aufplatzen und schön glänzen, oder rösten sie ohne Öl an, bis sie Farbe annehmen. Heben Sie das Einweichwasser auf, um die Masse im Mixer sämiger zu machen, und verwenden Sie es anstelle der im Rezept angegebenen Flüssigkeit.

FUNCTIONAL FOOD

Pfefferkörner und Chilischoten sind nicht im entferntesten miteinander verwandt. Erstere erhalten ihre Schärfe durch den natürlichen Inhaltsstoff Piperin und Letztere durch Capsaicin. In der freien Natur dienen diese Inhaltsstoffe als Abwehrmechanismus, um die Pflanze vor dem Gefressenwerden zu schützen. Beim Menschen lassen sie das Gehirn glauben, der Mundraum stünde in Flammen, was die Ausschüttung von Endorphinen und Dopamin zur Folge hat. Deshalb entwickeln manche Menschen eine wahre Sucht nach Schärfe. Der Capsaicin-Gehalt von Chilis wird in Scoville-Einheiten gemessen: Je mehr Capsaicin in einer Chili steckt, desto schärfer ist sie. Wenn Sie eine Chili erwischen, die sie glatt umhaut, löschen Sie das Feuer eher mit Milch als mit Wasser. Wasser perlt sofort wieder von den Capsaicin-Molekülen, die sich an Ihre Zunge geheftet haben, ab. Das Kasein in Milch hingegen sollte direkt in sie eindringen und die Flammen nach ein paar kräftigen Schlucken eindämmen.

GUTE PARTNER

Avocado, Bohnen (grüne Bohnen und/oder Dosenbohnen), Curryblätter, Fischsauce, Ingwer, Limette, Knoblauch, Kokosnuss (Creme, Milch, Wasser – einfach alles mit Kokosgeschmack), Koriander, Mais.

Für Schärfe-Freaks: die Scoville-Skala

Nicht scharf	Schon schärfer	Sehr scharf	Extrem scharf	Höllisch scharf	Unmenschlich scharf
0 Scoville-Einheiten	2.000–50.000 Scoville-Einheiten	50.000–100.000 Scoville-Einheiten	100.000–500.000 Scoville-Einheiten	500.000–1.500.000 Scoville-Einheiten	Über 1.500.000 Scoville-Einheiten
Gemüsepaprika Gypsy-Chili	Jalapeño-Chili Serrano-Chili	Bird's-Eye-Chili Cayennepfeffer Tabasco-Chili De-Arbol-Chili	Habanero-Chili Red-Savina-Chili Scotch-Bonnet-Chili	Bhut-Jolokia-Chili 7-Pot-Chili Brain-Strain-Chili	Carolina-Reaper-Chili 7-Pot-Douglah-Chili Trinidad-Scorpion-Chili

SENSATIONELLE JALAPEÑOS MIT FÜLLUNG

Ich hoffe, ich trete Ihnen nicht zu nahe, wenn ich Ihnen sage, dass diese gefüllten Schoten schlicht und einfach auf die Liste der „Gerichte, die man gekocht haben muss" gehören.

Denn sie sind wirklich ein Hit – cremig, mit rauchigen Aromen und sanfter Schärfe können Sie sie problemlos allen Gästen vorsetzen, da sie einfach jeder mag. Das Rezept soll Ihnen als Ausgangsbasis für eigene Kreationen dienen. Fügen Sie weitere Kräuter und Gewürze hinzu oder verdoppeln Sie die Käsemenge.

ERGIBT 12 STÜCK

12 Jalapeño-Chilis (siehe Tipps)
200 g Frischkäse
½ TL geräuchertes Paprikapulver (plus etwas mehr zum Garnieren)
½ TL Knoblauchpulver
1 EL Korianderstiele, fein gehackt (die Blätter können Sie zum Garnieren vewenden, wenn Sie möchten)
¼ TL Salz, plus etwas mehr zum Bestreuen
100 g Cheddar, gerieben

Den Backofen auf 200 °C vorheizen und ein Backblech mit Backpapier auslegen.

Die Chilis am Stiel fassen und mit einem kleinen, gezackten Messer längs einschneiden, sodass sie wie misstrauisch zusammengekniffene Augen aussehen. Die Scheidewände und Kerne mit dem Messer oder einem Teelöffel herausschaben. Die Chilis gut abklopfen und abspülen, um kleine versteckte Kerne loszuwerden.

Frischkäse, Paprikapulver, Knoblauchpulver, Korianderstiele und Salz in eine kleine Schüssel geben und mit einer Gabel gut vermengen.

Die Masse mit einem Teelöffel in die Chilischoten füllen und eine kleine Vertiefung für den Cheddar frei lassen.

Die Vertiefung mit Cheddar füllen (Sie wussten, dass das kommen würde). Die Chilischoten auf das Backblech legen und 13–15 Minuten backen, bis der Käse Blasen wirft. Für etwas Extra-Bräune kurz unter dem Ofengrill brutzeln lasen.

Mit Paprikapulver bestreuen und servieren.

Tipp: **Dieses Rezept können Sie sowohl mit roten als auch mit grünen Jalapeños machen, da sie zur selben Chilisorte gehören. Die noch unreifen grünen sind jedoch fester und bewahren daher besser ihre Form.**

Den Cheddar von der Frischkäsefüllung zu trennen hat den Zweck, die Füllung nicht zum Überschäumen zu bringen. Wenn Sie wenig Zeit für die Zubereitung haben, können Sie aber auch alles miteinander vermengen.

RAUCHIGE BAKED BEANS MIT SPIEGELEI

Was kann schöner sein, als die Vorfreude auf köstliche Baked Beans zum Frühstück? Diese Schüssel mit warmen und reichhaltigen Bohnen, verfeinert mit von Paprika verwöhnter Chorizo und würzigen Tomaten, ist viel mehr als die Summe ihrer Teile (es geht hier ja wirklich nur um das Öffnen von ein paar Dosen und etwas Rührarbeit).

Wenn Sie auf die Chorizo verzichten möchten, kein Problem. Nehmen Sie einfach mehr Olivenöl, Paprikapulver und Kreuzkümmel, und alles ist wieder im Lot.

FÜR 4 PORTIONEN

- 1 geräucherte Chorizo, ohne Haut und fein gewürfelt
- 1 EL Olivenöl
- 1 Zwiebel, fein gewürfelt
- 2 Knoblauchzehen, grob gehackt
- ½ TL gemahlener Kreuzkümmel
- ½ TL edelsüßes Paprikapulver
- 1 getrocknete Ancho-Chili, in feine Ringe geschnitten (optional)
- 800 g ganze geschälte Tomaten (Dose)
- 2 TL Tomatenmark (Tomatenkonzentrat)
- 1 TL Rohrohrzucker
- 1 TL Salzflocken
- 800 g Cannellini-Bohnen, abgetropft und abgespült
- 4 Eier
- Petersilie, fein gehackt, zum Garnieren
- Warmes, getoastetes Brot

Die Chorizo in einer ofenfesten Pfanne anbraten, bis sie beginnt, leuchtend oranges Öl freizusetzen. Das Olivenöl angießen, die Zwiebeln hinzufügen und gut verrühren. Dann mit einem Deckel verschließen und mindestens 10 Minuten glasig anschwitzen.

Knoblauch, Kreuzkümmel, Paprikapulver und eventuell Chili unterrühren. Tomaten, Tomatenmark, Zucker und Salz hinzufügen und die Tomaten mit einem Holzlöffel zerteilen. Alles zum Köcheln bringen.

Den Backofen inzwischen auf 180 °C vorheizen.

Die Bohnen unter die Tomatenmischung rühren und die Aromen miteinander verschmelzen lassen, solange der Ofen vorgeheizt wird.

Die Pfanne in den Ofen schieben und ohne Deckel etwa 10 Minuten garen.

Dann aus dem Ofen nehmen und mit einem Holzlöffel 4 Vertiefungen in die Masse drücken. Die Eier hineinschlagen und weitere 5–6 Minuten garen, bis das Eiweiß weiß ist und die Eigelbe halbgar sind (die Restwärme zum Fertiggaren nutzen).

Mit Petersilie bestreuen und noch heiß mit getoastetem Brot servieren.

Tipp: **Die meisten weißen Bohnen eignen sich für dieses Rezept. Doch wenn Sie spanische Pocha-Bohnen bekommen können, probieren Sie sie unbedingt aus. Ihr Geschmack ist in diesem Gericht einfach unschlagbar.**

Für Eilige: **Eine Dose Baked Beans kann mit Kräutern, Gewürzen und Chili aufgepeppt und auf dieselbe Weise zubereitet werden. Achten Sie aber darauf, dass sie nicht zu viel Salz- und Zuckerzusatz enthält.**

CHILI-SAUCEN

Wenn ich etwas über Chili gelernt habe, dann dass es auf der ganzen Welt Anhänger der scharfen Küche gibt. So ziemlich jede Küche verwendet Chili in der einen oder anderen Form und verfeinert die Gerichte mit lokalen Zutaten, um die Schärfe durch süße, saure und gelegentlich cremige Noten auszubalancieren.

SUDANESISCHE DAKWA (CHILI-ERDNUSSSAUCE)

ERGIBT ETWA 750 ML

1 Salatzwiebel, grob gerieben
Saft von 1 Zitrone
250 ml Gemüsebrühe
2 lange, rote Chilischoten, entkernt und fein gehackt
1–2 Knoblauchzehen, fein gehackt
240 g stückiges („crunchy") Erdnussmus
2 TL Salzflocken
1 ½ TL Baharat (die Gewürzmischung sollte Rosenblätter enthalten. Ist dem nicht so, einfach ½ TL Rosenwasser oder Rosenblütenpulver hinzufügen)
2 große Tomaten, grob gerieben
Koriandergrün, zum Garnieren (optional)

Zwiebeln mit dem Zitronensaft in eine Schüssel geben und 10 Minuten marinieren.

Die Brühe in eine große Bratpfanne gießen und zum Kochen bringen. Die marinierten Zwiebeln mit dem Sud und der Chili einrühren und 1–2 Minuten kochen, bis sie weich werden. Knoblauch, Erdnussmus, Salz und Baharat hinzufügen, zum Kochen bringen und dann köcheln lassen, bis die Flüssigkeit sich um ein Drittel reduziert hat. Die geriebenen Tomaten einrühren und nach Geschmack würzen.

Wird die Sauce sofort serviert, eventuell das Koriandergrün unterrühren. Ansonsten ein Einmachglas oder eine Flasche mit 750 ml Fassungsvermögen mit heißem Wasser und Spülmittel waschen, gut abspülen und verkehrt herum trocknen lassen. Die heiße Sauce einfüllen, verschließen und im Kühlschrank bis zu 1 Monat lagern.

Vor dem Servieren auf niedriger Stufe erwärmen und dann den Koriander unterrühren. Als Dip servieren oder über Gemüse, Hähnchen oder Lammspieße träufeln.

INDONESISCHES SAMBAL MIT ANANAS

ERGIBT ETWA 500 ML

200 g lange, rote Chilischoten, gehackt
1 rote Paprika, gehackt (optional, um die Schärfe abzumildern)
2 Knoblauchzehen, geschält
Ein 3 cm großes Stück frischer Ingwer, geschält und gehackt
225 g Ananas aus der Dose, mit Saft
1 EL Salzflocken
250 ml Weißweinessig
55 g feinster Zucker

Ein Einmachglas mit 500 ml Fassungsvermögen mit heißem Wasser und Spülmittel waschen, gut abspülen und verkehrt herum trocknen lassen.

Chilis, Paprika (wenn gewünscht), Knoblauch, Ingwer, Ananas (plus Saft) und Salz in die Küchenmaschine füllen und fein hacken.

Die Masse mit den restlichen Zutaten in einen Topf füllen und unter Rühren aufkochen. 10–15 Minuten kochen lassen, bis die Flüssigkeit fast gänzlich absorbiert wurde.

Die heiße Sauce in das Einmachglas füllen und verschließen. An einem kühlen, dunklen Ort hält das Sambal verschlossen bis zu 6 Monate. Einmal geöffnet, hält es sich bis zu 1 Monat im Kühlschrank.

Als Würzmittel zu allen Speisen servieren, die einen Schärfekick benötigen wie etwa Reis, Gemüse, Suppen und Currys.

HONG KONG VEGGIE-XO

ERGIBT 3 GLÄSER MIT JE 400 ML

50 g getrocknete Shiitake
1 l Gemüsebrühe
150 g fermentierte schwarze Bohnen, abgespült
250 g Bambussprossen aus der Dose, abgetropft
50 g Erdnusskerne
4 Schalotten, fein gehackt
12 Knoblauchzehen, gehackt
30 g frischer Ingwer, geschält und fein gehackt (etwa 2 ½ EL)
3 lange, rote Chilischoten, entkernt und gehackt
250 ml Erdnussöl
2 EL Sesamöl
90 g Tomatenmark (Tomatenkonzentrat)
30 g koreanische Chiliflocken (aus dem Asienladen, werden für Kimchi verwendet)
2 EL Chiliflocken
1 TL Szechuan-Pfefferkörner
125 ml Shaoxing-Reiswein
2 EL Sojasauce
2 EL chinesischer Reisessig
4 Sternanis

Die getrockneten Pilze in eine Schüssel geben und mit der Brühe bedecken. Die Bohnen in eine separate Schüssel füllen und mit kaltem Wasser bedecken. Beides über Nacht bei Raumtemperatur stehen lassen.

Am nächsten Tag die Bohnen abgießen, abspülen und gut abtropfen lassen. Auf ein großes, mit Küchenpapier ausgelegtes Backblech kippen und trocknen lassen. Dann die Pilze abgießen, die Flüssigkeit auffangen und beiseitestellen. Die Pilze in einer Küchenmaschine grob hacken und auf dem mit Küchenpapier ausgelegten Backblech trocknen lassen.

Die Bambussprossen und die Erdnusskerne in der Küchenmaschine fein hacken und ebenfalls auf das Blech geben. Schließlich Schalotten, Knoblauch, Ingwer und frische Chilis in der Küchenmaschine fein hacken, aber nicht pürieren.

Das Erdnuss- mit dem Sesamöl auf mittlerer bis hoher Stufe in einem Topf mit dickem Boden erhitzen.

Die Pilze, Bohnen sowie die Bambussprossenmasse hinzufügen und 10 Minuten garen, bis die Zutaten beginnen, knusprig zu werden. Die Schalottenmasse hinzufügen und weitere 10 Minuten garen, bis sie beginnt, am Topfboden zu haften. Dann das Tomatenmark, die Chiliflocken und die Szechuan-Pfefferkörner unterrühren und 1–2 Minuten garen, bis alles einen dunkleren Farbton hat.

Mit dem Reiswein ablöschen, gut verrühren und zum Köcheln bringen. Die Sojasauce, den Essig, den Sternanis und den Pilzsud hinzufügen, behutsam zum Köcheln bringen und 20–25 Minuten garen, bis die Sauce eingedickt ist und fast die gesamte Flüssigkeit absorbiert wurde.

Inzwischen 3 Einmachgläser mit 400 ml Fassungsvermögen mit heißem Wasser und Spülmittel waschen, gut abspülen und verkehrt herum trocknen lassen.

Die heiße Sauce in die sauberen Einmachgläser füllen und verschließen. Verschlossen und an einem kühlen, dunklen Ort aufbewahrt, hält die XO-Sauce bis zu 6 Monate. Einmal geöffnet, muss sie im Kühlschrank gelagert werden und sollte innerhalb von 1–2 Monaten aufgebraucht werden.

Als Würzmittel servieren, um den Geschmack von so gut wie allem zu verbessern, von Tofu über Reis bis hin zu gebratenen Gemüsegerichten.

VIETNAMESISCHE GRÜNE ODER ROTE NUOC CHAM

ERGIBT ETWA 185 ML

60 ml Fischsauce (alternativ Sojasauce)
Saft von 1 Limette
1 Knoblauchzehe, fein gerieben
1 kleine Salatgurke, fein gehackt
1 lange grüne oder rote Chilischote, in feine Scheiben geschnitten
2 EL Reiswein oder Weißweinessig
1 EL feinster Zucker

Alle Zutaten in einem sauberen Einmachglas mit 185 ml Fassungsvermögen oder einem luftdichten Behälter miteinander vermengen. Im Kühlschrank aufbewahren und innerhalb von 2 Wochen aufbrauchen.

Als Dip zu vietnamesischen Gerichten wie Reispapierrollen, Frühlingsrollen oder Spießen servieren, als Salatdressing oder zum Marinieren von Fisch und Meeresfrüchten verwenden oder über Reis bzw. Nudeln gießen.

Violett

* **WEISSE RÜBE**
  + Steckrübe
* **ROTE BETE**
  + Gelbe Bete
* **RADICCHIO**
  + Endivien
* **ARTISCHOCKE**
* **AUBERGINE**

Weiße Rübe

Diese hübschen Rüben mit ihrer violetten Schale gelten zu Unrecht als Arme-Leute-Gemüse. Ihren Ruf verdanken sie höchstwahrscheinlich der Tatsache, dass sie überaus widerstandsfähig sind und auch unter unwirtlichen Bedingungen gedeihen. Fantasielose Köche haben sie im Laufe der Jahrhunderte jedenfalls immer unterschätzt! Zugegeben – wenn Rüben zu lange kochen, büßen sie ihre schöne Farbe ein und werden sowohl optisch als auch geschmacklich „farblos". Wie alle Kohlgewächse setzen sie beim Kochen einen schwefelartigen Geruch frei, der sich in Polsterungen und sogar in den Wänden festsetzt. Die Lösung? Rüben nicht kochen, sondern im Backofen rösten! Auf diese Weise werden sie zu süßen, gabelzarten Köstlichkeiten, die an Edelsteine erinnern und einen Hauch von Schärfe vermitteln. Rüben lassen sich auch wunderbar einlegen und behalten so ihre knackige Konsistenz, die in Kebabs und Schawarmas herrlich schmeckt. Ich gebe auch gern ein kleines Stück geschälte Rote Rübe ins Einmachglas. Die Farbe überträgt sich im Nu auf die Rüben und verleiht ihnen einen fantastischen purpurroten Ton, der sich besonders gut in Gerichten macht, die ansonsten Gefahr laufen, ein wenig braun-in-braun zu wirken.

„Ich empfinde die Zubereitung von Gemüsegerichten als wesentlich komplexer als die von Rind- oder Lammfleisch. Ein Favorit, den es bei uns schon seit Jahren gibt, sind Rübentagliatelle, die wir in einer Emulsion aus Parmesanrinde, Butter, Dashi und Muskatnuss kochen und mit Pesto oder Wildragout servieren, je nach Saison."

– SAT BAINS, GROSSBRITANNIEN

EINKAUF & LAGERUNG

Schmutz an den Wurzeln, Dellen oder verfärbte Stellen, die während des Transports entstanden sind, stechen an einer perlmatt schimmernden Rübe besonders hervor. Glücklicherweise werden braune Stellen ohnehin weggeschält oder während des Röstens eliminiert. Außer Sie haben vor, die weiße Rübe fein zu schneiden und einzulegen oder sie zu schälen und als Rohkost zu servieren, brauchen Sie solche kleinen Makel also nicht weiter zu stören. Kleine und mittelgroße Rüben sind am süßesten – heben Sie die großen Exemplare also fürs Einmachglas auf. Je älter die Rübe, umso schärfer ihr Geschmack und umso holziger ihre Textur. Kleinere Rüben finden sich hauptsächlich im Sommer, während Winterrüben meist größer und robuster sind. Rüben, an denen das Grün noch dran ist, sind immer die bessere Wahl. Erstens, weil sie frischer sind, wenn das Rübengrün noch leuchtend hellgrün und buschig ist, und zweitens, weil Sie mit diesen Exemplaren mehr für Ihr Geld bekommen: Schneiden Sie den oberen Teil ab, sobald Sie daheim sind, und lagern Sie das Rübengrün wie Küchenkräuter. Vor der Verarbeitung müssen Sie das Rübengrün gut einweichen und in der Salatschleuder schleudern, da sich darin leicht Schmutz und Sand ansammeln.

NOCH MEHR RÜBE: DIE STECKRÜBE

Die Rübe, die wir in unseren Breitengraden kennen – weiß mit lila Schattierungen – stammt aus dem eurasischen Raum. Im 16. Jahrhundert wurde in Skandinavien die Steckrübe aufgrund ihrer Widerstandsfähigkeit und ihres Geschmacks zunehmend populär (daher werden Steckrüben auch „schwedische Rüben" genannt). Die Steckrübe – in Nordamerika als *Rutabaga* bekannt – ist vermutlich ein Hybridgewächs aus Rübe und Kohl und kann durchaus als Ersatz für die weiße Rübe verwendet werden, mit einigen kleinen, aber feinen Unterschieden. Zunächst einmal die Farbe: Steckrüben sind gelb-orange-braun, mit einem gelegentlichen lila Farbklecks. Auch sind sie größer als weiße Rüben und behalten ihre Süße bei, wenn sie älter sind. Manchmal heißt es, dass Steckrüben weißen Rüben geschmacklich überlegen sind. Wenn Sie Wert auf Authentizität legen, sollten Sie für Gerichte wie schottische *Neeps and Tatties*, *Pasties* aus Cornwall und die amerikanischen *Southern Glazed Rutabaga* unbedingt Steckrüben verwenden. Steckrüben lassen sich allerdings nicht so gut im Ganzen rösten, und auch als Rohkost würde ich jungen weißen Rüben den Vorzug geben. Ansonsten gilt: Die Steckrübe verdient eine Chance! Achten Sie beim Einkauf auf die äußere Schale, die häufig mit einer dünnen Schicht Paraffin überzogen wird, damit die Steckrübe nicht so rasch austrocknet. Daher heißt es in den meisten Rezepten, dass die Steckrübe vor der Verarbeitung geschält werden muss. Sie können aber das Wachs auch mit einer Gemüsebürste und heißem Wasser entfernen.

GUTE PARTNER

Butter, Kräuter (Petersilie, Thymian), Kümmel, Piment, Sahne, Speck, Wacholderbeeren, Zitrone.

Violett

Weiße Rübe

IN APFELWEIN GEDÜNSTETE RÜBEN MIT SAUERTEIGKRUSTE

Weiße Rüben sind überraschend vielseitig – ich stelle sie mir immer als die „Albinoversion" der roten Rübe vor! Wie auch Rote Bete lassen sich weiße Rüben extrem gut rösten und dünsten, besonders, wenn sie dabei in einer schmackhaften Brühe vor sich hin köcheln. In diesem Rezept ist die Brühe mit Apfelwein versetzt, dessen blumige, fruchtige Geschmacksnoten die natürliche Süße der zarten, jungen Rüben extrem gut ergänzen. In Kombination mit der knusprigen Sauerteigkruste wird dieses Gericht zu einem herzhaften Crumble.

FÜR 4 PORTIONEN

- 800 g junge weiße Rüben
- 100 g Butter, in Stücke geschnitten
- 2 Schalotten, in feine Ringe geschnitten
- 1 Stange Staudensellerie oder die Stiele einer Fenchelknolle, fein gehackt
- 1 EL getrocknete Wacholderbeeren, angedrückt
- 1 TL Koriandersamen, zerstoßen
- 500 ml Apfelwein
- 250 ml Hühner- oder Gemüsebrühe
- 1 TL Rohrohrzucker
- 110 g Sauerteigbrotkrümel
- 30 g Parmesan, fein gerieben
- Fein geriebene Schale und Saft von 1 Zitrone
- Dillspitzen, zum Servieren

Die weißen Rüben waschen und putzen. 2 cm des Stiels dranlassen. Die größeren Rüben halbieren.

Die Hälfte der Butter in einer Pfanne mit schwerem Boden erhitzen. Schalotte, Staudensellerie und Gewürze hinzufügen und unter oftmaligem Rühren 3 Minuten lang braten, bis das Gemüse weich ist. Rüben, Apfelwein, Brühe und Zucker hinzufügen und mit Salz und Pfeffer würzen. Aufkochen, mit einer Cartouche aus Backpapier abdecken (siehe Tipp) und 15 Minuten lang kochen, bis die Rüben zart sind.

Backpapier entfernen und weitere 8 Minuten kochen, bis sich die Sauce reduziert hat und die Rüben zart sind. In eine feuerfeste Servierschüssel geben.

Den Grill Ihres Backofens auf hohe Stufe einschalten.

In einer Schüssel Brotkrümel, Parmesan, Zitronenschale und die restliche Butter vermengen und die Mischung über den Rüben verteilen.

Servierschüssel 3–5 Minuten unter den Grill stellen, bis das Topping goldbraun ist. Mit Dill, schwarzem Pfeffer aus der Mühle und Salzflocken bestreuen und servieren.

Tipp: **Um eine Cartouche herzustellen, falten Sie einfach einen Bogen Backpapier zweimal in die Hälfte. In der Mitte ein Loch ausschneiden und den Rand halbkreisförmig schneiden. Papier auseinanderfalten, überprüfen, dass es auf den Topf passt und daraufsetzen. Auf diese Weise verdampft die Flüssigkeit langsamer, und überschüssiger Dampf kann durch das Loch in der Mitte entweichen.**

Doppelt im Einsatz: **Rübenreste mit Rucola vermengen, weichen Käse (z. B. Ziegenkäse oder Feta) darüberkrümeln und als schnellen Salat zum Mittagessen genießen.**

ROSAROTE RÜBENPRACHT

Diese magentafarbenen, herrlich salzig-sauren eingelegten Rüben peppen Falafel auf (oder jeden anderen Wrap, gefüllt mit Gemüse oder Fleisch) und sind die perfekte Wahl, wenn Sie spätabends die Lust auf einen Snack direkt aus dem Einmachglas überkommt! Die weißen Rüben nehmen die Farbe der Roten Bete sowie die Gewürze der Marinade rasch auf und werden innerhalb eines halben Tages zu aromatischen Halbmonden. Der Geschmack wird intensiver, je länger sich die Rüben in der Marinade befinden. Was die Textur betrifft, so sind die Rüben nach 1 Woche am Höhepunkt angelangt.

ERGIBT ETWA 800 G

25 g Salzflocken
75 g feinster Zucker
100 g Rote Bete, in 1 cm große Stücke geschnitten
2 Knoblauchzehen, geschält und angedrückt
Schale von 1 Zitrone
1 TL schwarze Pfefferkörner
4 Lorbeerblätter
800 g weiße Rüben, geschält und in 2 cm große Halbmonde geschnitten
250 ml Essig

Salz, Zucker, Rote Bete, Knoblauch, Zitronenschale, Pfefferkörner, Lorbeerblätter und 500 ml Wasser in einem Topf auf hoher Stufe aufkochen. Vom Herd nehmen, weiße Rüben hinzufügen und vollständig abkühlen lassen. Essig einrühren. Die Rüben in einen Krug abgießen. Gewürze und Sud aufheben.

Ein 1,6 Liter großes Einmachglas mit heißem Waser und Spülmittel waschen und trocknen lassen. Rüben und Gewürze einfüllen. Den Sud bis ganz obenhin eingießen, sodass die Rüben vollständig bedeckt sind. Einmachglas verschließen und 5 Tage lang an einem kühlen, dunklen Ort lagern.

Durch den Druck, der während des Einmachvorgangs entsteht, entsteht ein Vakuum, das den Deckel dicht verschließt. Der Deckel sollte nach 5 Tagen eine leichte Wölbung nach innen aufweisen. Ist dies nicht der Fall, Einmachglas im Kühlschrank aufbewahren und innerhalb 1 Monats verbrauchen. Ansonsten sind die eingelegten Rüben an einem kühlen, dunklen Ort bis zu 3 Monate lang haltbar.

Tipp: **Junge Rüben müssen zum Einlegen lediglich halbiert werden. Größere Rüben werden am besten in Schiffchen- oder Stäbchenform eingelegt.**

Doppelt im Einsatz: **Ich bitte Sie ... diese Rüben schaffen es niemals in ein Gericht! Ich esse sie direkt aus dem Einmachglas.**

TIAN AUS STECKRÜBEN MIT BALSAMICO-GLASUR

Dieses Gericht ist nicht nur wunderschön anzusehen, sondern auch eine überaus kreative Möglichkeit, eine Gemüsesorte zu präsentieren, die oft als ein wenig langweilig gilt. Auch jede Menge anderer Dinge lassen sich zu einem Tian verarbeiten, von Ratatouille-Variationen mit Zucchini, Aubergine, Tomaten und Sommerkürbissen bis hin zu Borschtsch-artigen Kreationen mit Rote Bete, weißen Rüben und Möhren. Ein Gemüsehobel ist hier hilfreich, aber auch einige der ausgeklügelteren Küchenmaschinen können Gemüse auf diese Weise schneiden.

FÜR 4–6 PORTIONEN

1,2 kg Steckrüben oder weiße Rüben, mit dem Gemüsehobel dünn gehobelt
185 ml Olivenöl
½ TL Salzflocken
1 ½ EL feinster Zucker
1 TL schwarzer Pfeffer aus der Mühle
100 ml Gemüsebrühe
Karamellisierter Balsamico-Essig (Seite 340), zum Servieren

Den Backofen auf 190 °C vorheizen.

Die gehobelten Steckrüben in eine Schüssel geben. Mit einigen Esslöffeln Olivenöl beträufeln, Salz, Zucker und Pfeffer darüberstreuen und gut vermischen.

Die Steckrüben spiralförmig in einer runden Backform anordnen. Außen beginnen und das Muster nach innen hin gleichmäßig fortsetzen.

Mit ein wenig mehr Olivenöl beträufeln und die Brühe in den Boden der Backform gießen. Mit Folie abdecken und 45 Minuten lang backen, bis die Steckrüben messerzart sind.

Folie entfernen. Die Steckrüben mit dem verbleibenden Olivenöl glasieren und weitere 30–35 Minuten lang backen, bis sie oben leicht angebrannt sind.

Mit dem karamellisierten Balsamico beträufeln und servieren. Ihre Gäste werden schwer beeindruckt sein!

Rote Bete

Vergessen Sie Blaublütler – in meinen Adern fließt der Saft von Abermillionen Exemplaren Roter Bete! Wenn Sie in Ihrer Kindheit nach der Schule nicht wie ich mit Borschtsch versorgt wurden, möchte ich Sie hiermit offiziell dem Fürsten der Finsternis der Gemüsewelt vorstellen. Mit seinem markanten, erdigen Geschmack und unverkennbarer Farbgebung hinterlässt dieses Wurzelgemüse garantiert einen bleibenden Eindruck … Auf Kleidung, Tischtüchern, Geschirr und Händen! Roh, gedünstet, gekocht oder gebraten: Rote Bete verleiht jedem Gericht sowohl farblich als auch geschmacklich eine besondere Note. In typisch königlicher Manier macht sie sich aber in der Hauptrolle am allerbesten – die anderen Elemente sollten sich folglich im Hintergrund halten, um ihr die Show nicht zu stehlen. Auch die Blätter der Roten Bete sind überaus schmackhaft. Sie gehören zu der Familie, die uns auch Spinat und Mangold beschert, und lassen sich ebenso wie diese zu Dips verarbeiten oder sautieren. Fügen Sie die kleineren Blätter das nächste Mal Ihrem Rote-Bete-Salat hinzu – Zero-Waste auf die schmackhafte Art! Vergessen Sie nicht, sowohl die Blätter als auch die Knolle vor der Verarbeitung gut einzuweichen. Schließlich wollen wir das mit der „erdigen" Note nicht zu wörtlich nehmen!

„Rote Bete ist eine der Gemüsesorten, die vom Garen bei Niedrigtemperatur wirklich profitiert. Wir verwenden auch die Flüssigkeit, die während des Garens austritt, und verwandeln diesen leuchtend roten Saft in eine Vinaigrette oder Sauce." – JOAN ROCA, SPANIEN

EINKAUF & LAGERUNG

Gemüsehändler bieten junge, frische Rote Bete oft im Bund und mit den Blättern an, besonders im Winter, wenn sich dieses Gemüse besonders bemerkbar macht. Ältere, größere Exemplare gibt es lose mehr oder weniger das ganze Jahr über zu kaufen. Sind die Blätter noch dran, sollten sie aufrecht stehen und einen glänzenden, gewellten Rand ohne schlaffe oder matschige Stellen aufweisen. Sind die Blätter an manchen Stellen geknickt oder abgebrochen, ist dies unbedenklich und meist auf einen übereifrigen Supermarktangestellten zurückzuführen und nicht auf ein mangelhaftes Produkt. Mittelgroße, rote und violette Exemplare mit rundlicher Form sind am häufigsten erhältlich. Sollte Ihnen die längliche Cylindra-Sorte unterkommen, greifen Sie zu – diese lässt sich besonders gleichmäßig hobeln. Rote oder violette Bete sind nicht die einzigen ihrer Art: Sie kann auch weiß, goldfarben oder bunt sein, wie die Ringelbete, die außen purpurrot und innen weiß und rosa gestreift ist. Egal, welche Farbe sie hat: Je länger Rote (oder bunte) Bete gelagert wird, desto mehr büßt ihre Schale an Glanz ein – in etwa so, also hätte jemand die Helligkeit Ihres Bildschirms verstellt. Solange die Bete selbst sich noch fest anfühlt und keine faltigen oder verschrumpelten Stellen aufweist, wird sie ihre Farbpracht wiedererlangen, wenn Sie sie vor der Zubereitung gründlich spülen und bürsten.

Trennen Sie die Blätter von den Knollen, sobald Sie zu Hause sind. Lagern Sie die Blätter so wie anderes Blattgemüse, eingewickelt in feuchtes Küchenpapier oder in ein Geschirrtuch. In frischem Zustand kann Rote Bete bis zu 2 Wochen lang in der Gemüselade Ihres Kühlschranks aufbewahrt werden. Waschen Sie sie vorher nicht und prüfen Sie ab und zu nach, ob sie an Feuchtigkeit eingebüßt haben. Wenn Sie Rote Bete einfrieren möchten, kochen Sie sie zuerst, schneiden sie in Stücke und schockgefrieren sie auf einem Tablett. Füllen Sie sie dann in etikettierte Behälter ab. Im Tiefkühler hält sich Rote Bete mindestens 1 Jahr lang. Sie können Rote Bete auch selbst einlegen, indem Sie sie 30–45 Minuten lang kochen (je nach Größe), bis sie gabelzart ist. Füllen Sie sie dann in saubere Einmachgläser und bedecken Sie sie mit einem Sud, der aus Wasser und Essig im Verhältnis 2:1 sowie einem Teil Zucker (bei 1,5 l Flüssigkeit etwa 50 g) besteht.

ZUBEREITUNG

Wenn Sie Rote Bete im Ganzen servieren oder roh in den Salat raspeln wollen, entscheiden Sie sich für Exemplare, die in etwa die Größe von Squashbällen aufweisen. Diese sehen hübsch aus, und die Blätter können Sie ebenfalls im Salat verwenden. Wenn Sie Rote Bete zu Suppen verarbeiten oder „im Jackett" garen möchten, gilt: Je größer, desto besser! Im Gegensatz zu anderem Wurzelgemüse wird Rote Bete mit zunehmendem Alter nämlich nicht holziger.

Sie können also ruhig zu großen Exemplaren greifen. Denken Sie aber daran, dass größere Knollen auch eine entsprechend längere Garzeit benötigen. Wenn Sie gedünstete oder gekochte Rote Bete als Teil eines Gerichts servieren möchten, fügen Sie sie erst im letzten Moment hinzu, da sie sonst alles rot färben. Auch Gelbe Bete färbt ab, wenn auch nicht ganz so teuflisch wie ihre roten Artgenossen.

Zu guter Letzt obliegt es mir noch, Sie vor Schreckmomenten auf der Toilette zu warnen: Rote Bete färbt nun mal. Sollten Sie am stillen Örtchen ungewohnte „Farbeffekte“ feststellen, ist das kein Grund zur Panik, sondern liegt möglicherweise an der Roten Bete, die Sie am Vorabend ins Risotto geraspelt haben.

NOCH MEHR BETE: GELBE BETE

Das „Goldkind“ unter den Beten ist dieses Exemplar, das süßer und milder ist als die Rote Bete, und außerdem nicht alles besudelt, mit dem es in Berührung kommt. Gelbe Bete ist weniger faserhaltig und hat eine dünnere Schale. Damit eignet sie sich besonders gut für den rohen Verzehr. Raspeln Sie sie in Salate oder schneiden Sie sie dünn und servieren Sie sie mit Weichkäse. Gelbe Bete lässt sich rasch einlegen. Im Einmachglas, mit Dill und Gewürzen, kommt ihre herrliche Farbe besonders gut zur Geltung. Gelbe Bete hat einen höheren Stärkeanteil als Rote Bete, und durch die hellere Farbe ist sie besonders anfällig für dunkle Stellen. Wenn Sie jemals versucht haben, Gelbe Bete nach demselben Prinzip zu garen wie Rote Bete, waren Sie vielleicht mit einem unvorteilhaften Grauschleier in der Mitte der Knolle konfrontiert – oder aber Sie haben die Gelbe Bete aus dem Kühlschrank geholt und buchstäblich zusehen können, wie sich dunkle Stellen am Rand ausbreiten. Dem können Sie vorbeugen, indem Sie die Gelbe Bete langsam bei 130 °C gabelzart rösten oder sie kochen, anstatt sie zu rösten. Wenn Sie die Gelbe Bete vor der Verarbeitung über Nacht lagern, sollten Sie sie mit einer Mischung aus den gleichen Teilen Öl und einer sauren Flüssigkeit wie Weißweinessig oder Zitronensaft übergießen.

GUTE PARTNER

Essig (besonders Balsamico-Essig), Honig, Käse (besonders Blauschimmelkäse, Frischkäse, Ziegenkäse), Knoblauch, Kräuter (besonderes Dill, Estragon, Kerbel, Petersilie, Schnittlauch), Kümmel, Meerrettich, Walnüsse, Zitrusfrüchte (besonders Blutorangen, Orangen, Zitronen).

Leicht gemacht

Wenn Sie Lust auf Rote Bete verspüren, aber wenig Zeit haben, probieren Sie es mit vakuumverpackten oder Dosenvarianten. Überprüfen Sie auf dem Etikett, ob andere Zutaten wie Zucker oder Essigsäure dabei sind, die den Geschmack verändern können (wenn Sie allerdings schon jemals einen echten Burger in Australien gegessen haben, wissen Sie sicher, dass sich eingelegte Rote-Bete-Scheiben einfach fantastisch darin machen). Vakuumverpackte Rote Bete findet sich immer öfter gleich neben den frischen Knollen. Sie ist vorgekocht und geschält, ganz ohne Zusatzstoffe, und kann direkt aus der Packung serviert werden. Damit wird Rote Bete auch unter der Woche zu einer praktischen Option, weil die langwierige Vorbereitung wegfällt. Auch auf Reisen bieten sich vakuumverpackte Exemplare an, besonders in abgelegenen Gebieten, wenn Sie nicht sicher sind, wie viel frisches Gemüse Sie auftreiben können. Einfach mit einer Packung servierfertigem Salat anrichten und Studentenfutter darüberstreuen – eine Kombination, die garantiert für Begeisterung sorgt.

BORSCHTSCH

In meiner Kindheit gab es fast täglich Borschtsch. Die Zutaten waren billig, und es war einfach für meine Mutter, große Mengen davon vorzukochen. Wenn ich und mein großer Bruder Stan aus der Schule kamen, mussten wir den Borschtsch nur in einem kleinen Topf erwärmen oder in die Mikrowelle geben, wenn wir so schnell wie möglich zum Fernseher zurückwollten! Auch heute habe ich fast immer einen Vorrat Borschtsch im Kühlschrank. Er ist eine praktische und außerdem köstliche Methode, acht oder mehr verschiedene Gemüsesorten auf einmal zu genießen. Sogar, wenn wir es eilig haben oder auswärts (das heißt üppig!) essen, wartet zu Hause ein gesunder, nahrhafter Snack auf uns. Im Sommer lässt sich dieses Gericht mit einem Stabmixer im Nu zu einer kalten Suppe (wie Gazpacho) verwandeln. Serviert wird diese mit Gurken- und Radieschenscheiben, geriebenem Knoblauch, Dill und Sauerrahm.

FÜR 6–8 PORTIONEN (MIT RESTEN)

1 Zwiebel, grob gehackt
2 Knoblauchzehen, grob gehackt
2 EL Olivenöl
700 g Blumenkohl (½ großer oder 1 ganzer kleiner), oder 2 Brokkoliköpfe
½ kleiner Weißkohlkopf (oder ¼ eines größeren), gehobelt
2 Möhren, gehobelt
2 Stangen Staudensellerie, in dünne Scheiben geschnitten, das Grün zum Garnieren aufbewahren
2 Stück Rote Bete (400 g), gehobelt
3 l Gemüsebrühe (oder Wasser)
Saft von ½ Zitrone
80 ml Sauerkraut- oder Einlegesaft (optional)

Zum Garnieren
Dillspitzen
Sauerrahm oder Crème fraîche
Geriebene Knoblauchcroûtons oder in dünne Scheiben geschnittenes Baguette

Zwiebel und Knoblauch mit dem Olivenöl in einen großen Topf geben. Auf mittlerer Stufe erwärmen, bis sie zu brutzeln beginnen. Deckel daraufgeben und die Zwiebel 5–10 Minuten lang im eigenen Saft glasig anschwitzen. Gelegentlich umrühren.

In der Zwischenzeit den Blumenkohl umdrehen und den Strunk mit einem Messer diagonal so einschneiden, dass die Röschen sich leicht abziehen lassen. Röschen mundgerecht zerteilen. Beiseitestellen.

Weißkohl, Möhren, Sellerie und Rote Bete zur angeschwitzten Zwiebel hinzufügen. Brühe dazugießen und mit Wasser (vorzugsweise gefiltert) auffüllen, bis der Topf zu drei Vierteln voll ist. Zitronensaft hinzufügen (damit die Rote Bete ihre Farbe behält) und großzügig salzen.

Aufkochen, Hitze reduzieren und weitere 10 Minuten köcheln. Blumenkohlröschen hinzufügen und köcheln, bis die gehobelte Bete bissfest (also nicht zu weich) und der Blumenkohl etwas weicher ist. Auch hier auf Bissfestigkeit achten – sie ist ausschlaggebend für Textur und Geschmack.

Nach Bedarf mit dem Einlegesaft (falls verwendet), Salz und schwarzem Pfeffer aus der Mühle würzen. Mit Dill und dem beiseitegestellten Selleriegrün dekorieren und mit Sauerrahm, geriebenem Knoblauch und Croûtons servieren (oder womit Sie sonst wollen)!

Extra: **Mit Schmalz (Hühner- bzw. Entenschmalz) gelingt dieses Gericht ganz besonders gut. Sie könnten die Zwiebel auch in ein wenig Butter anschwitzen oder einen Teelöffel Honig oder Marmelade hinzufügen, wenn Sie eine süßere Note wünschen.**

ROTE-BETE-PÄCKCHEN MIT JUWELEN-COUSCOUS

Dieses Gericht hat jede Menge Drama zu bieten: Ein hübscher, mit „Juwelen“ besetzter Couscous wird durch die Beigabe Roter Bete zum absoluten Hingucker!

FÜR 6 PORTIONEN

- Fein geriebene Schale und Saft von 1 Orange
- 2 EL Granatapfelsirup, plus etwas mehr zum Servieren
- 1 TL Salzflocken
- 1 TL schwarzer Pfeffer aus der Mühle
- 80 ml natives Olivenöl extra
- 2 Bund (350 g) junge Gelbe oder Rote Bete, Ringelbete oder gemischte Sorten, geputzt, mit 4 cm Stiel, kleinere Blätter abgezupft und für den Salat beiseitegestellt
- 1 rote Zwiebel, fein gehackt
- 1 Bund Petersilie, Blätter abgezupft und fein gehackt, Stiele fein gehackt
- 60 g Trockenaprikosen, gehackt
- ½ TL Ras el Hanout
- 200 g Instant-Couscous
- 375 ml Hühner- oder Gemüsebrühe
- Kerne von ½ Granatapfel
- 65 g gehackte Pistazien
- Minzblätter, zum Garnieren

Den Backofen auf 200 °C vorheizen.

Orangenschale und -saft, Granatapfelsirup, Salz, Pfeffer und 2 EL Olivenöl in einer Schüssel vermengen.

Aus Backpapier zwei 40 cm große Kreise ausschneiden.

Einen Kreis über eine mittelgroße Schüssel legen und die Hälfte der Roten Bete sowie die Hälfte des Orangensaftsdressings daraufgeben.

Aus dem Backpapier ein Bündel formen und fest mit Küchengarn abbinden. Auf ein Backblech legen und mit den restlichen Zutaten ein weiteres Bündel formen.

Die Päckchen 30 Minuten lang garen, bis die Rote Bete weich ist, wenn man sie mit dem Messer ansticht. Aus dem Ofen nehmen und leicht abkühlen lassen. Das Garn von einem Päckchen entfernen und die Bete sowie ihren Saft vorsichtig in eine Schüssel kippen. Mit dem zweiten Päckchen ebenso verfahren. Die Bete halbieren oder vierteln und wieder in die Schüssel geben. Gut vermischen, sodass sie gänzlich mit dem Saft bedeckt ist.

In der Zwischenzeit in einem Topf die verbleibenden 2 EL Olivenöl auf hoher Stufe erwärmen. Zwiebel, Petersilienstiele, Aprikosen und Ras el Hanout hinzugeben und 3 Minuten dünsten, bis die Zwiebel weich ist.

Couscous hinzufügen, gut umrühren und erwärmen. Brühe hinzufügen und aufkochen, dann Deckel daraufgeben und vom Herd nehmen. 10 Minuten lang stehen lassen, sodass der Couscous im Dampf garen kann.

Couscous mit einer Gabel auflockern, dann mit den Petersilienblättchen in eine Schüssel geben. Vorsichtig vermischen.

Couscous auf einer Servierplatte anrichten. Bete inklusive Saft mit dem Löffel darauf verteilen und mit den Granatapfelkernen, Pistazien, Minz- und Beteblättern (falls Sie diese verwenden) bestreuen.

Tipp: **Falls Sie eine Mischung aus jungen Rüben verwenden, sollten Sie die dunklen von den hellen Sorten trennen, damit diese ihre Farbe behalten. Die Farbe der dunklen Rüben wird sich auch im Couscous bemerkbar machen. Am besten fügen Sie diese erst knapp vor dem Servieren hinzu. Wenn Sie experimentierfreudig sind, können Sie auch die Muffinblechmethode von Seite 242 anwenden.**

Für Eilige: **Zahlreiche Läden bieten fertig gegarte Rote Bete an. Diese können Sie auch in diesem Rezept getrost verwenden, wenn die Zeit knapp wird.**

Glutenfreie Variante: **Mit Blumenkohl-Couscous (Seite 83) geht die Zubereitung noch schneller, und Sie bauen überdies noch eine Gemüsesorte in das Rezept ein.**

SALAT MIT GERÖSTETEN WALNÜSSEN, HONIG UND ROTER BETE

Geröstete Rote Bete ist ideal für Salate und versteht sich außerdem blendend mit Nüssen. In diesem Rezept wird die Bete mit Honig geröstet, was ihrer natürlichen Süße zusätzliche Tiefe verleiht. Bereiten Sie die einzelnen Elemente am Tag zuvor zu, bewahren Sie sie getrennt voneinander auf und richten Sie sie in Sekundenschnelle vor dem Servieren an.

Meine Freundin Celia, die dieses Rezept an ihren Arbeitskollegen ausprobierte, tat genau das – und sie alle wollten das Rezept haben! Hier ist es also.

FÜR 4 PORTIONEN

- 12 kleine Knollen Bete (perfekt sind junge Exemplare, die groß für ihr Alter sind)
- 115 g Walnusskerne
- 2 EL Honig
- Salzflocken
- 60 ml Sherry-Essig
- 60 ml natives Olivenöl extra
- 60 g junge Rucolablätter
- 150 g cremiger Blauschimmelkäse, dünn geschnitten oder gekrümelt

Den Backofen auf 200 °C vorheizen. Ein Backblech einfetten und mit Backpapier auslegen.

Blätter von der Bete entfernen, dabei etwa 3 cm Stiel übriglassen. Die Blätter bis zur Weiterverwendung in Eiswasser legen.

In jede Vertiefung eines 12er-Muffinblechs eine Knolle setzen. Jede Vertiefung zu drei Vierteln mit Wasser befüllen.

Das Blech mit Alufolie abdecken und 40–45 Minuten im Backofen backen, bis die Bete gar ist und sich mit einem Messer ohne Widerstand anstechen lässt. Aus dem Backofen nehmen, die Alufolie abnehmen und 15 Minuten abkühlen lassen.

In der Zwischenzeit die Walnusskerne auf das mit Backpapier ausgelegte Blech legen. Mit dem Honig beträufeln, mit den Salzflocken bestreuen und 6 Minuten lang backen, bis die Walnusskerne geröstet sind und der Honig Blasen wirft. Aus dem Ofen nehmen und abkühlen lassen. Grob hacken und beiseitestellen.

Die Bete mit der Küchenzange aus den Muffinformen nehmen und die Schale mit den Fingerspitzen abziehen. In Schiffchen schneiden und in einer Schüssel mit Essig und Öl vermengen. (Sie können die Bete auch über Nacht ziehen lassen, entweder abgedeckt auf der Theke, wenn der Abend kühl ist, oder im Kühlschrank. Achten Sie darauf, dass die Bete vor dem Servieren wieder Zimmertemperatur erlangt. Wenn Sie die Bete über Nacht lagern, bewahren Sie die gerösteten Walnusskerne in einem luftdichten Gefäß auf, damit sie knackig bleiben.)

Zum Servieren einen Teller mit Rucolablättern bestreuen. Die Bete und den Saft aus der Schüssel darübergießen und mit Walnusskernen und Käse bestreuen.

Tipp: **Indem Sie jede Knolle im Wasserbad in einem Muffinförmchen garen, kommen sie miteinander nicht in Berührung. Sie können also ruhig Bete in verschiedenen Farben verwenden, wie Gelbe Bete oder Ringelbete, ohne dass sie aufeinander abfärben.**

Haben Sie kein Muffinblech, wenden Sie einfach die Päckchenmethode des Couscous-Salats von Seite 240 an.

RELISH FÜR ALLE LEBENSLAGEN

Ein Relish von Grund auf herzustellen, ist ganz schön arbeitsintensiv. Oft fehlt uns dazu einfach die Zeit! Aus diesem Grund basiert das hier angeführte Rezept auf vorgegarter Roter Bete und eingelegten Silberzwiebeln im Glas. Sie müssen das Ganze lediglich in der Küchenmaschine pürieren. Jippiieee! Dies ist ein derartig schnelles und einfaches Rezept, dass es sich nicht lohnt, in spezielle Behälter zu investieren. Heben Sie einfach Erdnussbutter-, Konfitüre- oder andere Gläser auf und bewahren Sie das Relish, das Sie nicht sofort essen, darin auf. Schmeckt toll zu Frittata, in Sandwiches oder einfach mit Würstchen und Kartoffelbrei!

ERGIBT ETWA 650 G

500 g vorgegarte Rote Bete, grob geraspelt
225 g Perlzwiebeln (Glas, oder 120 g der eingelegten roten Zwiebeln von Seite 282), plus 125 ml der Lake
1 Apfel, Sorte „Pink Lady", entkernt und gewürfelt
60 g Rohrohrzucker
5 Nelken
½ TL gemahlener Piment

Einmachgläser mit einem Fassungsvermögen von insgesamt 850 ml mit heißem Waser und Spülmittel waschen und auf einem Geschirrständer trocknen lassen.

Rote Bete, Perlzwiebeln und ihre Lake in die Küchenmaschine geben. Apfel und Zucker hinzufügen und fein pürieren.

In einen breiten Topf oder eine tiefe Bratpfanne geben, Nelken, Piment und 500 ml Wasser hinzufügen. Aufkochen und auf mittlerer Stufe 20 Minuten lang köcheln lassen, bis der Großteil der Flüssigkeit aufgesaugt wurde.

Das heiße Relish in die sauberen Einmachgläser geben und mit Deckeln verschließen. Die Menge, die Sie sofort oder innerhalb der nächsten 2–3 Wochen konsumieren möchten, können Sie auch in einem herkömmlichen Glasbehälter mit Deckel im Kühlschrank lagern.

Für eine längere Lagerung die gefüllten Gläser in einen mittelgroßen Topf geben und mit Wasser bedecken. Aufkochen lassen, vom Herd nehmen und 15 Minuten stehen lassen. Gläser aus dem Wasser nehmen und abkühlen lassen. Die Deckel der Gläser sollten nun eine leichte Wölbung nach innen aufweisen. Ist dies nicht der Fall, Gläser wieder ins Wasser stellen, aufkochen und den Vorgang wiederholen.

Die auf diese Weise versiegelten Gläser halten sich bis zu 4 Monate. Nach dem Öffnen im Kühlschrank aufbewahren und innerhalb von 1 Monat verbrauchen.

Tipp: **Vorgegarte, vakuumverpackte junge Rote Bete ist bei den meisten Gemüsehändlern und Supermärkten in der Obst- und Gemüseabteilung zu finden.**

Für Eilige: **Dieses Rezept funktioniert auch mit Roter Bete aus der Dose. Zwiebel und Apfel anschwitzen, Gewürze, Zucker, Knoblauch und gehackte Rote Bete hinzufügen und 15 Minuten lang köcheln lassen, bis die Mischung eingedickt ist.**

Regenbogen-Labneh-Bällchen

(Seite 246)

Röstfreier Bunte-
Bete-Salat
(Seite 246)

RÖSTFREIER BUNTE-BETE-SALAT MIT REGENBOGEN-LABNEH-BÄLLCHEN

Ich sollte das vielleicht lieber für mich behalten – aber in diesem Buch gibt es wirklich viel zu viele Salate mit Roter Bete. Das rührt daher, dass ich ein klein wenig süchtig nach ihr bin. Ich liebe die Art und Weise, wie Rote Bete ihre Textur je nach Zubereitungsmethode ändern. Gedünstet wird sie weich und sirupartig, in diesem Rezept hingegen ist sie richtig schön al dente. Und dann ist da noch ihre Farbe, die einfach immer für eine Portion Drama sorgt. Manche Bete-Sorten sind für diese Art der Zubereitung besser geeignet als andere. Halten Sie Ausschau nach Ringel- oder gelber Bete, die eine zartere Konsistenz haben, oder junger Roter Bete, die weniger fasrig ist.

FÜR 4–6 PORTIONEN

Regenbogen-Labneh

- 250 g griechischer Joghurt
- 2 EL gemahlener Sumach
- 2 EL rosa Pfefferkörner, fein gehackt oder zerstoßen
- 3 EL Dukkah (vorzugsweise mit Pistazienkernen)
- 2 EL Mohnsamen
- 2 EL schwarzer Pfeffer aus der Mühle
- 3 EL fein gehackte Dillspitzen

Granatapfeldressing

- 2 EL Granatapfelsirup
- 1 TL Dijon-Senf
- 1 Knoblauchzehe, geschält und angedrückt
- 1 TL Honig
- 60 ml Olivenöl
- 60 ml Blutorangensaft

Salat

- 6 junge Knollen Ringelbete, gewaschen und gebürstet
- 6 junge Knollen Gelbe Bete, gewaschen und gebürstet
- 150 g junge Grünkohl- oder Rucolablätter
- 1 Blutorange, halbiert (optional)

Fangen Sie mit dem Labneh am Vorabend an. Ein Küchensieb mit einem Passiertuch oder einem sauberen Geschirrtuch auskleiden. Den Joghurt hinzufügen, Sieb über eine Schüssel hängen und in den Kühlschrank stellen, sodass die Flüssigkeit abtropfen kann.

Am Morgen wird der Joghurt wesentlich fester sein. (Die Molke – die in der Schüssel verbleibende Flüssigkeit – nicht wegwerfen. Sie können Sie für Pfannkuchen verwenden, oder um Ihren eigenen Joghurt herzustellen.)

Alle Zutaten für das Dressing in ein Einmachglas geben und schütteln, sodass eine cremige Emulsion entsteht. Alternativ dazu die Zutaten mit dem Schneebesen verrühren. Das Dressing sollte dickflüssig und glänzend sein. Abschmecken, um den Süßegrad festzustellen. Wenn die Blutorange recht bitter ist, zusätzlichen 1 TL Honig hinzufügen. Den angedrückten Knoblauch bis kurz vor dem Servieren im Dressing belassen, damit dieses so viel Geschmack wie möglich annimmt.

Um die Labneh-Bällchen zu rollen, eine kleine Schüssel mit Wasser bereitstellen, in der Sie Ihre Hände anfeuchten können. Vier Untertassen (oder kleine Teller) vorbereiten: Eine mit dem Sumach und den rosa Pfefferkörnern, eine mit Dukkah, eine mit Mohn und gemahlenem Pfeffer, eine mit Dill. Ein Backblech mit Backpapier auslegen.

Mit einem Teelöffel die Labneh-Bällchen portionieren und sanft zwischen den Handflächen rollen. Das fertige Bällchen in einer der Untertassen wälzen und dabei leichten Druck ausüben, damit die Gewürze bzw. Kräuter an den Bällchen haften bleiben. Die fertigen Regenbogenbällchen auf das Backblech legen. Nachdem alle Bällchen fertig gerollt sind, 20 Minuten lang im Kühlschrank fest werden lassen.

In der Zwischenzeit den Salat zubereiten. Alle Bete-Sorten mit dem Küchenhobel hobeln und in eine Servierschüssel geben. Das Dressing über die Bete gießen und gut vermischen. Die Grünkohlblätter darauf verteilen. Sie werden erst unmittelbar vor dem Servieren mit den restlichen Zutaten vermengt, damit der Grünkohl durch den Kontakt mit dem Öl nicht allzu welk wird.

Nachdem der Salat fertig angemacht ist, die Blutorangenscheiben (falls Sie diese verwenden) seitlich davon anordnen und die Labneh-Bällchen obenauf setzen. Ihre Gäste nehmen die Labneh-Bällchen aus der Schüssel und zerdrücken Sie dann auf ihrem Teller mit der Gabel, sodass eine köstlich-cremige Mischung entsteht. Nach Lust und Laune können sie auch noch ein wenig Blutorange darüber ausdrücken.

Für Eilige: Für eine supereinfache Version dieses Gerichts einfach griechischen Joghurt auf den Salat träufeln und mit Dukkah bestreuen.

Doppelt im Einsatz: Wenn Sie Bete mit Dressing übrighaben, rühren Sie diese am nächsten Tag einfach in Couscous ein. Die Labneh-Bällchen lassen sich auch in sterilisierten Einmachgläsern einlegen, bedeckt mit Traubenkern- oder Olivenöl. Ein nettes Geschenk! An einem kühlen und dunklen Ort gelagert, sind sie bis zu 3 Monate lang haltbar. Nach dem Öffnen im Kühlschrank lagern und innerhalb von 2 Wochen verbrauchen. Verwenden Sie die Bällchen so wie marinierten Feta.

Bonus: Wenn Sie erst einmal wissen, wie man Labneh-Bällchen macht, sind Ihrer Fantasie bezüglich ihrer Hülle keine Grenzen gesetzt. Hier einige Vorschläge:

- Chiliflocken + frischer Koriander
- Knoblauch + frischer Thymian
- Zitronenschale + frischer Rosmarin
- Kurkumapulver
- Gehackte frische Minze
- Getrockneter Granatapfel + Aleppo-Pfeffer
- Safranfäden + frischer Lavendel aus dem Garten
- Eingelegte Zitronen
- Szechuan-Pfefferkörner
- Fenchelsamen + Kümmel

ROTE-BETE-BROWNIES

Diese glutenfreien, herrlich saftigen Brownies entstanden inspiriert von Claudia Rodens weltberühmtem Orangen-Mandelkuchen, für den die Orangen gekocht werden, bis sie vollständig weich sind und dann einem Boden aus Mandelmehl sowohl Geschmack als auch Saftigkeit verleihen. Ich habe das Rezept für Brownies adaptiert und es durch Zugabe von dunkler Schokolade sowie Roter Bete „wintertauglich" gemacht. Besonders die Farbe hat es mir hier angetan: ein tiefes Burgunderrot, das von der Textur her an Samt und vom Geschmack her an schokoladige „Jaffa"-Kekse erinnert. Ich mag diese Brownies besonders, wenn sie in der Mitte noch flüssig sind (wie ein Lava-Kuchen). Wenn Sie vernünftiger sind als ich und Ihre Brownies lieber in schöne Stücke schneiden, backen Sie sie einfach ein wenig länger.

FÜR 6–8 PORTIONEN

- 1 Orange (vorzugsweise Bio)
- 1 Rote Bete, ähnlich groß wie die Orange, plus 1 kleine, in dünne Scheiben geschnittene
- 200 g Butter, geschmolzen
- 200 g dunkle Schokolade, geschmolzen, plus 50 g extra, gehackt (zum Verzieren)
- 3 Eier
- 220 g feinster Zucker
- 1 TL Vanilleextrakt oder Vanillepaste
- 200 g Mandelmehl
- 75 g glutenfreies Mehl
- 55 g ungesüßtes Kakaopulver
- 70 g Walnusskerne
- 1 TL Backpulver
- ¼ TL Salzflocken
- Joghurt, zum Servieren

Die ganze Orange und die Rote Bete in einem Topf kochen. Kochendes Wasser nachfüllen, sodass beide die ganze Zeit über von Wasser bedeckt sind. Etwa 1 Stunde lang kochen, bis beide weich sind und Sie sie mit einem Stäbchen durchstechen können.

Eine 20 x 30 cm große Brownieform oder eine feuerfeste Pfanne mit Backpapier auslegen. (Wenn ich eine Brownieform verwende, kleide ich auch die Seiten aus, weil ich die fertigen Brownies dann stürze. Für die Pfanne reicht es, den Boden mit Papier auszulegen.)

Wenn die Rote Bete kühl genug ist, um sie anzufassen (aber nicht ganz ausgekühlt), die Schale abziehen. Besonders gut geht das, wenn Sie mit einem Küchenpapier oder Teelöffel Reibung erzeugen.

Den Ofen auf 180 °C vorheizen.

Die warme Bete, die Orange, die Butter und die 200 g Schokolade in eine Küchenmaschine geben und zu einer glatten Mischung pürieren. Eier, Zucker und Vanille hinzufügen und nochmals pürieren.

In einer Schüssel Mandelmehl, Mehl, Kakaopulver, Walnusskerne und Backpulver vermengen und diese Mischung zum Püree hinzufügen. Mit der Küchenmaschine verarbeiten, bis sich die Mehlklumpen zum Großteil aufgelöst haben – aber nicht zu sehr, damit Sie keinen Ziegel backen!

Teig in die Brownieform oder Pfanne gießen, mit der Extra-Schokolade und den Rübenscheiben belegen und mit Salzflocken bestreuen. 40–45 Minuten lang backen, sodass die Brownies noch saftig und innen flüssig sind. Mit dem Stäbchentest verschwenden Sie in diesem Fall nur Ihre Zeit ... Er führt Sie lediglich in die Irre!

Vor dem Verzehr leicht abkühlen lassen. Warm mit Joghurt als dekadente Nachspeise servieren oder in kleine Stücke für die Lunchbox oder als Nachmittagssnack schneiden. In einem luftdichten Behälter sind die Brownies im Kühlschrank mindestens 1 Woche lang haltbar (als ob es jemals so weit kommen würde!)

Tipp: **Ich verwende einen Küchenhobel, um die Bete für den Belag fein zu hobeln. Sie können sie aber ebenso gut mit dem Sparschäler in dünne Streifen schneiden.**

Für Eilige: **Vor dem Backen 80 ml Teig in eine mikrowellengeeignete Tasse geben und ein Tassenküchlein daraus machen. Das Endergebnis ist zwar weniger saftig, aber wenn Sie absolut nicht warten können, ist dies eine gute Option.**

Radicchio

Wenn Sie Negroni oder Campari mögen, sollten Sie auch diesem dunklen italienischen Chicorée-Verwandten eine Chance geben. Radicchio liebt man entweder … oder muss erst lernen, ihn zu lieben! Seine bittere Note kann zunächst eher abschreckend wirken, besonders in alten Sorten, denen noch kein salatähnlicher Geschmack angezüchtet wurde. Wenn Sie den anfänglichen, bitteren Geschmack vorne am Gaumen aber erst überwunden haben, ihn mit Salz und Olivenöl würzen und ihm ein saures Element wie Zitrusfrüchte oder Balsamicoessig entgegensetzen, werden Sie reichlich belohnt. Wenn Radicchio neu für Sie ist, verkosten Sie ihn zunächst in einem Salat mit bekannteren Blättern wie grünem Salat, Rucola und Blutampfer oder einer anderen Blattsalatmischung.
Kosten Sie ein Blatt Radicchio und entscheiden Sie dann, ob Sie ihn zerreißen oder fein schneiden möchten. Je stärker die bittere Note, desto kleiner sollten Sie ihn schneiden.

„Radicchio schmeckt sowohl roh als auch gekocht, geröstet und gebraten fantastisch. Er ist süß und bitter zugleich, was ihn besonders vielseitig macht. Ich mag jede Art von Radicchio, von Chioggia bis Treviso. Empfehlen würde ich Radicchio mit einem Schuss sizilianischem Rotweinessig und einem guten Glas Nero d'Avola." – CICCIO SULTANO, ITALIEN

EINKAUF & LAGERUNG

Sie können Radicchio entweder im Ganzen erstehen – ein Kopf mit eng aneinanderliegenden, ledrigen Blättern – oder die losen Blätter kaufen. Am häufigsten findet sich Radicchio vom Winter bis in den Frühling. Radicchio-Sorten sind nach den Gebieten Italiens benannt, aus denen sie stammen. Manche sind süßer, wie Radicchio di Castelfranco, dessen gelbe Blätter magentafarbene Sprenkel aufweisen. Am anderen Ende des Spektrums findet sich der Radicchio di Chioggia, der rund und fest ist wie ein Rotkohl, aber mit ausgeprägteren, cremefarbenen Adern und zarteren Blättern, und der so bitter ist, dass Ihre Zunge regelrecht Falten wirft. In der Mitte angesiedelt ist der Radicchio di Treviso, der eine länglich-ovale Form und einen schmalen Strunk hat. Wurde der Radicchio in Folie eingeschweißt oder werden die Blätter lose verkauft, überprüfen Sie, wie der Radicchio an der Unterseite bzw. am Rand der Blätter aussieht. Je cremiger die Farbe, umso frischer ist das Produkt.

Radicchio trocknet in der dürren Landschaft Ihrer Gemüselade leicht aus. Wickeln Sie ihn also in ein feuchtes Küchenpapier bzw. Geschirrtuch, stecken Sie ihn in eine Tüte und lagern Sie ihn ganz oben in der Gemüselade, damit Sie nicht vergessen, ihn zu verwenden. Wenn Sie nicht den ganzen Radicchio auf einmal verwenden, reißen Sie nur die Blätter ab, die Sie gerade brauchen. Anschneiden sollten Sie den Radicchio lieber nicht. So vermeiden Sie, dass Luft an seine Oberfläche gelangt. Wie jedes zarte Blattgemüse fängt Radicchio an zu welken, sobald Sie das Wort „Öl" auch nur aussprechen. Fügen Sie ihn also erst in letzter Minute zu Salaten hinzu. Wenn Sie Salat vom Vorabend in Ihre Lunchbox packen möchten, geben Sie einige frische Radicchioblätter in ein sauberes Einmachglas und fügen Sie diese den fertig angemachten Resten hinzu. Auf diese Weise schmeckt Ihr Salat besonders knackig und frisch.

NOCH MEHR RADICCHIO: ENDIVIEN

Wenn Sie finden, dass Radicchio mit seiner bitteren Note einfach bombastisch ist, sollten Sie auch Endivien probieren, eine Blattgemüsegattung, die jede Menge Biss hat. Ich liebe Frisée im Salat, sowohl aufgrund seiner herrlichen Textur als auch der bitteren Note, die ein fantastisches Gegengewicht zu cremigen Dressings darstellt. Einzelne Chicoréeblätter hingegen – besonders die der hellgelben Sorte – eignen sich wunderbar als essbare Servierlöffel für Canapés.

GUTE PARTNER

Butter, Chili, Chorizo, Eier, Essig (Balsamico-Essig, Sherry-Essig), Fenchel, Kapern, Käse (Blauschimmelkäse, Feta, Parmesan) Knoblauch, Kräuter (Petersilie, Rosmarin, Schnittlauch, Thymian), Nüsse (Haselnüsse, Pinienkerne, Walnüsse), Olivenöl, Orangen (Saft, Schale, Blutorange), Prosciutto, Zitrone (Saft, Schale).

GEBRÄUNTER RADICCHIO MIT DRESSING AUS KAPERN & SAUERKIRSCHEN

Radicchio ist eines dieser bitteren Blattgewächse, die bei viel Hitze ihren Geschmack erst so richtig entfalten. Gepaart mit salzigen, süßen und herben Noten ergibt dies eine unschlagbare Kombination. Ich liebe es, wie die leuchtende Orangenschale und der smaragdgrüne Schnittlauch das satte Violett der Radicchioblätter zur Geltung bringen! Getrocknete Sauerkirschen verleihen dieser Rotweinvinaigrette einen markanten, sirupartigen Touch.

FÜR 6–8 PORTIONEN ALS BEILAGE

2 Stk. Radicchio
Fein geriebene Schale und Saft von 1 Bio-Orange
80 ml Rotweinessig
40 g getrocknete Sauerkirschen
200 g Halloumi, zerkrümelt
45 g Kapern (siehe Tipp)
80 ml natives Olivenöl extra (circa)
½ Bund Schnittlauch, fein gehackt

Den Backofen auf 220 °C vorheizen. Ein Backblech mit Backpapier auslegen.

Jedes Stück Radicchio auf die Unterseite stellen und die Blätter von oben hin kreuzförmig einschneiden – tief genug, um die Schichten zu durchdringen, aber nicht so tief, dass die Blätter auseinanderfallen.

In einem kleinen Topf den Orangensaft und den Essig zum Köcheln bringen. Getrocknete Sauerkirschen einrühren, gut vermengen und 5 Minuten ziehen lassen, damit die Kirschen weich werden.

In der Zwischenzeit den Halloumi und die Kapern auf ein Backblech legen und mit einem Teil des Olivenöls beträufeln.

Auf eine der unteren Schienen im Backofen stellen. Den Radicchio auf einer Schiene über dem Halloumi 12–14 Minuten lang garen, bis die Blätter sehr dunkel und fast angebrannt aussehen und der Halloumi eine goldene Farbe hat.

Den Radicchio aus dem Backofen holen und die kreuzförmigen Einschnitte ein wenig auseinanderziehen, sodass die Blätter aufgelockert werden. Auf einen Teller oder in eine Schüssel geben.

Die Kirschvinaigrette darübergießen und mit Halloumi, Schnittlauch und Orangenschale bestreuen. Noch einen Schuss Olivenöl darübergießen und servieren.

Tipp: **Wenn Ihre Kapern in Salzlake eingelegt sind, lassen Sie sie vor dem Garen gut abtropfen. Wenn Sie Kapern in Salz verwenden, geben Sie sie in ein Sieb und spülen Sie sie kurz mit kaltem Wasser ab, um das Salz zu entfernen. Das überschüssige Wasser gut abschütteln und die Kapern ebenfalls gut abtropfen lassen.**

Für Eilige: **Sie können auch einen milderen Radicchio (wie den breiteren Radicchio di Chioggia) verwenden und die gegarten Blätter als Salat mit einem Dressing aus Olivenöl, Orangensaft und Rotweinvinaigrette anrichten.**

PASTA MIT RADICCHIO & WÜRSTCHEN

Timing ist alles bei diesem Rezept: Wenn Sie gut im Multitasking sind, geht das Ganze schneller als eine Pizzazustellung! Ich habe dieses Rezept schon so oft gemacht, dass ich es mittlerweile im Schlaf kann. Glauben Sie mir – wenn Sie es erst einmal probiert haben, wird es Teil Ihres Standardrepertoires werden. Wenn ich Lust auf noch mehr Grünzeug habe, ersetze ich die Hälfte der Nudeln durch spiralisierte Zucchini (wie auch bei der Bolognesesauce von Seite 380). Die Anleitung dazu habe ich als Option in das Rezept eingefügt.

FÜR 4 PORTIONEN

- 500 g Spaghetti
- 60 ml Olivenöl
- 500 g Schweinebratwurst mit Fenchel (siehe Tipps), enthäutet
- 1 kleine Fenchelknolle, fein geschnitten, das Grün für später aufheben (zum Garnieren)
- 1–2 Knoblauchzehen, fein gehackt oder zerdrückt
- 2 EL Sake (optional)
- 1 Stk. Radicchio (siehe Tipps), gehobelt
- 2 Zucchini, spiralisiert (optional)
- 100 g Parmesan, gerieben

Einen großen Topf mit gut gesalzenem Wasser zum Kochen bringen. Die Pasta hinzufügen und nach den Anweisungen auf der Packung kochen.

In der Zwischenzeit eine große, tiefe Bratpfanne auf mittlerer Stufe erwärmen. Die Handfläche über der Pfanne ausstrecken. Wenn Sie spüren, wie die Pfanne Hitze ausstrahlt, 1 EL des Olivenöls hineingeben, das Wurstbrät hinzufügen und mit einem Holzlöffel zerteilen. Nachdem das Wurstbrät gebräunt ist, Fenchel und Knoblauch hinzufügen und 3 Minuten lang dünsten, bis der Fenchel etwas weicher ist. Pfanne mit dem Sake (falls verwendet) oder mit einem Schuss Wasser oder Essig ablöschen.

Die Mischung in eine Schüssel geben. Den Radicchio in die Pfanne geben, einen weiteren Esslöffel Öl hinzufügen, die Hitze erhöhen, sodass der Radicchio Farbe annimmt und welk wird.

Wenn die Pasta fertig ist, eine Tasse des Kochwassers beiseitestellen. Die Zucchini (falls verwendet) in ein Küchensieb geben und die Pasta darin abgießen (das heiße Kochwasser sorgt dafür, dass die Zucchini etwas weicher werden).

Das Wurstbrät mit der abgetropften Pasta und den Zucchini wieder in die Pfanne geben. Etwa die Hälfte des Parmesans darüberstreuen und das beiseitegestellte Kochwasser darübergießen. Alles durchrühren, bis sich die Sauce reduziert und eindickt.

In Schüsseln portionieren. Den verbleibenden Parmesan darüberstreuen und mit dem restlichen Olivenöl beträufeln. Mit jeder Menge frisch gemahlenem Pfeffer servieren.

Tipp: **Bei so wenigen Zutaten zählt jede einzelne! Die Qualität der Bratwürste ist ausschlaggebend, da diese die Grundlage des Rezepts darstellen. Dies ist also ein guter Moment, um etwas richtig Feines auszuprobieren. Weniger ist mehr! Halten Sie Ausschau nach Schweinefleisch aus Freilandhaltung und nach einer natürlichen Wursthülle. „Füllstoffe" wie Paniermehl etc. sind tunlichst zu vermeiden. Vegetarier können natürlich auch vegetarische Würstchen nehmen.**

Zu diesem Rezept passen bittere Radicchiosorten besonders gut. Sie können aber auch Chicorée oder Frisée verwenden.

Artischocke

Die Person, die beim Anblick einer Artischocke als Erste gedacht hat: „Hmmmm … wie die wohl dampfgegart schmecken würde, mit Zitrone und Olivenöl?“, verdient jede Menge Lob, sowohl für kulinarische Experimentierfreude als auch Mut! Ich kann mir richtig vorstellen, wie diese Person sich freute, als sie sich durch die stacheligen äußeren Schichten gearbeitet hatte, nur um dann in der Mitte einen ordentlichen Schock zu erleiden … Ein wenig so, also würde man eine Pusteblume einatmen, anstelle sie anzupusten! Was diese Person zum Weitermachen motivierte, war wohl dasselbe, was echte Artischockenfans auch heute an ihr schätzen und lieben: Das Aroma von Haselnüssen, gepaart mit dem Aroma von Kiefernwäldern, sowie die Textur des Artischockenherzens – sie ist wie Butter. Um Artischocken zuzubereiten, müssen Sie in der richtigen Stimmung sein, da das Putzen relativ langwierig ist. Das Wochenende bietet sich an, um Artischocken einzulegen. Sie können den ganzen Aufwand jedoch vermeiden, indem Sie junge Artischocken wählen, die noch kein Heu entwickelt haben, oder indem Sie die Artischocke im Ganzen dampfgaren, die Blätter abzupfen und die fleischigen Blattenden genussvoll durch die Zähne ziehen, nachdem Sie sie in eine üppige, zitronige Sauce getaucht haben. Einfach fantastisch!

„Für eine fantastische Vorspeise die Artischocke mit dem Küchenhobel fein hobeln, mit einer Emulsion aus Zitronensaft und Olivenöl (extra vergine), Salz, Pfeffer und fein gehackter Petersilie vermischen und auf dünn geschnittenem, rohem Rindfleisch anrichten. Darüber kommen Parmigiano Reggiano und knusprige Thai-Schalotten. Das nussige Aroma der Artischocken passt wunderbar zum Rindfleisch und zum Parmesan.“

– KAREN MARTINI, AUSTRALIEN

EINKAUF & LAGERUNG

Am Einkauf von frischem Obst und Gemüse sind immer alle Sinne beteiligt. Ich weiß gar nicht mehr, wie oft ich Ihnen bereits geraten habe, an frischen Produkten zu riechen, um festzustellen, ob sie reif sind. Um die perfekte Artischocke auszuwählen, kommt jedoch ein anderes Sinnesorgan zum Einsatz: das Ohr! Im Frühling, wenn die Artischocken reif sind, drücken Sie einfach die Blätter einer Artischocke leicht zusammen. Quietscht das Blatt, ist die Artischocke bereit für Action in der Küche. Hören Sie nichts, hat diese Artischocke ihre beste Zeit bereits hinter sich. Auch lange Stiele an größeren Artischocken sind ein Zeichen für Frische, da der Stiel als Allererstes Verfallserscheinungen aufweist. Artischocken oxidieren extrem schnell und werden im Nu schwarz, wenn sie mit Sauerstoff in Berührung kommen. Schwarze Sprenkel am Stiel sind also kein Grund zur Besorgnis, solange der Rest der Knospe frisch aussieht (und sich auch so anhört). Dass die Artischocke empfindlich auf Sauerstoff reagiert, sollten Sie auch bei der Lagerung berücksichtigen. Artischocken liegen nicht gerne ungeschützt im Kühlschrank – wickeln Sie sie auf jeden Fall in eine Tüte oder in Papier ein. Wenn Ihre Küche kühl genug ist, lagern Sie Artischocken am besten in einer Vase auf der Küchentheke. Schneiden Sie den Stiel schräg ab (wie bei Schnittblumen) und stecken Sie sie in die Vase, wo sie über 1 Woche lang haltbar sind. Wechseln Sie das Wasser alle 2 Tage.

ZUBEREITUNG

Vorbereitung ist alles, wenn es darum geht, Artischocken küchenfertig zu machen. Sobald die Zellstruktur einer Artischocke beschädigt ist – durch Abreißen der Blätter oder durch Schneiden –, verfärbt sie sich. Diese Enzymreaktion können Sie aufhalten, indem Sie ihr Säure in Form von Zitronensaft oder Essig entgegensetzen. Ehe Sie die Artischocke auch nur anrühren, halbieren Sie eine Zitrone und halten Sie eine Hälfte davon neben Ihrem Schneidbrett bereit. Wenn Sie vorhaben, die Artischocken rasch zu verarbeiten, drücken Sie die andere Zitronenhälfte in dem Kochwasser aus, in dem Sie dann die geputzten Artischocken portionsweise garen. Wenn Sie gleich eine größere Menge Artischocken verarbeiten möchten – ganz ehrlich gesagt, ein langsamer und mühsamer Prozess – drücken Sie die zweite Zitronenhälfte in eine große Schüssel mit kaltem Wasser aus, in der die Artischocken plantschen dürfen, sobald sie fertig geputzt sind. Die zweite Hälfte halten Sie neben dem Schneidebrett bereit, damit Sie exponierte Oberflächen sofort damit abreiben und so den Verfärbungsprozess im Keim ersticken können.

GUTE PARTNER

Butter, Favabohnen, Käse (vor allem Emmentaler, Parmesan, Ziegenkäse), Kartoffeln, Knoblauch, Kräuter (vor allem Lorbeerblätter, Minze, Petersilie), Nüsse (vor allem Haselnüsse, Walnüsse), Paniermehl, Zitronen.

Eingelegte Artischocken

Wenn Sie Lust auf Artischocken verspüren, diese aber gerade nicht Saison haben oder Ihnen die Zeit zu knapp ist, um frische Artischocken zuzubereiten, holen Sie sich einfach ein Glas mit eingelegten Artischocken aus dem Feinkostladen. In Öl eingelegte Artischocken sind ein gern gesehenes Antipasto. Die Frage, ob sie beim Kochen ihren in Salzlake eingelegten Kollegen vorzuziehen sind, ist allerdings noch unentschieden. Ich persönlich ziehe Artischocken in Öl vor, weil das Öl holzige Blätter weicher macht. Andere – zum Beispiel die grandiose Jane Grigson – sind der Ansicht, dass genau dieser „Weichmachereffekt" die Artischocken zu schleimig werden lässt. Wenn Sie ein bissfesteres Herz bevorzugen, sollten Sie sich an Artischocken in Salzlake halten. Überprüfen Sie aber die Zutaten auf dem Etikett: Je höher der Essig- oder Essigsäureanteil, desto saurer das Endergebnis. Um Artischocken in der Dose machen Sie hingegen am besten einen weiten Bogen (außer, Sie mögen einen metallenen Nachgeschmack)! Gefrorene Artischockenherzen kommen dem Geschmack frischer Artischocken am nächsten. Im aufgetauten Zustand verhalten sich diese genau so, als ob Sie frische Artischocken gekocht, auf einem Tablett ausgebreitet und selbst eingefroren hätten. Das ist übrigens eine gute Idee, wenn Sie ein wenig Zeit und Artischocken gerade Hochsaison haben. Dann können Sie frische Artischockenherzen auch selbst in Öl einlegen.

Gedünstete Artischocken mit Zitrone & Olivenöl

Um die Zubereitung von Artischocken zu vereinfachen, Wasser in einen Kochtopf geben, Bambusdämpfer oder Dämpfeinsatz daraufsetzen und das Wasser zum Kochen bringen. In der Zwischenzeit die Artischocken unter fließendem Wasser gut reinigen. Stiele und obere Spitze abschneiden, damit die Artischocken in den Dämpfer passen (möglichst aufrecht). (Die Stiele können separat gedünstet oder gegrillt werden, oder aber Sie entfernen den äußeren, holzigen Teil und servieren den helleren Innenteil roh im Salat.) Junge Artischocken etwa 10 Minuten, mittelgroße bis große 25–30 Minuten lang dämpfen. Richtig dicke Exemplare brauchen 30–40 Minuten und dürfen ruhig seitlich im Dämpfer liegen. Von Zeit zu Zeit überprüfen, dass noch ausreichend Wasser vorhanden ist. Mit reichlich Zitronensaft und Olivenöl beträufeln und mit Salz und Pfeffer würzen. Serviert wird das Ganze als Fingerfood: Ihre Gäste zupfen die Blätter ab, dippen das weiche, fleischige Blattende in Knoblauch-Aioli (Seite 37) oder in eine kleine Schüssel mit extra Zitronensaft und ziehen es dann durch die Zähne.

SAFRAN-ORZO MIT GERÖSTETEN ARTISCHOCKEN

Manche Rezepte sind Erbstücke, andere entstehen durch einen glücklichen Zufall, wieder andere sind auf göttliche Eingebung zurückzuführen. Letzteres ist bei diesem Rezept der Fall. Und wenn ich „göttlich" sage, dann meine ich das auch. Safran und Artischocken sind zwei von vielen gastronomischen Geschenken, die Griechenland der Welt gemacht hat.

Wenn man der griechischen Mythologie Glauben schenkt, haben wir die Artischocke Zeus höchstpersönlich zu verdanken, nachdem er eine seiner Geliebten, die unter Heimweh litt, in eine Distel verwandelte. Bei diesem Rezept wird die goldene Pracht der Distel durch Zeit und Wärme wiederhergestellt. Sie rastet auf einem Bett aus zartem Orzo (Kritharaki auf Griechisch), in dem Safranfäden für sonnige Akzente sorgen. Der gute Zeus schlief angeblich auf einem Safranbett. Man könnte also sagen, dass dieses Gericht den König des Olymp und seine Ex wiedervereint ... Eine heikle Sache!

FÜR 4 PORTIONEN

- 80 ml Olivenöl
- 6 gekochte Artischocken mit Stiel (siehe Tipp), der Länge nach halbiert
- 2 Schalotten, fein gehackt
- 1 Bund Petersilie, Blätter abgezupft und fein gehackt, Stiele fein gehackt
- 330 g Orzo (oder Risoni)
- 750 ml Gemüsebrühe
- 1 große Prise Safranfäden
- 2 TL eingelegte Zitronen, fein gehackt
- 60 g Haselnusskerne, leicht geröstet, dann grob gehackt

2 EL Olivenöl in einer großen Bratpfanne auf hoher Stufe erhitzen. Die Artischocken mit der Schnittseite nach unten in die Pfanne legen und 4 Minuten lang rösten, ohne sie zu bewegen, bis die Artischocken leicht angekohlt und goldfarben sind. Aus der Pfanne nehmen und auf Küchenpapier abtropfen lassen.

Das restliche Öl auf mittlerer Stufe in die Pfanne geben. Schalotte und Petersilienstiele hinzufügen und 4 Minuten lang weich dünsten. Orzo hinzufügen und 2 Minuten lang dünsten, bis der Orzo glänzt und leicht geröstet ist. Brühe hinzufügen und aufkochen, dann die Hitze auf niedrige Stufe reduzieren. Safran hinzufügen, Deckel daraufsetzen und 12–15 Minuten köcheln lassen, bis der Orzo weich ist. Eingelegte Zitronen einrühren.

Die Artischocken mit der Schnittseite nach oben auf den Orzo setzen. Deckel daraufgeben und 3 Minuten dünsten lassen, sodass alle Zutaten gut durchgewärmt sind.

Auf eine Servierplatte geben und mit der gehackten Petersilie und den Haselnüssen bestreuen. Heiß oder kalt servieren.

Tipp: **Viele Feinkostläden bieten zwei Arten von marinierten Artischocken an: Artischocken in Öl – meist sind das nur die Herzen – und Artischocken in Salzlake, bei denen mehr von den Blättern intakt bleibt. Die Wahl bleibt Ihnen überlassen. Eingelegte Artischocken sind ein guter Ersatz, wenn die frischen gerade nicht zu bekommen sind.**

Für Eilige: **Verwenden Sie Instant-Couscous anstelle von Orzo und rösten Sie die Artischocken in der Pfanne, während das Wasser (oder die Gemüsebrühe) aufkocht. Unmittelbar bevor Sie die heiße Flüssigkeit über den Couscous gießen, rühren Sie Safran ein.**

Doppelt im Einsatz: **Dieses Gericht ist nur einen Schritt davon entfernt, ein Nudelsalat zu werden. Schneiden oder zerpflücken Sie die marinierten Artischocken, krümeln Sie ein wenig Feta darüber und servieren Sie das Ganze kalt. Eine gute Option für Partys, bei denen jeder etwas mitbringt, oder als schnelles Mittagessen am Schreibtisch.**

Aubergine

Die Aubergine ist ein geheimnisvolles, launisches Gemüse, mit einer dunklen Schale, die wie der Kotflügel eines Rolls-Royce Phantom glänzt. Ihr italienischer Name, *Melanzane*, bedeutet so viel wie „verrückter Apfel“ und ist wohl auf den Ruf ihrer Cousine, der *Belladonna*, zurückzuführen, ein Nachtschattengewächs, das bereits im alten Rom als Medizin sowie als überaus wirksames Gift bekannt war. Man dachte zunächst, dass die Aubergine, die von arabischen Händlern im Mittelalter nach Europa gebracht wurde, alle möglichen Unpässlichkeiten hervorrufen könne wie Tollsucht und Melancholie. Der englische Name, *eggplant,* bedeutet so viel wie „Eierpflanze“ und hat einen eindeutigeren Hintergrund. Die ersten Sorten, die nach Europa kamen (manche sind heute noch in Indien, China und Thailand beliebt), waren kleiner, ovaler und cremefarben – wie ein Ei eben. Durch Züchtungen, die darauf abzielten, Farbe und Süßegrad zu verbessern, wurde das „Ei“ im Laufe der Zeit dunkelviolett. Der Name „Aubergine“ geht auf den Sanskrit-Namen *Vatin-ganah* zurück, was soviel bedeutet wie „Gemüse, welches Blähungen kuriert“. Cremige, salzige Füllungen und Würzmittel, von Mayo bis Miso, ergänzen den herb-nussigen Geschmack der Aubergine perfekt.

Aubergine

„Ich liebe Auberginen. Ich halbiere sie und backe sie im Ofen, sodass das Innere Farbe annimmt. Wenn man Auberginen über einer Gasflamme (oder noch besser auf dem Grill) gart, nimmt sie eine rauchige Note an, die perfekt ist für Baba Ghanoush. Wenn wir sie in der Pfanne braten, legen wir sie zuerst in Milch und Salz ein, lassen sie dann gründlich abtropfen und reiben sie mit grobem Mehl ein, damit sie so wenig Öl wie möglich aufnehmen. Ich serviere Auberginen gerne mit intensiven Saucen wie Miso mit Ingwer, Romesco-Sauce, oder – wenn sie gebraten wurden – mit Melasse.“ – ALBERT ADRIÀ, SPANIEN

EINKAUF & LAGERUNG

Der Glanz und das Quietschen einer reifen, frischen Aubergine ist unverkennbar, egal, um welche Sorte es sich handelt. Reif werden Auberginen im Spätsommer bzw. Herbst. Halten Sie Ausschau nach harten Exemplaren, die sich für ihre Größe schwer anfühlen, deren Schale intakt ist und die eine glänzende, satte Farbe haben wie die dunkelvioletten italienischen Auberginen (zum Sautieren und Garen im Backofen), die runderen, violetten, indischen Auberginen (ideal zum Füllen), die cremefarben und violett gestreiften sizilianischen (toll als Chips!) oder die kleinen, runden, grünen oder weißen thailändischen Auberginen (werden als Ganzes in Currys verwendet). Der Stiel sollte sich grob und fest anfühlen (Vorsicht – er kann stechen). Die äußersten Spitzen der Kelchblätter sollten glatt an der Schale anliegen. Tun sie das nicht mehr, hat die Aubergine bereits an Volumen eingebüßt. Dunkle Stellen am Stiel sind kein Grund zur Besorgnis, solange sie trocken und fest sind. Meist sind sie auf den Transport zurückzuführen. Wenn Sie nur noch ältere, schwammige Exemplare bekommen, achten Sie darauf, dass die Aubergine gleichmäßig weich ist, ohne erkennbare braune, weiche Stellen, die man fast mit dem Finger durchlöchern könnte. Diese Auberginen eignen sich, um geschält, gesalzen und langsam gedünstet zu werden. Auch wenn wir instinktiv dazu neigen, Auberginen im Kühlschrank zu lagern, ist dies nicht ideal. Sie fühlen sich an einem dunklen, kühlen Ort wie der Vorratskammer am wohlsten und sollten in einer Tüte aufbewahrt werden. Achten Sie darauf, dass Ihre Auberginen Kartoffeln und Zwiebeln nicht zu nahe kommen, da diese den Zerfallsprozess beschleunigen.

ZUBEREITUNG

Unter der glänzenden Schale liegt das schwammige, cremefarbige Fruchtfleisch der Aubergine, das beim Kochen eine grünlich-braune Färbung mit goldenem Unterton entwickelt und das Fett und die Aromen, mit dem es gegart wird, mühelos aufnimmt. Die poröse Struktur der Aubergine ist besonders für die rauchigen Geschmacksnoten geeignet, die sich beim Grillen oder Garen im Backrohr bei hoher Temperatur entwickeln. Das beste Beispiel dafür ist der Dip, der dem Hummus die Weltherrschaft streitig macht, nämlich Baba Ghanoush. Wenn Sie zu Hause Baba Ghanoush machen und Zugang zu einer offenen Flamme haben, lassen Sie die Aubergine ganz und garen Sie sie ohne Abdeckung auf mittlerer Stufe. Wenden Sie sie ab und zu, bis die Außenseite vertrocknet und schwarz und das Innere vollkommen weich ist (30–45 Minuten). Machen Sie einen seitlichen Schlitz in die Aubergine und hängen Sie sie über eine Schüssel oder über die Spüle, sodass überschüssige Feuchtigkeit abtropfen kann. Entfernen Sie das Fruchtfleisch mit einem Löffel von der Schale oder lassen Sie die Schale dran, wenn Sie eine „rustikalere“ Optik bevorzugen. Tahin, Knoblauch, Paprika und gemahlenen Koriander (oder auch frischen, wenn Sie mögen), Zitronensaft, Olivenöl und Salz nach Geschmack hinzufügen und zu einem groben Baba Ghanoush verarbeiten. Wenn Sie einen glatten Dip bevorzugen, pürieren Sie die Mischung in der Küchenmaschine. Aber auch, wenn Sie kein Baba Ghanoush machen, schmecken Auberginen gegrillt und rauchig am besten, oder aber dann, wenn sie lange genug im Ofen gegart werden, um eine seidige, rutschige Konsistenz zu entwickeln. Grillen Sie Ihre Auberginen trocken und warten Sie, bis sie auf beiden Seiten goldbraun sind, ehe Sie sie mit Öl und Aromastoffen wie Knoblauch und Gewürzen bepinseln, damit die Aubergine nicht das ganze Öl aufsaugt und fettig wird. Sie können Auberginen auch im Ganzen bei 200° C mit einem Schuss Olivenöl und besprenkelt mit Salzflocken im Backofen weich garen (ca. 40 Minuten) oder sie in Scheiben schneiden und nach derselben Methode goldbraun rösten (15–20 Minuten). Ich lasse den Stiel gerne dran, weil dies einfach schön aussieht. Ich halbiere die Auberginen der Länge nach, schneide sie gitterförmig ein und grille die Schnittfläche in einer trockenen, heißen, gut eingebrannten Pfanne. Dann gare ich sie im Backofen, bis sie weich sind. So bekomme ich das Beste von zwei Garmethoden, und der Geschmack ist phänomenal. Die Fähigkeit der Aubergine, durch Wärmeeinwirkung ihre Konsistenz von fest auf geschmeidig zu ändern, kommt besonders gut in Gerichten zur Geltung, bei denen sie mit Reis und Hackfleisch gedünstet wird. Und dann ist da natürlich noch mein absolutes Lieblingsgericht aus Georgien: mit Walnüssen gefüllte Auberginenröllchen (Seite 266).

GUTE PARTNER

Chili, Granatapfel, Honig, Ingwer, Käse (Feta, Parmesan, Ricotta, Ziegenkäse), Knoblauch, Koriander, Mayonnaise, Miso, Nüsse (Cashewkerne, Pinienkerne, Walnusskerne), Olivenöl, Paniermehl, Paprika, Petersilie, Sesamöl, Sojasauce, Tahin, Tomaten, Joghurt.

Salzen oder nicht salzen

In Rezepten mit Auberginen wird oft angegeben, dass diese vor dem Kochen eingesalzen werden muss (besonders in älteren Kochbüchern). Tatsächlich ist das kaum notwendig. Früher hieß es, dass das Salzen der Aubergine die bitteren Geschmackskomponenten entzieht. Heute glaubt man eher, dass das Salz unsere Zunge dazu bringt, den bitteren Geschmack als „cremige“ Note wahrzunehmen. Was sehr wohl stimmt, ist, dass das Salz die schwammige Struktur der Aubergine aufbricht, ihr Feuchtigkeit entzieht und dafür sorgt, dass sie Öl leichter aufnimmt. Frische, feste Auberginen brauchen Sie nicht einzusalzen, ebenso wenig wie kleinere, die Sie in Currys verwenden (denen ihr leicht bitterer Geschmack zusätzliche Tiefe verleiht), oder wenn Sie vorhaben, die Auberginen über einen längeren Zeitraum hinweg zu garen. Salzen macht aber sehr wohl in Rezepten Sinn, in denen die Auberginen frittiert werden. Das Resultat sind außen wunderbar knusprige, innen herrlich cremige und goldfarbene Stücke. Schneiden Sie die Auberginen so wie im Rezept angegeben, bestreuen Sie sie großzügig mit Salzflocken und lassen Sie sie mindestens 30 Minuten lang rasten (1 Stunde ist noch besser). Die Aubergine wird ziemlich rasch zu schwitzen beginnen. Sie werden erstaunt sein, wie viel Flüssigkeit das Salz ihr entzieht! Tupfen Sie sie vor der Verarbeitung mit einem Küchenpapier oder sauberen Geschirrtuch ab. Salzen Sie das Gericht erst knapp vor dem Fertigstellen, wenn Sie es abschmecken – schließlich hat die Aubergine schon im Vorfeld jede Menge Salz aufgenommen.

BADRIJANI: AUBERGINENRÖLLCHEN MIT WALNÜSSEN

Wann immer mich jemand fragt, wie man die georgische Küche am besten beschreibt, sage ich „Walnüsse, Knoblauch, Koriander“. Das ist sozusagen unsere kulinarische Dreifaltigkeit. Egal, ob diese püriert, eingerührt oder obenauf gesprenkelt werden: Zahlreiche Gerichte der georgischen Küche bauen auf diesen Aromen auf, von Spinat bis hin zu Roter Bete oder Auberginen. Ich liebe dieses Gericht ganz besonders: Hier wird die „Dreifaltigkeit“ zu einer Paste verarbeitet und mit einigen klassischen Gewürzen des Kaukasus verfeinert, ehe sie in goldbraun geröstete Auberginen gewickelt wird, die Zeit hatten, ihre Bitterkeit und Härte im Backrohr gegen Süße und Geschmeidigkeit einzutauschen.

FÜR 4–6 PORTIONEN ALS VORSPEISE

5–6 kleine bis mittelgroße Auberginen, insgesamt 1,5 kg
Olivenöl-Spray
120 g Walnusskerne
1 Knoblauchzehe, geschält
1 TL Weißweinessig
½ TL gemahlener Koriander
½ TL Currypulver
Granatapfelkerne, zum Garnieren
Korianderblätter, zum Garnieren

Granatapfelsauce
80 ml Granatapfelsirup
80 ml Tahin
80 ml natives Olivenöl extra

Den Backofen auf 190 °C vorheizen. Drei Backbleche mit Backpapier auslegen und mit Olivenöl-Spray besprühen.

Die Auberginen schräg in 8 mm dicke Scheiben schneiden. Die „Hinterteile“ auf jeder Seite so schmal wie möglich halten, da sich diese nicht gut rollen lassen. In einer Lage auf den Backblechen verteilen und mit Olivenöl-Spray besprühen.

50–60 Minuten lang backen. Nach der Hälfte der Backzeit wenden, sodass beide Seiten goldbraun, weich und durchgegart sind.

Walnusskerne, Knoblauch, Essig, Gewürze und 60 ml frisch aufgekochtes Wasser in der Küchenmaschine zu einer glatten Paste verarbeiten. Mit Salz und Pfeffer würzen.

Alle Saucenzutaten vermengen und beiseitestellen. Wenn die Auberginen komplett biegsam sind, aus dem Backofen nehmen und so weit abkühlen lassen, bis man sie verarbeiten kann.

1 TL der Walnusspaste auf den kürzeren Rand jeder Scheibe setzen und einrollen. Das Ende gut andrücken und das Röllchen auf diese Seite setzen, damit es nicht aufgeht.

Die Auberginenröllchen auf einer Platte anrichten. Mit der Sauce beträufeln und mit Granatapfelkernen und Koriander bestreuen. Mit der restlichen Sauce servieren.

Tipp: **Walnuss- und Pinienkerne sind berüchtigt dafür, dass sie nach dem Knacken sehr schnell ranzig werden. Vorsicht bei versiegelten Verpackungen mit langem Haltbarkeitsdatum, besonders, wenn die Nüsse pudrig aussehen. Knacken Sie sie am besten selbst oder kaufen Sie sie in einem Laden, in dem Sie sie vorher kosten können. Übrig gebliebene Nüsse in einem fest verschlossenen Behälter im Kühlschrank lagern.**

Für Eilige: **Wenn Sie keine Zeit haben, um Nüsse zu knacken, ersetzen Sie die Walnüsse einfach durch Erdnuss- oder ein anderes Nussmus. Damit die Auberginen schneller gar werden, salzen Sie die Scheiben ein, tupfen sie trocken und grillen sie, anstatt sie zu backen. Das Ergebnis ist rutschiger, aber die Garzeit dafür kürzer. Mit Sirup anstelle von Granatapfelsauce beträufeln.**

Doppelt im Einsatz: **Übrig gebliebene Nusspaste mit Mayonnaise mischen und als cremiges, aromatisches Salatdressing verwenden. Auch zu dem georgischen Lobio von Seite 354 schmeckt das Dressing vorzüglich.**

CAPONATA IM GLAS

In Griechenland ist es Briam, in Georgien Ajapsandali, in Frankreich Ratatouille und in Italien Caponata: Fast jede Küche hat eine Version dieses Gemüseeintopfs zu bieten. Was ich an diesem Rezept schätze, ist, dass es sich teils um eine Konserve, teils um einen Dip und teils um eine Mahlzeit im Glas handelt. Die Säure von Rotweinessig und Zitronensaft wird von sirupartigen Rosinen (oder anderen Trockenfrüchten) durchsetzt. Dieser Gegensatz verleiht Caponata ihren unverkennbaren süß-sauren Geschmack, den die Italiener als *agrodolce* bezeichnen! Die Zutaten können auch dünn geschnitten, gebraten, gewürzt und Schicht um Schicht im Glas angeordnet werden. Ein hübsches und schmackhaftes Geschenk! Caponata schmeckt herrlich zu gegrilltem Brot oder warm als Beilage. Servieren Sie sie mit Polenta und jeder Menge Parmesan als nahrhafte, vegetarische Mahlzeit. Wenn sich Ihr Vorrat dem Ende zuneigt, pürieren Sie die restliche Caponata einfach und Sie erhalten im Nu einen pikanten Auberginen-Dip.

ERGIBT ETWA 2,5 LITER

45 g Rosinen
60 ml Rotweinessig
1 kg Auberginen, in 2 cm große Würfel geschnitten
1 EL Salzflocken
2 EL natives Olivenöl extra
2 kleine rote Zwiebeln, in 1 cm große Würfel geschnitten
2 Stangen Staudensellerie, in 2 cm große Würfel geschnitten
1 Bund Petersilie, Blätter fein gehackt, Stiele zerkleinert
2 Knoblauchzehen, fein gehackt
100 g Kapernäpfel, entstielt, in Scheiben geschnitten
400 g Kirschtomaten (Dose)
Schale von 1 Zitrone
Reiskleie- oder Sonnenblumenöl zum Frittieren

4 Einmachgläser mit einem Fassungsvermögen von 300 ml mit heißem Wasser und Spülmittel waschen und auf einem Geschirrständer trocknen lassen.

Rosinen, Essig und 250 ml frisch gekochtes Wasser in eine hitzebeständige Schüssel geben und 5 Minuten lang ziehen lassen.

Auberginenwürfel und Salzflocken in einem Sieb vermengen und über einer Schüssel abtropfen lassen. Auberginenwürfel ab und zu mit der Hand drücken, damit das Salz einmassiert wird und die Flüssigkeit entweicht.

Olivenöl in einem Topf auf mittlerer Stufe erhitzen. Zwiebel, Selleriestangen und Petersilienstiele 4 Minuten lang dünsten, bis sie weich sind. Knoblauch und Kapernäpfel hinzufügen und 1 Minute lang dünsten, bis sie ihr Aroma entfalten. Tomaten, Zitronenschale und eingeweichte Rosinen hinzufügen. 15 Minuten köcheln lassen, bis sich die Flüssigkeit um die Hälfte reduziert hat.

In der Zwischenzeit 5 cm Öl in einem großen Topf auf mittlerer Stufe erhitzen. Die Auberginenwürfel gut ausdrücken, damit keine Flüssigkeit darin verbleibt. Auberginenwürfel portionsweise 3–4 Minuten lang frittieren, bis sie goldbraun sind. Mit einem Schaumlöffel herausnehmen und direkt in die blubbernde Sauce geben. Mit den restlichen Auberginenwürfeln ebenso verfahren.

Die gehackte Petersilie einrühren und nach Bedarf würzen. Noch heiß in die vorbereiteten Einmachgläser abfüllen und diese luftdicht verschließen. Wenn Sie vorhaben, die Caponata sofort oder innerhalb der nächsten 2–3 Wochen zu verzehren, die Gläser im Kühlschrank lagern.

Für eine längere Lagerung die gefüllten Gläser in einen mittelgroßen Topf geben und mit Wasser bedecken. Aufkochen lassen, vom Herd nehmen und 10 Minuten stehen lassen. Gläser aus dem Wasser nehmen und abkühlen lassen. Die Deckel der Gläser sollten nun eine leichte Wölbung nach innen aufweisen.

Ist dies nicht der Fall, Gläser wieder ins Wasser stellen, aufkochen und den Vorgang wiederholen. Die auf diese Weise versiegelten Gläser halten sich bis zu 4 Monate lang. Nach dem Öffnen im Kühlschrank aufbewahren und innerhalb von 1 Monat verbrauchen.

Für Eilige: **Anstelle die Auberginen zu frittieren, auf mit Olivenöl beträufelten Backblechen 20 Minuten lang bei 200 °C im Backofen garen. Die Würfel werden zwar nicht so schön, aber Sie können in der Zwischenzeit andere Dinge erledigen.**

GLASIERTE AUBERGINEN NACH SZECHUAN-ART

Die Küche von Szechuan ist von kraftvollen Aromen, leuchtend roten Saucen und unglaublicher Schärfe geprägt. Diese geschmorten Auberginen werden auch als „Auberginen mit Fischgeschmack" bezeichnet. Das rührt von den paar Esslöffeln Fischsauce her, die zum Rezept gehören. Für mich ist dieses Gericht etwas, das nicht nur umwerfend schmeckt, sondern auch viele bittersüße Erinnerungen an den Tag weckt, an dem ich den leider verstorbenen, legendären Restaurantkritiker Jonathan Gold an einige der Foodie-Adressen Melbournes verschleppte, darunter das berühmte Dainty Sichuan. Er gab mir den besten Rat für auf Gastronomie spezialisierte Journalisten, den man sich vorstellen kann und den ich immer wieder beherzige. J-Gold meinte: „Wir können drei verschiedene Dinge sein – aber niemals gleichzeitig: Wir können geliebt werden, gut schreiben oder einen Abgabetermin einhalten." Sie erraten sicher, welches davon mir die größten Schwierigkeiten macht!

FÜR 4–6 PORTIONEN

- 1 kg Auberginen, in 1 cm große Stäbchen geschnitten
- 2 TL Salzflocken
- 175 g Zuckerrohr- (oder Reismalzsirup)
- 60 ml chinesischer Reisessig
- 90 g Sojabohnen-Chilipaste (siehe Tipp)
- 60 g Crispy Chili-Öl mit Erdnüssen (siehe Tipp)
- 2 EL Fischsauce (alternativ Sojasauce)
- Saft von 1 Zitrone
- 110 g Maisstärke
- Reiskleieöl, zum Frittieren
- 2 kleine rote Chilis, in feine Ringe geschnitten
- 3 Knoblauchzehen, in dünne Scheiben geschnitten
- 2 EL geröstetr Sesam
- Geschnittene Frühlingszwiebel, zum Garnieren
- Gekochter Reis als Beilage

Die Auberginen in einem Sieb mit den Salzflocken vermengen. 1 Stunde lang über einer Schüssel abtropfen lassen, bis die Auberginen weich sind.

In der Zwischenzeit die Sauce vorbereiten. Zuckerrohrsirup, Essig, Chilipaste, Chili-Öl und Fischsauce in einem Wok auf mittlerer Stufe vermengen. Aufkochen und 4 Minuten lang unter häufigem Rühren köcheln lassen, bis sich die Flüssigkeit leicht reduziert hat. Zitronensaft einrühren und beiseitestellen.

Unmittelbar vor der Zubereitung die Auberginen hinunterdrücken, um das überschüssige Wasser freizusetzen. In eine Schüssel geben und mit der Maisstärke vermischen.

5 cm Öl in einem großen Topf auf mittlerer Stufe auf 180 °C erhitzen, oder bis ein Brotwürfel im Öl innerhalb von 15 Sekunden goldbraun wird. Chili und Knoblauch hinzufügen und 1 Minute lang knusprig braten. Mit dem Schaumlöffel herausnehmen und auf Küchenpapier abtropfen lassen.

Portionsweise die Auberginen 3 Minuten lang frittieren, bis sie hellgold und knusprig sind, aber weich in der Mitte (überschüssige Maisstärke vorher abschütteln). Mit dem Schaumlöffel herausnehmen und auf einem Kuchengitter über einem Küchenpapier abtropfen lassen. Mit den restlichen Auberginenstäbchen ebenso verfahren.

Die Sauce im Wok erneut zum Kochen bringen. Auberginenstäbchen hinzufügen und gut umrühren.

In eine Servierschüssel geben und mit dem knusprigen Chili und Knoblauch, den Sesamkörnern und der Frühlingszwiebel bestreuen. Mit gekochtem Reis servieren.

Tipp: **Chinesischen Reisessig, Sojabohnen-Chilipaste und Crispy Chili-Öl finden Sie in jedem guten asiatischen Supermarkt. Wenn Sie keinen in der Nähe haben, versuchen Sie es online.**

Doppelt im Einsatz: **Dieses gesalzene Karamell (mehr Salz als Karamell, aber nur knapp) schmeckt köstlich zu so ziemlich jedem Gemüse, das Sie zur Hand haben. Versuchen Sie es mit dem gebratenen Gemüse, das von gestern übrig ist, als Dressing für den Salat (nachdem Sie Erdnussöl hinzugefügt haben), oder einfach über eine Schüssel mit Reis und Frühlingszwiebeln geträufelt.**

Braun

* **ZWIEBEL**
  + Rote Zwiebel
  + Schalotte
* **KARTOFFEL**
* **TOPINAMBUR**
* **JAMSWURZEL & WURZELKNOLLEN**
* **PILZE**
  + Trüffel

Zwiebel

Die etymologische Herkunft des englischen Wortes für Zwiebel, *onion*, deutet bereits auf den hohen Status hin, den dieses Gemüse seit dem Altertum genießt. Das Wort leitet sich nämlich aus dem lateinischen Wort für „eins" oder „Einheit" ab. Und dass die Zwiebel ein Gericht erst so richtig „einigt", daran besteht wohl kein Zweifel. Die Zwiebel ist die eine Zutat, an der kein Koch vorbeikommt. In meiner Küche geht ohne Zwiebel gar nichts. Schon der Geruch, wenn diese schwefelhaltigen Alleskönner in der Pfanne vor sich hin schwitzen, weckt Vorfreude auf die Köstlichkeiten, die in Bälde auf meinem Teller landen. Egal, was gekocht wird, alle Wege führen zu meiner Speisekammer, in der Zwiebeln in allen Größen und Farben darauf warten, praktisch jeder pikanten Speise das gewisse Etwas zu verleihen. Sogar, wenn ich einfach nur frische Zutaten in einen Salat oder zwischen zwei Brotscheiben gebe, ist die Zwiebel immer mit von der Partie. Durch ihre knackige, süßlich-scharfe Note kommen die Aromen der anderen Zutaten einfach besser zur Geltung. Zwiebeln zu würfeln, ist eine fantastische Option, wenn Sie rasch eine intensive Dosis Geschmack brauchen oder sich die Zwiebel in einer Sauce „auflösen" soll. Wenn Sie Struktur wünschen, schneiden Sie die Zwiebel fein und sautieren sie langsam, oder hacken sie grob, wenn Sie sie pürieren möchten.

Zwiebel

„Zwiebeln sind nicht nur Geschmacksbomben, sondern auch unglaublich vielseitig: Sie lassen sich mit Thymian langsam rösten, zu Zwiebelkuchen oder Lyoner-Sauce verarbeiten, ganz zu schweigen von Zwiebelsuppe, Zwiebelsalat, eingelegten Zwiebeln und Zwiebelmarmelade … Die Liste ließe sich beliebig fortsetzen! Jedenfalls gehören Zwiebeln für mich zu den besten, kostengünstigsten Gemüsesorten, die es gibt.“

– CLARE SMYTH, NORDIRLAND

EINKAUF & LAGERUNG

Die Lagen der Zwiebel trocknen von außen nach innen aus. Halten Sie also Ausschau nach festen Knollen, an denen die Schale noch fest sitzt. Zwiebel mit Knicken oder Dellen sind weniger lang haltbar. Wenn Sie aber keine anderen auftreiben können (zum Beispiel im späten Winter, unmittelbar vor der nächsten Ernte), verwenden Sie einfach die ramponiertesten Exemplare als Erstes. Die herkömmliche braune Zwiebel (weißes Fleisch, braune Schale) ist perfekt für Alltagsgerichte. In der Küche nahezu aller Länder wird die braune Zwiebel täglich angeschwitzt und karamellisiert. Flache, runde Cipollini haben einen milden, süßlichen Geschmack, der sich besonders gut für das Garen im Backrohr und das Backen eignet. Ich verwende sie gern für Zwiebelkuchen. Weiße Salatzwiebeln sind eine Überlegung wert, wenn Sie eine mildere Geschmacksnote suchen als die der roten Zwiebel (siehe Seite 278). Diese Zwiebeln schmecken auch roh ganz ausgezeichnet und lieben es, gegrillt zu werden.

Werden Zwiebel nicht fachgerecht gelagert, tendieren sie dazu auszutreiben. Bewahren Sie sie an einem gut belufteten Ort, geschützt vor direkter Sonneneinstrahlung, Feuchtigkeit und Kartoffeln auf (im Ernst: Die beiden üben einen schlechten Einfluss aufeinander aus!). Auf diese Weise sollten Zwiebeln etwa 1 Monat lang haltbar sein. Haben Sie eine Zwiebel angeschnitten, wickeln Sie sie in Frischhaltefolie und bewahren Sie sie im Kühlschrank auf. Innerhalb von 1 Woche wird die Zwiebel austrocknen – lagern Sie sie also am besten in der Kühlschranktür, damit Sie sie nicht vergessen! Auch wenn die Zwiebel ein wenig verschrumpelt aussieht: Schneiden Sie den exponierten Bereich so weit als möglich ab. Den Rest können Sie ohne Weiteres verarbeiten. Wenn Sie beim Kochen ein wenig Zeit übrighaben, können Sie die doppelte Menge Zwiebeln anschwitzen oder karamellisieren und die zweite Hälfte im Kühlschrank lagern oder in kleineren Portionen einfrieren. So haben Sie immer Zwiebeln für schnelle Saucen oder als Suppenbasis vorrätig.

ZUBEREITUNG

Die Zwiebelwürfel im Fett Ihrer Wahl anschwitzen (Butter, Ghee, Oliven-, Erdnuss- oder sogar Kokosöl). Verwenden Sie dabei einen Deckel, damit die Flüssigkeit nicht verdampft und die zarten Würfel nicht anbrennen. So müssen Sie auch nicht die ganze Zeit am Herd stehen und umrühren! Ich nehme den Deckel nur hie und da ab, um die Zwiebeln kurz umzurühren und der Kontaktwärme ein wenig nachzuhelfen. Für die letzten 2 Minuten nehme ich den Deckel dann ganz ab. Während der restlichen Zeit kümmere ich mich um andere Dinge. „Anschwitzen“ bedeutet, dass die Zwiebeln glasig werden sollen. Dies bedarf einer mittleren bis niedrigen Hitzestufe und ein wenig Geduld. 10–15 Minuten wird es schon dauern, je nachdem, welche Menge Zwiebeln Sie in der Pfanne haben. Karamellisierte Zwiebeln nehmen eine wunderschöne, goldbraune Farbe an. Der Deckel wird nach ca. 5 Minuten des Anschwitzens abgenommen und die Hitze auf mittlere Stufe erhöht. Wenn es aussieht, als würden die Zwiebeln zu schnell Farbe annehmen, fügen Sie einfach einen Schuss Wasser, Essig oder Wein hinzu und rühren weiter. Manche Köche schwören auf eine Prise Rohrohrzucker, um die Karamellisierung zu beschleunigen und die natürliche Süße der Zwiebel zu betonen; andere fügen aus ebendiesem Grund ein oder zwei Sternanise hinzu. Zwiebel sind auch die Grundlage jeder guten Röstgemüsemischung, wie „Mirepoix", „Sofrito" oder „Refogado". Generell werden für solche Mischungen zwei Teile Zwiebeln und ein Teil Möhren und Selleriestangen verwendet, manchmal sind aber auch Fenchel, Lauch und Champignons mit von der Partie. In manchen Rezepten werden die Zwiebeln zuerst angeschwitzt, in anderen wiederum nicht einmal geschält – schließlich steckt in der Schale jede Menge Geschmack. Die ganze Zwiebel samt Schale wird dann einfach entfernt, sobald das Gemüse gar ist.

NOCH MEHR ZWIEBELN: ROTE ZWIEBELN

Rote Zwiebeln machen sich wunderbar roh im Salat oder, in dünne Scheiben geschnitten, zu Räucherlachs oder Hering. Auch gegrillt auf Schaschlikspießen schmecken rote Zwiebeln toll. Als Ersatz für braune Zwiebeln (z. B. in Rezepten, die ein langsames Anschwitzen oder Karamellisieren verlangen), sind sie weniger geeignet. Die Süße von roten Zwiebeln kommt besonders gut zur Geltung, wenn sie roh gegessen werden, und rührt von einem besonders hohen flüchtigen Zuckeranteil her, der allerdings auch dafür verantwortlich ist, dass rote Zwiebeln leicht anbrennen. Wenn Sie sie also zum Kochen verwenden, seien Sie extra vorsichtig, was die Temperaturkontrolle betrifft. Ihre Farbe verdankt die rote Zwiebel den Anthocyanen, Pigmenten, die auch in anderen Obst- und Gemüsesorten mit rötlicher Färbung vorkommen. Dank ihrer Farbgebung sehen rote Zwiebeln im Einmachglas besonders hübsch aus, weil sie auch die Lake schön rosa färben. Wenn Ihr Salat eine zwiebelfreie Zone ist, weil Sie rohe Zwiebeln einfach zu scharf finden, probieren Sie es mit folgendem Trick: Weichen Sie die roten Zwiebelringe circa 5 Minuten lang in Wasser ein. Dies sorgt für einen milderen Geschmack. Lassen Sie sie gut abtropfen und servieren Sie sie im Salat!

NOCH MEHR ZWIEBELN: SCHALOTTEN

Die violett schimmernden Schalotten werden auch als Edelzwiebel bezeichnet und gehören zur Gattung der Lauchgewächse. Sie sehen genauso aus wie eine Zwiebel im Miniaturformat, und Sie fragen sich vielleicht, warum Sie so ein kleines Ding erst umständlich schälen sollten, wenn es doch ohnehin größere Zwiebeln gibt, die einfacher zu handhaben sind? Aber gerade aufgrund der Tatsache, dass Schalotten so winzig sind, lohnt sich die Mühe! Denn sie sind klein, aber oho: Ihr Aroma ist milder und süßer als das ihrer „großen" Artgenossen. Als Ganzes im Backofen gegart, zerfallen sie in seidig-weiche Blätter mit einer Süße, die an Toffee erinnert, besonders an den Rändern. Roh schmecken sie wunderbar in Dressings und Dipsaucen, wie Mignonette oder Sauce Tartar. Am häufigsten trifft man Schalotten in den folgenden Sorten an: Gelbe Schalotten, die eine goldbraune Schale haben, klein und rund sind und aussehen wie eine Mini-Zwiebel, Thai-Schalotten, der Optik nach rote Zwiebeln im Kleinformat, und die länglichen Bananenschalotten, deren Form an einen Torpedo erinnert. Meist wird in Rezepten angegeben, welche Sorte verwendet werden soll. Generell sind Bananenschalotten aufgrund ihrer gleichmäßigen Form ideal, wenn dünne Scheiben oder feine Würfel gefragt sind. Curry-Gerichte – besonders thailändische Currys – verlangen nach den roten Thai-Schalotten. Gelbe Schalotten lassen sich wunderbar rösten, braten und dünsten. Auch in Essig eingelegt sind Schalotten ein Genuss.

Chardonnay-Essig passt besonders gut zu ihnen. Schneiden Sie sie in dünne Ringe und marinieren Sie sie in einer Mischung aus Zucker (eine Prise), Salz und ebenso viel Essig wie Schalotten. Auf diese Weise halten sich die Schalotten im Kühlschrank mehrere Tage lang und sind als klassische Zutat für Blattsalate schnell zur Hand. Wenn Sie die Schalotten klein würfeln und in der gleichen Mischung marinieren, haben Sie ein pikantes Topping für Austern!

GUTE PARTNER

Butter, Essig, Käse (besonders Cheddar oder jede Art von Bergkäse), Knoblauch, Muskat, Thymian, Tomaten.

Nie mehr Tränen

Keine Rose ohne Dornen ... Und keine Zwiebel, die Ihren Tränenkanal nicht mit flüchtigen Verbindungen reizt! In beiden Fällen machen sich die Schmerzen jedoch bezahlt. Bei der Zwiebel sind es genau diese Schwefelverbindungen, die ihr das typisch scharf-pikante Aroma und gekochten Zwiebeln ihren gehaltvollen Charakter verleihen, den wir so schätzen und der fast an Fleisch erinnert. Wie so oft im Leben ist auch beim Zwiebelschneiden Vorbereitung alles. Lassen Sie Ihre Zwiebeln 30–60 Minuten lang in einer Schüssel Wasser im Kühlschrank „baden". Dies verlangsamt nicht nur die flüchtigen Verbindungen, die so kräftig auf die Tränendrüse drücken, sondern macht auch die papierartige, spröde Schale weicher, sodass sich diese leichter entfernen lässt. Schneiden Sie Zwiebeln immer an einem gut belüfteten Ort – machen Sie das Fenster auf oder schalten Sie den Dunstabzug an! Verwenden Sie außerdem immer das schärfste Messer, das Sie haben, um die Zwiebel nicht einzudrücken und dadurch unnötig Schwefelmoleküle freizusetzen. Indem Sie die Zwiebel der Länge nach schneiden und die Wurzelspitze als Griff verwenden, halten Sie die sprunghaftesten Teile flach gegen das Schneidbrett gedrückt. So wird es einfacher, die Zwiebel sauber zu schneiden, ohne dass überall Stücke herumfliegen.

BHAJI MIT ZWIEBELN & ERBSEN

Ich koche viel mit Zwiebeln. Meist dünste ich sie schön weich, sodass sie die Aromen des Gerichts unterstreichen, anstatt sie zu dominieren. In diesem Rezept spielt das süßlich-pikante Zwiebelaroma die Hauptrolle, die ihm höchstens die Gewürze der äußeren Bhaji-Hülle streitig machen.

FÜR 4 PORTIONEN / 18 STÜCK

- 215 g TK-Erbsen, aufgetaut und abgetropft
- 2 braune Zwiebeln, in feine Ringe geschnitten
- 1 TL Salzflocken
- 75 g Kichererbsenmehl (Besan)
- 75 g Mehl
- 2 TL mildes Chilipulver
- 1 TL Kurkumapulver
- ½ TL Backpulver
- Reiskleie- oder Sonnenblumenöl zum Frittieren

Koriander-Raita

- 20 g Koriander
- 5 g Minzblätter
- 125 g griechischer Joghurt
- 1 Knoblauchzehe, geschält
- 1 lange, grüne Chili, entkernt und gehackt, plus extra Chilischeiben zum Garnieren
- Fein geriebene Schale und Saft von 1 Zitrone

Zum Servieren

- Zerpflückte Salatblätter
- 1 geschnittene grüne Chili
- Minzblätter
- Rote Zwiebel, in dünne Scheiben geschnitten
- Zitronenspalten

Erbsen, Zwiebeln und Salz in eine Schüssel geben und mit den Händen kurz durchmischen.

Bis zur Verarbeitung beiseitestellen.

Die Zutaten für die Koriander-Raita in der Küchenmaschine oder mit einem Stabmixer zu einem grünen Püree verarbeiten. Nach Geschmack würzen und bis zur Weiterverarbeitung erstmal kühl stellen.

In einer Schüssel Mehl, Gewürze und Backpulver vermischen. 200 ml Wasser hinzufügen und mit dem Schneebesen zu einem glatten Teig verrühren. Die Zwiebelmischung einrühren und gut vermengen.

Das Öl 3 cm hoch in eine große Pfanne gießen und auf 180 °C erhitzen. Ist das Öl heiß genug, nimmt ein Brotwürfel oder ein Klecks Teig innerhalb von 15 Sekunden eine goldene Farbe an.

Portionsweise 1 EL der Bhaji-Mischung in das heiße Öl geben und 3 Minuten lang frittieren, bis das Bhaji goldbraun und knusprig ist, dabei nach halber Garzeit wenden. Auf Küchenpapier kurz abtropfen lassen.

Bhajis heiß auf zerpflückten Salatblättern, mit Chili, Minze und Zwiebel bestreut und mit Zitronenspalten und Koriander-Raita als Beilage servieren.

Tipp: Zum Auftauen die Erbsen 1 Minute lang in einem Sieb unter fließendes Wasser stellen und abtropfen lassen.

Für ein besonders dramatisches Design einen Schaumlöffel oder einen breiten Abseihlöffel zum Frittieren verwenden. Geben Sie dem Teig etwas Zeit, sich im heißen Öl auszubreiten und ziehen Sie den Schaumlöffel mit dem Teig kreisförmig durch das Öl, sodass sich ein ausgefranstes Muster bildet.

Unverträglichkeiten: Bei Laktoseunverträglichkeit verwenden Sie einfach Kokosjoghurt für die Raita. Ein Spritzer Zitronensaft verleiht der Raita die nötige Säure. Statt normalem können Sie auch glutenfreies Mehl verwenden.

DOB: DOUBLE ONION BURGER

Damit ein Burger so richtig gut schmeckt, muss er mit allerlei Zubehör aufgepeppt werden. Eine Extraportion Zwiebeln bildet hier ein Gegengewicht zum gehaltvollen Fleisch und verleiht dem Endprodukt in Form von knusprigen Zwiebelringen zusätzlichen Biss. Rinderhackfleisch mit mehr Fettgehalt funktioniert bei Burgern einfach besser – 15–20 % Fett dürfen es schon sein. Keine Sorge, beim Braten wird ohnehin viel Fett abgegeben, aber so schmeckt der Burger einfach saftiger. Köstlich!

FÜR 4 PORTIONEN

500 g Rinderhackfleisch aus Weidehaltung
1 Ei, verquirlt
1 Knoblauchzehe, fein gerieben
2 EL Smoky-Barbecue-Sauce, plus etwas mehr zum Servieren
1 TL Salzflocken
2 EL Sonnenblumenöl
4 Scheiben Cheddarkäse

Eingelegte rote Zwiebeln
3 rote Zwiebeln, in feine Ringe geschnitten
2 Thymianzweige
1 TL schwarze Pfefferkörner
2 Knoblauchzehen, geschält und angedrückt
250 ml Weißweinessig

Zwiebelringe
250 ml Buttermilch (oder Kefir)
½ TL mildes Chilipulver (oder geräuchertes Paprikapulver)
1 TL Salz
1 TL schwarzer Pfeffer aus der Mühle
2 braune Zwiebeln, in ca. 1,5 cm dicke Scheiben geschnitten
150 g Mehl
Sonnenblumenöl zum Braten

Zum Servieren
Burgerbrötchen, halbiert
Blattsalat, zerkleinert
Tomaten, in Scheiben geschnitten
Rote Bete, in Scheiben geschnitten (optional)
Cornichons, in Scheiben geschnitten
Weitere Saucen nach Geschmack

Wenn Sie möchten, können Sie mit diesem Rezept ruhig am Vortag beginnen.

Für die eingelegten Zwiebeln diese mit Thymianzweigen, Pfefferkörnern und Knoblauch in ein Sieb geben. Frisch aufgekochtes Wasser darübergießen, um die Zutaten ein wenig aufzuweichen. Zutaten in ein sterilisiertes Einmachglas geben, mit dem Essig übergießen und nach unten drücken, damit sie zur Gänze bedeckt sind. Verschließen und mindestens 2 Stunden ziehen lassen, bis alles eine leuchtend rote Farbe angenommen hat. In den Kühlschrank stellen. Die eingelegten Zwiebeln halten sich bis zu 1 Monat.

Für die Zwiebelringe Buttermilch, Chilipulver, Salz und Pfeffer in eine flache Schüssel geben. Zwiebelscheiben hinzufügen, abdecken und 1 Stunde kaltstellen (oder noch besser über Nacht).

Für die Bratlinge Hackfleisch, Ei, Knoblauch, Barbecue-Sauce und Salzflocken in eine Schüssel geben. Mit den Händen 6 Minuten lang verkneten, bis die Mischung gut vermengt und fester geworden ist. In vier Kugeln aufteilen und diese mit der Hand hinunterdrücken, sodass ca. 12 cm breite Bratlinge entstehen. In jeden Bratling eine Delle drücken, damit er sich während des Garens in der Pfanne nicht aufbläht. 10 Minuten (oder bis zu 24 Stunden) kaltstellen, damit die Bratlinge fest werden.

Für die Zubereitung 1 cm Öl in einer großen Bratpfanne auf mittlerer Stufe erhitzen. Die Bratlinge ca. 6 Minuten lang braten, bis sie durchgegart sind, dabei nach halber Garzeit wenden. Auf einen Teller geben und warm stellen.

In der Zwischenzeit die Zwiebelringe fertig zubereiten. Mehl in eine Schüssel geben. 2 cm Öl in einem großen Topf auf mittlerer Stufe auf 180 °C erhitzen, oder bis ein Brotwürfel im Öl innerhalb von 15 Sekunden goldbraun wird. Überschüssige Flüssigkeit von den Zwiebelringen abtropfen lassen und im Mehl wenden. Portionsweise 3–4 Minuten lang frittieren, bis sie goldbraun und knusprig sind.

Auf Küchenpapier abtropfen lassen und mit Salz und Pfeffer bestreuen.

Die untere Hälfte der Burgerbrötchen mit Salat, Cornichons, Saucen, einem Bratling mit Käsescheibe, eingelegten Zwiebeln und Zwiebelringen belegen. Obere Hälfte daraufsetzen und mit den verbleibenden Zwiebelringen servieren.

Für eine vegetarische Version: Verwenden Sie einfach gegrillte Portobello-Pilze. Beim Grillen darauf achten, dass die Unterseite der Pilze nach oben schaut, damit Feuchtigkeit entweichen kann und der Geschmack konzentriert wird.

Tarte Tatin mit
Zwiebeln Ihrer Wahl

(Seite 286)

TARTE TATIN MIT ZWIEBELN IHRER WAHL

Wenn Sie jemals eine Tarte Tatin mit Äpfeln oder Birnen gekostet haben, fragen Sie sich jetzt sicher, was Zwiebeln, Lauch und Schalotten in diesem Dessert zu suchen haben. Und es stimmt natürlich, dass die Süßspeise, die vor mehr als 120 Jahren im Hotel Tatin in Frankreich kreiert wurde, nicht als pikantes Gericht gedacht war. Wenn Sie mein Konzept jedoch mehr als umgedrehte Gemüse-Tarte sehen, macht es gleich mehr Sinn. Ich liebe es, wie der Blätterteig auf den Lippen in buttrige Splitter zerfällt. Der Gegensatz zu den karamellisierten, seidig-weichen Zwiebeln ist einfach herrlich. Ich habe auch einige Vorschläge für andere Gemüsesorten für die Tarte auf Lager, denn Sie werden sehen – wenn Sie die Tarte erst einmal probiert haben, wird sie sich sofort einen Platz in Ihrem Standardrepertoire für Gäste erobern.

FÜR 6–8 PORTIONEN

- 350 g Zwiebeln Ihrer Wahl (Lauch, rote Zwiebeln oder gelbe Schalotten), geschält und in 1 cm dicke Scheiben geschnitten
- Mehl, zum Bestäuben
- 2 tiefgekühlte Bögen Blätterteig, aufgetaut
- 110 g feinster Zucker
- 2 EL Likörwein (z. B. Sherry)
- 1 EL Weißweinessig
- 50 g Butter
- ½ TL weißer Pfeffer aus der Mühle
- 2 Anchovis in Öl, fein gehackt (optional)
- 1 Handvoll Thymianzweige und/oder frische Lorbeerblätter, plus extra zum Servieren
- Gekrümelter Feta- oder Ziegenkäse, zum Servieren
- Violette Basilikumblätter, zum Servieren

Den Backofen auf 200 °C vorheizen.

Zwiebeln in eine feuerfeste Form geben und mit frisch aufgekochtem Wasser übergießen. 10 Minuten ziehen lassen, dann abtropfen und auf einem mit Küchenpapier bedeckten Tablett trocknen lassen.

Auf einer leicht bemehlten Arbeitsfläche die beiden Bögen Blätterteig aufeinanderlegen. Mit dem Nudelholz den Blätterteig zu einem ca. 26 cm großen Viereck ausrollen. Auf ein Tablett geben und bis zur Weiterverarbeitung kühl stellen.

Zucker und 60 ml Wasser auf mittlerer Stufe in eine 23 cm große, feuerfeste Bratpfanne geben. Pfanne ständig hin- und herbewegen, bis sich der Zucker auflöst. Hitze erhöhen und ohne Umrühren 5 Minuten köcheln lassen, bis sich die Mischung in goldfarbenes Karamell verwandelt hat.

Vom Herd nehmen. Vorsicht – die Mischung zischt gehörig! Wein, Essig, Butter, Pfeffer, Anchovis und Kräuter Ihrer Wahl hinzufügen. Erneut aufkochen und Pfanne schwenken, damit sich die Zutaten vermengen.

Die Zwiebeln vorsichtig auf dem heißen Karamell anordnen, sodass sie eng aneinanderliegen. Blätterteig darauflegen und den Rand einschlagen, damit die Tarte nach dem Stürzen schön rustikal aussieht.

30 Minuten lang backen, dann aus dem Ofen nehmen und mit Alufolie abdecken, damit die Tarte nicht anbrennt. Erneut in den Ofen schieben und weitere 30 Minuten backen, bis der Blätterteig durch ist und das Karamell blubbert.

Aus dem Backofen nehmen und 10 Minuten abkühlen lassen.

Zum Servieren einen flachen Teller auf die Pfanne geben und die Tarte darauf stürzen. Mit Salzflocken und schwarzem Pfeffer aus der Mühle, gekrümeltem Käse und frischen Kräutern bestreuen.

Bonus: Experimentieren Sie auch mit diesen Gemüseoptionen für eine pikante Tarte Tatin:

- * Kürbis + Salbei
- * Ratatouille + Zucchini + rote Zwiebeln + rote Paprika + Aubergine
- * Pastinaken + Möhren + Kümmel
- * Rote Bete + Ziegenkäse
- * Pilze + Thymian
- * Kartoffeln + Rosmarin
- * Artischocken + Zitronenschale
- * Spargel + Parmesan
- * Tomaten + Mozzarella + Basilikum

Tipp: Wenn Sie keine feuerfeste Pfanne haben, verwenden Sie einfach eine normale Bratpfanne, um das Karamell herzustellen. Nach Einrühren der Essigmischung das Karamell in eine (ca.) 20 cm große Auflaufform oder ein flaches Blech gießen (wir haben für die im Foto auf Seite 284 gezeigte Tarte Tatin Letzteres verwendet). Fügen Sie nun die Zwiebeln hinzu und fahren Sie mit dem Rezept wie angegeben fort.

Für Eilige: Sie können auch einzelne kleine Tartes machen, indem Sie mit einer Plätzchenform, die etwas größer ist als die Zwiebeln, die Sie verwenden, Förmchen ausstechen. Geben Sie die Zwiebelscheiben mit dem Karamell in die Pfanne, um sie, wie im Rezept angegeben, weicher zu machen und anzurösten. Fischen Sie sie dann heraus und setzen Sie auf jede Zwiebel einen Teigkreis. Backen Sie die Mini-Tartes 25–30 Minuten lang im Ofen, bis der Blätterteig schön goldbraun ist.

ZWIEBELSUPPE OHNE TRÄNEN

In früheren Zeiten galt Zwiebelsuppe als Essen für die ärmsten Bauern. Welch Ironie, dass sie heute meist mit den nobelsten französischen Restaurants in Verbindung gebracht wird! Diese seidige, glitschige Suppe ist so viel einfacher nachzukochen als das Original – die Zwiebeln werden nicht einmal geschält, und schon gar nicht geschnitten! Der pure Luxus!

FÜR 4 PORTIONEN

- 1 EL natives Olivenöl extra
- 25 g Butter
- 1 kg braune Zwiebeln, mit der Schale, der Länge nach halbiert, Enden entfernt
- 2 Knollen Knoblauch, mit der Schale, horizontal halbiert
- 6 getrocknete Lorbeerblätter
- ½ Bund Thymian, Blätter abgezupft, plus etwas mehr zum Garnieren
- ½ TL gemahlener Piment
- 1 TL schwarzer Pfeffer aus der Mühle
- 1 TL Salzflocken
- 125 ml trockener Weißwein
- 1 EL Mehl
- 750 ml Rinder-, Hühner- oder Gemüsebrühe
- 1 EL Sherry- oder Weißweinessig
- 1 Baguette, in große Stücke gerissen, oder 4 dicke Scheiben Brot vom Vortag
- 150 g geriebener Gruyère (oder Cheddar)
- Fein gehackter Schnittlauch zum Garnieren

Den Backofen auf 160 °C vorheizen.

Olivenöl und Butter in einer großen, feuerfesten Kasserolle auf mittlerer Stufe erhitzen. Zwiebeln, Knoblauch, Lorbeerblätter, Thymian, Piment, Pfeffer und Salzflocken hinzugeben und 2 Minuten dünsten, bis die Gewürze ihr Aroma freisetzen. Wein einrühren, zudecken und 1 Stunde lang dünsten, bis Zwiebeln und Knoblauch weich sind.

Knoblauchknollen beiseitestellen und so weit auskühlen lassen, dass man mit ihnen weiterarbeiten kann. Mithilfe einer Küchenzange die Zwiebelschalen abziehen.

Kasserolle wieder auf mittlerer Stufe auf den Herd stellen und die weichen Zwiebeln mit dem Mehl in die Kasserolle geben. 5 Minuten lang rösten, bis die Mischung goldfarben ist. Dabei mit einem Holzlöffel umrühren.

Den Knoblauch aus den Knollen in die Kasserolle drücken.

Brühe, Essig und 500 ml kochendes Wasser dazugießen. Aufkochen und auf mittlerer Stufe 5–10 Minuten lang köcheln lassen, bis sich die Flüssigkeit leicht reduziert hat.

Die Grillfunktion Ihres Backofens auf hoher Stufe anschalten. Brot auf der Suppe arrangieren und mit Käse und extra Thymian bestreuen. 8–20 Minuten lang grillen, bis der Käse goldfarben ist und schmilzt.

Mit Schnittlauch bestreuen und sofort servieren.

Für Eilige: Zwiebel und Knoblauch dünn schneiden (je dünner die Scheiben, desto kürzer die Garzeit). In der Pfanne mit dem Öl und der Butter glasig anschwitzen und karamellisieren lassen. In der Zwischenzeit ein wenig Brühe mit den Lorbeerblättern, dem Thymian und dem Piment (oder auch einer mediterranen Kräutermischung) erwärmen. Das Brot mit einer Scheibe Käse darauf etwa 5 Minuten lang grillen, bis der Käse schmilzt. Die Gewürze aus der Brühe entfernen und die Brühe mit der karamellisierten Mischung in Schüsseln abfüllen. Nach Bedarf würzen und das gegrillte Käsebrot hineindippen. Kinderleicht!

Doppelt im Einsatz: Wenn Sie Zwiebelsuppe übrighaben, diese in ausgehöhlte Brötchen vom Vortag gießen, mit Gruyère oder Cheddar bestreuen und grillen, bis der Käse geschmolzen ist. Einfach köstlich!

„ANGESCHWÄRZTE“ SCHALOTTEN & ORECCHIETTE MIT KNUSPER-BROKKOLI

Ich mag dieses Rezept besonders, weil es Brokkoli auf zwei verschiedene Arten einsetzt, was für eine interessante Textur sorgt. Außerdem muss man nicht viel hacken und schälen, was besonders bei den Schalotten viel Arbeit erspart. Diese werden einfach halbiert, Blatt- und Wurzelansatz abgeschnitten und die Schnittfläche gegrillt. Die Schalen gleiten dann ganz von selbst ab. Was übrig bleibt, ist das süßliche, violette Fruchtfleisch, das wunderbar cremig schmeckt. Knapp vor dem Servieren gebe ich frisch gepressten Knoblauch dazu, der diesem Gericht einen zusätzlichen Kick verleiht. Wenn Sie einen milderen Geschmack bevorzugen, können Sie den Knoblauch natürlich auch weglassen.

FÜR 4 PORTIONEN

300 g Orecchiette
1 Brokkoli, Röschen grob gerieben, Stiele und Strunk fein gehackt
6 gelbe Schalotten, mit Schale, der Länge nach halbiert, Wurzeln- und Blattansatz abgeschnitten
1 EL Olivenöl
200 g fein geriebener Parmesan, plus etwas mehr zum Servieren
Schale und Saft von 2 Zitronen
Chiliflocken nach Geschmack
2 Knoblauchzehen, gepresst (optional)

Einen großen Topf mit gut gesalzenem Wasser zum Kochen bringen. Die Pasta hinzufügen und nach den Anweisungen auf der Packung kochen.

Die Brokkolistiele während der letzten Minute der Kochzeit hinzufügen. 250 ml des Kochwassers abschöpfen und beiseitestellen. Die Pasta dann abseihen.

In der Zwischenzeit die Schalotten mit der Schnittfläche nach unten auf mittlerer Stufe in einen großen Topf geben, bräunen und weich werden lassen, während sich der Topf erwärmt. Dies dauert ca. 8–10 Minuten. Schalotten mit der Küchenzange aus dem Topf nehmen und das Fruchtfleisch aus der Schale quetschen.

Olivenöl hinzufügen, gefolgt von den geriebenen Brokkoliröschen. Wenn er schön knusprig ist, die Hälfte des geriebenen Brokkoli herausnehmen und zum Garnieren beiseitestellen.

Schalotten mit dem restlichen geriebenen Brokkoli wieder in den Topf geben. Mit ca. 170 ml des beiseitegestellten Kochwassers der Pasta ablöschen, um die Aromen zu verstärken. Parmesan hineinstreuen und aufkochen. Die Mischung soll sich reduzieren und eindicken, sodass eine Sauce entsteht. Pasta, Zitronenschale und -saft, Chiliflocken, schwarzen Pfeffer aus der Mühle und gepressten Knoblauch hinzufügen, falls Sie diesen verwenden. Gut umrühren.

In Servierschüsseln anrichten und mit dem restlichen Brokkoli und Parmesan bestreuen. Sofort servieren.

Tipp: Falls Sie Brokkoliblätter zur Hand haben, braten Sie diese ebenfalls mit den Schalotten in der Pfanne knusprig an, lassen Sie sie abtropfen und verwenden Sie sie als Dekoration.

Extra: Noch köstlicher schmeckt dieses Rezept, wenn Sie den Bratensaft eines Brathähnchens hinzufügen, und zwar dann, wenn die Schalotten schön angekohlt sind. Lassen Sie diese dann buchstäblich in die Sauce „schmelzen“.

Kartoffeln

Wenn man sich die klimatischen und seismischen Bedingungen vor Augen hält, in denen die Kartoffel ihren Anfang nahm – nämlich die der Anden, mit Vulkanausbrüchen, drastischen Temperaturschwankungen und eisbedeckten Gipfeln – ist es kaum zu glauben, dass sie sich zu einer der produktivsten Pflanzen der Welt entwickelt hat (Rang 5 nach Zuckerrohr, Mais, Reis und Weizen). Aber wahrscheinlich sind es genau diese widrigen Bedingungen, denen die Kartoffel ihr einmaliges Durchhaltevermögen verdankt! Ohne Schlamm kein Lotus und ohne Vulkan keine Kartoffel! Jeder halbwegs erfahrene Koch kann festkochende von mehligen Kartoffelsorten unterscheiden. Allerdings streift dies die unglaubliche Vielfalt dieser Pflanze nur sehr oberflächlich. Das Internationale Kartoffelzentrum in Peru verzeichnet nicht weniger als 5000 Sorten – und es kommen ständig neue hinzu! Rezepte mit Kartoffeln gibt es mittlerweile in allen Teilen der Welt. Auch Sie haben sicher ein Familienrezept, das Sie an Ihre Kindheit erinnert. Für mich sind das gekochte Kartoffeln mit Butter und roten Zwiebeln, die zu öligem Fisch gereicht werden. Weihnachten ist einfach nicht das Gleiche ohne klassischen Kartoffelsalat. Und wer kann schon „Nein“ sagen, wenn es darum geht, die Hand in eine Tüte Chips zu stecken und zu hoffen, seinen „Lieblings-Chip“ herauszuholen?

„Eine Kartoffel ist nicht nur eine Kartoffel – sie ist im Prinzip alles. Und es gibt einfach so viele Dinge, die man damit zubereiten kann. Außerdem sind Kartoffeln so reich an Vitaminen und Mineralstoffen, dass man von ihnen leben kann. Meine irischen Vorfahren lernten dies leider auf die harte Tour." – PHIL WOOD, NEUSEELAND

EINKAUF & LAGERUNG

Kartoffeln sind zwar das ganze Jahr über erhältlich, schmecken aber definitiv besser, wenn sie Saison haben – nämlich in den kühleren Monaten. Außerdem eignen sie sich besonders für Gerichte, die zu kaltem Wetter passen. Große Kartoffeln kaufe ich gerne mit Schmutz daran, weil sie sich besser lagern lassen. Früh- und Minikartoffeln werden fast immer im gereinigten Zustand verkauft, und das ist auch völlig in Ordnung, solange man sie rasch verbraucht.

Grüne Stellen müssen vor dem Kochen entfernt werden (sie werden durch Solanin verursacht, einen Giftstoff, mit dem nicht zu spaßen ist). Dasselbe gilt für Augen und Triebe. Mir persönlich macht es nichts aus, Kartoffeln zu kaufen, die ein wenig ausgetrieben haben. Schließlich zeigt das, dass noch jede Menge Leben in ihnen steckt. Falls Sie überlegen, ein wenig mehr auszugeben und Biokartoffeln zu kaufen: Kartoffeln sind eine Feldfrucht, bei denen sich Bioware wirklich bezahlt macht, denn sie nehmen alles auf, was sich im Boden befindet. Bei Frühkartoffeln sollten Sie im Sommer auf jeden Fall zugreifen, denn mit ihrer papierdünnen Schale sind sie wie gemacht für Kartoffelsalat. Minikartoffeln ähneln Frühkartoffeln, sind aber das ganze Jahr über erhältlich. Sie sind einfach kleinere Exemplare herkömmlicher Kartoffelsorten, sind aber niedlicher anzusehen und kochen schneller. Wenn ich Kartoffeln für spezielle Gerichte kaufe, habe ich immer den Stärkegehalt im Hinterkopf: Ein hoher Stärkegehalt bedeutet trockene, lockere Kartoffeln; wenig Stärke bedeutet eine wachsartig-cremige Konsistenz. Festkochende Kartoffeln behalten ihre Form auch beim Kochen bei, verwandeln sich aber schnell zu Leim, wenn sie zu Püree verarbeitet werden sollen. Mehlige Kartoffeln sind perfekte Ofenkartoffeln, zerfallen aber leicht. Fazit: Für selbstgemachte Pommes sind sie toll, für Eintöpfe eignen sie sich nicht. Meine Faustregel lautet: Kartoffeln mit rötlicher Schale für Eintöpfe, gelbe Kartoffeln für den Ofen, Früh- und Minikartoffeln zum Kochen. Heutzutage sind die Kocheigenschaften von Kartoffeln meist auch auf der Verpackung angegeben. Richten Sie sich danach oder fragen Sie Ihren Gemüsehändler um Rat. Für das Endresultat Ihres Rezepts macht das einen Riesenunterschied. Im Unterschied zu festkochenden Kartoffeln, die sich in Leim verwandeln, wenn sie zu Püree verarbeitet werden sollen, sind mehlige Kartoffeln von Natur aus

Welche Kartoffeln für welches Gericht?

Wenig Stärke	Mittlere Stärke	Viel Stärke
Lose zusammenhängende Stärkezellen	**Moderater Stärkegehalt**	**Vollgepackt mit Stärkezellen**
> Verbinden sich beim Kochen	> Universell einsetzbar: sind Sie sich nicht sicher, lesen Sie hier noch einmal nach	> Trocken, flaumig, wenn sie gar sind
> Salate, Aufläufe		> Röstkartoffeln, Wedges, Pommes, Pürree

klebrig. Manche Leute machen tatsächlich Leim daraus! Wenn Sie auf Nummer sicher gehen möchten und zwei Sorten erstanden haben, schneiden Sie die Kartoffeln in die Hälfte und überprüfen Sie, welche Sorte einen klebrigeren, weißen Rückstand hinterlässt oder nicht einmal Anstalten macht, sich vom Messer zu lösen.

Kartoffeln werden am besten an einem kühlen, dunklen Ort gelagert. Sonneneinstrahlung sollten Sie vermeiden, denn dann treiben Ihre Kartoffeln schneller aus, als Sie „Fritten und Fries sind nicht das Gleiche!" sagen können. Je länger Sie Ihren Kartoffeln ein Umfeld bieten können, das an unterirdische Bedingungen erinnert, umso länger halten sie sich. Und noch etwas: Egal, was Sie tun, lagern Sie Ihre Kartoffeln niemals in der Nähe von Zwiebeln! Obwohl beide kühle, trockene Lagerbedingungen schätzen, beeinflussen sie sich in der denkbar schlechtesten Weise und setzen Feuchtigkeit frei, die den jeweils anderen zum Keimen bringt. Wenn Sie nur wenig kühlen, dunklen und trockenen Lagerraum zur Verfügung haben, geben Sie Kartoffeln den Vorzug, denn diese sind besonders lichtempfindlich. Frische Kartoffeln, die fachgerecht gelagert werden, sind monatelang haltbar, besonders, wenn Sie einen Apfel unter sie schmuggeln. Dieser verhindert nämlich das Keimen. In den Kühlschrank gehören Kartoffeln nicht allzu lange (außer vielleicht, Sie leben in den Tropen). Ein kleines Intermezzo im Kühlschrank ist grundsätzlich keine schlechte Sache, um Stärke in Zucker umzuwandeln (besonders für Röstkartoffeln ist dies ein Bonus). Aber wenn die tollen Knollen länger als 1, 2 Tage „unterkühlt" werden, leidet ihr Geschmack darunter.

VORBEREITUNG

Ich lasse meine Kartoffeln so oft wie möglich ungeschält. Meist ist eine gründliche Behandlung mit der Gemüsebürste in einer Schüssel mit Wasser ausreichend. Augen, Keime, Dellen oder grüne Stellen schneide bzw. steche ich mit dem Gemüsemesser oder der Spitze des Sparschälers aus. Wenn Sie Kartoffeln schälen, geben Sie die geschälten Kartoffeln in eine Schüssel mit kaltem Wasser, damit sie nicht „greige" werden. Kartoffeln lassen sich leichter pellen, wenn sie gekocht wurden und ein wenig abgekühlt sind.

ZUBEREITUNG

Was kann man mit Kartoffeln machen? Die Frage sollte eher lauten – was kann man mit ihnen NICHT machen? Als stärkehaltige, geschmacksneutrale Knolle machen sich Kartoffeln als Püree, Brei und Schmelzkartoffeln wunderbar. Sie verleihen Suppen und Eintöpfen Struktur, lassen sich knusprig oder cremig rösten, backen oder frittieren und bilden im gekochten oder gedünsteten Zustand die ultimative Basis für Salate.

Wenn Sie Kartoffeln kochen, achten Sie darauf, sie immer in kaltem Wasser zu garen, anstatt sie zu kochendem Wasser hinzuzufügen. Dies stellt sicher, dass sie durch sind und nicht von außen „pulverisiert" werden, ehe das Innere weich wird. Ankochen ist in vielen Rezepten empfehlenswert, auch wenn diese nicht ausdrücklich darauf hinweisen. Lassen Sie die Kartoffeln köcheln, bis sie gabelzart sind, und verarbeiten Sie sie dann weiter (üblicherweise bei höherer Temperatur). Die dreifach gegarten Pommes, durch Heston Blumenthal berühmt geworden, machen dies besonders deutlich. Obwohl die Originalmethode überaus aufwendig ist und viel Zeit erfordert (ankochen, auskühlen lassen, frittieren erst bei niedriger und dann bei hoher Temperatur), ist eine zweifache Garung für Pommes, Wedges und Röstkartoffeln überaus empfehlenswert. Durch Ankochen wird ein Teil der in Kartoffeln enthaltenen Stärke aufgebrochen. Wenn die Kartoffeln im nächsten Schritt bei hoher Temperatur geröstet oder frittiert werden, bleibt das Innere flaumig, während das Äußere herrlich knusprig und goldbraun wird.

„Jeder junge Mensch sollte lernen, wie man Kartoffelbrei mit einer Menge Butter macht.“ – JP McMAHON, IRLAND

Kartoffeln lieben Fett – Öl, Butter, Sahne, Milch, Käse –, und wir wiederum lieben diese Kombination! Ich habe eigentlich noch nie jemanden getroffen, der Kartoffelbrei nicht mag. Es mag kontraintuitiv erscheinen, aber es sind die stärkehaltigen Kartoffeln, die das perfekte Püree ergeben. Der Schlüssel liegt darin, sich die Stärke zunutze zu machen und lose, flaumige Kartoffelpartikel herzustellen, die sich rasch mit dem Fett Ihrer Wahl verbinden. Festkochende Kartoffeln müssen länger kochen und lassen sich nicht so leicht zu Püree verarbeiten. Im Zuge dessen wird zu viel Stärke aktiviert. Das Ergebnis? Der blanke Horror – Klumpen im Püree! Damit die Kartoffeln nicht übermäßig strapaziert werden, sollten Sie immer eine Kartoffelpresse, einen Stampfer oder ein Sieb verwenden, um Ihre gekochten Kartoffeln zu pürieren, und nicht die Küchenmaschine. Auch Kartoffeln, die sich mit Wasser vollgesaugt haben, lassen sich schwer zu Püree verarbeiten. Experten empfehlen daher, Kartoffeln auf einer Lage grobem Salz im Ofen zu garen, um ihnen Feuchtigkeit zu entziehen. Wenn Sie sie kochen möchten (was schneller geht, vor allem dann, wenn Sie sie in Stücke schneiden), garen Sie die Kartoffeln in gesalzenem Wasser, bis sie gabelzart sind. Gießen Sie dann das Wasser ab und lassen Sie die gegarten Kartoffeln im Topf, sodass aufgrund der verbleibenden Hitze noch mehr Flüssigkeit verdampft. Auch die Temperatur von Milch und Butter sind für Püree ausschlaggebend: warme Milch, kalte Butter. Warme Milch verhindert, dass die Kartoffeln sich zusammenziehen und sich bläulich verfärben; mit kalter Butter verteilen sich Fett und feste Bestandteile gleichmäßiger im Püree und sorgen für eine emulsionsartige Konsistenz.

Kartoffeln – Schritt für Schritt

Röst- und Bratkartoffeln
Pommes ankochen
> viel Fett > hohe Temperatur

Püree
Auf Salz im Ofen garen ODER kochen und ausdampfen lassen > DANN schälen ODER Schale dranlassen

Salate
Gabelzart kochen ODER dampfgaren > DANN schälen ODER Schale dranlassen

GUTE PARTNER

Butter, Currypulver, Käse (vor allem Cheddar, Gruyère), Knoblauch, Pfeffer, Rosmarin, Sauerrahm, Thymian.

KNUSPER-PÜREE

Wenn ich Kartoffelpüree mache (und das kommt weniger häufig vor, als mir lieb ist!), bin ich immer versucht, die Schale dranzulassen. So haben die Kartoffeln einfach mehr Geschmack. Allerdings weist das Püree dann unschöne Sprenkel auf und fühlt sich auf der Zunge irgendwie komisch an.

Die Lösung? Knusprige Kartoffelschalen! Nachdem die gekochten Kartoffeln die Kartoffelpresse durchlaufen haben, wird die Schale frittiert und verwandelt sich in eine krosse, knusprige Köstlichkeit. Sogar, wenn Sie dieses Rezept nur für zwei Personen machen, sollten Sie die Mengenangaben einhalten, da sich unzählige Möglichkeiten zur Weiterverarbeitung in den nächsten Tagen ergeben (siehe nächste Seite, oder auch die Pilz-Zrazy auf Seite 320, um nur ein paar Beispiele zu nennen!)

FÜR 4–6 PORTIONEN ALS BEILAGE

1 kg mittelgroße, mehlige Kartoffeln, wie Desiree, King Edward, Sebago oder Dutch Cream, gereinigt
2 ½ EL Salzflocken
250 g Sahne
120 g Butter, in Stücke geschnitten
½ TL gemahlener weißer Pfeffer
2 EL natives Olivenöl extra
Fein geriebene Schale und Saft von 1 Zitrone
1 Knoblauchzehe, fein gerieben
Petersilienblätter und Chiliflocken zum Servieren (optional)

Kartoffeln und 2 EL der Salzflocken in einen großen, beschichteten Topf geben und gänzlich mit kaltem Wasser bedecken. Bei hoher Temperatur zum Kochen bringen. 25–30 Minuten lang köcheln, bis die Kartoffeln gabelzart sind. Dabei sicherstellen, dass sie immer vom Wasser bedeckt sind. Im Bedarfsfall mehr heißes Wasser hinzufügen.

Kartoffeln in ein Sieb abgießen und Sieb hin- und herschütteln, damit die Schalen gelockert werden. Wenn die Kartoffeln so weit abgekühlt sind, dass man sie weiterverarbeiten kann, aus dem Sieb nehmen, Schalen entfernen und beiseitestellen.

Topf mit dem Kartoffelinneren, der Sahne, der Butter, dem Pfeffer und den verbleibenden Salzflocken auf mittlerer Stufe erwärmen. Kartoffeln dabei mit dem Buttermesser oder einem Holzspatel leicht zerkleinern. Zudecken und 5 Minuten lang köcheln lassen, bis die Kartoffeln in sich zusammenfallen und sich mit der Sahne verbinden.

Ein feines Sieb über eine Schüssel geben und die Kartoffelmischung mit einem Spatel durchstreichen. Nachdem die gesamte Mischung auf diese Weise püriert wurde, mit einem Gummispatel vorsichtig umrühren und salzen und pfeffern. Püree in eine vorgewärmte Servierschüssel geben und mit Deckel oder Geschirrtuch abdecken, damit es warm bleibt.

Topf wieder auf den Herd stellen und Olivenöl hinzufügen. Wenn das Öl heiß ist, die beiseitegestellllten Kartoffelschalen hinzufügen und 4–5 Minuten lang braten, bis sie knusprig und goldfarben sind. Herd ausschalten, Zitronenschale und geriebenen Knoblauch einrühren.

Die knusprigen Kartoffelschalen über das warme Püree streuen und heiß servieren, falls gewünscht, mit Petersilie und Chiliflocken bestreuen.

Tipp: Schneiden Sie vor dem Kochen die Kartoffelschalen mit einem spitzen Messer kreuzförmig ein. Dies lockert die Schale und macht das Schälen einfacher.

Wenn Sie die gekochten Kartoffeln im Topf ausdampfen lassen, ehe Sie sie durch ein Sieb streichen, werden sie weniger wässrig.

Ein Trommelsieb funktioniert am besten, aber im Prinzip können Sie jedes feinmaschige Sieb verwenden.

Für Eilige: Kartoffeln halbieren oder vierteln, um die Garzeit zu verkürzen. So geht auch das Schälen schneller – schließlich wollen Sie doch die krosse Schale nicht versäumen!

Wenn Sie Lust auf knusprige Kartoffelschale haben, aber nicht auf Püree eingestellt sind, lassen Sie die Kartoffeln ausdampfen, geben Sie sie auf ein Backblech mit einem ordentlichen Schuss Olivenöl, drücken Sie mit dem Kartoffelstampfer nach unten und braten Sie sie 5–10 Minuten im heißen Ofen, bis sich eine goldene Kruste bildet.

GNOCCHI AUS PÜREERESTEN MIT SCHUMMEL-SUGO

Die Worte „Gnocchi" und „schummeln" finden sich nicht oft nebeneinander in einem Rezept. Sie werden aber sehen: Diese Gnocchi, die aus Püreeresten mit Instant-Püree gemacht werden und das Tomatensugo, für das Sie lediglich eine Pfanne brauchen und das in 10 Minuten fertig ist, sind schneller gemacht, als Sie beim Lieferservice bestellen können! Habe ich eigentlich erwähnt, dass dieses Rezept auch glutenfrei ist?

FÜR 4 PORTIONEN

Schummel-Sugo

- 80 ml Olivenöl
- 4 Knoblauchzehen, in dünne Scheiben geschnitten
- 400 g ganze, geschälte Dosentomaten
- 100 g Baby-Spinat
- Geriebener Parmesan, zum Servieren

Gnocchi aus Püreeresten

- 460 g Kartoffelpüree (Seite 298)
- 100 g getrocknete Kartoffelflocken (die, die für Instant-Kartoffelpüree verwendet werden und im Regal mit den Gemüsekonserven zu finden sind)
- 2 Eier, verquirlt
- ½ TL gemahlene Muskatnuss
- 50 g glutenfreies Mehl, plus etwas mehr zum Verarbeiten

Für Eilige: Das Sugo schmeckt auch zu fertig gekauften Gnocchi wunderbar. Sie können die selbstgemachten Gnocchi auch mit fertiger Pastasauce servieren oder mit der Salbei-Nussbutter von Seite 158. Auch die Kräuterbutter von den geschmorten Radieschen auf Seite 190 passt gut dazu. Sie können die Gnocchi auch in der Pfanne braten, anstatt sie zu kochen – erhitzen Sie dazu einfach ein wenig Olivenöl und bräunen Sie sie auf allen Seiten.

Für das Sugo Olivenöl in einer großen Pfanne erhitzen und den Knoblauch auf niedriger bis mittlerer Stufe 2–3 Minuten lang anbraten, bis er eine goldene Farbe annimmt. Tomaten hinzufügen und mit dem Kochlöffel ein wenig zerkleinern. 5–7 Minuten lang kochen, bis die Sauce eindickt. Vom Herd nehmen und beiseitestellen.

In der Zwischenzeit für die Gnocchi das Püree und die Kartoffelflocken in einer großen Schüssel mit einem Holzlöffel oder einem Gummispatel verrühren. Eier, Muskatnuss, 1 Prise Salz und schwarzen Pfeffer hinzufügen und gut vermengen. Mehl darüberstreuen und mit den Händen zu einem weichen Teig verarbeiten. Der Teig fühlt sich sehr weich an, aber keine Sorge – beim Kochen wird er fester. Und weil Sie glutenfreies Mehl verwenden, müssen Sie keine Angst haben, den Teig zu überkneten und auf diese Weise zu viel Gluten zu aktivieren.

Ein großes Backblech mit Backpapier auslegen. Dabei am Rand einen Überstand lassen. Den Teig in vier Teile teilen und jeden davon auf einer sauberen Arbeitsfläche mit Händen und Fingern rasch zu einer 2 cm dicken Rolle formen. Die Rollen auf das Backblech legen und dabei auf regelmäßige Abstände achten. Mit einem Teigschneider oder ähnlichem Utensil die Rollen in 2 cm lange Stücke schneiden. Mit extra Mehl bestäuben und vorsichtig hin- und herrollen, sodass die Stücke gänzlich mit Mehl bedeckt sind. Etwa 15 Minuten lang kaltstellen.

Einen großen Topf mit gesalzenem Wasser zum Kochen bringen.

Die Gnocchi mit dem Backpapier vom Backblech heben und jeweils ein Viertel davon 1–2 Minuten lang im kochenden Wasser garen, bis sie alle an die Oberfläche steigen.

Mit einem Schaumlöffel herausheben und sofort in die Pfanne mit dem Sugo geben. Kochwasser der Gnocchi beiseitestellen. Die Sauce mit den Gnocchi 1 Minute lang auf hoher Stufe durchwärmen.

In der Zwischenzeit die Spinatblätter mit dem Schaumlöffel in das Kochwasser der Gnocchi tauchen und wieder herausholen. Überschüssiges Wasser abklopfen und die blanchierten Spinatblätter in das Sugo geben.

In einer Servierschüssel, mit Parmesan bestreut, anrichten.

KARTOFFELSALAT FÜR JEDE JAHRESZEIT

Kartoffeln sind fantastische Geschmacksträger und gern gesehene Partygäste – in einer Schüssel, als Salat! Hier sind vier Arten, wie Sie gekochten Kartoffeln einen saisonalen Touch verleihen.

Herbst

800 g gekochte Früh- und violette Kartoffeln (in mundgerechte Stücke geschnitten) in eine große Schüssel geben. Die Blätter eines kleinen Römersalats, eine Handvoll gehackten Schnittlauch und gehackten Dill sowie 1 in Scheiben geschnittene Avocado hinzufügen. Mit 100 g Sauerrahm anrühren und mit Salz und Pfeffer abschmecken.

Frühling

In einer großen Schüssel 800 g gekochte Kipfler, 100 g geräucherte Forelle (klein zerpflückt, alternativ Tempeh), 1 dünn geschnittene rote Zwiebel, 250 g gehackte Snack-Gurken, 3 in Scheiben geschnittene Selleriestangen und eine Handvoll Dill vermengen. Mit 60 ml Olivenöl und dem Saft ½ Zitrone anrühren und mit Salz und Pfeffer würzen.

Winter

3 EL abgetropfte Kapern in Olivenöl knusprig anbraten. Eine Handvoll Minzblätter auf einem Schneidbrett stapeln, einrollen und dünn schneiden. 100 g abgetropfte, eingelegte Artischocken halbieren oder vierteln. In einer großen Schüssel mit 800 g gekochten Frühkartoffeln, der Schale von 1 Zitrone und 100 g zerkrümeltem Feta (Einlegeflüssigkeit behalten) vermengen. Mit 60 ml Olivenöl, 2 EL Zitronensaft und 1 Spritzer der Feta-Marinade (falls Sie diese haben), 1 gepressten Knoblauchzehe und Salz und Pfeffer marinieren.

Sommer

3 Scheiben Speck würfeln und in einer trockenen Pfanne knusprig braten. In einer großen Schüssel mit 800 g gekochten Frühkartoffeln (oder fest kochenden Kartoffeln, in mundgerechte Stücke geschnitten) vermengen. 30 g schwarze Oliven, 60 g geschnittene Cornichons, 2 fein geschnittene Frühlingszwiebeln und eine Handvoll gehackten Schnittlauch hinzufügen. 80 g Mayonnaise, 1 EL Olivenöl und 1 EL Dijon-Senf verrühren, mit Salz und Pfeffer würzen und den Salat damit marinieren.

Topinambur

Die Saison für Topinambur ist relativ kurz – wenn man nicht aufpasst, hat man dieses Wintergemüse im Nu versäumt. Topinambur hat dann Saison, wenn die Erkältungszeit beginnt und viele Leute Ingwer- und Zitronentee brauen, um Infektionen abzuwehren. Mein erster Rat an Sie: Stellen Sie sicher, dass auf dem Schild auch wirklich „Topinambur" steht und Sie nicht irrtümlich nach Ingwer greifen! Im Englischen wird Topinambur als „Jerusalem Artichoke" bezeichnet. Verwirrend, weil diese Knollen überhaupt nichts mit Jerusalem zu tun haben. Der Name rührt von „Girasole" her, Französisch für „Sonnenblume", und ist im Laufe der Jahre zu „Jerusalem" mutiert. Zweitens hat Topinambur auch rein gar nichts mit Artischocken zu tun, wenn auch sein Geschmack ein klein wenig an Artischockenherzen erinnert … Aber ohne all das Putzen, das bei Artischocken anfällt (ok, vielleicht ein bisschen Putzen).

„Ich kombiniere diese unscheinbare Arme-Leute-Knolle gerne mit etwas richtig Luxuriösem. Ich röste sie, bis die Schale richtig dunkel und das Innere ganz weich ist, und serviere sie mit dekadenten Toppings wie Crème fraîche und Kaviar oder auch Forellenrogen.“ – ALLA WOLF-TASKER, RUSSLAND

EINKAUF & LAGERUNG

Diesmal sage ich nicht, dass Sie die frischesten Knollen auswählen sollen – frischer Topinambur enthält nämlich viel Inulin (siehe unten), was Ihren Darm über die Maßen beanspruchen könnte. Halten Sie stattdessen Ausschau nach sauberen, knubbeligen Knollen mit hellem Fruchtfleisch. Auch wenn die Knolle schon etwas weich ist, meinen Segen haben Sie. Indem Sie darauf achten, dass die Knollen mehr oder weniger gleich groß sind, können Sie sicherstellen, dass sie zur selben Zeit gar werden. Ansonsten sollten Sie die großen Exemplare halbieren. Ebenmäßige Knollen sind auch einfacher zu reinigen. Topinambur ist ein Wurzelgemüse und wird am besten an einem kühlen, trockenen Ort gelagert, der vor direkter Sonneneinstrahlung geschützt ist. Topinambur wird länger haltbar, indem Sie ihn in Küchenpapier oder ein Stofftäschchen wickeln (um überschüssige Feuchtigkeit aufzusaugen) und in der Gemüselade Ihres Kühlschranks lagern.

ZUBEREITUNG

Topinambur hat einen süßen, nussigen Geschmack, der dem der Wald- und Wiesenkartoffel noch eins draufsetzt. Toll schmeckt er zum Beispiel in Suppen (siehe Seite 307). Geröstet schmeckt Topinambur zum Sonntagsbraten ganz köstlich, und auch im Kartoffelsalat bietet er eine willkommene Abwechslung. In Streifen geschnitten und frittiert werden Pommes daraus – raffinierten Speisen verleiht er einen Hauch Drama und Textur. Besonders die Kombination mit Püree ist nicht zu schlagen! Egal, wie sie Topinambur zubereiten: Wenn es ans Schälen geht, sollten Sie immer eine Schüssel Wasser zur Hand haben, in dem die geschälten Exemplare planschen dürfen. Sie verfärben sich ansonsten sofort! Wenn Sie Topinambur mit der Schale zubereiten, schrubben Sie ihn mit der Gemüsebürste und stechen Sie schwarze Stellen mit einem Obstmesser aus.

GUTE PARTNER

Butter, Fenchel, Gewürze (Fenchelsamen, Muskatnuss, Pfeffer, Sternanis), Knoblauch, Kräuter (Kerbel, Koriander, Lorbeer, Petersilie, Rosmarin, Schnittlauch), Mayonnaise, Sahne, Zitrone.

Fartichokes!

Topinambur (engl. *jerusalem artichoke*) kann blähend wirken, da er reich an Inulin ist – ein tolles Präbiotikum, das für einen gesunden Bakterienhaushalt im Darm sorgt. Die „guten“ Bakterien setzen bei ihrer Arbeit im Darm allerdings Gase frei – und Sie eben auch. Minimieren Sie diese natürliche Nebenwirkung, indem Sie Topinambur mit Säure kombinieren (Zitronensaft, Tomaten, Essig) oder indem Sie ihn einlegen oder fermentieren. Weichen Sie Topinambur über Nacht in Wasser ein, ehe Sie ihn rösten, sautieren, braten oder kochen. Das bricht die stärkehaltigen Kohlenhydrate auf, die sich im Topinambur befinden.

KNUSPRIGER TOPINAMBUR MIT KAPERN-GREMOLATA

Topinamburknollen sind ein bisschen wie Kartoffeln, aber gegart schmecken sie süßer und nussiger. Daher eignen sie sich besonders für eine Zubereitungsmethode, die ich auch bei Kartoffeln gerne anwende und die ich „flachbraten" nenne.

Ein großer Unterschied zu Kartoffeln ist, dass diese Knollen keine gleichmäßige Form haben. Entsprechend schwieriger ist es, durch Ankochen eine konsistente Garung sicherzustellen. Ich dampfgare Topinambur lieber und überprüfe dabei laufend, ob er fertig ist. In der Zwischenzeit mache ich schnell eine Kapern-Gremolata, die ein wunderbar salziges Gegengewicht schafft.

FÜR 4 PORTIONEN

800 g Topinambur, gewaschen und gebürstet
Fein geriebene Schale und Saft von 1 Zitrone
60 ml Olivenöl, plus ein extra Schuss für das Dressing
1 TL Salzflocken
1 TL Sherry-Essig
3 EL kleine Kapern (siehe Tipps), abgetropft und grob gehackt
3 EL fein gehackte Petersilie
2 Knoblauchzehen, fein gehackt
1 rote Chili, fein gehackt (optional)

Extra: **Dieser Topinambur schmeckt fantastisch mit der Kräuterbutter für die geschmorten Radieschen (Seite 190) oder beträufelt mit der Balsamico-Glasur der Steckrüben-Tian von Seite 232.**

Topinambur in einer großen Schüssel mit Eiswasser mindestens 45 Minuten lang mit dem Zitronensaft einweichen, um das Inulin zu „entschärfen" und ein knusprigeres Ergebnis zu erhalten.

Den Topinambur dann in einem Dämpfeinsatz oder Bambuskorb 15–20 Minuten lang über brodelndem Wasser gabelzart garen. Öfter anstechen, um zu überprüfen, ob er weich wird. Es empfiehlt sich, einen Wasserkocher zur Hand zu haben, um das heiße Wasser bei Bedarf aufzufüllen. Sind die kleineren Exemplare gar, diese sofort aus dem Wasser holen und auf ein Blech legen, bis die großen ebenfalls weich sind. Mehr ist hier definitiv mehr: Wenn Sie nicht sicher sind, ob der Topinambur weich genug ist, geben Sie ihm ruhig etwas mehr Zeit.

Den Backofen auf 220 °C vorheizen.

Topinambur in einen Bräter geben. Mit Olivenöl beträufeln und die Knollen darin schwenken. Gleichmäßig verteilen, sodass sich ein wenig Abstand zwischen den Knollen befindet. Mit dem Kartoffelstampfer niederdrücken, sodass die Schale zerplatzt, der Topinambur aber trotzdem noch einen Rest seiner Form beibehält. Drehen Sie ihn um, sodass die flache, öligere Seite nach oben schaut. 10–15 Minuten rösten, bis das Gemüse schön braun ist.

Die restlichen Zutaten in einer kleinen Schüssel vermengen. Ein wenig Olivenöl hinzufügen, sodass die Gremolata eher wie eine Marinade aussieht als wie ein Dressing. Nach Bedarf würzen. Über dem Topinambur verteilen und servieren.

Tipp: **Wenn ich Hühnerschmalz von einem Brathähnchen übrig habe, verwende ich das zum Rösten. Dadurch entsteht eine zusätzliche Geschmacksebene, die unwiderstehlich ist! Kapern gibt es sowohl in Lake als auch in Salz eingelegt – für dieses Rezept eignen sich beide. Falls Sie Kapern in Salz verwenden, spülen Sie sie kurz ab und lassen Sie sie abtropfen, damit sie nicht allzu dominant wirken. Wenn Sie in Salzlake eingelegte Kapern braten, brauchen Sie sie vorher nicht abzuspülen.**

Für Eilige: **Topinambur mit dem Gemüsehobel in dünne Streifen hobeln, in Olivenöl schwenken, auf ein Backblech legen und bei 190 °C 15–20 Minuten lang knusprig backen. Die Gremolata ist optional (aber köstlich!). Ansonsten können Sie den Topinambur auch großzügig mit Salzflocken und edelsüßem Paprikapulver bestreuen.**

SUPPE AUS GERÖSTETEM TOPINAMBUR & TOMATEN

Als ich Alla Wolf-Tasker, eine meiner australischen Lieblingsköchinnen, interviewte, war ich hocherfreut, als sie Topinambur als eine ihrer Lieblingszutaten bezeichnete. „Im tiefsten Winter, wenn es sonst nicht viel gibt, ist Topinambur nicht zu schlagen", meinte sie. „Man muss ihn vorher nur gut waschen. Alle haben Angst, dass sie davon Blähungen kriegen – ein französischer Koch jedoch hat mir vor Jahren einmal gesagt, dass diese Nebenwirkung wegfällt, wenn man den Topinambur zu einer Suppe verarbeitet und Tomaten dazugibt." Na dann!

FÜR 4 PORTIONEN (2 LITER)

- 50 g Butter, geschmolzen
- 1 kg Topinambur, gewaschen und gebürstet
- 500 g Kirschtomaten, gehackt, Rispe beiseitegelegt
- 4 Knoblauchzehen, angedrückt
- ½ rote Zwiebel, geviertelt
- 1 Bund Salbei, die Blätter abgezupft
- 1 TL schwarzer Pfeffer aus der Mühle
- 1 TL Salzflocken
- 2 l Hühner- oder Gemüsebrühe
- 60 ml natives Olivenöl extra
- Sahne, zum Servieren

Den Ofen auf 180 °C vorheizen.

In einem großen Bräter Butter, Topinambur, Tomaten, Knoblauch, Zwiebel, den halben Salbei, den Pfeffer und die Salzflocken vermengen. 20 Minuten im Ofen garen, bis der Topinambur eine goldene Farbe annimmt.

Brühe dazugießen und die Rispe der Tomaten hinzufügen. Mit Alufolie abdecken. Im Backofen erneut 45 Minuten garen, bis das Gemüse weich ist.

Rispe entfernen.

Die Mischung pürieren, entweder mit einem hitzebeständigen Stabmixer direkt im Bräter (Achtung, spritzt!) oder in der Küchenmaschine.

Olivenöl in einer kleinen Pfanne auf mittlerer Stufe erhitzen. Restliche Salbeiblätter hinzufügen und 1–2 Minuten lang knusprig braten. Salbeiblätter aus dem Öl nehmen und beides beiseitestellen.

Suppe in Servierschüsseln geben und mit den krossen Salbeiblättern bestreuen. Mit dem Salbeiöl beträufeln und mit einem Sahneklecks dekorieren. Sofort servieren.

Tipp: Hat Topinambur gerade nicht Saison, nehmen Sie einfach doppelt so viele Tomaten und machen eine samtig-seidige Tomatensuppe daraus.

Für Eilige: Zu dem gerösteten Topinambur von gestern Abend eine Dose geschälte Tomaten geben. Brühe mit ein paar grob gehackten Knoblauchzehen erwärmen und alles in der Küchenmaschine pürieren.

Jamswurzel & Wurzelknollen

Im Südwesten Australiens allein gibt es 150 einheimische Wurzelknollen. Eine davon, die sich zunehmender Beliebtheit erfreut, ist Youlk, eine gelbe Wurzelknolle, die ein wenig an Kipfler (eine Kartoffelsorte) erinnert, aber die Textur einer Nashi-Birne hat und wie eine Kreuzung zwischen Rettich und Karotte schmeckt. Eine weitere Wurzelknolle, die man häufig antrifft, ist Oca *(Oxalis tuberosa)*. Sie kommt in einer ganzen Reihe von Farben vor, die von gelb über rot bis hin zu lila reichen, und schmeckt dank eines relativ hohen Gehalts an Oxalsäure markant-herb. Schwarzwurzeln, auch als Winterspargel bekannt, haben einen einzigartigen, salzigen Geschmack. Wenn man erst einmal weiß, wie man Wurzelknollen zubereitet, kann man sie alle verarbeiten.

„Die Schwarzwurzel ist ein außergewöhnliches Gemüse, das stark unterschätzt wird. Sie schmeckt nach Austern, Gurken und Salzlake, und wenn man sie in einer heißen Pfanne karamellisiert, entfaltet sich auch das Aroma von gerösteten Haselnüssen. Vorsicht bei der Zubereitung! Der Milchsaft färbt Finger und Hände schwarz ein, und wenn Sie die geschälten Exemplare nicht in mit Essig versetztem Wasser lagern, verfärben sie sich ebenfalls im Nu. Roh, sautiert, geröstet oder gekocht in Béchamelsauce: Schwarzwurzeln sind vielseitig und vor allem köstlich!“

—JOSH NILAND, AUSTRALIEN

EINKAUF & LAGERUNG

Jams finden Sie am ehesten in der kühlen Jahreszeit, und zwar auf Bauernmärkten, in Hofläden und bei ausgesuchten Gemüsehändlern. Kleinere Jamswurzeln sollten Sie so behandeln wie Frühkartoffeln. Wählen Sie gleichmäßig große Knollen aus, damit sie zur gleichen Zeit gar werden, und machen Sie einen Bogen um Wurzeln, die bereits austreiben. Größere Wurzeln wie Jicama oder Kassava sollten möglichst keine Dellen und weichen Stellen aufweisen. Einige Verfärbungen und Risse sind aber in Ordnung, solange sie sich mit der Schale entfernen lassen. Fragen Sie bei den Händlern nach, wie sie die Wurzeln üblicherweise kochen – vielleicht lernen Sie auf diese Weise eine völlig neue Zubereitungsmethode kennen. In einer Papiertüte und an einem kühlen, dunklen Ort ist Jams mindestens einige Wochen lang haltbar.

ZUBEREITUNG

Jamswurzeln mindestens 20 Minuten lang in einer großen Schüssel mit Wasser einweichen und dann mit einer groben Gemüsebürste reinigen. So wird der Sand zum Großteil entfernt. Was übrigbleibt, ist eigentlich nur Rohfutter. Insbesondere junge Jamswurzeln schmecken geschält, gerieben oder fein geschnitten im Salat ausgezeichnet. Dazu gehört Jicama, deren frisches Aroma an Äpfel und Radieschen erinnert und die sich in Coleslaw fantastisch macht. Geröstet nehmen Jamswurzeln häufig einen blassen Gelb- oder Beigeton an und entwickeln einen besonders nussigen Geschmack sowie eine Konsistenz, die an mehlige Kartoffeln erinnert, mit einem Hauch von Zitrone (besonders geröstete Oca). Ihr Stärkeanteil eignet sich auch perfekt zum Frittieren – ich denke da besonders an Lotuswurzel-Pommes. Waschen Sie einige Lotuswurzeln gut, hobeln Sie sie fein auf dem Gemüsehobel und frittieren Sie sie, bis sie goldbraun sind. Andere Wurzelknollen wie chinesische Wasserkastanien und afrikanische Tigernüsse, eignen sich besonders als Basis für Süßspeisen und Getränke, z. B. Wasserkastanienkuchen – ein Dauerbrenner beim Yum Cha (ein chinesisches Teeritual) – oder die spanische Horchata de chufa, die aus eingeweichten, pürierten und fermentierten Tigernüssen hergestellt wird.

GUTE PARTNER

Chili, Honig, Ingwer, Limetten, Olivenöl.

IN SALZ GEBACKENE JAMS-TACOS (JACOS!)

Ich stelle vor: Die vielleicht besten Tacos auf pflanzlicher Basis, die es je gab! Durch Rösten wird Jams – oder Oca, Jicama, Youlk oder welche Wurzelknolle Sie auch immer auftreiben können – Wasser entzogen, was wiederum Textur und Geschmack intensiviert. Das Resultat: So angenehm zu kauen wie Hähnchen, so leicht und bekömmlich wie Fisch! Wenn Sie keine Lust auf Tacos haben, verwandeln Sie dieses Gericht einfach in einen Salat, indem Sie die Tortillas und den Mozzarella weglassen und stattdessen einfach alles in einer Schüssel anrichten.

FÜR 4–6 PORTIONEN

- 500 g Steinsalz
- 800 g Jicama, oder eine Jamswurzel Ihrer Wahl
- 1 Bund Koriander, Stiele und Blätter fein gehackt
- 4 Frühlingszwiebeln, fein gehackt
- 3 lange grüne Chilischoten, entkernt und fein gehackt
- 2 Knoblauchzehen, fein gehackt
- Saft von 1 Zitrone
- Saft von 1 Limette, plus extra Spalten zum Servieren
- 18 kleine Tortillas
- 200 g veganer Käse oder Mozzarella, dünn geschnitten
- 1 TL geräuchertes Paprikapulver
- 60 ml natives Olivenöl extra
- ½ TL gemahlener Koriander
- Gehobelter Rotkohl, zum Servieren
- Brunnenkresse, zum Servieren

Den Backofen auf 200 °C vorheizen. Das Salz in einer dicken Schicht in einen Bräter geben. Jams hinzufügen und fest in das Salz drücken. 1 Stunde braten, bis der Jams gabelzart ist. In der Zwischenzeit Koriander, Frühlingszwiebeln, Chili, Knoblauch, Zitronen- und Limettensaft in einer Schüssel vermengen und mit Salz und Pfeffer würzen.

Den gegarten Jams aus dem Backofen holen und so weit abkühlen lassen, dass er weiterverarbeitet werden kann. Schälen und in kleine, mundgerechte Stücke schneiden.

Wenn es ans Servieren gehen soll, die Tortillas auf drei Backbleche legen und die Käsescheiben darauf anordnen. Mit dem Paprikapulver bestreuen und 3 Minuten lang backen, bis der Käse anfängt zu schmelzen. Käse mit der Rückseite eines Löffels verstreichen.

Olivenöl in einer Pfanne auf hoher Stufe erhitzen.

Korianderpulver hinzufügen und kurz rösten, bis der Koriander sein Aroma freisetzt. Jams hinzufügen und umrühren, sodass alles gut durchgewärmt wird. Den frischen Koriander und die Chili-Mischung einrühren und auf die Tortillas setzen.

Mit Rotkohl und Brunnenkresse bestreuen und sofort mit Limettenspalten servieren.

Tipp: Jams ist eine fantastische Quelle des präbiotischen Ballaststoffs Inulin, der die „guten" Bakterien im Darm füttert. (Wenn Ihnen das bekannt vorkommt, haben Sie wahrscheinlich den Abschnitt über Topinambur gelesen …) Inulin ist langfristig toll für unseren Darm, kann aber kurzfristig ziemliche Blähungen hervorrufen, besonders, wenn der Jams sehr frisch ist. Wenn Sie zu den Personen gehören, die einen besonders aktiven Darm haben, sollten Sie erwägen, den Jams über Nacht einzuweichen und ihn erst am nächsten Tag zu genießen.

Pilze

Pilze müssen in einem Buch wie diesem einfach vorkommen ... obwohl sie streng genommen gar kein Gemüse sind. Sie gehören zum Reich der Fungi, und wir haben noch immer viel über ihre magischen, medizinischen, psychedelischen und gastronomischen Eigenschaften zu lernen. Pilze werden aufgrund ihres erdigen „Umami"-Aromas sowie für ihre Textur geschätzt: im rohen Zustand elastisch und leicht, in gekochtem Zustand seidig und rutschig. Dank ihrer schwammartigen Struktur saugen sie Saucen besonders gut auf, behalten aber dabei ihre Form. Dies macht sie zu hervorragendem Fleischersatz in Eintöpfen und auf dem Grill. All diese Eigenschaften machen sie auch zu einer der „Gemüsesorten", die Kinder (und Erwachsene!) oft ganz und gar nicht mögen. Meist ist diese Abneigung auf ein traumatisches Erlebnis mit einem „matschigen" Pilz zurückzuführen. Wenn Sie oder jemand in Ihrem Umfeld in diese Kategorie fällt, so hoffe ich, dass Sie dieses Kapitel aufgeschlagen haben, um Pilzen noch eine Chance zu geben!

„Ich brate Pilze am liebsten in einer heißen Pfanne mit Butter, Knoblauch, Petersilie/Majoran und ordentlich Salz und Pfeffer. Seit ich unter die Veganer gegangen bin, mache ich auch gerne Pilz-Wellington – und dann ist da natürlich auch das Pilz-Carpaccio, das ich in Norditalien gelernt habe.“

– TOBIE PUTTOCK, AUSTRALIEN

EINKAUF & LAGERUNG

Zum Ausfindigmachen der besten Pilze gilt: Immer der Nase nach! Pilze sollten erdig, aber nicht nach Eiern riechen und sich elastisch, aber nicht schwammig – und definitiv nicht schleimig! – anfühlen (außer vielleicht, es handelt sich um einen Butterpilz). Die meisten kommerziell angebauten Pilzsorten, z. B. Champignons oder Portobello-Pilze, werden in riesigen, temperierten Hallen gezüchtet und sind folglich das ganze Jahr über erhältlich. Seltenere Pilzsorten mit einem robusteren Geschmack haben meist vom Herbst bis in den Winter hinein Saison, wenn der feuchte Boden optimale Wachstumsbedingungen bietet. Ich mag kleine, feste Champignons besonders gern, aber auch für Shiitake habe ich ein Faible entwickelt. Ich liebe es einfach, wie sie jedem Gericht, in das man sie schneidet, ein unverkennbares Umami-Aroma verleihen, von Brühen und Wok-Gerichten bis hin zu italienischer Bolognese-Sauce (so frevelhaft das auch klingen mag)! Wenn Sie keine frischen, lokal gezüchteten Shiitake-Pilze auftreiben können, fragen Sie im Asia-Laden nach getrockneten Shiitake-Pilzen, die vor der Verwendung in Wasser eingeweicht werden. Das Einweichwasser auf keinen Fall wegschütten, sondern in das Gericht einbauen – es verleiht ihm zusätzliches Aroma und Tiefe. Andere exotische Pilzsorten wie Enoki- oder Austernpilze schmecken fantastisch in asiatischen Wok-Gerichten. Als Kind mochte ich es besonders, wenn wir mit der Familie im Wald nach Pilzen suchten. Den Geschmack einheimischer Sorten liebe ich noch immer. Sie findet man am ehesten auf Märkten und bei spezialisierten Gemüsehändlern – oder aber Sie machen sich selbst auf die Suche, am besten mit jemandem, der gut Bescheid weiß. Das Prinzip beim Pilzesuchen lautet: Wenn Sie Zweifel haben, lassen Sie ihn stehen. Oder wie mein Vater es so treffend formuliert: „Jeder Pilz ist essbar ... zumindest einmal!“

Pilze sind überaus porös und werden leicht matschig. Lagern Sie sie also immer an einem kühlen, trockenen Ort. Wenn Sie sie im Kühlschrank mit all den anderen Lebensmitteln lagern, die alle ihren eigenen Geruch haben, laufen Sie Gefahr, die Pilze mit diesen Gerüchen zu „infizieren“. Am besten stecken Sie sie in eine offene Papiertüte und lagern sie in der Kühlschranktür. Auf diese Weise vergessen Sie nicht, sie zu verarbeiten, ehe sie schlecht werden. Lagern Sie Pilze niemals in einer Plastiktüte, da sie sonst anfangen zu schwitzen und sich in Suppe verwandeln (nicht die Art von Suppe, die wir uns wünschen). Mit getrockneten Pilzen wie Shiitake oder Steinpilzen müssen Sie sich nicht nur keine Sorgen über Lagerbedingungen machen, sondern genießen auch eine Extraportion Aroma. Sie können auch Ihre eigenen Pilze trocknen. Am besten geht das über Nacht im Backofen bei niedriger Temperatur oder draußen in der Sonne über einige Tage hinweg (vorausgesetzt, die Sonne ist stark genug und es gibt keine Fliegenplage). Pilze lassen sich auch einfrieren. Ich würde sie zunächst 3–5 Minuten lang dampfgaren, dann abkühlen lassen und portionsweise einfrieren.

ZUBEREITUNG

Bei der Zubereitung von Pilzen gibt es zwei verschiedene Denkschulen: Erstere kennen Sie wahrscheinlich. Sie besagt, dass Pilze trocken verarbeitet, in einer trockenen Pfanne portionsweise gegart und generell mit Samthandschuhen angefasst werden müssen. Moderne Pilz-Enthusiasten verfolgen einen entgegengesetzten Ansatz – nämlich das „Nass-Braten".

Pilze bestehen zu 90 Prozent aus Wasser und haben eine schwammartige Struktur, die jede Menge Hitze verträgt, ehe sie zu zerfallen beginnt. Durch Braten in der trockenen Pfanne karamellisieren die Pilze zwar schön, büßen aber auch einiges an Zartheit ein, da ihre natürliche Feuchtigkeit zur Gänze verdunstet. Bei größeren Pilzen wird das Äußere angekohlt, ehe das Innere gar ist. Beim Nass-Braten können Sie Ihre Pilze nach Belieben waschen oder einweichen. Das ist besonders praktisch, wenn es sich um selbst gepflückte Pilze handelt. Geben Sie die Pilze in eine heiße Pfanne mit ausreichend Wasser oder Brühe, um sie zu bedecken. Lassen Sie das Ganze bei hoher Hitze vor sich hin blubbern, bis das Wasser verdunstet ist und die Pilze anfangen zu zischen. Für größere oder besonders faserige Exemplare können Sie ruhig mehr Flüssigkeit hinzufügen und den Vorgang wiederholen. Nun kommt Fett hinzu (Öl, Butter oder Schmalz), gefolgt von Aromaspendern wie Knoblauch oder Schalotten.

Größere Pilze wie Portobello-Pilze lassen sich wunderbar mit Käse, Kräutern etc. füllen. Wenn Sie die Pilze füllen und im Ofen garen möchten, sollten Sie sie zuerst etwa 15 Minuten lang im Backrohr trocknen, mit dem Stiel nach oben und ohne Füllung („Blindbacken" für Pilze, sozusagen). Dann füllen Sie sie und geben sie wieder im Ofen, bis die Füllung gar ist. Wenn Sie seltenere oder empfindlichere Pilzsorten wie frische Shiitake-Pilze oder Morcheln verwenden, ist weniger auf jeden Fall mehr. Geben Sie die Pilze lediglich ein paar Minuten lang in vorgewärmte Brühe, um sie durchzuwärmen und der Brühe Geschmack zu verleihen, oder in eine heiße, nasse Pfanne, in der sie Farbe annehmen. Lassen Sie das Wasser verdunsten, geben Sie ein Stück Butter hinzu und würzen Sie sie nach Geschmack.

NOCH MEHR PILZE: TRÜFFEL

Ein weiterer Pilz, der Aufmerksamkeit verdient, ist der Trüffel – sowohl der schwarze Trüffel (Périgord) als auch der weiße (Magnatum). Trüffel mögen zwar aussehen wie versteinerte Exkremente, gehören aber zu den teuersten frischen Zutaten, die es gibt. Um das meiste für Ihr Geld zu bekommen, kaufen Sie kleine Trüffel, die so gleichmäßig geformt sind wie möglich und so herrlich erdig riechen, dass Sie das Gefühl haben, in eine finstere Höhle teleportiert worden zu sein, sobald der Händler den Deckel von seinem Vorrat abnimmt. Das Aroma von Trüffeln wurde schon mit vielen Dingen verglichen, von alten Socken bis hin zu den zerwühlten Bettlaken eines Bordells. Es ist muffig, irgendwie sexy und einfach unverkennbar! Synthetisiert wird dieses Aroma in Produkten wie Trüffelöl. Bevor Sie aber jetzt loslaufen, um eine Flasche davon zu erstehen – tun Sie mir einen Gefallen und halten Sie der Versuchung stand. Frische Trüffel enthalten mehr als 50 Aromastoffe, während die künstliche Version auf einen beschränkt ist! Sparen Sie sich Ihr Geld lieber für frische Trüffel auf, wenn diese Saison haben. Der frühe Winter ist die richtige Saison für Périgords. Weiße Trüffel sind schwerer zu bekommen und müssen unter Umständen beim Gemüsehändler vorbestellt werden. Am allerwichtigsten: Warten Sie mit dem Hobeln oder Reiben (mit einem Trüffelhobel oder einem feinen Reibeisen) bis knapp vor dem Servieren. Das Aroma von Trüffeln ist extrem volatil und verflüchtigt sich bei zu großer Hitze im Nu. Achten Sie darauf, dass Ihre Trüffel nur mit so viel Hitze in Berührung kommen, wie notwendig ist, damit sie Teil Ihres neutralen, fett- und kohlehydratreichen Gerichts werden (ich rede von Eiern, Kartoffeln und Pasta). Reste bewahren Sie am besten in einem Einmachglas mit Salz auf, das den Geschmack der Trüffel ebenfalls aufnimmt. Alternativ können Sie die Trüffel auch pürieren und in weiche Butter einrühren, die Sie dann einfrieren. Das Ergebnis? Die dekadenteste Butter aller Zeiten!

„Wildpilze sind aus meinem Speiseplan nicht wegzudenken. Am Ende des Sommers gibt es in den Wäldern reichlich Flora und Fauna, zum Beispiel Rotwild. Für mich gibt es nichts Schöneres, als im Herbst in den Wald zu gehen und unter den Fichtennadeln Pilze zu finden. Das hat schon etwas Magisches an sich!" – MICHAEL HUNTER, KANADA

GUTE PARTNER

Butter, Käse (Feta, Gruyère, Parmesan, Ziegenkäse), Knoblauch, Muskatnuss, Salbei, Sternanis, Zwiebeln.

*Umami – um ... was bitte?

Dieser Ausdruck findet sich immer wieder in Rezensionen, Rezepten und im Gastronomiejournalismus, und moderne Köche schwärmen davon. Aber was bedeutet er genau? Umami wird auch als der „fünfte Geschmack" bezeichnet und wurde von einem Wissenschaftler Anfang des 20. Jahrhunderts entdeckt. In etwa bedeutet der Begriff „schmackhaft" oder auch „köstlich". Es ist nicht verwunderlich, dass Umami von Kikunae Ikeda, einem Japaner, entdeckt wurde – schließlich ist es eines der prägenden Geschmackselemente der japanischen Küche. Von Shiitake-Pilzen bis Meeresalgen, von Miso bis Dashi und natürlich Kewpie, der japanischen Mayonnaise, die mehr künstlich hergestelltes Umami enthält als Ei. Das „künstlich hergestellte Umami", auf das ich mich hier beziehe, ist nichts anderes als Mononatriumglutamat, auch unter der Abkürzung MNG bekannt – ein kontroverser Inhaltsstoff, dem immer wieder unangenehme Nebenwirkungen nachgesagt werden. Den jüngsten Studien zufolge sind diese Nebenwirkungen allerdings eher psychosomatischer als physiologischer Natur. Ob Sie zu den Totalverweigerern gehören oder bei Instant-Nudeln einfach schwach werden – Glutamate machen generell süchtig und kommen in einigen der beliebtesten Nahrungsmittel der Welt vor. Käse, Bier, Wein, dunkle Schokolade, abgelegenes Fleisch und fermentierte Lebensmittel enthalten natürlich vorkommende Glutamate (und sind wahrscheinlich gerade deshalb so unwiderstehlich). Ernährungstechnisch gesehen fördert Umami auch das Sättigungsgefühl, wodurch glutamathaltige Lebensmittel besonders befriedigend wirken. Pilze, Tomaten, Spinat, Kohl, Mais und Süßkartoffeln gehören zu den Lebensmitteln mit dem höchsten Anteil an Umami. Interessanterweise enthält auch Muttermilch jede Menge Glutamate, nämlich ungefähr so viel wie das künstlich hergestellte MNG! Unsere Vorliebe für Glutamat saugen wir also buchstäblich mit der Muttermilch auf.

„Shiitake-Pilze haben eine Geschmackstiefe, die in der Welt der Pilze einzigartig ist. Wenn sie zerkleinert werden, halten sie sich dezent im Hintergrund. In großen Stücken hingegen nehmen sie sofort eine Hauptrolle ein. Sie nehmen Aromen in sich auf und verleihen Gerichten Textur und Üppigkeit. Ich mag es auch, dass sie ein unkomplizierter Fleischersatz sind oder eine karamellisierte Note entwickeln, wenn man sie mit Sojasauce sautiert.“.

–NIKI NAKAYAMA, USA

Pilzsorten

Kiefernpilz Leuchtend orange, herb und mit einer robusten Textur, die sich zum Blättrig-Schneiden oder Dünsten eignet. Kiefernnadeln einfach mit dem Fingernagel wegschnippen oder mit Wasser abspülen – diese Pilze sind fest genug, um damit fertigzuwerden.

Butterröhrlinge Schon der Name deutet an, dass dieser Pilz ein aalglatter Zeitgenosse ist. Mit Kartoffeln sautiert (siehe das Rezept auf Seite 322), aber auch eingelegt nach russischer Art, schmeckt er besonders gut.

Morcheln Diese eigenartig anmutenden Pilze sind äußerst rar. Klopfen Sie sie einfach ab, um die Erde von Stielen und Löchern zu entfernen, und braten Sie sie in der Pfanne mit ein wenig Butter.

Shiitake Ich rühre gerne frische, junge Shiitake-Pilze als Ganzes (oder in Stücke geschnitten, wenn sie schon größer sind) in Pastagerichte ein (wie bei der Schalottenpasta auf Seite 290). Shiitake-Pilze gibt es auch getrocknet.

Löwenmähne Diese Pilzart erfreut sich aufgrund ihrer begünstigenden Wirkung auf den Nervenwachstumsfaktor zunehmender Beliebtheit. Die Konsistenz der Löwenmähne erinnert an Krebsfleisch, besonders wenn sie in einer leichten Brühe pochiert wird.

Enoki Diese Pilze sehen ein bisschen aus wie Sojasprossen mit kleinen Hütchen und verleihen Wok-Gerichten eine wunderbar seidige Note. Frittiert machen sie sich als knusprige, goldfarbene Dekoration ebenfalls ausgezeichnet.

Steinpilze In Pulver- oder getrockneter Form, und natürlich auch frisch, sorgen Steinpilze in jeder Sauce sofort für Umami. All diese Pilze schmecken mit Rührei fantastisch. Frische Pilze lassen sich grillen wie ein Steak oder, in Stücke geschnitten, in Butter sautieren.

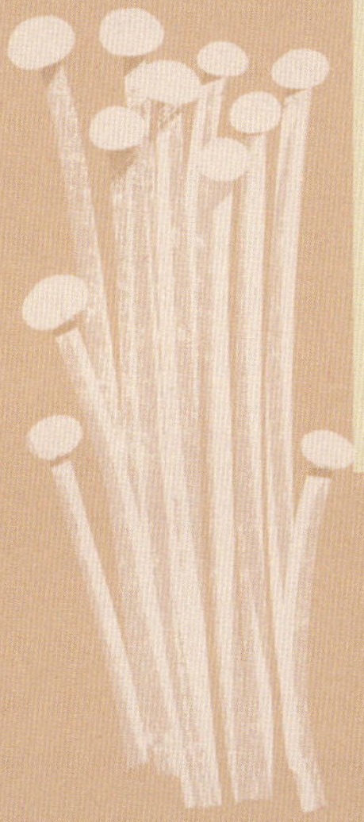

PILZ-PIE MIT ENTENSCHMALZ

Pilze eignen sich besonders für Pies, weil sie ihre Form behalten und alle anderen Aromen in sich aufnehmen. Ich liebe den fleischartigen, texturierten und überaus pikanten Geschmack, den Pilze entwickeln, wenn man sie brät, und den sich dieses Rezept zunutze macht. Enten- (oder Gänseschmalz) sorgt hier für zusätzliches Aroma. Haben Sie keines davon zur Hand, tut es auch das Hühnerschmalz vom letzten Brathähnchen. Sie können zur Not auch einfach mehr Butter im Teig verwenden oder einen qualitativ hochwertigen, tiefgekühlten Mürbeteig benutzen und etwas Enten- oder Gänseschmalz in die Pilzmischung einrühren, um die Aromen zu verstärken. Wenn Sie kein Steinpilzpulver auftreiben können, verarbeiten Sie einfach getrocknete Steinpilze in der Küchenmaschine, oder aber Sie weichen sie in Wasser ein, drücken sie gut aus (das Wasser kommt dann in den Teig) und mengen sie unter die Pilzmischung.

FÜR 6 PORTIONEN

750 g gemischte Pilze, in Scheiben geschnitten (wir haben Champignons und Portobello-Pilze verwendet)
40 g Butter
1 Stange Lauch, nur der weiße Teil, dünn geschnitten
1 braune Zwiebel, dünn geschnitten
2 EL Steinpilzpulver
1 TL getrockneter Estragon
½ TL gemahlene Muskatnuss
1 EL Salzflocken
35 g Mehl
2 EL Sherry-Essig
1 Eigelb, verquirlt
hochwertiges Ketchup, zum Servieren

Mürbeteig mit Entenschmalz

450 g Mehl, plus etwas mehr zum Verarbeiten
1 TL schwarzer Pfeffer aus der Mühle
1 TL Salz
100 g Enten- oder Hühnerschmalz (alternativ vegetarisches Zwiebelschmalz)
100 g gesalzene Butter, in Stücke geschnitten
2 EL Sauerrahm
2 EL Apfelessig

Für den Teig Mehl, Pfeffer und Salz in einer Schüssel vermengen. Entenschmalz und Butter dazugeben und mit den Fingerspitzen verreiben, bis die Mischung aussieht wie grobe Krümel. In der Mitte eine Mulde formen. Sauerrahm, Essig und 60 ml kaltes Wasser in die Mulde gießen und rasch zu einem Teig verarbeiten (Mischung nicht überkneten). Teig auf eine leicht bemehlte Arbeitsfläche kippen, zu einer Kugel formen und diese in drei ungefähr gleich große Kugeln aufteilen. Kugeln mit der Hand hinunterdrücken und zu Scheiben formen. 1 Stunde lang kaltstellen.

In der Zwischenzeit die Füllung vorbereiten. Pilze in eine große Bratpfanne geben und mit Wasser bedecken. Flüssigkeit auf hoher Stufe aufkochen und komplett verdunsten lassen. Wenn die Pilze anfangen zu zischen, die halbe Butter hinzufügen und Pilze darin schwenken, bis sie goldbraun sind. Pilze aus der Pfanne nehmen und beiseitestellen. In derselben Pfanne Lauch und Zwiebel in der verbleibenden Butter anschwitzen, bis sie weich sind. Pilze hinzufügen, Steinpilzpulver, Estragon, Muskatnuss und Salz einrühren. Mehl untermengen, Essig hinzufügen und etwa 3 Minuten lang unter Rühren köcheln (oder bis Ihre Augen aufhören, zu brennen).

Eine 27 cm große Auflaufform einfetten. Auf einer leicht bemehlten Arbeitsfläche ein Teigstück 3 mm dick ausrollen, dann mit dem Nudelholz über die Form heben und die Form damit auskleiden. Teig mit den Fingern festdrücken. Verbleibenden Teig in lange, 3 mm dicke Vierecke ausrollen, in 2–3 cm breite Streifen schneiden und auf ein mit Backpapier ausgelegtes Blech legen. Alle Teigstücke erneut 15 Minuten kaltstellen. Währenddessen aus Teigresten kleine Deko-Pilze formen.

Den Backofen auf 220 °C vorheizen. Pilzmischung auf dem Teigboden verteilen.

Mit den Teigstreifen ein Gittermuster auf die Füllung legen. Streifen an den Teigrand andrücken.

Den Pie auf ein Backblech stellen und den Teig mit dem verquirlten Dotter bestreichen. Deko-Pilze obenauf anordnen und ebenfalls bepinseln. 45 Minuten im Ofen backen, bis der Teig eine goldene Farbe annimmt.

Leicht abkühlen lassen und mit Ketchup servieren.

KARTOFFEL-ZRAZY MIT PILZFÜLLUNG UND SATSIBELI

Zrazy sind eine Art längliche Roulade, die in der Pfanne gebraten wird und die auf geniale Weise ein gesamtes Mittag- oder Abendessen in sich vereint: Unter einer Schicht Kartoffelbrei mit Kruste finden sich sautierter Kohl, Hackfleisch oder – wie in diesem Fall – eine Pilz-Duxelles (eine Pilz- und Zwiebelmischung mit intensivem Aroma). Satsibeli wiederum ist Georgiens Antwort auf Tomatensalsa und wird auf traditionelle Weise mit einer Küchenreibe hergestellt, wie in den guten alten Zeiten, bevor es Küchenmaschinen gab. Die Zugabe von Harissa ist hingegen ganz und gar nicht traditionell (schmeckt aber umwerfend).

ERGIBT 10 STÜCK

- 500 g kaltes Kartoffelpüree (Seite 298)
- 1 Eigelb, verquirlt
- 100 g glutenfreies Mehl
- ½ TL geriebener weißer Pfeffer
- 2 EL Olivenöl

Pilz-Duxelles

- 100 g Butter
- 400 g gemischte Pilze (vorzugsweise frische Shiitake-Pilze und Champignons), fein gehackt
- 2 braune Zwiebeln, fein gehackt
- 1 TL Salzflocken

Satsibeli

- 2 mittelgroße Tomaten
- ½ weiße Zwiebel, geschält
- 2 Knoblauchzehen, geschält
- 25 g fein gehackter Koriander, Blätter und Stiele
- 2 TL Sherry-Essig
- 2 TL Harissapaste
- ½ TL Salzflocken
- ½ EL feinster Zucker
- 1 TL gemahlener Bockshornklee

Für die Duxelles die Butter in einer großen Bratpfanne schmelzen. Pilze und Zwiebeln hinzufügen, mit Salz bestreuen und auf niedriger Stufe 1 Stunde lang dünsten, bis die Mischung dunkelbraun und trocken ist und wunderbar duftet. Ab und zu umrühren. Anschließend abkühlen lassen (idealerweise über Nacht im Kühlschrank).

Wenn Sie bereit sind, die Zrazy zu braten, das kalte Kartoffelpüree mit dem Eigelb, dem Mehl und dem Pfeffer in einer Schüssel vermengen. 10 gleich große Kugeln formen. Mit der Hand zu handtellergroßen Scheiben drücken und ca. 2 TL der Duxelles daraufsetzen. Kartoffelmischung darüberfalten und Rouladen formen. Stellen Sie im Vorfeld eine Schüssel Wasser bereit, damit Sie Ihre Handflächen befeuchten können und die Mischung nicht an Ihren Händen kleben bleibt.

Olivenöl in einer Pfanne erhitzen. Portionsweise 3–4 Zrazy auf einmal auf mittlerer Stufe etwa 4 Minuten auf jeder Seite braten, bis die Rouladen rundum goldbraun und knusprig sind.

Vor dem Servieren kurz rasten lassen.

Für das Satsibeli Tomaten, Zwiebeln und Knoblauch mit der Küchenreibe fein reiben und mit den restlichen Zutaten vermengen. Abschmecken und nach Bedarf würzen. Die Mischung sollte ein süß-saures Aroma haben und leicht in der Nase kitzeln. Den Knoblauch darf man ruhig herausschmecken.

Die Zrazy sind im Kühlschrank bis zu 4 Tage lang haltbar. Sie können sie entweder bei Zimmertemperatur mit der Satsibeli servieren oder aufwärmen, indem Sie sie ein paar Minuten auf jeder Seite anbraten.

Tipp: Kartoffelpüree direkt aus dem Kühlschrank lässt sich besser verarbeiten, weil die Butter dann kalt und fest bleibt und die Mischung so geschmeidiger wird. Falls Ihre Hände zu warm werden, stellen Sie die Mischung wieder in den Kühlschrank, während Sie die Satsibeli machen.

Die Pilz-Duxelles schmeckt großartig als Füllung für Käsetoast, in pikanten Pastetchen oder Klößen, als Pastasauce oder in einem klassischen Filet Wellington.

PILZPFANNE FRISCH AUS DEM WALD

Zu meinen schönsten Kindheitserinnerungen gehört das Pilzesuchen im High Country von Victoria gemeinsam mit meinen Eltern und das Abzupfen der Kiefernnadeln von Butterröhrlingen und Kiefernpilzen, während ich mich auf das Abendessen freute. Pilze, die nicht eingelegt wurden, brieten wir mit Kartoffeln und Sauerrahm. Das Ergebnis ähnelte diesem Rezept – nur, dass es sich beim Original um ein typisches Gericht neuer Einwanderer aus den 90ern handelte (also kein Gusseisen, sondern 40 Jahre altes Emailgeschirr). Essiggurken sind hier Pflicht, um einen Gegenpol zu all der Üppigkeit zu schaffen. Dies ist eine tolle Methode, um gekochte Kartoffelreste zu verwenden. Ich koche meist ein paar mehr mit, wenn ich Kartoffeln zubereite, damit ich welche für genauso ein Rezept wie dieses zur Hand habe!

FÜR 4 PORTIONEN

600 g Kipfler
4 Schalotten, fein gehackt
150 g Butter
500 g gemischte exotische und/oder Waldpilze, z. B. Shiitake, Austernpilze, Enoki, Butterröhrlinge, Kiefernpilze (siehe Tipps)
2 EL Olivenöl
½ Bund Dill, fein gehackt
1 TL Salz
½ TL schwarzer Pfeffer aus der Mühle
80 g Sauerrahm
Grob gehackte saure Gurken (siehe Tipps), zum Servieren

Kartoffeln in einem Topf mit kaltem, gut gesalzenem Wasser bedecken. Aufkochen, Hitze reduzieren und 20–25 Minuten lang gabelzart köcheln.

In der Zwischenzeit in einer großen Bratpfanne die Schalotten in 100 g der Butter auf mittlerer Stufe 5 Minuten lang goldbraun dünsten. Anschließend in eine große Schüssel geben und beiseitestellen.

Pilze zur in der Pfanne verbliebenen Butter geben, 125 ml Wasser hinzufügen und die Flüssigkeit auf mittlerer bis hoher Stufe verdunsten lassen. Sobald die Pilze anfangen zu zischen Olivenöl hinzufügen, um die Karamellisierung zu fördern. Zur Schüssel mit den Schalotten hinzufügen.

Kartoffeln abseihen, in mundgerechte Stücke schneiden und etwa 4 Minuten lang in den restlichen 50 g Butter braten, bis sie knusprig werden. Schalotten und Pilze einrühren, Dill hinzufügen (ein wenig Dill zum Garnieren beiseitelegen), mit Salz und Pfeffer aus der Mühle würzen.

Einen Klecks Sauerrahm daraufsetzen, mit Gurken und restlichem Dill bestreuen und servieren.

Tipp: Butterröhrlinge und Kiefernpilze machen sich in diesem Rezept besonders gut. Prinzipiell können Sie aber jeden beliebigen Speisepilz verwenden, unabhängig von Form und Textur.

Saure Gurken bilden den idealen Gegenpol zu diesem üppigen Gericht und setzen außerdem farbliche Akzente. Halten Sie Ausschau nach Marken, die nicht allzu viel Essig enthalten. (Besonders gut machen sich hier saure Gurken mit Dill).

Doppelt im Einsatz: Reste in einer beschichteten Pfanne mit Olivenöl oder Butter erhitzen, bis sich wieder knusprige Stellen bilden, dann pro Person 2 Eier darüberschlagen. Unter den heißen Grill schieben – et voilà, die schnellste Kartoffeltortilla der Welt ist fertig (Ferran Adriàs Version mit Kartoffelchips nicht mitgerechnet).

Dunkel-grün

* **SPINAT**
  + Mangold
  + Neuseeländer Spinat
* **RUCOLA**
  + Brennnessel
* **KRÄUTER**
* **GRÜNKOHL & CAVOLO NERO (SCHWARZKOHL)**
* **BROKKOLI**
  + Chinesischer Brokkoli
  + Brokkolini
* **ZUCCHINI**
  + Zucchiniblüten
* **GURKE**
* **BOHNEN**
  + Bohnensprossen
* **OKRA**

Spinat

Bei Spinat muss ich immer an David Copperfield denken (an den Magier, nicht an den Jungen aus dem Dickens-Roman). Hinein mit ihm in den Topf, Deckel drauf und – Simsalabim – ist er verschwunden. Das passiert, weil Spinat zu 90 Prozent aus Wasser besteht und beim Kochen drei Viertel seines Volumens einbüßt. Seine leuchtend grünen Blätter sind sehr mild im Geschmack. Deshalb hat sich Spinat schon seit dem Bestehen des Perserreichs, lange bevor gewisse Seemänner ihn für sich entdeckten, in jeder Küche einen fixen Platz gesichert. Was wäre die indische Küche ohne Palak Paneer, die chinesische ohne gebratenen Spinat mit Ingwer oder die griechische ohne Spanakopita? In Frankreich hielt er dank der italienischen Königin Caterina De Medici Einzug, die der französischen Küche einen italienischen Touch verlieh und so oft nach Spinat verlangte, dass alles, was die grünen Blätter enthielt, als „auf Florentiner Art zubereitet" galt (so wie die Eier). Auch seine Farbe hat etwas Magisches an sich. Blanchiert und gehackt wird daraus eine leuchtend grüne Paste mit jeder Menge Chlorophyll, die Nudeln, Saucen und selbstgemachter Knetmasse Farbe verleiht.

„Grünes Blattgemüse inspiriert mich. Man kann es roh essen, rösten, sautieren, blanchieren usw. Ich blanchiere Mangoldstiele und -blätter getrennt voneinander, vermenge sie dann mit Mehl, Butter und Milch, bestreue alles mit Käse und mache im Backofen ein herrliches Gratin daraus. Spinat und Brennnesseln rühre ich ganz zum Schluss in Suppen oder verarbeite sie in Nudelteig oder Füllungen.“ – DANIELLE ALVAREZ, USA

EINKAUF & LAGERUNG

Frischer Spinat wird entweder im Bund, inklusive Wurzeln und Stielen oder als Babyspinat, lose oder in Tüten verkauft. Man bekommt ihn das ganze Jahr über, doch eigentlich hat er vom späten Herbst bis in den frühen Winter Saison. Wenn Sie ihn in der Tüte kaufen, achten Sie auf feuchte Stellen und aufgeweichte Blattenden. Spinatblätter sollten sich elastisch anfühlen und beim Aneinanderreiben leicht quietschen. Gehen Sie behutsam mit ihnen um, da die Blätter empfindlich sind und Druckstellen sich auf die Haltbarkeit des gesamten Spinatbundes auswirken. Ich habe immer etwas Spinat im Tiefkühlfach, um jederzeit etwas grüne Farbe in ein Gericht zaubern zu können. Doch wenn Sie die Wahl haben, ist frischer Spinat immer die bessere Lösung. Es gibt auch fertiges Spinatpulver, dem man nicht nur als kleine Prise für Smoothies eine Chance geben sollte. Ein Teelöffel Pulver entspricht etwa einer halben Tüte Babyspinat (da sehen Sie‘s, er löst sich in Luft auf!). Also probieren Sie es ruhig zum Färben von Nudelteig oder Suppen aus.

Spinat bleibt dann frisch, wenn man ihn trocken hält. Vor dem Lagern sollten Sie matschige Blätter entfernen, den Spinat waschen und in der Salatschleuder so trocken wie möglich schleudern (eine Salatschleuder ist in einem Haushalt, in dem oft Salat auf den Tisch kommt, einfach unbezahlbar). Legen Sie ein Küchentuch oder Geschirrtuch in die Schleuder oder einen anderen Behälter und bewahren Sie den Spinat darin auf und überprüfen Sie alle paar Tage den Frischestatus. Beginnt er etwas schlaff auszusehen oder Sie haben zu viel davon, machen Sie Ihren eigenen portionierten Tiefkühlspinat. Dafür tauchen Sie ihn 30 Sekunden in kochendes Wasser, drücken die überschüssige Flüssigkeit heraus, träufeln etwas Zitronensaft darüber, damit er seine Farbe behält und frieren faustgoße Stücke auf einem Tablett ein. Die gefrorenen Portionen bewahren Sie dann für den späteren Gebrauch in einem Behälter auf.

ZUBEREITUNG

In Spinat kann sich aufgrund seiner tief dunkelgrüne Farbe eine Menge Erde und Sand verstecken (besonders nach Regentagen). Auch wenn auf Ihrer Packung Babyspinat „gewaschen“ steht, werden ihm ein paar Runden in der Salatschleuder gut tun. Beim Sautieren von Spinat in einer Pfanne müssen Sie kein Wasser hinzufügen. Nehmen Sie einfach eine tiefe Pfanne mit Deckel, stellen Sie den Herd auf mittlere bis niedrige Stufe, damit die unteren Blätter nicht anbrennen, und sobald Sie den Deckel schließen, beginnt der Spinat seine eigenen Säfte freizusetzen. Dann ist es Zeit, den Deckel abzunehmen und ab und zu umzurühren, um zu gewährleisten, dass alle Blätter gleichmäßig gegart sind und so viel Flüssigkeit wie möglich freigesetzt wird. Wenn sich in der Pfanne sehr viel Flüssigkeit angesammelt hat, gießen Sie diese ab, bevor Sie ein Stück Butter unterrühren (und auch zerdrückten Knoblauch, wenn Sie möchten) und so lange rühren, bis der Spinat glänzt. Wenn Sie die Blätter für Gerichte wie eine Tarte oder ein Curry verwenden, ist es ratsam, sie zuerst zu sautieren. Aber lassen Sie die Butter weg. Drücken Sie die überschüssige Flüssigkeit aus dem Spinat, bevor Sie ihn auf einen Teig legen oder unter eine Eimasse rühren. So kann sich die Fettquelle Ihrer Wahl mit dem Spinat verbinden und verhindert, dass das Gericht pampig wird.

FUNCTIONAL FOOD

Es scheint, dass Popeye da wirklich an etwas dran war – oder eher „auf etwas" war. Aktuelle Studien, durchgeführt von Forschern in Berlin, belegen, dass ein Spinatextrakt bei Leistungssportlern steroidähnliche Wirkung haben kann. Die Welt-Anti-Doping-Agentur unterstützte die Untersuchungen, um herauszufinden, ob Spinat vielleicht auf die Doping-Liste gesetzt werden muss. Das Ergebnis lässt viele spinatliebende Athleten auf der ganzen Welt aufatmen. Denn obwohl Spinat jede Menge Ecdysteron enthält, müsste eine Person 10 Wochen lang jeden Tag 16 Kilo Spinat essen, um eine Leistungssteigerung zu erzielen.

GUTE PARTNER

Butter, Eier, Ingwer, Käse (vor allem Comté, Feta, Parmesan, Ricotta), Knoblauch, Muskatnuss, Pfeffer, Sahne, Sesamsamen, Sojasauce, Speck, Zitronensaft.

SPINATGEWÄCHSE: MANGOLD

Während man bei Bete hinter den Wurzeln her ist, werden andere Familienmitglieder allein ihrer Blätter wegen begehrt. Mangold, in der Schweiz auch als Krautstiel bekannt, kann weiße Stiele mit dunkelgrünen Blättern haben, rote Blattrippen aufweisen oder wie bei buntem Mangold mit roten, rosa, orangen und gelben Stielen sowie wachsartigen Blättern auftrumpfen. Bereiten Sie Mangold wie Grünkohl oder reifen Spinat zu. Ziehen Sie entweder die Blätter gegen die Faserrichtung vom Stiel ab oder schneiden Sie sie mit einer Schere so nah wie möglich an den holzigen Stielen ab. Die Stiele werden separat gedünstet, ähnlich wie Staudensellerie oder anderes wasserhaltiges Gemüse. Mangold hat einen sehr milden, sanft erdigen und etwas bitteren Geschmack, verliert aber beim Kochen etwas an Bitterkeit.

SPINATGEWÄCHSE: NEUSEELÄNDER SPINAT

Dieses Blattgemüse findet man immer häufiger in den Gemüseregalen Australiens und Neuseelands und ist unsere eigene, an ein wärmeres Klima angepasste Spinatversion. Er ist genauso vielseitig wie Spinat, mit einem kräftigen grasigen und etwas bittereren Geschmack. Wie Spinat enthält er Oxalsäure, jedoch in weitaus größeren Mengen, weshalb er nicht roh gegessen werden kann.
Ziehen Sie die rautenförmigen Blätter von den Stielen ab und blanchieren oder sautieren Sie sie wie reifen Spinat. Um die bittere Note zu verringern, empfiehlt es sich, großzügig zu würzen.

EIER AUF FLORENTINER ART MIT GRÜNER HOLLANDAISE

Ein warmes Frühstück sieht für Spinat meistens nur eine Nebenrolle vor. Bei so viel gebratenem Zeug dienen ein paar grüne Blätter höchstens dazu, das schlechte Gewissen zu beruhigen. „Oh, wie schön. Ein paar Spinatblätter als Garnierung" heißt es dann oder Sie bemühen sich, einige grüne Streifen zu finden, die unter einem Stapel von Eiern hervorlugen. Hier werden perfekt pochierte Eier – à la Nigella Lawson – zwischen Spinat versteckt. Eine Köstlichkeit, die bei jedem hippen Brunch eine gute Figur macht. Die Essigreduktion lässt sich mit so gut wie allem kombinieren, passt hier aber besonders gut zur Sauce hollandaise.

FÜR 4 PORTIONEN

120 g Butter
2 Eigelb
120 g junge Spinatblätter, plus etwas mehr zum Garnieren
80 ml Essig (siehe Tipp)
8 Eier
4 Brötchen oder englische Muffins, halbiert und getoastet
¼ TL Paprikapulver
Zitronenspalten, zum Garnieren

Allround-Essigreduktion (ergibt 250 ml)

500 ml Weißweinessig
Stiele von 1 Bund Dill (das Grün anderweitig verwenden)
2 Lorbeerblätter
6 Nelken
1 TL schwarze Pfefferkörner
1 TL Fenchelsamen

Tipp: **Die Zugabe von Essig zum Pochierwasser lässt das Eiweiß schneller stocken. Verwenden Sie dafür nicht Ihren besten Essig. Heller Essig wie weißer oder Apfelessig, oder auch Zitronensaft sind dafür gut genug.**

Für Eilige: **Für die Sauce hollandaise und das Pochierwasser können Sie statt der Essigreduktion Weißweinessig verwenden. Und anstelle von frischem Spinat lässt sich für die grüne Farbe auch Spirulina-Pulver unter die fertige Hollandaise mixen.**

Für die Essigreduktion alle Zutaten in einem Topf auf mittlerer bis hoher Stufe 10 Minuten erhitzen, bis sich die Flüssigkeit auf die Hälfte reduziert hat. Die Dillstiele entfernen und 2 EL der Flüssigkeit zurückbehalten. Den restlichen heißen Sud in ein sauberes Einmachglas füllen, verschließen und an einem kühlen und dunklen Ort aufbewahren. Ungeöffnet hält sich die Reduktion etwa 6 Monate. Oder Sie bewahren sie im Kühlschrank auf und verbrauchen sie innerhalb von 1–2 Monaten.

Die Butter in einer Pfanne schmelzen. Inzwischen die Eigelb und 1 ½ EL der zurückbehaltenen Essigreduktion in einem Standmixer zu einer hellgelben Masse verarbeiten.

Bei laufendem Motor die heiße, geschmolzene Butter langsam und stetig dazugießen, bis die Sauce beginnt einzudicken und ganz hell ist. Die Butter muss die ganze Zeit über heiß sein, damit die Eigelbe gegart werden. (Oder Sie erhitzen alle Zutaten auf niedriger Stufe in einer kleinen Pfanne mit dickem Boden und schlagen die Sauce unermüdlich mit dem Schneebesen, bis sie eindickt.)

Ist die Butter eingearbeitet, die Spinatblätter in derselben Pfanne etwa 1 Minute welk werden lassen. Dann zur Hollandaise in den Mixer kippen und bis zum Servieren stehen lassen. Der heiße Spinat hält die Sauce warm.

Um die Eier zu pochieren, einen breiten Topf zur Hälfte mit Wasser füllen und zum Kochen bringen. Die Hitze auf niedrig reduzieren. 2 EL Essig in das köchelnde Wasser geben und kräftig mit einem Holzlöffel umrühren, bis ein Strudel entsteht. Immer 2 Eier gleichzeitig in eine kleine Schüssel schlagen und 2 TL Essig darauf verteilen. Behutsam in die Mitte des Strudels gießen und mit weiteren 2 Eiern sowie 2 TL Essig wiederholen. Dann 3 Minuten garen, bis das Eiweiß gestockt und schön weiß ist. Eier mit einem Schaumlöffel herausheben und abtropfen lassen. Die restlichen Eier auf dieselbe Weise pochieren.

Inzwischen den Spinat und die Hollandaise im Mixer zu einer dicken, grünen Masse verarbeiten. Jeweils 1 Ei auf eine Brötchenhälfte legen und die Sauce hollandaise mit einem Löffel darauf verteilen. Paprikapulver und Salz darüberstreuen und, mit Spinatblättern und Zitronenspalten garniert, servieren.

Doppelt im Einsatz: **Als tolle Ergänzung zu Steak mit Pommes können Sie die Sauce hollandaise in eine Sauce béarnaise mit Spinat verwandeln, indem Sie Estragon, Kerbel und fein gewürfelte Schalotten hinzufügen.**

EINFACHE TEIGTASCHEN MIT GARNELEN & SPINAT

Dieses Gericht ist herrlich einfach und kommt ohne jegliche Faltkunst aus. Ich habe mir diese Technik vor Jahren vom Koch Shaun Presland abgeschaut, als er das Sake Restaurant in Sydney leitete, wo eine Version dieser Teigtaschen ein legendärer Dauerbrenner auf der Speisekarte war. Probieren Sie Wasserspinat, wenn Sie welchen bekommen können. Er dient sowohl als blanchierte Füllungszutat als auch als improvisierte Serviette zum Säubern der Finger. Anstelle von Garnelen können Sie auch in Scheiben geschnittene Shiitake-Pilze oder mit Spinat vermischten Tofu verwenden.

ERGIBT 26 TEIGTASCHEN

- 45 g frischer Ingwer, geschält und fein gehackt
- 6 Knoblauchzehen, grob gehackt
- 20 g Koriandergrün, plus etwas mehr zum Garnieren
- 2 Frühlingszwiebeln, in dünne Ringe geschnitten, plus etwas mehr zum Garnieren
- 1 kleine rote Chilischote, grob gehackt, plus ein paar Scheiben zum Garnieren
- 1 EL geriebener Palmzucker (Jaggery)
- 1 Schuss Sojasauce, plus etwas mehr zum Servieren
- ¼ TL geröstetes Sesamöl
- 1 EL Salz
- 500 g rohes Garnelenfleisch, grob gehackt (alternativ Shiitake oder Tofu)
- 250 g Babyspinat oder Wasserspinat, blanchiert (siehe Tipps), plus ein paar Blätter zum Garnieren
- 40 Wan-Tan-Blätter mit Ei

Ingwer, Knoblauch, Koriander, Frühlingszwiebeln und Chili in eine Küchenmaschine füllen. Zucker, Sojasauce, Sesamöl und Salz hinzufügen und etwa 10 Sekunden zu einem Brei verarbeiten. (Sie können auch alle frischen Zutaten mit einem Messer hacken, in eine Schüssel geben und die Flüssigkeiten unterrühren, sobald Sie das gehackte Garnelenfleisch hinzugefügt haben.)

Die Hälfte des Garnelenfleisches und des blanchierten Spinats hinzufügen und zu einer leicht sämigen Masse verarbeiten. (Wenn Sie ein Messer verwenden, die Hälfte fein und den Rest grob hacken.) Das restliche Garnelenfleisch und den restlichen Spinat unterheben, um der Masse noch mehr Biss zu verleihen.

Eine Schüssel mit warmem Wasser bereithalten. Nacheinander immer einige Wan-Tan-Blätter übereinanderstapeln und mit einem scharfen Messer in dünne Streifen schneiden. Jeweils eine teelöffelgroße Menge der Garnelenmasse zu Bällchen formen und diese durch die Wan-Tan-Streifen rollen und in Teigtaschen-Manier damit umhüllen. Werden Ihre Finger klebrig, einfach in die Schüssel mit warmem Wasser tauchen.

Zwei Bambuskörbe mit Backpapier auslegen. Papier vorher mehrmals einschneiden. Die Teigtaschen in einer Lage hineinlegen. Die Körbe auf einen Topf mit köchelndem Wasser setzen und 7–8 Minuten dämpfen, bis die Teigtaschen schön elastisch sind. (Sie können die Teigtaschen auch in zwei Portionen kochen und die anderen Taschen inzwischen mit einem feuchten Geschirrtuch abdecken, damit sie nicht austrocknen.)

Mit Koriander garnieren und sofort servieren. Sojasauce mit Chili als Dip dazureichen und eventuell frische Wasserspinatblätter um die Teigtaschen wickeln.

Tipp: **Fragen Sie Ihren Fischhändler nach Wildgarnelen. Diese Garnelen sind kleiner, süßer und oft auch günstiger.**

Babyspinat blanchiert man, indem man ihn in eine ofenfeste Schüssel gibt, mit kochendem Wasser übergießt, sofort wieder durch ein Sieb abgießt und die überschüssige Feuchtigkeit herausdrückt.

Für Eilige: **Sie müssen die Wan-Tan-Blätter nicht in Streifen schneiden. Platzieren Sie eine esslöffelgroße Menge der Füllung in der Mitte eines runden Blatts und drehen Sie es wie einen Geldsack zusammen.**

Mangold-Khachapuri
(Seite 336)

MANGOLD-KHACHAPURI

Ein Kochbuch zu schreiben und auf dieses Rezept, das zweifellos Georgiens größtes Geschenk an die Welt ist, zu vergessen, wäre eine Schande. Dieses Käsebrot (*Khacha* bedeutet „Käse" und *Puri* „Brot") gibt es in über 20 verschiedenen regionalen Variationen, in einem Land, das doch recht klein ist. Das sollte Ihnen eine Vorstellung davon geben, wie ernst es den Georgiern mit dem Essen ist. Mangold wird normalerweise für *Mkhlovana* oder eine *Pkhali* genannte Dipsauce verwendet. Man möge mir also seine Zugabe zu dieser *Adjaruli Khachapuri* vergeben, die sich ansonsten durch ihre schiffchenartige Form (die das Seefahrererbe der Hafenstadt widerspiegeln soll) und ein Eiernest in der Mitte auszeichnet.

ERGIBT 4 STÜCK

250 ml Milch, lauwarm
2 TL Trockenhefe
½ TL Zucker
450 g Mehl mit hohem Glutenanteil, plus etwas mehr zum Verarbeiten
2 Eier
60 ml Olivenöl, plus Öl zum Beträufeln
½ TL Salz
Sesamsamen, zum Garnieren (optional)
40 g Butter, in 4 Stücke zerteilt
Zitronenspalten, zum Garnieren

Füllung

1 EL Olivenöl
1 Zwiebel, fein gewürfelt
1–2 Knoblauchzehen, grob gehackt
1 Bund Mangold, die Blätter abgezogen und fein gehackt (etwa 265 g gehackte Blätter)
200 g körniger Frischkäse
200 g Mozzarella, gerieben
200 g Feta
¼ TL Salz (optional)
½ TL gemahlener Bockshornklee
4 Eier

Milch, Hefe und Zucker in einer Schüssel vermengen und beiseitestellen, bis sich die Zutaten in der Milch aufgelöst haben. In einem Topf 25 g Mehl und 100 ml Wasser auf niedriger Stufe 1–2 Minuten miteinander verrühren, bis ein Brei entsteht.

Leicht abkühlen lassen, die Milchmischung gemeinsam mit einem Ei und dem Olivenöl hinzufügen und gut verrühren.

Das restliche Mehl in Ihre größte Rührschüssel oder die Schüssel einer Küchenmaschine sieben, das Salz hineinstreuen und in die Mitte eine Vertiefung drücken. Die Milchmischung langsam angießen und alles mit einem Spatel oder den Händen vermengen. In der Schüssel per Hand zu einem Teig verkneten oder die Küchenmaschine laufen lassen, bis ein weicher Teig entsteht. Das dauert etwa 5–10 Minuten.

Den Teig kneten und auseinanderziehen, bis er dabei nicht mehr zerreißt. Beim Auseinanderziehen des Teiges sollten Sie seine Elastizität spüren und auch sehen, sobald sich das Glutennetzwerk bildet.

Löst sich der Teig von der Schüsselwand, auf eine bemehlte Arbeitsfläche kippen und, wenn nötig, noch einmal durchkneten. Wenn Sie mit dem Finger leicht hineindrücken und sich die Delle im Teig sofort wieder zurückbildet, haben Sie es geschafft. Hier ist mehr auch mehr. Diesen Teig können Sie gar nicht überkneten.

Etwas Mehl auf den Schüsselboden streuen und damit die restlichen Teigstücke aus der Schüssel herausholen. Sind sie krümelig, werfen Sie sie weg. Ansonsten in den Teig einarbeiten, indem Sie ihn einige Male über seine Mitte falten, bis alle Reste gut eingeschlossen sind.

Die Schüssel mit Küchenpapier oder einem Geschirrtuch ausreiben. Jetzt etwas Olivenöl auf dem Schüsselboden verteilen und den Teig wieder hineinlegen. Dabei wenden und rundherum mit Öl benetzen. Mit einem Geschirrtuch abdecken und an einem warmen Ort 1 Stunde gehen lassen.

Inzwischen die Füllung zubereiten. Das Olivenöl in einem großen Topf auf mittlerer bis niedriger Stufe erwärmen und die Zwiebeln einige Minuten darin anschwitzen, bis sie beginnen weich zu werden.

Die Hitze auf niedrige Stufe reduzieren, den Topf mit einem Deckel abdecken und die Zwiebeln für weitere 5 Minuten anschwitzen, Deckel entfernen und noch einmal 2–3 Minuten glasig und glänzend werden lassen.

Den Knoblauch und den Mangold einrühren und alles gut vermengen. Den Deckel wieder aufsetzen und dem Gemüse 5 Minuten Zeit geben, miteinander Bekanntschaft zu schließen.

Dann die Mischung in eine saubere Schüssel kippen. Körnigen Frischkäse und Mozzarella hinzufügen, den Feta darüberkrümeln und gut vermischen. Wenn nötig, mit Salz und Pfeffer abschmecken. In vier gleich große Portionen teilen und beiseitestellen.

Wenn der Teig sein Volumen verdoppelt hat, den Backofen auf 240 °C vorheizen und zwei Backbleche mit Backpapier auslegen.

Den Teig auf eine bemehlte Arbeitsfläche kippen und die feuchtesten Stellen ein paar Mal mit den Fäusten bearbeiten.

Dann in vier gleich große Klumpen zerteilen und zu Kugeln formen. Wenn Sie die Sesamstraße eingeschlagen haben, können Sie jetzt auch etwas davon unter den Teig mischen.

Die Kugeln mit einem Nudelholz in eine längliche etwa 17 x 35 cm große Form bringen.

Der Teig sollte so groß sein, dass man die Seiten eines Footballs oder Rugbyballs damit einschlagen könnte.

Immer zwei Schiffchen auf ein Backblech legen. Jeweils eine Portion Füllung auf einem Teigstück verteilen und dabei einen 1 cm breiten Rand lassen. Dann den Rand mit den Fingern umklappen und festdrücken, um eine Art „Absperrung“ zu errichten. Falten Sie etwas Füllung darunter, dann haben Sie einen gefüllten Rand.

Die beiden Teigenden ziehen, kneifen und drehen, bis das Ganze wie ein Schiffchen aussieht. Mit einem Geschirrtuch abdecken und an einem warmen Ort 15 Minuten gehen lassen.

Das restliche Ei in der Milchschüssel von vorhin verquirlen (die in der Schüssel verbliebene Flüssigkeit einarbeiten) und die Teigränder damit bestreichen.

Bockshornklee und Salz über die Füllung streuen und die Ränder, wenn gewünscht, mit etwas Sesam bestreuen.

Die Backbleche in den Ofen schieben und die Ofentemperatur auf 180 °C reduzieren. 10–15 Minuten backen, bis der Teigrand und der Boden zu glänzen beginnen und fest werden. Nach der Hälfte der Backzeit die Bleche tauschen, um eine gleichmäßige Bräunung zu erzielen.

Die Ofentemperatur auf 200 °C erhöhen.

Mit dem Boden einer 80-ml-Tasse in die Mitte jeder Khachapuri eine Vertiefung für das Ei drücken.

Die Eier eines nach dem anderen in ein Glas schlagen und in die Vertiefung gleiten lassen.

Weitere 10–15 Minuten backen, bis die Eier gestockt sind und der Teig eine goldbraune Farbe hat. 1 Scheibe Butter auf die heißen Khachapuris legen und, wenn Sie möchten, mit Zitronenspalten servieren … obwohl mein Vater die Zitrone kategorisch ablehnt!

Tipp: **Die Khachapuri kann schon im Voraus gebacken werden, allerdings ohne die Eier. Schlagen Sie die Eier kurz vor dem Servieren hinein und backen Sie sie im auf 200 °C vorgeheizten Ofen 10–15 Minuten.**

Für Eilige: **Sie können die Füllung mit ähnlich leckerem Ergebnis auch in gekauftem Blätterteig verpacken und das Ei weglassen. Dann legt das Schiff noch schneller am Mittagstisch an.**

Extra: **Die frisch gebackene Khachapuri wird für gewöhnlich vor dem Servieren mit einer Scheibe Butter belegt. Eine wunderbare Alternative dazu ist die Kräuterbutter zu den gerösteten Radieschen auf Seite 190.**

Rucola

Man sollte annehmen, dass Rucola (auch Rauke oder Arugula genannt), der bereits im Alten Testament erwähnt wurde, seinen gefiederten Blattschmuck selbstbewusst Richtung Himmel streckt, wie etwa ein stolzer Frisée. Stattdessen benimmt er sich eher wie ein bescheidenes Unkraut, wächst auch unter ungünstigen Bedingungen und braucht nur sehr wenig Wasser.
Ähnlich wie Christina Aguilera in ihrem Song „Stronger" beschreibt, blüht Rucola besonders dann auf, wenn man ihn links liegen lässt. Normalerweise kann man an der Größe und Zackenform der Blätter erkennen, wie pfeffrig und scharf die jeweilige Rucola-Art schmeckt. Je spitzer die Blätter, desto schärfer. Was die Verwendung betrifft, sollten Sie ihn eher wie Küchenkräuter und weniger als Salat einsetzen. Und welches Gericht verträgt jede Menge davon? Ihre frisch gebackene Pizza!

„Rucola verleiht Gerichten eine schön pfeffrige Note. Kombinieren Sie die grünen Blätter mit Sardellen, Gewürzgurkensud, Knoblauch und Zitrone und mildern Sie das Ganze mit Mayonnaise ab, damit eine Art Grüne-Göttin-Dressing entsteht. Diese Sauce ist wahnsinnig vielseitig und schmeckt besonders lecker zu Kartoffeln." – ALANNA SAPWELL, AUSTRALIEN

EINKAUF & LAGERUNG

Rucola hat vor allem im Frühling Saison, ist aber das ganze Jahr über erhältlich und ist eine Sache des persönlichen Geschmacks. Die einfachste Variante, um festzustellen, ob er für Sie den richtigen Schärfegrad und Biss hat, ist – Sie haben es erraten – einfach hineinzubeißen. Wilde Rucola-Arten haben festere Blätter mit holzigeren Stielen und erinnern entfernt (wirklich nur entfernt) an jungen Grünkohl. Gelbe Blattspitzen sollten Sie stutzig machen, genauso wie zu viele dunkle Punkte. Doch wenn sich das Blatt noch fest anfühlt, sind die Punkte ein rein optischer Aspekt und werden den Geschmack nicht beeinflussen. Er ist dadurch oft noch intensiver. Ist die Rauke abgepackt und kann nicht probiert werden, drehen Sie die Verpackung um und sehen Sie sich die Blätter ganz unten an. Wenn Sie keine aufgeweichten oder gelben Blätter entdecken, sind Sie im Geschäft. (Fragen Sie, ob Sie die Verpackung an der Kasse lassen dürfen, damit sie wiederverwertet werden kann.)

Rucolablätter sind um einiges robuster als jene anderer Blattgemüsearten wie z. B. die Blätter des Kopfsalats, die bei der Lagerung behutsam behandelt werden möchten. Doch auch Rucola mag es, wie Kräuter oder Blattsalat gelagert zu werden. Wickeln Sie die Blätter in Küchenpapier und legen Sie sie, locker in eine Tüte verpackt, ins Gemüsefach.

In einer trockenen, doch leicht angefeuchteten Umgebung hält sich Rucola oft über 1 Woche, manchmal sogar bis zu 10 Tage. Direkte Feuchtigkeit verkürzt diese Zeitspanne jedoch dramatisch. Haben Sie also ein Auge darauf.

RUCOLA-ÄHNLICHE GEWÄCHSE: BRENNNESSEL

Was haben Lebensmittel und Mode gemeinsam: Aus alt wird irgendwann wieder neu. Das gilt auch für die Brennnessel, ein Unkraut, das, wie der Name schon sagt, brennt – sowohl auf der Haut als auch auf den Geschmacksknospen. Dieses Brennen ist der natürliche Abwehrmechanismus der Pflanze und wird durch feine Härchen an der Blattunterseite und am Stiel verursacht, die Schädlinge (und auch lästige Menschenfinger) abwehren sollen. Bei der Zubereitung von Brennnesseln, die Sie am ehesten im Winter im Gemüseladen finden, sollten Sie Handschuhe tragen und eine Schere verwenden. Blanchieren Sie die Blätter in kochendem Wasser mit reichlich Salz, bis sie eine leuchtend grüne Farbe annehmen. Dann in Eiswasser abschrecken, um die Farbe zu konservieren und den Garprozess zu unterbrechen. Die Blätter passen gut zu stärkehaltigen Gerichten wie Pasta oder Risotto und zu cremigen Speisen wie Suppen oder einem Käseauflauf à la Spanakopita.

GUTE PARTNER

Birne, Essig (besonders Balsamico-Essig, Rotweinessig), Käse (besonders Parmesan, Ziegenkäse), Knoblauch, Nüsse (besonders Haselnüsse, Pinienkerne, Walnüsse), Pancetta, Paprika (besonders roter), Radicchio, Tomate, Zitrusfrüchte (besonders Blutorange, Orange, Zitrone).

RUCOLA-BIRNEN-SALAT MIT KARAMELLISIERTEM BALSAMICO-ESSIG

Rucola mit Birne und Parmesan: ein echter Klassiker, vor allem wenn er mit zuckersüßem dunklen Essig kombiniert wird. Doch anstatt viel Geld in altgereiften oder karamellisierten Balsamico-Essig zu investieren, schummeln Sie lieber ein bisschen und mischen normalen Balsamico-Essig mit einem Schuss Ahornsirup. Die Zubereitung der Essigreduktion regt vielleicht Ihre Tränendrüsen ein wenig an, doch das daraus resultierende Elixier macht sich bezahlt.

FÜR 4 PORTIONEN ALS BEILAGE

- 125 ml Balsamico-Essig
- 60 ml Ahornsirup
- 2 feste Birnen, in dünne Scheiben geschnitten
- 100 g Rucola
- 50 g wilde Rauke – optional, aber köstlich
- 1 kleine rote Zwiebel, in feine Ringe geschnitten
- 40 geröstete Haselnusskerne, gehackt
- Gehobelter Parmesan, zum Garnieren
- Natives Olivenöl extra, zum Beträufeln

Balsamico-Essig und Ahornsirup in einem kleinen Topf auf hoher Stufe erhitzen, bis sich die Flüssigkeit um zwei Drittel reduziert hat und eindickt. In ein sauberes Glas füllen (um Reste aufzubewahren) und leicht abkühlen lassen. Beim Abkühlen dickt die Masse noch weiter ein. In einem luftdichten Behälter hält sich die Reduktion bis zu 1 Monat im Kühlschrank.

Birne, Rucola und Zwiebel in einer Schüssel oder auf einer Platte anrichten. Die Haselnusskerne darüberstreuen und mit Salzflocken sowie Pfeffer aus der Mühle würzen. Den Parmesan darauf verteilen, mit dem Ahornsirup-Balsamico und einem Schuss Olivenöl beträufeln.

Servieren, ohne zu verraten, woher Ihre Balsamicoreduktion stammt. Ihre Gäste werden denken, Sie haben dafür ein Vermögen ausgegeben.

Tipp: **Wenn Sie diesen Salat zu einer Party mitbringen, transportieren Sie die Zutaten in separaten Behältern und richten Sie ihn erst dort an.**

Kräuter

Ob Lorbeerblätter in der Brühe oder Dill auf einem Räucherlachs-Bagel, gutes Essen steht und fällt mit dem Einsatz von Kräutern. Kräuter mit harten Stielen wie Rosmarin, Thymian, Oregano, Majoran und Kaffir-Limettenblätter vertragen Hitze gut. Um ihr Bestes zu geben, benötigen sie viel Zeit und etwas Druck. Kräuter mit weichen Stielen wie Petersilie, Koriander, Basilikum und Dill werden am besten erst kurz vor Ende des Garprozesses hinzugefügt, damit ihre zarten Blätter intakt bleiben und sie ihr Aroma behalten. Technisch gesehen, sind die Blätter bzw. Blüten der „Kräuter"-Teil einer Pflanze. Deshalb passen einige Gemüsesorten, besonders jene der Doldenblütler, wie Fenchel und Sellerie, in mehrere Kategorien, abhängig davon, ob ihre Knollen oder Stiele, ihre schirmähnlichen Blüten oder ihre Samen verwendet werden. Ich setze Kräuter in einem Gericht gerne in all ihren Formen ein. So verwende ich z. B. Korianderwurzeln und -stiele für eine Currypaste, geriebenen Koriander für die Sauce und jede Menge frisches Koriandergrün zum Garnieren. Also alles, von der Wurzel bis zum Blatt.

„Das Sammeln von Wildkräutern wurde in der georgischen Küche über viele Jahrhunderte hinweg perfektioniert. Sie werden blanchiert, mit den immer gleichen Gewürzen verfeinert und schmecken jedes Mal fantastisch. Koriander + Bockshornklee + Chili = Zauberei."

–LUKA NACHKEBIA, GEORGIEN

EINKAUF & LAGERUNG

Egal, welche Art von Kräutern Sie kaufen, hier ein paar No-Gos. Zuerst einmal sollten sie keine matschigen Stellen aufweisen. Denn das ist ein sicheres Zeichen dafür, dass die Kräuter ihre beste Zeit hinter sich haben. Wenn es um „die Rückkehr zur Natur" geht, ist das Dekorieren der Teller mit Blüten vielleicht nicht jedermanns Sache. Doch auch sie sind ein Zeichen dafür, dass sich die Kräuter sowohl in puncto Haltbarkeit als auch Geschmack, am absteigenden Ast befinden. Sand und Erde zwischend den Wurzeln ist in Ordnung, vor allem bei Kräutern, die dicht am Boden wachsen. Weichen Sie sie vor dem Gebrauch einfach gut in Wasser ein. Besonders nach starken Regenfällen kann sich hier vermehrt Schmutz ansammeln. Doch verlassen Sie sich nicht nur auf Ihre Augen, sondern lassen Sie auch Ihre Nase ein Wörtchen mitreden. Erntefrische Kräuter setzen genügend Aromastoffe frei, sodass Sie das gute Zeug sofort erschnüffeln können. Bei Kräutern mit weichen Stielen, wie Basilikum, Kerbel und Pfefferminze, ist es eigentlich ganz einfach. Wenn Ihre Nase hier keinerlei Duftsignale empfängt, bekommen Sie für Ihr Geld wahrscheinlich nicht den Aromakick, den Sie erwartet haben. Kräuter mit harten Stielen geben beim ersten Schnuppern nicht so viel her. Reiben Sie deshalb einen Zweig zwischen den Fingern, um ihr wahres Potenzial zum Vorschein zu bringen. Einige Kräuter, vor allem Dill, riechen gelegentlich nach nassem Hund oder Benzin (die Holländer nennen Dill sogar „stinkende Vinke" oder „stinkender Fenchel"), und dieses Aroma wird man auch nicht los, egal, wie oft man sie wäscht. In diesem Fall verzichte ich lieber auf das Kraut, als mein gesamtes Gericht damit zu ruinieren. Wenn Sie nur eine kleine Menge in den Topf streuen möchten, um beim Kochen den Geschmack zu verstärken, nehmen Sie getrocknete Kräuter. Auch die weichen Kräuter wie Schnittlauch, Minze, Dill, Basilikum, Oregano, Estragon und Petersilie liefern in getrocknetem Zustand gute Ergebnisse. Vergessen Sie aber nicht, das Haltbarkeitsdatum auf der Kräuterpackung zu überprüfen. Um zu testen, ob die getrockneten Kräuter ganz hinten in der Vorratskammer noch frisch sind, reiben Sie sie zwischen Ihren Fingern und riechen Sie daran. Verströmen sie keinerlei Duft mehr, haben sie ihre Schuldigkeit getan. Ich ziehe getrocknete Kräuter einer Gewürzpaste definitiv vor. Die meisten Gewürzpasten enthalten weniger als 50 Prozent Kräuter, während der Rest aus Konservierungsmitteln und Füllstoffen besteht. Sie können sich auch auf die Suche nach netten Nachbarn mit ein paar Kräutertöpfen machen und mit ihnen ein Pläuschchen halten. Sollten sich diese wenig gesprächig zeigen, legen Sie sich vielleicht selbst ein paar Kräuter zu und versorgen die Nachbarschaft damit.

Kräuter haben beim Lagern ein ständig steigendes Bedürfnis nach Aufmerksamkeit. Je frischer die Kräuter sind, desto weniger muss man sich um ihr Wohlergehen sorgen. Am besten bauen Sie selbst welche an. Sie sind kostengünstig, einfach zu pflegen und Sie sparen sich das schlechte Gewissen, weil der Salbei in Ihrem Gemüsefach wieder mal matschig geworden ist und zu stinken beginnt. Einige Töpfe auf dem Fenstersims, ein Blumenkasten auf dem Balkon, ein Hochbeet oder ein Fleck Erde – beginnen Sie klein und arbeiten Sie sich nach oben. Ihre Geldbörse und Ihr Gaumen werden es Ihnen danken.

Wenn Sie sich einstweilen noch auf gekaufte Ware beschränken müssen und die Kräuter innerhalb weniger Tage verbrauchen, bewahren Sie sie wie Blumen auf – in einer Vase mit reichlich frischem Wasser, an einem schattigen Plätzchen auf der Küchentheke. Die Blätter sollten dabei allerdings nicht in Kontakt mit Wasser kommen. Kräuter mit harten Stielen halten so etwa 1 Woche. Sie können diese Methode noch ausbauen und die Kräuter in einem Glas Wasser, locker verpackt in der Kühlschranktür, aufbewahren. Kräuter mit weichen Stielen, wie Kerbel, Koriander, Dill, Petersilie und Estragon, halten sich bis zu einer Woche. Basilikum bevorzugt einen wärmeren Lagerplatz (es lässt sich als einziges Kraut viel einfacher anbauen als lagern). Wenn Sie eine größere Menge Kräuterblätter aufbewahren oder die Lagerung vereinfachen möchten, legen Sie in einem Behälter feuchtes Küchenpapier zwischen die einzelnen Blätterlagen oder wickeln Sie einen ganzen Bund damit ein und lagern Sie ihn im Gemüsefach ganz oben (damit Sie sie nicht vergessen). Kräuter wie Oregano, Rosmarin und Thymian sollten wie in ihren Heimatländern behandelt werden (jedes Land, das Ihnen dabei in den Sinn kommt ist erlaubt). Hängen Sie einen Bund verkehrt herum an einem gut belüfteten Ort zum Trocknen auf, etwa innen an der Tür zur Vorratskammer, entweder ohne Verpackung oder in einem locker zusammengebundenen Stoffbeutel. Ernten Sie die getrockneten Blätter oder Nadeln, indem Sie sie von den Stielen schütteln oder abklopfen, und bewahren Sie sie, mit einem zufriedenen Ausdruck einer Nachhaltigkeits-Kriegerin auf Ihrem Gesicht, in einem luftdichten Behälter auf.

Einige Kräuter, vor allem robustere Sorten wie Thymian, Rosmarin und Kaffir-Limettenblätter lassen sich gut einfrieren. Die Zweige in Frischhaltefolie einwickeln und in der Tür Ihres Gefrierschranks aufbewahren.

Wenn Sie weichere Kräuter wie Petersilie, Dill und Estragon einfrieren, machen Sie das auf einem Tablett, um sie später zu portionieren und in luftdichten Behältern nochmals einzufrieren. Kräuter, die beginnen welk zu werden, können Sie auch mit geschmacksneutralem Öl im Mixer pürieren, in Eiswürfelbehälter füllen und einfrieren. Sind die Würfel erst einmal gefroren, bewahren Sie sie in luftdichten Behältern auf, damit sie keine anderen Gerüche annehmen.

Beschriften Sie die Behälter, damit Ihr Eifer und Fleiß Sie am Ende nicht durcheinanderbringt. Die gefrorenen Kräuterstücke und -eiswürfel können Sie zu Brühe, Suppen, Eintöpfen und Ähnlichem hinzufügen. Ich würde Sie allerdings nicht zum Garnieren verwenden, außer Sie möchten Ihrem Gericht eine avantgardistisch-negative Note verleihen.

ZUBEREITUNG

Wenn Sie sich von diesen vielen Zeilen eine Sache wirklich merken sollten, dann die, dass Kräuter mit harten Stielen Hitze vertragen und Kräuter mit weichen Stielen gut darauf verzichten können. Beim Rösten oder Dünsten können Sie Kräuter mit harten Stielen in ganzen Zweigen hinzufügen, die Sie nach dem Kochen, wenn sie ihre Arbeit getan haben, wieder entfernen. Außer Sie möchten es bodenständig halten oder Ihren Gästen die Erfahrung nicht vorenthalten, den einen oder anderen Thymianzweig zwischen den Zähnen hervorzuziehen. Zur einfacheren Handhabung machen Sie es wie die Franzosen und binden Sie Ihre Kräuter in einem kleinen Stück Baumwolltuch zu einem Bouquet garni (so wie einen Teebeutel), das Sie dann in Suppen oder Eintöpfe legen. Sie können die Kräuter auch einfach mit einem Stück Küchengarn zusammenbinden, damit sie sich in einem Stück wieder herausnehmen lassen. Oder Sie streifen die Blätter/Nadeln entgegen ihrer Wuchsrichtung ganz einfach von den Stielen. Weiche Kräuter werden besser zerzupft als gehackt. Je mehr man auf sie einhackt, desto mehr Schaden nehmen sie und desto mehr Aroma und Farbe landet auf dem Schneidbrett anstatt in Ihrem Gericht. Wenn es unbedingt sein muss, verwenden Sie ein scharfes Messer und hacken Sie ein paar mal in alle Richtungen. Bei gekochten Gerichten können Sie Ihre zerkleinerten weichen Kräuter unterrühren, sobald Sie den Herd abgeschaltet haben. Die Restwärme setzt die Kräuteraromen besser frei und die Blätter behalten dabei ihre Farbe. Heben Sie auch immer ein paar Kräuter auf, die Sie vor dem Servieren darüberstreuen. Salate und rohe Gerichte werden kurz vor dem Servieren garniert. Denn sobald ein Tropfen Öl an die Blätter kommt, beginnen sie zu welken wie jedes andere Blattgemüse.

FUNCTIONAL FOOD

Ein weiterer Grund für die auf der ganzen Welt große Beliebtheit von Kräutern ist ihre umfassend dokumentierte (und oft umstrittene) homöopathische Wirkung. Viele unserer am häufigsten verwendeten Kräuter wirken antiseptisch, betäubend, schmerzstillend oder entzündungshemmend. Einige werden sogar synthetisch hergestellt und in konventionelle westliche Medikamente integriert. Hier eine kleine Küchenapotheke (als Teeaufguss oder Ähnliches), von der Sie sich vielleicht einen Vorrat anlegen möchten.

Um einen kühlen Kopf zu bewahren: Indisches Basilikum, Lavendel, Pfefferminze, Zitronenmelisse
Gegen Bauchschmerzen: Dill, Fenchel, Langer Koriander, Pfefferminze
Gegen Regelschmerzen: Dill, Fenchel, Thymian
Für einen frischen Atem: Petersilie, Pfefferminze

Koriander oder Cilantro

Das kommt ganz darauf an, woher das Rezept stammt! „Cilantro" ist die spanische Bezeichnung für Koriander, und da die Spanier für die Verbreitung des Krauts in all ihren Kolonien sorgten, wird es auch in Süd- und Mittelamerika so genannt. Im Rest der Welt sind verschiedene Schreibweisen von „Koriander" gebräuchlicher, da er zu den ältesten Kräutern und Gewürzen zählt und für die Frische und den Pep, den er Gerichten verleiht, geschätzt wird. Diese Eigenschaften finden sogar im *Papyrus Ebers* aus dem Jahr 1550 v. Chr. Erwähnung. (Ich frage mich wie die Hieroglyphen für „Pep" wohl aussehen?)
Bei diesem Thema wäre es fahrlässig, nicht auch den Culantro zu erwähnen (Nein, das ist kein Tippfehler!), ein mehrjähriger Verwandter des gewöhnlichen Korianders, der auch als langer Koriander bekannt ist. Er besitzt längliche Blätter, ist dem Koriander im Geschmack unglaublich ähnlich (nur intensiver) und sieht aus wie eine Kettensäge (ist jedoch glücklicherweise nicht ganz so scharf). Dieses Kraut wird in südostasiatischen, indischen, karibischen und mexikanischen Gerichten oft anstelle oder gemeinsam mit Koriander verwendet.

Koriander und Spülmittel

Noch eine Sache zum Koriander. Meine Freundin Sally würde mich lynchen, wenn ich diese Information unter den Tisch fallen ließe. Je nachdem welcher Lehrmeinung man anhängt, gibt es in bestimmten Bevölkerungsgruppen eine 3–21-prozentige Wahrscheinlichkeit eine Koriander-Aversion zu entwickeln. Dieser Umstand wird weiter untersucht, doch bisher hat die Forschung bestimmte Gene entdeckt, die für die überempfindliche Geruchswahrnehmung von Aldehyden verantwortlich sind, Moleküle, die sich auch in Seife befinden. Die ethnische Herkunft scheint hier eine Rolle zu spielen, wobei Bevölkerungen, die beim Kochen schon immer viel Koriander verwendet haben, am wenigsten empfindlich auf seinen Duft reagieren. Doch ob es sich hier um eine angeborene oder anerzogene Verhaltensweise handelt, muss noch erforscht werden. Ich rate Ihnen, Koriander separat zu Gerichten zu reichen, für diejenigen, die ihn mögen … oder Sie suchen sich neue Freunde. Tut mir leid, Sal.

ZERO-WASTE-MEDAILLE

Es kommt selten vor, dass Kräuter in einem Rezept zur Gänze verarbeitet werden. Was die unvermeidbare Frage aufwirft, was mit dem Rest geschehen soll. Die Blätter eignen sich wunderbar zum Garnieren oder können abgezupft und gewaschen gut in einem Behälter mit feuchtem Küchenpapier aufbewahrt werden. So wird es auch in Restaurants gemacht. Stiele, die einen sehr hohen Wassergehalt haben, können zu Pesto oder Saucen verarbeitet werden (etwa Petersilien- oder Knoblauchsauce) oder, in Folie eingewickelt und tiefgefroren, später für Brühe verwendet werden. Die Wurzeln sind die unbesungenen Helden der Kräuter und landen leider als Erste auf dem Kompost, obwohl sie voller intensiver Kräuteraromen, Schärfe und Heilkräfte stecken. Eine Ausnahme bildet hier die Korianderwurzel, die für thailändische Curry-Pasten und mexikanische Mole-Saucen verwendet wird und aufgrund ihres intensiven Geschmacks und ihrer Eigenschaft, die Haltbarkeit von Speisen zu verlängern, geschätzt wird. Wenn Sie noch immer nicht wissen, was Sie mit den übrig gebliebenen Kräuterblättern, die bereits beginnen, recht traurig auszusehen, machen sollen, frittieren Sie sie zum Garnieren oder machen Sie Kräuteröl daraus. Im Rezept auf der nächsten Seite finden Sie für beides eine Anleitung.

KRÄUTER AUS ALLER WELT

In jedem Land gibt es ein paar Kräuter, die sozusagen das Rückgrat der jeweiligen Küche bilden, abhängig vom Klima und der kulinarischen Historie. Doch dieses Thema ist bei näherer Betrachtung unglaublich facettenreich, da jedes Land unterschiedliche Regionen mit verschiedenen kulturellen Einflüssen umfasst. Hier habe ich die gängigsten Kräuter ausgewählt, die Ihnen als Ausgangsbasis dienen sollen. Wählen Sie entweder nur ein Kraut aus der Liste aus oder binden Sie gleich ein paar zu einem Sträußchen.

In Australien heimische Kräuter Anismyrte, australische Wachsblume, Erdbeer-Eukalyptus, Flussminze, Zitronenmyrte, Tasmanische Bergpfefferblätter.

Chinesisch grüne Minze, Koriander, Schnittknoblauch, Schnittlauchblüten.

Französisch *Bouquet garni* – Lorbeerblatt, Majoran, Petersilie, Thymian.
Fines herbes – Dill, Estragon, Kerbel, Liebstöckel, Schnittlauch.
Kräuter der Provence – Fenchel, Lavendel, Lorbeerblatt, Majoran, Petersilie, Thymian.

Griechisch Bohnenkraut, Dill, Estragon, Fenchel, grüne Minze, Lorbeerblatt, Majoran, Oregano, Petersilie, Portulak, Rosmarin, Salbei, Thymian.

Indisch Bockshornkleeblätter, Curryblatt, Dill, grüne Minze, Koriander, Indisches Basilikum (Tulsi).

Italienisch Basilikum, Lorbeerblatt, Majoran, Oregano, Petersilie, Rosmarin, Salbei, Thymian.

Japanisch Mitsuba, Negi (japan. Frühlingszwiebeln), Seetang, Shiso, Wasabiblatt.

Malayisch Curryblatt, grüne Minze, Kaffir-Limettenblatt, Pandanblatt, Thai-Basilikum, Vietnamesische Minze.

Mexikanisch Epazote, Koriander, Majoran, Oregano, Petersilie.

Orientalisch Bohnenkraut, Koriander, Oregano, Petersilie, Pfefferminze, Thymian.

Skandinavisch Dill, Petersilie, Schnittlauch, Wacholder.

Spanisch grüne Minze, Lorbeerblatt, Oregano, Petersilie, Rosmarin, Thymian.

Thailändisch grüne Minze, Kaffirlimette, Koriander, Pandanblatt, Schnittknoblauch, Thai-Basilikum, Vietnamesische Minze.

Vietnamesisch Betelblatt, grüne Minze, Koriander, Langer Koriander Culantro), Pfefferminze, Schnittknoblauch, Senfblatt, Shiso, Thai-Basilikum, Vietnamesische Melisse, Vietnamesische Minze.

KÄSENESTER AM SPIESS MIT FRITTIERTEN BASILIKUMBLÄTTERN

Der Aufwand für dieses Gericht ist wirklich mehr als überschaubar, bedenkt man, dass es sich hier nur um ein paar Käsestücke auf einem Spieß und etwas Blätterteig handelt.

Doch hier ist das Basilikum der Star. Wird Basilikum frittiert, erhält es eine komplett andere Note und schmeckt wie sonnengetränktes Gras an einem heißen Sommertag.

Frittieren Sie ein paar Blätter zusätzlich zum Garnieren und servieren Sie sie so schnell wie möglich ... Aber vergessen Sie nicht, in der Küche ein paar für sich selbst aufzuheben, da sie weggehen werden wie warme Semmeln.

ERGIBT 12 STÜCK

Reiskleie- oder Sonnenblumenöl, zum Frittieren
250 g Scamorza oder harter Mozzarella
300 g Kataifi-Blätterteig (siehe Tipp)
2 Eier, verquirlt
50 g Basilikumblätter
Salzflocken, zum Bestreuen

12 Bambusspieße vorbereiten.

Das Öl 6 cm hoch in einen kleinen Topf füllen und auf 180 °C erhitzen. Geben Sie einen Brotwürfel in das Öl. Wird er innerhalb von 15 Sekunden goldbraun, ist die richtige Temperatur erreicht.

Inzwischen den Käse in 1,5 x 4 cm große Stücke schneiden und jeweils ein bis zwei Stück auf einen Spieß stecken.

Den Teig auf die Breite der Käsestücke auseinanderziehen und dann in 50 cm lange Fäden schneiden oder reißen.

Die Käsestücke in die Eimasse tunken und mit Teig umwickeln. Ein kleines Paket daraus machen, indem Sie das Teigende oben am Spießanfang wieder in den Teig stecken.

Die Pakete portionsweise für 4 Minuten im heißen Öl frittieren, bis sie goldbraun sind. Die Basilikumblätter 1 Minute frittieren, bis sie schön knusprig sind, und dann kurz auf Küchenpapier abtropfen lassen.

Die heißen Käsespieße mit Salzflocken und den knusprigen Basilikumblättern bestreuen, leicht abkühlen lassen, damit sich Ihre Gäste nicht die Zunge verbrennen, und servieren.

Tipp: **Kataifi-Teig ist eigentlich nur zu Fäden zerkleinerter Blätterteig. Wenn hier Teig übrig bleibt, kann er deshalb wunderbar als Ersatz in Blätterteigrezepten verwendet werden. Ich mag ihn besonders in Galaktoboureko, einem griechischen Grießauflauf. Kataifi finden Sie in Ihrem lokalen Feinkostladen bei den mediterranen Spezialitäten.**

Extra: **Stellen Sie selbst Basilikumöl her, das Sie am Ende über diese fransigen Köstlichkeiten träufeln. Die Stiele von einem Bund Basilikum grob hacken, in eine ofenfeste Schüssel geben und mit kochendem Wasser übergießen. Sofort abgießen und in einen Standmixer füllen. 125 ml Traubenkernöl und 125 ml Olivenöl hinzufügen und mixen, bis sich alles gut vermengt hat. Ein paar Stunden ziehen lassen und durch ein Passiertuch in ein sterilisiertes Einmachglas füllen. Innerhalb von 2–3 Tagen verbrauchen oder in einen Eiswürfelbehälter gießen, einfrieren und zum Verfeinern von Suppen und Saucen verwenden.**

KARTOFFEL-ROSMARIN-FOCACCIA

Das ist die Art von Blechgericht, das Herzen höher schlagen lässt. Salzige Kalamata-Oliven mit cremigem Feta und aromatischem Rosmarin mit unglaublich süßen, neuen Kartoffeln, geschmiegt an einen weichen Focaccia-Teig, bei dem man kaum aufhören kann zu essen.
Servieren Sie dazu eine beliebige Cremesuppe (z. B. aus Kürbis auf Seite 165 oder aus geröstetem Topinambur & Tomaten auf Seite 307) und einen einfachen grünen Salat, und ihre Gäste werden Ihnen diese ausgiebige Mahlzeit ewig danken. Machen Sie den Teig schon am Vortag.

FÜR 8 PORTIONEN

500 g junge Kartoffeln, gewaschen
80 ml natives Olivenöl extra, plus Öl zum Garnieren
80 g Kalamata-Oliven, entsteint
1 Bund Rosmarin, die Nadeln abgezupft, plus etwas mehr zum Garnieren
8 Knoblauchzehen, in feine Scheiben geschnitten
Körniger Feta, zum Garnieren

Hefeteig
450 g backstarkes, weißes Mehl
1 EL Honig
1 EL natives Olivenöl extra
1 TL Trockenhefe
1 ½ TL Salzflocken
375 ml lauwarmes Wasser

Für den Teig alle Zutaten in eine Schüssel geben und zu einem klebrigen, feuchten Teig verkneten. Mit einem Geschirrtuch abdecken und an einem kühlen Ort mindestens 8 Stunden (über Nacht) gehen lassen, bis er sein Volumen verdoppelt hat. Wenn während dieser Zeit Temperaturschwankungen absehbar sind (vor allem wenn Sie in wärmeren Regionen zu Hause sind), lassen Sie den Teig für 12 Stunden im Kühlschrank, bis er sein Volumen verdoppelt hat.

Am nächsten Tag die Kartoffeln in einem großen Topf mit gesalzenem Wasser zum Kochen bringen und dann 15 Minuten köcheln lassen, bis sie gabelzart sind. Die Kartoffeln abgießen und gemeinsam mit dem Öl, den Oliven, dem Rosmarin und dem Knoblauch wieder in den Topf geben. 5 Minuten garen, bis der Knoblauch sein Aroma entfaltet und einen leichten Goldton hat. Immer wieder umrühren und dabei die Kartoffeln mit einem Holzlöffel in Stücke zerteilen. Kurz abkühlen lassen.

Inzwischen den Backofen auf 180 °C vorheizen.

Das Öl der Kartoffelmischung auf ein flaches, mit Backpapier ausgelegtes Backblech gießen. Den Teig auf das Blech legen und mit den Fingern in Form ziehen und drücken. Die Kartoffelmischung auf dem Teig verteilen und die Geschmacksbomben mit den Fingern in den Teig drücken.

Mit Salzflocken und Pfeffer aus der Mühle würzen. Dann das Wasser in eine ofenfeste Tasse oder eine Auflaufform gießen und zum Bedampfen auf den Boden des Backofens stellen (dadurch geht die Focaccia auf, bevor sich eine Kruste bildet). Auf der obersten Schiene 35 Minuten backen, bis sie schön goldbraun und durchgegart ist.

Fetakrümel darüber verteilen und mit einer Extraportion Rosmarin bestreuen. Etwas Olivenöl darüberträufeln, in hübsche Stücke zerteilen und servieren.

Tipp: **Dieser supereinfache Teig lässt sich auch wunderbar für fluffige Pizzaböden verwenden. Probieren Sie ihn für die Pizza mit Zucchiniblüten auf Seite 376.**

Sie können die Kartoffeln auch schon am Vorabend vorkochen, wenn Sie den Teig machen. Normalerweise koche ich die doppelte Menge und mache aus dem Rest Kartoffelsalat (Seite 302) oder ein Pfannengericht (Seite 322).

Für Eilige: **Schneiden Sie eine gekaufte Focaccia in der Mitte durch, belegen Sie sie mit der Kartoffel-Oliven-Mischung und dem Feta und legen Sie sie zwischen die Platten eines heißen Sandwich-Toasters, um sie zu erwärmen.**

Sie können auch nur eine Teighälfte verwenden (frieren Sie die andere ein), die Kartoffeln fein hobeln, den Teig damit belegen und backen.

Noch schneller geht es mit gekauftem Pizzateig!

LOBIO (KIDNEYBOHNEN-EINTOPF MIT KORIANDER)

Hier kommt ein Klassiker aus Georgien. Und da „Lobio" einfach „Bohnen" bedeutet, unterscheiden sich die lokalen Varianten dieses Gerichts so stark wie die Ajo-Blanco-Versionen in spanischen Haushalten.

An diesem Gericht mag ich besonders die große Menge an Koriander, die verwendet wird, sowohl gemahlener als auch frischer. Sie können selbst entscheiden, ob Sie eher einen Eintopf oder eine Suppe daraus machen möchten, je nachdem, wie viel Brühe Sie verwenden bzw. nicht verwenden. Das Gericht ist wahnsinnig vielseitig und ganz einfach köstlich, vor allem wenn es mit traditionellem *Mchadi,* georgischem Maisbrot serviert wird.

FÜR 4–6 PORTIONEN

- 2 EL Olivenöl, plus Öl zum Beträufeln
- 1 braune Zwiebel, fein gehackt
- 120 g Walnusskerne, fein gehackt, plus etwas mehr zum Garnieren
- 1 TL Salzflocken
- 1 EL gemahlener Bockshornklee
- 1 TL gemahlener Koriander
- 1 TL Currypulver
- 30 ml Rotweinessig
- 800 g Kidneybohnen (Dose), abgetropft und abgespült
- 3 EL gehackte Korianderzweige, und ein paar Blätter zum Garnieren
- 3 EL gehackte Minzzweige, plus etwas mehr zum Garnieren
- 500 ml Gemüsebrühe
- 3–4 Knoblauchzehen, fein zerdrückt
- ¼ TL gemahlener weißer Pfeffer (optional)
- Fladen- bzw. Maisbrot zum Servieren

Das Olivenöl in einem breiten Topf auf mittlerer Stufe erhitzen. Die Zwiebeln hinzufügen und warten, bis sie zu brutzeln beginnen. Mit dem Deckel abdecken und auf niedriger Stufe 5 Minuten anschwitzen. Dann den Deckel entfernen, Walnusskerne, Salz, Bockshornklee, gemahlenen Koriander und Currypulver hinzufügen und unter Rühren 4 Minuten garen, bis die Nüsse geröstet sind und die Gewürze ihr Aroma entfalten. Den Essig angießen und etwas reduzieren lassen.

Dann die Bohnen unterrühren und weitere 4 Minuten garen, bis die Bohnen weich sind. Beim Umrühren die Bohnen mit einem Holzlöffel leicht andrücken. Koriander und Minze hinzufügen und unter Rühren weich werden lassen. Jetzt die Brühe angießen, aufkochen und auf mittlerer bis niedriger Stufe 15 Minuten köcheln lassen.

Kurz vor dem Servieren den Knoblauch unterrühren. Mit weißem Pfeffer würzen und, wenn nötig, zusätzlich mit Salz und Essig abschmecken.

Abschließend etwas Olivenöl darüberträufeln, Walnusskerne, Minze- und Korianderblätter darüberstreuen und mit Fladenbrot oder Maisbrot servieren.

Tipp: **Wenn Sie rohen Knoblauch nicht so gerne mögen, fügen Sie ihn schon gemeinsam mit den Walnusskernen und Gewürzen hinzu.**

Manche Leute verarbeiten Lobio gerne zu einer glatten Paste, die als Dip dient. Eine tolle Idee! Wenn alles fertig ist, einfach mit dem Stabmixer pürieren.

Für Eilige: **Die Gewürze, den zerdrückten Knoblauch, 100 g Nussbutter, den frischen Koriander und 400 g abgespülte und abgetropfte Kidney-Bohnen im Mixer zu einem einfachen Bohnendip verarbeiten. Nach Geschmack würzen.**

Grünkohl & Cavolo Nero (Schwarzkohl)

Obwohl er um 2015 herum in der kulinarischen Szene als wilder Kreuzblütler einen Hype auslöste, haben wir den Höhepunkt dieser Grünkohl-Manie offiziell überschritten. Jetzt können wir ihn in all seiner krausen und waldgrünen Pracht genießen, ohne das Gefühl zu haben, auf der Kohlwelle ganz vorne mitzusurfen. Grünkohl, der zur Winterkohl-Familie gehört, im Aussehen aber eher Gemüsekohl ähnelt, besteht zum Großteil aus Stiel. Doch die meisten Rezepte verlangen das Abzupfen der Blätter von ihrer bedauernswerten, holzigen Mitte. Cavolo Nero, oder toskanischer Grünkohl, ist mit ihm verwandt und eine Spur bitterer. Er hat keine Zeit, sich lange mit dem Aufbau eines „Herzens“ aufzuhalten, sondern schießt mit seinen dunklen, geriffelten und samtenen Blättern auf etwas weniger holzigen Stielen kerzengerade nach oben. Ich verwende beide Varianten abwechselnd zum Dünsten, je nachdem welche Sorte gerade frisch verfügbar ist. Doch für Chips eignen sich, meiner Meinung nach, die stärker gekräuselten Blätter des Grünkohls weitaus besser.

„Meine Lieblingssorte ist der nur wenig bekannte Bonanza, der jahrelang als Viehfutter in der Fruchtfolge mit Radieschen, Kohlrabi, Gerste und Hirse angepflanzt wurde. Unser Partnerbetrieb pflanzt Bonanza, um das Saatgut vor dem Aussterben zu bewahren. Das ist ein Beispiel dafür, wie Kreativität in der Küche neuen Bedarf für Nutzpflanzen schafft, die sonst einfach von der Bildfläche verschwinden würden." – DAN BARBER, USA

EINKAUF & LAGERUNG

Grünkohl wird oft wie Blumen in Sträußen mit verlockend gekräuselten Blättern verkauft. Manchmal findet man auch kleinere und zartere Grünkohlblätter, sogenannten „Baby-Grünkohl". Auch sie schmecken etwas weicher besser und sollten eine Behandlung mit Salz und Essig erfahren, bevor sie als Salat serviert werden. Wie bei jedem Blattgemüse wollen Sie Blätter in leuchtenden Farben, egal ob grün, mit Weißanteil oder in einem tiefen Violett. Gelbe Spitzen und schlaffe Stiele bedeuten, dass sich der Grünkohl schon etwas zu lange hier herumtreibt und wahrscheinlich günstig zu haben ist. Er sollte aber so schnell wie möglich verbraucht werden. Bewahren Sie ihn als Bund, locker verpackt, im Gemüsefach auf (die Blätter müssen trocken sein). Oder Sie reißen die Blätter in Stücke, waschen sie, schleudern sie in der Salatschleuder und wickeln sie in Küchenpapier ein, bevor Sie sie in einer Tüte im Kühlschrank aufbewahren. Wenn Ihr Grünkohl etwas mitgenommen aussieht, blanchieren Sie ihn und frieren Sie ihn auf einem Tablett ein oder verarbeiten Sie ihn rasch zu einer Portion Grünkohlchips (Seite 360).

ZUBEREITUNG

Da er weniger verzeiht als andere Kohlsorten, sei Ihnen verziehen, wenn Sie um Grünkohl lieber einen Bogen machen, nachdem Ihnen einmal jemand einen Teller mit olivgrünem, stinkendem Matsch serviert hat. Wird Grünkohl zu lange gekocht, werden wie bei Gemüsekohl Schwefelverbindungen freigesetzt, die nach faulen Eiern riechen und dem Gemüse seinen natürlichen Geschmack und die Farbe entziehen. Grünkohl schmeckt viel besser, wenn er nur kurz erhitzt wurde. Entweder fügen Sie ihn gegen Ende der Garzeit zu Suppen oder Eintöpfen hinzu, bis er beginnt, weich zu werden, aber noch leuchtend grün ist, oder Sie verarbeiten ihn im Ofen oder in der Mikrowelle zu knusprigem Grünkohl. Am besten kommt sein Geschmack mit etwas Säure, z. B. Apfelessig oder Zitrone und mit Salz und Gewürzen wie Sojasauce, Knoblauch oder Chili zur Geltung. Trennen Sie die Blätter entweder mit der Schere oder mit Ihren Händen von den Stielen ab. Es gibt sogar ein spezielles Werkzeug dafür, doch für mich ist das Abtrennen per Hand eine extrem befriedigende Tätigkeit. Sind die Blätter etwas größer, zerkleinern Sie sie grob in mundgerechte Stücke. Wenn sich bei Cavolo Nero der Stiel an seiner dicksten Stelle leicht abbrechen lässt, können Sie die Blätter mit den Stielen zerkleinern. Sind Sie sich nicht sicher, blanchieren Sie beide Teile in einem großenTopf mit kochendem Wasser, bis die Farbe an Intensität gewinnt und die Blätter beginnen, weich zu werden. Alles sofort mit kaltem Wasser abschrecken, damit die Restwärme den Grünkohl nicht ins grünlich-braune, nach faulen Eiern riechende Niemandsland befördert.

GUTE PARTNER

Butter, Chili, Essig (vor allem Apfelessig), Gewürze (vor allem Cayennepfeffer, Kümmelsamen, Lorbeerblatt, Muskatnuss), Honig, Knoblauch, Sojasauce, Süßkartoffel.

HELLE MINESTRONE MIT WEISSEM PFEFFER

Meiner Meinung nach lässt sich mit Cavolo Nero viel leichter arbeiten als mit den normalen krausen Grünkohlsorten. Es ist wie bei glatter und krauser Petersilie. Letztere kann man eigentlich nur für Saucen wie Gremolata verwenden (oder im Schaufenster einer Metzgerei). Diese Suppe kocht sich fast von alleine, wenn Sie den Schnippel-Teil erledigt haben. Und nach einem wirklich anstrengenden Arbeitstag ist das monotone Gemüsehacken so meditativ wie eine Kickboxstunde. Die Minestrone schmeckt nach 1, 2 Tagen im Kühlschrank noch besser, da die Aromen Zeit haben, sich besser miteinander bekannt zu machen. Im Gegensatz zur traditionellen roten Minestrone mit Pasta sind die Stars hier (abgesehen vom Cavolo Nero) gehobelter Parmesan und Butter, die dem Gericht einen goldenen Glanz verleihen. Machen Sie die gesamte Menge, auch wenn Sie nur für sich alleine kochen. Sie können die Suppe in einer Thermosflasche zur Arbeit mitnehmen und werden sehen, dass, während Sie Löffel um Löffel schlürfen, manches schon weniger frustrierend scheint, als noch kurz davor.

FÜR 6–8 PORTIONEN

- 50 g Butter (oder Olivenöl)
- 1 Zwiebel, fein gehackt
- 2–3 Knoblauchzehen, grob gehackt
- 1 Fenchelknolle (etwa 500 g), gewürfelt, Fenchelgrün aufheben
- 3 Stangen Staudensellerie, in Scheiben geschnitten
- 2 Möhren, zerkleinert
- 1 Bund Cavolo Nero (etwa 500 g), Blätter von den Stielen getrennt und zerkleinert, dünnere Stiele fein gehackt
- 1 TL gemahlener weißer Pfeffer
- ½ TL Selleriesamen
- 2 Kartoffeln, geschält und in 2 cm große Stücke geschnitten
- 2 l Gemüse- oder Hühnerbrühe
- 400 g Cannellinibohnen (Dose)
- Parmesanrinde (optional)
- Zitronensaft, nach Geschmack
- Geriebener Parmesan, zum Garnieren (optional)

Die Butter in einem großen Suppentopf schmelzen und Zwiebeln, Knoblauch, Fenchel, Sellerie, Möhren, Cavolo-Nero-Stiele, weißen Pfeffer und Selleriesamen darin anschwitzen, bis das Gemüse weich ist. Das dauert etwa 12 Minuten. Den Topf dabei mit einem Deckel abdecken.

Dann Kartoffeln, Brühe, Cannellinibohnen und eventuell die Parmesanrinde hinzufügen. Aufkochen, dann die Hitze reduzieren und etwa 15 Minuten köcheln lassen, bis die Kartoffeln gabelzart sind.

Den Topf vom Herd nehmen, die zerkleinerten Cavolo-Nero-Blätter unterrühren, mit Salz und schwarzem Pfeffer aus der Mühle abschmecken und abschließend etwas Zitronensaft hineinpressen.

Zum Schluss noch einmal etwas schwarzen Peffer aus der Mühle darübermahlen und, wenn Sie möchten, mit geriebenem Parmesan bestreuen.

Tipp: **Wenn Sie mehr Parmesanrinde benötigen, als Sie vorrätig haben, ergattern Sie im Feinkost- oder Käseladen um die Ecke vielleicht welche. So kommen Sie möglicherweise in den Besitz von ein paar kochfertigen Rindenstücken – ein echter Jackpot!**

Ohne Milchprodukte: **Wie im Rezept angeführt, können Sie anstelle von Butter Olivenöl verwenden. Um den Umami-Faktor zu erhöhen, empfiehlt es sich, ein paar zerkleinerte braune Champignons hinzuzufügen und anstelle von geriebenem Parmesan Hefeflocken darüberzustreuen.**

GRÜNKOHLCHIPS MIT SALZ UND ESSIG

So esse ich Grünkohl am liebsten – entweder als Snack für zwischendurch, als Deko für ein cremiges Gericht oder serviert in einer Schüssel mit anderen Vorspeisen zur freien Entnahme. Was oft beklagt wird ist, dass selbstgemachte Grünkohl-Chips am nächsten Tag oft nicht mehr so knusprig sind und beginnen, weich zu werden. Keine Angst, liebe Kräusel-Chips-Fans. Stecken Sie sie bei 100 °C noch einmal für 5 Minuten in den Ofen, und Sie können gleich wieder weiterknuspern.

FÜR 4 PORTIONEN ALS SNACK

350 g krauser Grünkohl (siehe Tipp), gewaschen
2 EL Olivenöl
2 TL Weißweinessig
1 TL Chiliflocken
Fein geriebene Schale 1 Zitrone
1 TL Salzflocken

Den Backofen auf 140 °C vorheizen.

Die Grünkohlblätter so trocken wie möglich schütteln. Dann die Blätter mit den Händen von den Stielen trennen. Einfach in einer schnellen Bewegung, beginnend bei der festeren Basis nach oben hin abziehen. Feuchte Blätter eventuell noch einmal mit einem Küchenpapier trocken tupfen oder in der Salatschleuder schleudern.

Die Blätter in Stücke reißen, in eine Schüssel geben und mit den restlichen Zutaten vermengen.

Dann den Grünkohl in einer Lage auf mehreren Kuchengittern, die auf mit Backpapier ausgelegten Backblechen stehen, verteilen. In den Ofen schieben und 15–20 Minuten backen, bis die Chips zwischen Ihren Fingern brechen.

Aus dem Ofen nehmen und etwas abkühlen bzw. knusprig werden lassen.

Tipp: **Sie können jede Art von Grünkohl- oder Kohlblättern verwenden, doch am besten funktioniert es mit krausem Grünkohl, da die gekräuselten Enden einfach witzig aussehen.**

Für Eilige: **Sie können die Grünkohlchips zwischen Lagen aus Küchenpapier auf hoher Stufe in der Mikrowelle erhitzen. Sie neigen jedoch aufgrund eines Phänomens, das man „lokale Feldverstärkung" nennt, dazu, Feuer zu fangen. Aufgrund seiner unregelmäßigen Ränder und des natürlichen Metallgehalts (in diesem Fall Eisen) kann der Grünkohl zu rauchen beginnen und Funken sprühen. Um das zu verhindern, erhitzen Sie ihn in Ein-Minuten-Intervallen und behalten Sie ihn gut im Auge. Oder machen Sie ihn ganz einfach im Ofen.**

Brokkoli

Wenn es ein Gemüse mit schlechtem Ruf gibt, dann ist das Brokkoli. Als Zielscheibe fast aller Gemüsewitze muss sich Brokkoli die Kritik gefallen lassen, eine wenig Begeisterung heischende Zutat in der Familienküche zu sein. Und doch weiß ich aus verlässlicher Quelle, dass es Eltern gibt, die Brokkoli fast sprichwörtlich auf ein Podest gestellt haben, indem sie ihn in eine Belohnung für die ganze Familie verwandelt haben. Rauf mit dem Brokkoli ins oberste Kühlschrankfach und nur, wenn die Kinder etwas gut hingekriegt haben, werden die essbaren „Bäume" hervorgeholt. Das zeigt, wie wichtig die Geschichten sind, die wir über unser Essen erzählen. Keine Angst, Sie müssen jetzt kein Brokk-Lolli-Glas für Ihre Familie basteln. Seien Sie wie Khaleesi und machen Sie, was ich mit Kohlgemüse für gewöhnlich tue: Brennen Sie es an. Die bitteren Noten des rohen Brokkoli überdecken die Süße, die in ihm steckt. Mit ein paar Röstaromen vom Holzkohlegrill, einem kurzen Hitzeschub im Ofen, serviert mit etwas Sojasauce, einem Teelöffel Honig oder Misopaste oder unter ein gut gewürztes Wok-Gericht gemischt, und die Kinder (groß und klein) werden alle Brokkoli-kritischen Bemerkungen in Zukunft unterlassen.

Brokkoli

„Kindern kann man Brokkoli ganz leicht schmackhaft machen. Er eignet sich hervorragend für Salate, zum Auffüllen von Gerichten und als Beilage und kann mit Stielen und allem drum und dran verarbeitet werden. Die Röschen schräg hobeln, in eine Schüssel geben, mit kochendem Wasser übergießen und ein paar Minuten stehen lassen. Dann Getreide wie Perlgraupen, Couscous oder Quinoa hinzufügen, mit Zitronenschale und -saft marinieren, salzen und Feta darüberstreuen und fertig ist eine gehaltvolle Mahlzeit. Brokkoli ergibt auch eine fantastische Gremolata, wenn man ihn anstelle von gehackten Kräutern verwendet.“ – MATT WILKINSON, GB

EINKAUF & LAGERUNG

Beim Kauf von Brokkoli (oder seinem Verwandten, dem Brokkolini) können Sie an den Blättern, dem Strunk und den Röschen ganz leicht erkennen, ob er frisch ist. Die Blätter sollten fest sein und eine schöne Farbe haben, und der Strunk sollte grünlich und nicht ausgetrocknet sein. Manche Gemüsehändler lagern, Ihren Brokkoli sogar auf Eis, um ihn kühl zu halten. Frische Brokkoli-Röschen sind oben fest geschlossen und dunkelgrün (manchmal auch violett) und unter dem Schirm schön hellgrün (drücken Sie die Röschen auseinander, um kurz einen Blick darauf zu werfen). Weisen die Blütenknospen weiche Stellen auf, haben sie begonnen, sich zu öffnen und zu keimen, oder sehen sie aus, als ob sie Gelbsucht hätten, beginnt der Brokkoli sich zu verabschieden und genau das sollten Sie auch tun. Dasselbe gilt für violetten Brokkoli, dessen Farbe leider beim Kochen ausbleicht. Manchmal hat man das Glück und findet Romanesco mit seinen gelbgrünen, kaleidoskopartigen Blütenknospen, der aussieht als würde er von einem anderen Planeten kommen (er taucht tasächlich in einer Szene von *Star Wars* als Weltraumnahrung auf!). Er wird gerne schonend gegart und behält seine frische Farbe, wenn Sie ihn blanchieren und gut abschrecken. Jede Art von Brokkoli bewahren Sie am besten, locker verpackt, im Gemüsefach auf. Wenn Sie zu jener Sorte Menschen gehören, die ihr Gemüse gerne gleich nach dem Einkaufen waschen, trocknen Sie den Brokkoli gut ab. Feuchte Stellen lassen ihn schnell schimmeln.

NOCH MEHR BROKKOLI: CHINESISCHER BROKKOLI

Auch als Gai Lan oder Kai Lan bekannt, zeichnet sich chinesischer Brokkoli durch seine dicken äußeren Blätter und die langen Stiele aus. Er besitzt einen zentralen Strunk sowie Blütenknospen, die im Inneren verborgen sind. Dieser zentrale Strunk kann oft recht dick und nach unten hin holzig sein. Schälen Sie ihn deshalb mit einem Gemüseschäler oder -messer, bis das hellere Fleisch zum Vorschein kommt (wie Sie es auch bei dickeren Spargelstangen machen würden), und entfernen Sie härtere Blätter, bevor Sie ihn braten oder dämpfen. Die Stiele schon ein paar Minuten vor den Blättern in den Dämpfeinsatz legen, da sie länger gegart werden müssen.

NOCH MEHR BROKKOLI: BROKKOLINI

Brokkolini ist eine Mischung aus Brokkoli und Kai Lan. Er ist langstielig wie Kai Lan, hat jedoch ausgeprägtere Blütenknospen als Brokkoli und wird auch oft „Baby-Brokkoli“ genannt, da der Ausdruck

„Brokkolini“ tatsächlich markenrechtlich geschützt ist. Was die Auswahl, Vorbereitung und Zubereitung angeht, gehen Sie wie bei Brokkoli vor. Auch ihr Geschmack ist sehr ähnlich. Deswegen habe ich sie hier zur leichteren Orientierung einfach zusammen behandelt. Die Brokkolini-Stiele brauchen vielleicht etwas länger als die Knospen. Überprüfen Sie deshalb an der dicksten Stielstelle, ob sie gar sind.

GUTE PARTNER

Austernsauce, Blumenkohl, Butter, Chili, Käse (vor allem Cheddar, Mozzarella, Parmesan, Ziegenkäse), Knoblauch, Senf, Sojasauce.

ZERO-WASTE-MEDAILLE

In vielen Rezepten werden nur die Brokkoli-Röschen verwendet. Alles schön und gut, aber was passiert mit den Stielen und dem Strunk? Hat man den Strunk einmal von seiner holzigen Schale befreit, ist er wie bei allen Kohlarten der süßeste Teil. Wenn das Gericht eine längere Garzeit für den Brokkoli vorsieht, können Sie den Strunk in kleine, mundgerechte Stücke schneiden und ebenfalls hinzufügen. Handelt es sich um ein Pfannengericht, machen Sie sich mit Gemüsemesser oder -schäler ans Werk und braten Sie die Stiele mit. Nicht verraten. Ich hebe mir den Strunk gerne als persönlichen Chefkoch-Snack auf. Feinstes Fingerfood, das beim Kochen die Stimmung hebt. Und wenn hauptsächlich Sie bei sich zu Hause das Kochen übernehmen, haben Sie sich eine kleine Portion Chefkoch-Snacks auf jeden Fall verdient.

CAESAR SALAD MIT BROKKOLINI

Mit Brokkolini ist es ein bisschen wie mit Fisch. Versucht man sowohl die dünne als auch die dicke Seite des Filets gleichzeitig zu garen, ist der dünnere Teil übergart und der dickere noch nicht fertig. Deshalb geht man am besten nach dem Prinzip „teilen und herrschen" vor. Sehen Sie die Blüten als eigenständige Einheit, denn die Blütenknospen sind schneller gar, als man glaubt, während die Stiele spargelähnlich behandelt werden möchten. Hier werden beide Brokkolini-Texturen in einem klassischen Caesar Salad genutzt und mit pochierten Eiern und würzigen Roggenbrotchips serviert.

FÜR 4 PORTIONEN

80 ml natives Olivenöl extra
3 öltriefende Sardellenfilets, fein gehackt (optional)
25 g fein geriebener Parmesan, plus etwas mehr zum Garnieren
1 Knoblauchzehe, fein gerieben
150 g altes Roggenbrot, in dünne Scheiben geschnitten
3 Bund Brokkolini (etwa 450 g), die Stiele schräg in feine Scheiben geschnitten, die Blüten in 2 cm große Stücke geschnitten
2 Eier (siehe Tipp)
4 TL Weißweinessig

Zitronen-Mayo-Dressing

Fein geriebene Schale und Saft von 1 Zitrone
2 EL Mayonnaise (oder Knoblauch-Aioli, Seite 37)
½ TL schwarzer Pfeffer aus der Mühle

In einer großen Pfanne das Olivenöl auf mittlerer bis hoher Stufe erhitzen. Die Sardellen, den Parmesan und den Knoblauch hinzufügen und rühren, bis die Zutaten ihre Aromen freisetzen. Die Roggenbrotscheiben in die Pfanne legen und 5 Minuten unter regelmäßigem Rühren anrösten, bis das Brot schön goldbraun und knusprig ist. Die Pfanne beiseitestellen.

Inzwischen in einem Topf kräftig gesalzenes Wasser zum Kochen bringen. Eine Schüssel mit Eiswasser zum Abschrecken bereithalten. Die Brokkoliniblüten für 1 Minute im kochenden Wasser blanchieren, dann die zerkleinerten Stiele für 1 weitere Minute mitkochen, bis sie leuchtend grün sind. Mit einem Schaumlöffel aus dem Wasser heben und in das Eiswasser geben, um die Farbe zu konservieren.

Brokkolini abgießen, in die Pfanne mit den Brotstückchen geben und alles gut vermengen.

Das Wasser im Topf wieder aufkochen. Inzwischen die Eier einzeln in eine kleine Schüssel schlagen und 1 TL Essig hinzufügen. Die Eier (und den Essig) langsam und so nahe wie möglich am Topf in das kochende Wasser gleiten lassen. Dann die Hitze reduzieren und 2 Minuten köcheln lassen, bis das Eiweiß gestockt ist.

Die Eier mit einem Schaumlöffel herausheben, labbrige weiße Stücke entfernen und kurz auf einem Küchenpapier abtropfen lassen.

Die Brokkolini-Mischung auf einer großen Servierplatte anrichten und die Roggenbrotchips dazureichen. Die Brokkolini mit den pochierten Eiern garnieren. Die Zutaten für das Dressing in einer kleinen Schüssel vermengen, löffelweise über dem Salat verteilen, mit Parmesan bestreuen und servieren.

Tipp: **Je frischer die Eier, desto besser lassen sie sich pochieren.**

Extra: **Pochierte Hähnchenbrust passt perfekt zu diesem Salat. Mischen Sie das zerkleinerte Fleisch unter die Hälfte des Dressings, um ihm maximales Aroma zu verleihen, und verteilen Sie es abschließend mit dem restlichen Dressing auf dem Salat.**

Für Eilige: **Damit Sie nicht so viel Zeit am Herd verbringen, einfach das Olivenöl über die Roggenbrotschreiben träufeln und den Knoblauch sowie die Sardellen darauf verteilen. Mit Parmesan bestreuen und im auf 180 °C vorgeheizten Backofen etwa 8–10 Minuten rösten, bis die Scheiben goldbraun sind. In der Zwischenzeit haben Sie Zeit, sich um die anderen Zutaten zu kümmern. Sie können die Eier auch braten, wenn Sie sie nicht pochieren möchten.**

BROKKOLI-STEAKS MIT TKEMALI

Brokkoli hat von Natur aus einen fleischigen Geschmack, besonders wenn er, wie hier, gegrillt wird. Wenn Sie kleinere Exemplare mit Blättern bekommen können, sorgen sie am Tisch als essbarer Mittelpunkt für optische Dramatik. Ich mag die leuchtende Farbe der Pflaumensauce, die Tkemali genannt wird. Ein georgischer Grill-Klassiker. Nehmen Sie dafür die sauersten Pflaumen, die Sie finden können. Als kleines Mädchen war es meine Aufgabe, auf den Grünstreifen unserer Nachbarschaft nach Damaszenerpflaumen (wir nannten sie „alycha" – *uh-li-chah*) für die Tkemali meiner Oma Zina zu suchen. Ich glaube, sie wäre stolz auf diese Sauce.

FÜR 4 PORTIONEN

- 2 Brokkoli
- 2 EL natives Olivenöl extra, plus Öl zum Beträufeln
- 1 Handvoll Walnusskerne, einige mit einer feinen Küchenreibe gerieben, einige fein gehackt

Tkemali-Pflaumensauce

- 500 g Damaszenerpflaumen oder ähnlich saure Pflaumen, halbiert und entsteint
- 1 TL Selleriesamen
- 5 Knoblauchzehen, grob gehackt
- ¼ TL Cayennepfeffer
- ½ TL gemahlener Koriander
- 1 ½ EL Rotweinessig, plus etwas mehr, wenn die Pflaumen für Ihren Geschmack nicht genug Säure liefern

Seitlich ein Stück vom Brokkoli abschneiden, damit er flach auf dem Schneidbrett liegt. Die abgeschnittenen Teile aufheben. Dann den Brokkoli in etwa 2 cm dicke „Steaks" schneiden. Jeder Brokkoli sollte mindestens 2–3 Steaks ergeben. Etwas Olivenöl auf ein Backblech träufeln, die Steaks darin wenden und beiseitestellen.

Den Backofen auf 190 °C vorheizen und ein Backblech mit Backpapier auslegen. Während der Ofen vorgeheizt wird, die Pflaumen für die Tkemali auf das Backblech legen, etwas Öl darübergießen und in den Ofen schieben. Wenn die Haut nach etwa 15 Minuten Blasen wirft, die Pflaumen weich sind und eine weinrote Flüssigkeit austritt, das Blech herausnehmen. Jetzt sollte auch der Ofen gut vorgeheizt sein.

Die Pflaumen mit den restlichen Tkemali-Zutaten im Mixer zu einer Sauce verarbeiten. Nach Bedarf würzen und eventuell noch mit Essig abschmecken.

Inzwischen eine ofenfeste Grillpfanne mindestens 5–10 Minuten erhitzen, bis sie glühend heiß ist. Den mit Öl benetzten Brokkoli portionsweise 2–3 Minuten grillen, bis er an einigen Stellen leicht schwärzlich ist. Brokkoli auf ein Backblech legen und mit den restlichen Scheiben wiederholen. Dann in den Ofen schieben und 15–20 Minuten garen, bis man die fleischigste Stelle leicht mit einem Messer durchstechen kann.

Abschließend die Tkemali-Sauce auf einer Platte verteilen und den Brokkoli darauf anrichten. Mit etwas Olivenöl beträufeln, mit Salz und Pfeffer würzen und die Walnusskerne darüberstreuen. Noch heiß oder zimmerwarm servieren.

Tipp: **Wenn Sie keine Grillpfanne haben, rösten Sie den Brokkoli in einer Pfanne mit dickem Boden an. Sie müssen dann ohne die Grillstreifen auskommen.**

Für Eilige: **Den Brokkoli gut mit Öl benetzen und im auf 220 °C vorgeheizten Backofen garen, bis er braune Stellen aufweist. Schieben Sie das Backblech schon während des Aufheizens in den Ofen, damit die Brokkoliröschen schon bei der ersten Berührung mit dem Blech von der Hitze überwältigt werden.**

Zucchini

Ich habe ganz bewusst die Zucchini und die Gurke nacheinander angesiedelt. Zucchini erkennt man leicht an ihrem gerillten Stielansatz, dort, wo sie von der Mutterpflanze getrennt wurden. Zucchini (auch Courgette genannt) sind nämlich enger mit dem Kürbis verwandt, während Gurken eher Melonen ähneln. Wenn Sie sich die Oberseite von einem Kürbis mit seinem Stiel vorstellen und sie mit jener einer Wassermelone vergleichen, die nur einen kleinen Knubbel aufweist, werden Sie die beiden nie mehr verwechseln. Die Schale der Gurke glänzt und ist oft etwas gefurcht, während Zucchini eine glattere und matte Schale hat, die sich etwas dicker anfühlt. Es gibt eine Vielzahl an zucchiniartigen Kürbissen oder Sommerkürbissen in vielen Farben und Formen, die ähnliche Eigenschaften haben und auf verschiedenste Weise zubereitet werden können. Lange Exemplare können Sie zu „Zoodels" (Zucchini-Nudeln) spiralisieren, in Streifen hobeln oder längs in Scheiben schneiden und grillen. Bei gedrungenen oder runden Zucchini schaben Sie die Kerne und das Fruchtfleisch heraus, füllen sie mit Hülsenfrüchten und/oder Hackfleisch und schmoren sie wie gefüllte Paprika oder Krautrouladen im Backofen.

„Während ihrer Hochsaison sollten Zucchini nicht zu groß sein, eine feste Haut und ein süßes, nussiges Aroma haben. Im späten Frühling mischen wir die Blüten mit Safran und Knoblauch unter Capellini-Nudeln. Im Sommer braten wir dünne Zucchinischeiben bei niedriger Hitze mit nativem Olivenöl, Knoblauch und Estragon an und servieren sie zu geschmorter Lammschulter oder gegrilltem Fisch. Oder wir legen sie ein, machen Gratins, Püree, Puffer oder ein italienisches Gericht namens Trifolati daraus."

–SKYE GYNGELL, AUSTRALIEN

EINKAUF & LAGERUNG

Im Gegensatz zu vielen anderen Gemüsearten, deren Aroma zunimmt, je länger sie reifen und wachsen, erreichen Zucchini ihren geschmacklichen Höhepunkt, wenn sie so groß wie der Unterarm eines Babys sind, und beginnen dann an Aroma zu verlieren. Auch Fermentationspapst Sandor Katz bestätigt: „Die Zucchini hat nur eine begrenzte Menge an Aromastoffen. Je größer sie wird, desto weniger kann man davon schmecken." Sie können natürlich auch größere Zucchini kaufen, vor allem, wenn sie im Sommer in Hülle und Fülle vorhanden sind. Doch ab einem gewissen Punkt (wahrscheinlich wenn sie so groß wie der Unterarm eines erwachsenen Mannes sind) werden sie „kernig". Dann höhlt man sie am besten aus, füllt, würzt und röstet sie oder schneidet sie in Scheiben, tunkt sie in Teig und frittiert sie. Bei Sommerkürbissen mit weicher Schale sollten Sie nach einem festen Stiel Ausschau halten: leuchtend grün, etwas behaart und auf keinen Fall bräunlich oder matschig. Egal ob sie gelb sind oder unterschiedliche Grünschattierungen aufweisen. Sie suchen nach leuchtenden und lebendigen Farben. Die Schale sollte straff und das Fruchtfleisch elastisch sein.

Kratzer oder Dellen sind in Ordnung, solange sich das Fruchtfleisch darunter fest anfühlt.

Lagern Sie Zucchini, locker in einer Papiertüte verpackt, im Gemüsefach. Können sie nicht atmen, beginnen sie zu schwitzen, was Schimmelbildung Tür und Tor öffnet.

Zucchini lassen sich gut einfrieren, da sie jede Menge Feuchtigkeit enthalten und beim Kochen ihre Form bewahren. Blanchieren Sie sie etwa 1 Minute (je nach Größe der Stücke) in ungesalzenem, kochendem Wasser, frieren Sie sie dann locker arrangiert auf einem Tablett ein, um sie in gefrorenem Zustand zu portionieren, einzutüten, zu beschriften und nochmals einzufrieren. Damit Geschmack und Textur nicht darunter leiden, sollten sie innerhalb von 3–4 Monaten aufgebraucht werden. Darüber hinaus kann man sie immer noch zu Suppe verarbeiten.

„Mein Gemüse erster Wahl wäre wahrscheinlich die Zucchini. Ich liebe ihre Vielseitigkeit. Am liebsten grille ich sie auf dem Holzkohlegrill oder verarbeite sie mit etwas Limettensaft und Olivenöl zu einem Gazpacho.“

– MONIQUE FISO, NEUSEELAND

NOCH MEHR ZUCCHINI: ZUCCHINIBLÜTEN

Zucchiniblüten sind wunderschön anzusehen und lassen sich in fantastische Gerichte verwandeln. Wenn Sie also welche bekommen können, greifen Sie zu. Zugegeben, ihr Geschmack gibt nicht viel her. Doch das machen sie mit ihrer herrlichen Optik und ihrer Fähigkeit, verschiedenste Geschmacksstoffe aufzunehmen, wieder wett. Denken Sie nur an Ricotta oder Ziegenkäse, oder eine leichte Eimasse (blättern Sie für eine köstliche mit Jakobsmuscheln gefüllte Variante, die Sie einfach umhauen wird, auf Seite 374). Auch in Tempurateig frittiert, schmecken sie herrlich. Wenn Sie selbst Zucchini anbauen und nicht wissen, wohin mit den vielen Blüten, können Sie die Blütenblätter auch abzupfen und als leuchtende Deko für Zucchinigerichte oder Salate verwenden. Was Sie suchen, sind strahlend orange-gelbe Blütenblätter, ohne matschige oder welke Stellen mit einem tiefen Grün, wie man es bei einer jungen Zucchini, aus der die Blüte wächst, erwarten würde.

GUTE PARTNER

Aubergine, Chili, Käse (vor allem Parmesan, Ricotta, Ziegenkäse), Knoblauch, Kräuter (vor allem Basilikum, Majoran, Minze, Petersilie), Olivenöl, Paprika, Pinienkerne, Zitrone.

ZERO-WASTE-MEDAILLE

Zucchini müssen vor dem Kochen nicht geschält werden. Schon allein wegen ihrer Farbe sollte man die Schale dran lassen und auch damit sie ihre natürliche Form nicht verliert. Wenn Sie sie mit einem Spiral- oder Julienneschneider in dünne Streifen schneiden, bleiben am Ende immer seltsam geformte Reste übrig. Heben Sie die kernigen Mittelstücke oder sonstige Reste auf und verwenden Sie sie, in Stücke geschnitten, in Ihrem nächsten Gemüsegericht. Augrund des neutralen Geschmacks kann man sie wirklich überall einsetzen, angefangen bei Pfannengerichten bis hin zu Aufläufen.

MIT JAKOBSMUSCHELN GEFÜLLTE ZUCCHINIBLÜTEN

Mit dem im Teig enthaltenen Schaumwein ist das wohl das extravaganteste Kanapee, das man sich vorstellen kann. Und ich spreche aus Erfahrung, wenn ich Ihnen sage, dass Ihre Gäste noch monatelang davon schwärmen werden.

FÜR 8 PORTIONEN ALS KANAPEE

- 2 Eiweiß
- 150 g Mehl
- 16 Zucchiniblüten
- Reiskleie- oder Sonnenblumenöl, zum Frittieren
- Zitronenspalten, zum Garnieren
- 1 TL Salzflocken
- ½ TL gemahlener weißer Pfeffer
- ¼ TL geriebene Muskatnuss
- 80 g Crème fraîche
- 1 EL Schnittlauch, fein gehackt

Jakobsmuschelfüllung

- 150 g Jakobsmuschel- oder Garnelenfleisch
- 1 Eiweiß, leicht verquirlt
- Fein geriebene Schale 1 Zitrone

Teig mit Schaumwein

- 150 g Mehl
- 1 TL Backpulver
- ½ TL Salzflocken
- 250 ml gekühlter Schaumwein (oder Mineralwasser)

Für die Füllung das Jakobsmuschelfleisch mit dem Eiweiß, der Zitronenschale, dem Salz, dem Pfeffer und dem Muskatnusspulver im Mixer zu einer feinen Paste verarbeiten. Crème fraîche hinzufügen und vermixen. Den Schnittlauch unterrühren, die Masse in einen Tiefkühlbeutel füllen und bis zur Verwendung im Kühlschrank lagern.

Das Eiweiß der beiden Eier in einer Schüssel leicht schaumig schlagen und das Mehl in eine separate Schüssel geben.

Für den Teig Mehl, Backpulver und Salz vermengen, den Schaumwein hinzufügen und zu einem glatten Teig verrühren.

Die Staubgefäße im Inneren der Zucchiniblüten vorsichtig entfernen. Die Blüten mit der Jakobsmuschelmasse füllen und am Ende die Blütenblätter behutsam zusammendrehen und so die Füllung einschließen.

Eine Fritteuse oder einen großen Topf mit Öl füllen und auf 180 °C erhitzen. Geben Sie einen Brotwürfel in das Öl. Wird er innerhalb von 15 Sekunden goldbraun, ist die richtige Temperatur erreicht.

Die Blüten nacheinander zuerst in das Eiweiß, dann in das Mehl und zuletzt in den Teig tunken. Den überschüssigen Teig abtropfen lassen und jede Blüte 3 Minuten frittieren, bis sie schön knusprig und goldbraun ist. Während des Frittierens hin und wieder wenden. Mit einem Schaumlöffel herausheben und auf einem Kuchengitter über Küchenpapier abtropfen lassen. Um die Blüten warm zu halten, locker mit Alufolie abdecken und mit den restlichen Blüten wiederholen.

Leicht mit Salz und Pfeffer würzen, Zitronenspalten dazureichen und sofort servieren.

Extra: **Wenn Sie es noch extravaganter möchten, nehmen Sie für den Teig gekühlten Champagner. So haben Sie gleich einen Vorwand, eine Flasche zu köpfen und ein paar Freunde einzuladen! Auch das Knoblauch-Aioli von Seite 37 passt wunderbar dazu.**

Ohne Fisch: **Füllen Sie die Zucchiniblüten mit dem Pilz-Tempeh-Hack von Seite 428.**

PIZZA MIT ZUCCHINIBLÜTENSTREIFEN

Hier handelt es sich um denselben vielseitigen Teig wie im Rezept für die Kartoffel-Rosmarin-Focaccia auf Seite 352. Wenn Sie bei dieser Pizza-Version erst mal den Dreh raus haben, die, belegt mit zerkleinerten Zucchiniblüten einfach unglaublich hübsch aussieht, können Sie ganz nach Lust und Laune auch andere Toppings vewenden – wie Rispentomaten (oder frisch gezupftes Basilikum für eine einfache Margherita) im Sommer oder Kürbis und karamellisierte Zwiebeln im Herbst.

FÜR 4 PORTIONEN

- 200 g Sauerrahm
- 200 g Fior di Latte oder Mozzarella, grob gerieben, plus ein paar Stückchen zum Garnieren (optional)
- ½ TL gemahlene Muskatnuss
- 12 Baby-Zucchini, mit Blüten
- 120 g Nduja, zerkrümelt (oder fein gehackte Chorizo)
- 2 EL natives Olivenöl extra
- Basilikumblätter zum Garnieren
- Crispy Chili-Öl (Asienladen) zum Dazureichen
- Zitronenspalten zum Garnieren

Teig

- 1 Portion Hefeteig (Seite 352)
- 1 Zucchini, grob gerieben
- Olivenöl, zum Einfetten
- Mehl, zum Verarbeiten

Den Hefeteig schon am Vortag zubereiten.

Am nächsten Tag den Ofen auf 220 °C vorheizen und zwei beschichtete Pizzableche mit Öl bestreichen.

Die geriebene Zucchini kurz unter den Teig kneten. Dann den Teig halbieren, eine Hälfte auf einer leicht bemehlten Arbeitsfläche zu einer runden, 2 cm dicken Scheibe auseinanderziehen und auf das Pizzablech befördern. Mit der zweiten Teighälfte wiederholen und dann 10 Minuten im Backofen garen, bis der Boden durchgebacken ist.

Inzwischen den Sauerrahm, den Käse und die geriebene Muskatnuss in einer Schüssel vermengen. Die Blüten von den Baby-Zucchini trennen, in hübsche Streifen zupfen und dann die Baby-Zucchini in dünne Scheiben schneiden.

Die cremige Käsemasse mit der Rückseite eines Löffels bis zu den Rändern hin gleichmäßig auf den beiden Pizzen verteilen.

Die Nduja darüberstreuen und mit der Hälfte der Zucchiniblüten und -scheiben belegen. Jede Pizza mit 1 EL Olivenöl beträufeln.

Dann weitere 12 Minuten backen, bis der Teig eine goldene Farbe annimmt und sich auf dem Blech ohne Probleme hin- und herschieben lässt. Basilikumblätter, die restlichen Zucchiniblüten und -scheiben sowie den zusätzlichen Käse (wenn gewünscht) darauf verteilen. Mit ein wenig Crispy Chili-Öl würzen und servieren. Dazu die Zitronenspalten reichen, die direkt am Tisch über die Pizza gepresst werden.

Tipp: **Der Pizzateig ist auf römische Art zubereitet und ist daher recht knusprig und fest. Wenn Sie neapolitanische Pizza lieber mögen, die einen weicheren Teig hat, müssen Sie von der besten Pizzeria in ihrer Umgebung eine Pizza Margherita holen und diese zu Hause mit frischen Zucchini und Mozzarella belegen.**

Ohne Fleisch: **Die Nduja ist wirklich nur ein optionaler Zusatz. Ersetzen Sie sie durch 1–2 TL Chilipaste, wenn Sie möchten.**

Für Eilige: **Einige der fertigen Pizzateige aus dem Supermarkt sind von recht guter Qualität. Halten Sie nach einem Teig Ausschau, dessen Zutaten jenen in diesem Rezept (S. 352) am nächsten kommen.**

SOMMERLICHER AUFLAUF

Dieser sonnige Gruß aus der Küche steht bei uns zu Hause im Sommer hoch im Kurs. Inspiriert dazu hat mich eine ähnliche Version meiner Freunde Matt Wilkinson und Sharlee Gibb, die wirklich die beste ist, die ich je gegessen habe. Sowohl kalt als auch direkt aus dem Ofen schmeckt sie einfach herrlich. Auch meine Tochter ist davon begeistert. Am liebsten nimmt sie sich fingergroße Auflaufstücke, die sie zwischen ihren Fäusten zerquetscht, bevor sie sie sprichwörtlich einsaugt.

FÜR 4–6 PORTIONEN

2 mittelgroße Zucchini, grob gerieben
½ TL Salz
1 Zwiebel, fein gewürfelt
4 Scheiben Speck, in dünne Streifen geschnitten
75 g glutenfreies Mehl
100 g frische (bzw. tiefgekühlte) Maiskörner
75 g TK-Erbsen
5 Eier
125 ml Milch
100 g geriebener Cheddar
4 Tomaten, in Scheiben geschnitten (noch schöner wird es mit alten, bunten Tomatensorten)

Den Backofen auf 180 °C vorheizen. Eine etwa 20 x 25 cm große Auflaufform mit Backpapier auslegen, das an den Seiten ein wenig übersteht.

Eine Schüssel mit einem sauberen Geschirrtuch auslegen. Die geriebene Zucchini hineingeben, salzen und mit den Händen vermengen. Das Geschirrtuch fest zusammendrehen und die überschüssige Flüssigkeit aus den Zucchini pressen, damit der Auflauf sich nicht in eine Suppe verwandelt. (Sie können auch mit einem Sieb über einer Schüssel arbeiten, aber das ist viel mühsamer.) Die Schüssel trocken reiben und die Zucchini gemeinsam mit den Zwiebeln und dem Speck wieder hineingeben. Mit einem Spatel das Mehl unterheben.

Inzwischen im Wasserkocher etwas Wasser erhitzen. Maiskörner und Erbsen in eine kleine ofenfeste Schüssel füllen und ein wenig kochendes Wasser darübergießen. Ein paar Minuten stehen lassen und dann abgießen.

Die Eier in einer Schüssel oder in einem Becher mit einer Gabel verquirlen und dann die Milch unterrühren. Die Mischung über die Zucchinimasse gießen und dann die halbe Käsemenge sowie die Maiskörner und Erbsen unterheben.

Die Masse (die wahrscheinlich flüssiger ist, als Sie erwarten würden) in die Auflaufform füllen. Mit dem restlichen Käse bestreuen und mit den Tomatenscheiben belegen.

Dann 40–45 Minuten backen, bis die Eier gestockt sind und die Masse oben goldbraun ist. Noch warm oder auch kalt servieren.

Tipp: **Dieser Auflauf schmeckt im Sommer am besten, wenn Zucchini und Tomaten Hochsaison haben. Den Rest des Jahres können Sie die frischen Tomaten durch ein Tomaten-Chutney ersetzen, das Sie dazureichen.**

Ich verwende für diesen Auflauf gerne glutenfreies Mehl, weil es leichter als normales Mehl ist und der Boden dadurch eine etwas andere Konsistenz erhält. Aber Sie können auch gerne gewöhnliches Mehl verwenden. Vegetarier lassen den Speck einfach weg.

Doppelt im Einsatz: **Backen Sie den Teig in einem mit Papierförmchen ausgelegten Muffinblech zu unterschiedlich großen Frittata-Portionen für Ihre Lunchbox oder die Ihrer Kinder. Oder wickeln Sie sie als Snack für unterwegs stückweise in Backpapier ein.**

WOCHENTAGS-BOLOGNESE

Dieses Rezept mag wie ein Affront gegenüber allem, was Italienern heilig ist, erscheinen, wenn man bedenkt, dass eine richtige Bolognese-Sauce stundenlang vor sich hin köchelt. Doch tatsächlich gab es die „Bolognaise" (welche Schreibweise auch immer Sie bevorzugen), wie wir Sie kennen, zuerst gar nicht. Es waren die Auslandsitaliener, die begannen, eine rote Fleischsauce zu kochen, und sie „Spaghetti Bolognese" nannten. Die Enttäuschung vieler Touristen war groß, als sie bei ihrem Besuch in Bologna keine Bolognese vorfanden. Also setzten auch die Restaurants vor Ort die Sauce auf ihre Speisekarte. Sozusagen das auf die Spitze getriebene, alte Paradox vom Huhn und dem Ei. Der unerhörte Frevel meiner Version wird in jedem Schritt offenbar. Deshalb ist sie aber auch so gut. Angefangen bei der Blitzvariante für das Sugo (die entstand, als ich einmal keine Dosentomaten zu Hause hatte) bis hin zu den zu Spiralen verarbeiteten Zucchini (leichter, grüner, einfach köstlich!) – diese unkonventionelle Bolognese ist schnell zubereitet, reich an vollmundigen Aromen und schmeckt auch dem eingefleischtesten Italiener (sobald er sich wieder beruhigt hat).

FÜR 4 PORTIONEN

- 1 EL Olivenöl
- 1 EL Butter
- 1 braune Zwiebel, fein gewürfelt
- 90 g Pilze, in feine Scheiben geschnitten (optional)
- 4 Burger-Pattys aus Rindfleisch (siehe Tipps)
- 2–3 Knoblauchzehen, grob gehackt oder zerdrückt
- 100 g Tomatenmark (Tomatenkonzentrat, siehe Tipps)
- 1 TL altgereifter Balsamico-Essig
- 125 ml Gemüse- oder Hühnerbrühe (zur Not auch Wasser)
- 6 Zucchini, mit einem Spiral- oder Julienneschneider zu Spiralen verarbeitet (siehe Tipps)
- 40 g Parmesan, gerieben

In einem großen Topf mit schwerem Boden das Olivenöl und die Butter auf mittlerer bis niedriger Stufe erhitzen und die Zwiebeln darin glasig anschwitzen. Sobald die Zwiebeln ihr Aroma entfalten, den Deckel auf den Topf setzen, weitere 5 Minuten garen und hin und wieder umrühren. Dann ohne Deckel fertig garen. Wenn Sie die Pilze verwenden, diese jetzt unterrühren und garen, bis sie goldbraun sind.

Das Gemüse zur Seite schieben und die Pattys vorsichtig am Topfboden platzieren und mit einem Holzlöffel oder einem Kartoffelstampfer behutsam so flach wie möglich drücken. Die Zwiebelmischung auf die Pattys schaufeln, damit sie nicht verbrennt, die Hitze auf mittlere bis hohe Stufe erhöhen und 2–3 Minuten anbraten, bis die Unterseite der Pattys schön braun ist.

Die Pattys in kleine Stücke zerteilen und mit der Zwiebelmischung vermengen. Zuerst den Knoblauch und dann das Tomatenmark unterrühren, bis alles schön dunkelrot gefärbt ist.

Den Balsamico-Essig hinzufügen und warten, bis sich die Schärfe in Ihrer Nase verflüchtigt. Dann die Brühe angießen und vor sich hin köcheln lassen, bis eine lockere Sauce entsteht. 5–10 Minuten köcheln lassen, bis das Fleisch gar ist und die Sauce leicht eindickt.

Die Zucchinispiralen hinzufügen und gut mit der Sauce vermengen. Etwa 1 Minute mitgaren, damit das Gemüse etwas weicher wird. Nach Geschmack würzen. Mit Parmesan und schwarzem Pfeffer aus der Mühle bestreuen und servieren.

Tipp: **Sind die Pattys zimmerwarm, lassen sie sich besser anbraten. Da Rindfleisch fetter ist als Hackfleisch, eignet es sich gut für dieses Rezept. Wenn Sie nur Hackfleisch zu Hause haben, rühren Sie zusätzlich etwas Butter ein.**

Die Inhaltsstoffe von Tomatenmark können sehr unterschiedlich sein. Verwenden Sie ein Produkt, das „zu 100 Prozent aus Tomaten" besteht.

Für eine flüssigere Sauce verwenden Sie 250 ml Brühe und lassen sie etwas eindicken, bevor Sie die Zucchinispiralen unterrühren.

Wenn Sie keinen Spiralschneider besitzen, hobeln Sie die Zucchini in breite Streifen, stapeln diese übereinander, rollen sie ein und schneiden sie in feine Streifen.

Extra: **Wenn Sie für die pure Zucchini-Variante noch nicht bereit sind, machen Sie Fifty-Fifty und ersetzen Sie die Hälfte durch Hirse-Spaghetti. Sie sind glutenfrei und bringen mit ihrem Rosé-Stich zusätzlich Farbe in das Gericht.**

Gurke

Je mehr wir versuchen, unsere Salate mit neuartigen Gemüsevariationen zu behübschen, desto größer wird die Anzahl der verfügbaren Gurkenvarianten. Snackgurken lassen sich gut für unterwegs einpacken. Für Salate verwende ich gerne kleinere Schlangengurken. Sie sind süß, haben eine herrliche Textur, durch die sie ihre Form behalten, und man muss sie aufgrund ihrer dünneren Schale nicht schälen. Feldgurken oder lange Salatgurken lassen sich mit einem Sparschäler oder einem Hobel gut für Gurken-Sandwiches in Streifen hobeln oder für Pfannengerichte verwenden. Frische Einlegegurken sind für jene, die gerne Gemüse einlegen und konservieren, eine vielversprechende Option und die meisten Gemüsehändler freuen sich über zahlreiche Abnehmer. Alte Sorten mit dickerer Schale können leicht bitter schmecken. Doch geschält und gut gewürzt lässt sich hier leicht Abhilfe schaffen, da sich viele der Bitterstoffe in der dunkelgrünen Schale befinden.

„Gurke spielt bei jedem Gericht eine wichtige Nebenrolle, wie z. B. als Gewürzgurken im Hamburger oder als *Tsukemono* in japanischem oder koreanischem *oi kimchi.* Ich zerstoße Gurken gerne mit Salz, Knoblauch, Ingwer, Sojasauce, gehacktem Chili, Sesamöl und gesalzenem Kombu."

–TETSUYA WAKUDA, JAPAN

EINKAUF & LAGERUNG

Im Sommer, wenn Gurken Hochsaison haben, glänzen sie im Sonnenlicht und verströmen ein süßes, frisches Aroma. Kaufen Sie nur feste Gurken mit regelmäßig dunkelgrüner Schale. Der eine oder andere Sonnenfleck ist erlaubt und sollte Ihnen keine Sorgen bereiten, solange er bei Druck nicht nachgibt. Machen Sie einen Bogen um Gurken, die schon etwas schrumpelig aussehen oder schlaff wirken. Können Sie keine anderen bekommen, wirkt ein nächtliches Bad in Eiswasser wahre Wunder.

Gurken strotzen nur so vor Wasser und wachsen am besten in der prallen Sonne. Deshalb sollten sie, auch wenn sie im Kühlschrank aufbewahrt werden, mit etwas mehr Sorgfalt behandelt werden als anderes Gemüse. Lagern Sie sie im Gemüsefach. Wenn Sie sich besonders gut um sie kümmern möchten, können Sie sie in Küchenpapier einwickeln und in einer Plastiktüte aufbewahren, damit die Feuchtigkeit nicht so schnell entweicht und sie vor Nachbarn geschützt sind, die Ethylen produzieren und unbekümmert ihre Gase verströmen.

ZUBEREITUNG

Schneiden Sie Gurken für Salate in ungewöhnliche Formen, indem Sie sie beim Schneiden auf dem Brett hin- und herrollen. So erhalten Sie unterschiedliche Texturen und eine interessante Optik. Gurken sollte man schon vorab würzen, damit sie das Dressing wie ein Aromaschwamm aufsaugen und auf das restliche Gemüse verteilen können. Für Raita oder Tzatziki die Gurke salzen, etwa 15 Minuten ziehen lassen und dann die überschüssige Flüssigkeit auspressen, bevor man sie unter den Joghurt mischt. Für eine schnelle Marinade zu gleichen Teilen Zucker, Salz und Essig mit zusätzlichen Aromastoffen (wie Pfefferkörnern, Dill- oder Fenchelsamen) vermengen, aufkochen und anschließend über die in dünne Streifen oder Spiralen geschnittenen Gurken gießen. Vor dem Servieren auskühlen lassen. Sie können die restliche Flüssigkeit mit etwas geschmacksneutralem Öl, wie z. B. Erdnussöl, vermengen und daraus ein Dressing machen. Für Essiggurken legen Sie die Gurken am besten in 3–5-prozentige Salzlake ein, entfernen etwaige Blütenansätze und fügen ein paar Wein- oder Eichenblätter hinzu, damit sie schön knackig bleiben.

GUTE PARTNER

Chili, Dill, Essig (besonders Chardonnay), Joghurt, Käse (besonders Feta, Ziegenkäse), Knoblauch, Koriander, Lachs, Limette, Minze, Olivenöl, Petersilie, Sesam (Samen und/oder Öl), Tomate, Zitrone, Zwiebel (besonders rote).

SCHNELLER GURKENSALAT MIT SESAM

Gurkensalatrezepte, für die man die Kerne aus den Gurken schaben muss, verraten nie, was man mit diesen Resten anfangen soll. „Ab in die Spüle und runter in den Abfluss damit“ ist hier die übliche Devise. Doch warum muss man die Kerne einem solchen Schicksal überlassen, wenn sie einem als süßer, texturreicher Zusatz zu Dressings dienen können? Die Antwort darauf: Muss man nicht. Verfeinern Sie Ihr Dressing damit oder lassen Sie sie löffelweise in Ihrem Mund verschwinden. Egal, was sie damit machen, in die Spüle gehört nur das Geschirr.

FÜR 4 PORTIONEN ALS BEILAGE

- 2 (lange) Salatgurken
- 60 ml Sojasauce
- 2 EL Apfelessig
- 2 EL Mirin
- 1 EL Sesamöl
- 1 EL frischer Ingwer, fein gerieben
- 1 Knoblauchzehe, fein gerieben
- 1 TL feinster Zucker
- 3 Frühlingszwiebeln, in dünne Ringe geschnitten
- 1 lange rote Chilischote, in feine Scheiben geschnitten
- ½ Bund Koriandergrün, nur die Blätter
- ½ Bund Minze, nur die Blätter
- Sesamsamen, geröstet, zum Garnieren
- Knusprig gebratene Schalotten, zum Garnieren

Die Gurken längs halbieren und die Kerne mit einem Löffel herausschaben. Die Kerne in einen Mörser geben und leicht zerstoßen. Sojasauce, Essig, Mirin, Sesamöl, Ingwer, Knoblauch und Zucker ebenfalls in den Mörser geben und alles mit einem Löffel oder einem Spatel vermengen. Anschließend das Dressing in eine kleine Schüssel füllen.

Die Gurke in 3 cm große Stücke schneiden. Gurke und Frühlingszwiebeln portionsweise im selben Mörser behutsam bearbeiten, bis die Gurkenschale leicht rissig wird.

In einer großen Servierschale anrichten und Chili sowie Kräuter darüber verteilen. Das Dressing mit einem Löffel darüberträufeln, mit geröstetem Sesam und den knusprigen Schalotten bestreuen und servieren.

Für Eilige: **Wenn Sie keine Lust zum Schnippeln und auskratzen haben, verwenden Sie Snackgurken oder kleine Schlangengurken. Einfach in Stücke schneiden, salzen und leicht zusammendrücken, damit der Zellaufschluss beschleunigt wird.**

Extra: **Um aus dem Salat ein Hauptgericht zu machen, rühren Sie ein paar gekochte Soba- oder Ramennudeln unter die Gurkenmischung und verteilen zerkleinertes Hühnerfleisch oder gedämpften Fisch darauf.**

Bohnen

Bohnen wurden bereits im Jahre 6000 v. Chr. als Nahrungsquelle angebaut. Bohnenwitze folgten bald darauf. Ihre Verbreitung wurde durch die Tatsache beschleunigt, dass sie nahrhaft und leicht zu kultivieren waren, eine vorwiegend pflanzliche Ernährung reichhaltiger machten und sich in getrocknetem Zustand gut lagern ließen. Auch heute noch schätzt man Bohnen weitgehend aus denselben Gründen, und auch die Witze sind noch aktuell. In meiner Vorratskammer tummeln sich alle Arten von Bohnen: schwarze Bohnen, Kidneybohnen und Cannellini-Bohnen, die man gut für Aufläufe und Schmorgerichte verwenden kann. Frisch schmecken Bohnen am besten, wenn man sie so natürlich wie möglich belässt. Grüne Bohnen schmecken blanchiert mit einer einfachen Vinaigrette oder in Butter geschwenkt herrlich; dicke Bohnen (fast immer doppelt geschält), wenn man sie grob mit körnigem Feta zerstampft, und zerkleinerte Spargelbohnen gebraten mit Knoblauch und Chili. Bohnenrezepte findet man in allen Teilen der Welt. Nur die verwendeten Kräuter und Gewürze unterscheiden sich von Region zu Region. Sind Ihnen die grundlegenden Dinge wie Anschwitzen, Garen und Würzen einmal in Fleisch und Blut übergegangen, erweitert sich Ihr Repertoire enorm.

„Dicke Bohnen und kleine grüne Bohnen ergeben einen köstlichen Salat. Zuerst enthülse ich einige dicke Bohnen und blanchiere sie kurz, dann entferne ich noch die weißen Häutchen, in denen sich die süße Bohne versteckt! Anschließend blanchiere ich die grünen Bohnen und vermenge sie mit den dicken Bohnen, Ziegenmilch-Feta, frischem Basilikum und nativem Olivenöl. Zum Schluss noch knusprig gebratene Schalotten darauf verteilen und fertig ist der perfekte Salat!“ – NICKY RIEMER, AUSTRALIEN

EINKAUF & LAGERUNG

Ganz gleich, ob Sie Bohnen kaufen, die enthülst werden müssen, oder welche, die Sie gleich ohne viele Umstände direkt in die Pfanne kippen können, bei Bohnen, die übrigens im Frühling am besten sind, kommt es ganz besonders auf Frische an. Je älter die Bohnen, desto fasriger wird ihre Schale und desto mehliger ihr Inneres. Das heißt, Sie müssen für ein leckeres Ergebnis mehr Arbeit investieren. Abgesehen von einem schimmernden Äußeren, einem hörbaren Knackgeräusch beim Brechen und dem Fehlen matschiger Stellen, reichen ein schneller Blick oder ein verstohlener Drucktest nicht aus, um festzustellen, ob eine grüne Bohne wirklich frisch ist. Fühle ich mich unbeobachtet, breche ich einfach eine Spitze ab und probiere die Bohne, bevor ich sie in die Tüte packe. Frische Bohnen sind saftig und schmecken süß, etwa wie eine gleichermaßen frische Erbse. Dicke Bohnen wählt man am besten danach aus, wie groß die Bohnen sich in der Schote anfühlen. Je größer Schote und Bohne sind, desto älter sind sie auch und desto eher neigen sie dazu, mehlig zu schmecken. Nehmen sie mittelgroße Schoten bis zu 8 cm Länge, deren Bohnen nicht größer als ein Daumenabdruck sind. Laufen Ihnen kürzere Schoten über den Weg, deren Bohnen kleiner als ein Fingernagel sind, probieren Sie eine. Ist sie süß und zart, verarbeiten Sie sie am besten noch am selben Tag. Sie können sich sogar das doppelte Enthülsen sparen (mehr dazu weiter unten!). Bohnen sind in frischem Zustand sehr empfindlich. Verbrauchen Sie sie deshalb so schnell wie möglich.

Dicke Bohnen werden am besten zweimal enthülst und sofort verarbeitet. Manchmal verbringe ich gern einen Abend mit Enthülsen, Blanchieren und Dünsten und kann die Bohnen dann am nächsten Tag zum Frühstück und zu Mittag servieren. Doch spätestens zum Abendessen sind sie nicht mehr zu gebrauchen. „Doppelt enthülst“ wird, indem Sie die einzelnen Bohnen zuerst aus ihren langen, samtigen Hülsen lösen, dann 3–4 Minuten (je nach Größe) in kochendem Wasser blanchieren und dann nochmals schälen, indem Sie das weiße Häutchen entfernen. Meine Ernährungswisschenschaftlerin Jane gab mir eine sehr schlüssige Erklärung dafür, warum das zweite Schälen notwendig ist: weil das Häutchen rund um die dicke Bohne sich wie Blasenhaut anfühlt. Igitt! Müssen Sie die Bohnen lagern, bewahren Sie sie ungewaschen und trocken in einer Tüte im Gemüsefach auf, denn Feuchtigkeit ist ihr Erzfeind. Grüne Bohnen lassen sich auch gut einfrieren. Und obwohl die meisten Bücher Ihnen empfehlen, sie zuerst zu blanchieren, schockzugefrieren und dann richtig einzufrieren, gebe ich Ihnen die Erlaubnis, sie zu waschen, zu trocknen, zu schleudern, in 2–3 cm große Stücke zu schneiden und einzufrieren – fertig! Auf diese Weise halten sie so lange, bis grüne Bohnen wieder in Hülle und Fülle erhältlich sind. Nicht nur tiefgefroren, auch getrocknet oder in Dosen sind Bohnen eine Zutat, die es lohnt, zur Hand zu haben (vor allem an jenen Schlechtwettertagen, an denen man keine Lust hat hinauszugehen, um frische Lebensmittel zu kaufen).

ZUBEREITUNG

Bei frischen Bohnen müssen vor dem Blanchieren entweder die Enden abgeschnitten oder die Fäden gezogen werden. Bei vielen modernen Sorten wurden die Fäden bereits weggezüchtet, doch ältere Sorten sind etwas arbeitsintensiver. Brechen Sie ein Ende ab und ziehen sie es nach unten Richtung Bohne. Der Faden auf der Seite sollte sich dann von selbst lösen. Das Blanchieren in heißem Wasser eignet sich gut für grüne und dicke (enthülste) Bohnen, da sie so ihre leuchtend grüne Farbe behalten. Garen Sie sie nur so lange, bis das Grün der Bohnen noch etwas leuchtender wird und schrecken Sie sie dann in Eiswasser ab, damit sie schön grün und al dente bleiben. Ein Schuss Zitronensaft hilft ebenfalls, die Farbe zu konservieren, und sorgt für einen frischen Geschmack. Doch lassen Sie die Säure erst nach dem Kochen an die Bohnen, da sie ansonsten durch die chemische Reaktion gelb werden. Das erklärt, warum Bohnengerichte, die Tomaten enthalten, im Farbton immer ein wenig an den Inhalt einer Babywindel erinnern. Wohlgemerkt, ich habe kein Problem mit matschigen Bohnen, vor allem in einer Pastasauce oder einem Curry. Und oft ziehe ich sie sogar der quietschenden Konsistenz zu kurz blanchierter Bohnen vor. Wenn es Ihnen auch so geht, stehen Sie dazu und servieren Sie die matschigen, gedünsteten Bohnen erhobenen Hauptes! Getrocknete Bohnen müssen über Nacht in Wasser eingeweicht werden, während Bohnen in Dosen sofort kochbereit sind. Nehmen Sie, wenn möglich, Dosenbohnen in Bio-Qualität und heben Sie die Flüssigkeit aus der Dose als vegane Alternative zu Eiweiß oder anderen Bindemitteln auf. Aquafaba („Bohnenwasser") genannt, eignet sich die Flüssigkeit hervorragend für flaumige Desserts, Mayonnaise-ähnliche Emulsionen und zum Eindicken von Suppen. Doch lassen Sie die Bohnen gut abtropfen und spülen Sie sie ab, wenn das Rezept es vorsieht. Das Bohnenwasser ist nämlich so zähflüssig, dass es die Konsistenz Ihrer Sauce komplett verändern kann.

NOCH MEHR BOHNEN: BOHNENSPROSSEN

Sie sind auch als Bohnenkeime bekannt, und tatsächlich handelt es sich hier um die austreibenden Keime von Mungo- oder Sojabohnen. Besonders gern werden sie aufgrund ihres milden Geschmacks und ihrer knackigen und saftigen Konsistenz in der asiatischen Küche verwendet. Sie passen zu chinesischen und thailändischen Pfannengerichten, Salaten und Suppen, schmecken blanchiert und mariniert in der koreanischen Beilage *Kongnamul Muchim* oder als Topping für vietnamesische Pho. Die Sprossen am besten im Kühlschrank aufbewahren, verfärbte Enden entfernen und vor der Verwendung waschen und gut trocken schleudern. Sie können Ihre eigenen Bio-Mungobohnen zum Keimen bringen, indem Sie sie über Nacht einweichen, in den nächsten 4–7 Tagen (je nach Umgebungsbedingungen) morgens und abends waschen, gut abtropfen lassen, mit einem Passiertuch oder Geschirrtuch abdecken und an einem kühlen, dunklen Ort lagern. Um andere Microgreens wie Alfalfasprossen sprießen zu lassen, können Sie auf dieselbe Weise vorgehen. Nach dem Ernten im Kühlschrank lagern.

GUTE PARTNER

Butter, Käse (vor allem Feta, Gruyère, Parmesan, Ziegenkäse), Knoblauch, Minze, Nüsse (vor allem Haselnüsse, Mandeln, Walnüsse), Orange (vor allem die Schale), Zitrone.

GRÜNE BOHNEN AUF GEORGISCHE ART MIT KARAMELLISIERTER ZWIEBEL

Manche bevorzugen ihre Bohnen noch leicht quietschig, doch dem kann ich nichts abgewinnen. Ich finde dieses Rezept wirklich toll, weil es sogar die Liebhaber bissfester Bohnen dazu bringt, ihre Prioritäten zu überdenken. Normalerweise streue ich auch noch etwas gemahlenen Bockshornklee über die Bohnen. Also nur rein damit, wenn Sie welchen vorrätig haben.

FÜR 4 PORTIONEN

- 1 Zwiebel, fein gewürfelt
- 2 EL Olivenöl
- 1 TL Salzflocken
- 1 TL Currypulver
- 1 TL gemahlener Koriander
- ½ TL gemahlener Bockshornklee
- 500 g grüne Bohnen, geputzt
- 4–5 Knoblauchzehen, zerdrückt
- 1 EL Rotweinessig
- 3 EL gehackter Koriander (Blätter und Stiele), plus ein paar Blätter zum Garnieren
- 30 g Walnusskerne, gehackt

In einem großen Topf die Zwiebeln gemeinsam mit dem Olivenöl und dem Salz auf mittlerer Stufe erhitzen. Warten, bis sie zu brutzeln beginnen, die Pfanne mit einem Deckel abdecken und die Hitze ein wenig reduzieren. 5 Minuten lang anschwitzen und dann den Deckel entfernen. Den Zwiebeln gut zureden, damit sie nach 5–10 Minuten unter regelmäßigem Rühren schön golden werden. Sobald sie Farbe angenommen haben, die Gewürze hinzufügen und umrühren, bis sie zu duften beginnen.

Die Bohnen halbieren und in den Topf kippen. Durch Rühren mit der würzigen Zwiebelmischung vermengen, bis sie schön glänzen. Den Knoblauch hinzufügen und ebenfalls unterrühren. Danach den Essig hineingießen und warten, bis alles wie mit Sirup überzogen aussieht. Dann 60 ml Wasser zugießen, den Deckel auf die Pfanne setzen und 15 Minuten garen. Dabei ab und zu umrühren.

Nach 12 Minuten in der Mitte einer Bohne den Fingernageltest durchführen. Lässt sie sich leicht eindrücken, ist sie gar. Junge Bohnen geben schon früher nach.

Sind die Bohnen so weich, dass sie mühelos brechen, wenn man sie verbiegt, den Koriander unterrühren. Mit Salz und Pfeffer abschmecken, mit Walnusskernen bestreuen und in einer großen, rustikalen Schüssel mitten auf den Tisch stellen.

Für Eilige: **Die Bohnen längs halbieren, um die Garzeit auf die Hälfte zu reduzieren. Ich verwende einen Bohnenschneider, aber Sie können auch ein scharfes Gemüsemesser nehmen. Dafür sollten Sie gerade genug Zeit haben, während die Zwiebeln karamellisieren (für diesen einen Schritt kann ich Ihnen keine Kurzversion anbieten, obwohl Sie mit 1 Prise Rohrohrzucker die Dinge hier etwas beschleunigen können).**

Tipp: **Eigentlich wird der Knoblauch erst untergerührt, wenn die Bohnen gar sind, damit etwas von der Schärfe des rohen Knoblauchs erhalten bleibt.**

Den Geschmack habe ich etwas abgemildert. Doch wenn Sie unerschrocken sind, fügen Sie für die maximale Wirkung den Knoblauch gemeinsam mit dem frischen Koriander hinzu.

Doppelt im Einsatz: **Wärmen Sie die Bohnen im Topf auf und gießen Sie dann etwas verquirltes Ei dazu, das Sie unter ständigem Rühren zu proteinreichem, köstlichem Rührei mit Bohnen verwandeln.**

SALAT MIT VIERERLEI BOHNEN UND JALAPEÑOS

Ein gutes Bohnensalat-Rezept ist immer praktisch, wenn es gilt, etwas mitzubringen, oder wenn Sie schnell etwas Günstiges, Frisches und Schmackhaftes auf den Tisch zaubern möchten. Dieser hier eignet sich perfekt für Einladungen im Frühling, wenn es dicke Bohnen in Hülle und Fülle gibt. Wichtig ist, dass Sie Bohnen mit unterschiedlichen Farbschattierungen nehmen. Je nach Jahreszeit können Sie hier verschiedene Sorten miteinander kombinieren. Das Dressing ist einfach köstlich und kann für alle Arten von Bohnen verwendet werden, sogar für jene aus der Dose! Probieren Sie Kidneybohnen, Borlotti-Bohnen, Limabohnen oder sogar Bohnenmix-Dosen.

FÜR 4 PORTIONEN

- 300 g grüne Bohnen, Enden nur auf einer Seite entfernt
- 100 g Knackerbsen
- 150 g dicke Bohnen in Schoten (ergibt etwa 50 g Bohnen)
- 400 g schwarze Bohnen aus der Dose, abgetropft und abgespült
- ½ Bund Koriander, die Stiele fein gehackt, die Blätter intakt
- ½ Bund Dill, Blätter abgezupft
- 1 Handvoll Minzblätter, grob gehackt
- 100 g Manchego-Käse

Limetten-Jalapeño-Dressing

- 125 ml natives Olivenöl extra
- 1 Schalotte, fein gewürfelt
- 1 frische grüne Jalapeño-Chili, fein gewürfelt
- Saft 1 Limette
- 2 EL Rotweinessig
- 1 EL Rohrohrzucker
- ½ TL Salzflocken

Die grünen Bohnen und die Knackerbsen entlang der Nahtstelle längs halbieren.

In einem großen Topf gesalzenes Wasser aufkochen und die grünen Bohnen hinzufügen. Exakt 3 Minuten garen und dann in kaltes Wasser kippen, um den Garprozess zu stoppen und die leuchtende Farbe zu konservieren.

Im selben Topf die Knackerbsen sowie die dicken Bohnen 2 Minuten blanchieren und dann mit kaltem Wasser abschrecken.

Sind sie ausgekühlt, alle Bohnen sowie die Knackerbsen abgießen und in eine große Rührschüssel füllen.

Die schwarzen Bohnen in eine separate Schüssel geben. Alle Zutaten für das Dressing mit dem Schneebesen gut verrühren, die fein gehackten Korianderstiele hinzufügen und großzügig mit schwarzem Pfeffer aus der Mühle würzen. Das Dressing über die schwarzen Bohnen gießen, damit sie die Aromen aufnehmen können.

Kurz vor dem Servieren die Korianderblätter, den Dill und die Minze unter die schwarzen Bohnen rühren und diese auf den gemischten frischen Bohnen verteilen.

Mit einer feinen Reibe duftige Käsewölkchen darüberreiben und servieren.

Tipp: **Wir haben einen dieser schicken Bohnenschneider verwendet, um die Bohnen zu halbieren. Diese finden Sie in den meisten Läden für Küchenzubehör. Es ist eher ein „Lust-Have“ als ein „Must-Have“, aber wenn das Ihre Entscheidung erleichtert: Er eignet sich auch zum Schneiden von Spargelstangen.**

Sie können auch Edamame-Bohnen, Erbsen oder sogar kleine, spanische dicke Bohnen aus der Dose nehmen, wenn verfügbar.

Dieser Salat schmeckt auch wunderbar, wenn die Bohnen noch warm sind und der Käse dabei etwas schmilzt.

Für Eilige: **400 g Bohnenmix aus der Dose abgießen, abspülen und mit dem Dressing in eine Schüssel geben. 140 g TK-Erbsen in eine ofenfeste Schüssel kippen, frisch aufgekochtes Wasser darübergießen und das Wasser abkühlen lassen. Abgießen, die Erbsen unter die Bohnen rühren und sofort servieren.**

Okra

Okra ist die unergründlichste unter den Gemüsesorten. Haben Sie sie erst einmal gekauft, lässt sie Sie etwas ratlos zurück und wird sie nicht richtig zubereitet, verwandelt sie sich in die Art von Schleim, dem selbst Indiana Jones nur mit Müh und Not entkommen würde. Okra gehört zur Familie der Malvengewächse und die Schote, die wir essen, ist im Grunde genommen eine Samenkapsel. Besonders knifflig beim Kochen mit Okraschoten sind die Schleimstoffe, die sie enthält. Sie erlauben der Pflanze, in Trockenzeiten Wasser zu speichern, verwandeln sie in feuchter Umgebung und unter Einwirkung von Hitze allerdings in eine recht glibberige Angelegenheit. Doch genau dieser Schleim macht den Charakter von Südstaaten-Gumbo (einer mit Okra eingedickten Suppe), cremigem *Bhindi Masala* (gebratene Okra in würziger Tomatensauce) und westafrikanischem Okraeintopf, der mit aus Maniok zubereitetem *Fufu* aufgetunkt wird, aus.

„Nachdem ich sie sorgfältig gesäubert habe, wende ich Okraschoten für gewöhnlich in Kichererbsenmehl und brate sie, damit sie nicht schleimig werden. Besonders gut schmecken sie mit jeder Menge Kreuzkümmel."
—SARANSH GOILA, INDIEN

EINKAUF & LAGERUNG

Die kleineren Okraschoten schmecken am besten. Diese finden Sie am ehesten im Frühsommer, zu Beginn der Okrasaison. Sie sollten wirklich nicht länger als 7,5 cm sein. Wenn ein Maximum an Schleimstoffen gefragt ist, dürfen die Schoten auch größer sein. Doch seien Sie gewarnt: Größere, ältere Schoten sind fasriger und enthalten mehr Samen, was beim Kochen eine zusätzliche Herausforderung darstellen kann. Frische Okraschoten haben eine kräftig grüne Farbe, fühlen sich außen leicht pelzig, manchmal sogar etwas stachelig an und bekommen leicht Druckstellen. Braune oder schwarze Flecken weisen auf unsachgemäße Lagerung hin. Achten Sie deshalb auf weiche Stellen und vermeiden Sie diese. Wenn Sie auf einen Einsatz der Ghostbusters getrost verzichten können, sollte Okra beim Kauf auf gar keinen Fall Zeichen von Feuchtigkeit aufweisen, da diese die Wirkung der Schleimstoffe verstärkt.

Okra bevorzugt ein subtropisches Klima. Achten Sie deshalb bei der Lagerung darauf, dass die Temperatur im Kühlschrank nicht unter 7 °C beträgt. Bewahren Sie sie ganz vorne im Gemüsefach auf oder lagern Sie sie locker verpackt in einem kühlen Abschnitt Ihrer Vorratskammer, wenn Ihr Kühlschrank eher zur frostigen Sorte gehört.

ZUBEREITUNG

Sie kennen sicher die Szene aus dem Film *Gremlins*, in dem aus dem kleinen, niedlichen Mogwai Gizmo plötzlich weitere Fellkugeln herausplatzen und eine ganze Mogwai-Armee entsteht, nur weil er ein klein wenig nass geworden ist. Okra. Muss. Trocken. Bleiben. Säubern Sie die Haut mit einem Tuch, wie Sie es bei Pilzen machen würden. Die Schleimstoffe befinden sich in der Membran zwischen der Haut und den Samen. Je weniger davon freigelegt wird, desto weniger glibberig ist das Endergebnis. Verwenden Sie ein scharfes Messer, zerkleinern Sie die Schoten so wenig wie möglich und erst kurz vor der Zubereitung. Lassen Sie kleine Schoten ganz (kürzen Sie nur den Stielansatz etwas ein, sodass die Samen in der Schote bleiben) oder teilen Sie sie in der Mitte, um den sternförmigen Querschnitt hervorzuheben. Okra wird in Töpfen und Pfannen aus Aluminium und Gußeisen schwarz. Verwenden Sie deshalb am besten Geschirr aus Edelstahl oder Emaille.

Braten Sie die Schoten zuerst in heißem Öl scharf an, bauen Sie die Aromen für Ihr Curry oder Ihren Eintopf auf und geben Sie sie 5–10 Minuten vor Ende der Garzeit wieder dazu. Mit dieser Vorgehensweise halten Sie die Schleimbildung im Zaum. Wenn Sie aber Gumbo oder ein anderes Gericht kochen, das einen gewissen Glibberfaktor verlangt, gehen Sie genau umgekehrt vor. Waschen Sie die Okraschoten (manche Leute weichen sie sogar ein), schneiden Sie sie quer in dünne Scheiben, um die Sternform zum Strahlen zu bringen und kochen Sie sie schon früher mit den anderen Zutaten mit. Sie können sie auch hier vorher anbraten. Das verleiht der Okra zusätzlich Geschmack und Textur.

GUTE PARTNER

Chili (besonders Cayennepfeffer, grüner Pfeffer), Ingwer, Kräuter (besonders Koriander, Petersilie), Mais, Paprika, Tomate, Zitrusfrüchte (besonders Limette, Zitrone), Zwiebel.

FRITTIERTE OKRASCHOTEN AUF SÜDSTAATENART

Es gibt sicher nicht sehr viele Rezepte aus dem tiefsten Süden der USA, die Milchkefir in ihrer Zutatenliste haben. Dabei handelt es sich um ein Produkt, dass eher in der osteuropäischen Küche zu Hause ist. Doch ich mag es, wenn der Teig durch die Kohlensäure im Kefir die gleiche Konsistenz erhält wie bei der Zugabe von Mineralwasser. Sie können auch Buttermilch verwenden, wenn diese eher zu bekommen ist. Doch insgeheim versuche ich auch, Ihnen Milchkefir als Getränk nahe zu bringen, damit er zu einem Fixpunkt auf Ihrem Küchentisch wird.

FÜR 4–6 PORTIONEN

Reiskleie- oder Sonnenblumenöl zum Frittieren
1 Bund Thymian
50 g Maismehl
150 g Universalmehl
1 TL Salzflocken
1 ½ TL geräuchertes Paprikapulver
1 TL Currypulver
100 ml Milchkefir, plus etwas mehr zum Dippen
400 g Okraschoten (am besten kleinere Exemplare)

Paprikasalz
35 g Salzflocken
2 TL geräuchertes Paprikapulver

Das Öl 4 cm hoch in einen Topf füllen und auf 180 °C erhitzen. Geben Sie einen Brotwürfel in das Öl. Wird er innerhalb von 15 Sekunden goldbraun, ist die richtige Temperatur erreicht. Die Thymianblätter hinzufügen und 1–2 Minuten frittieren, bis sie schön knusprig sind. Mit einer Zange herausheben und auf Küchenpapier abtropfen lassen.

In einer großen Schüssel Maismehl, Universalmehl, Salz, Paprika- und Currypulver miteinander vermengen.

Den Kefir in eine separate Schüssel gießen. In einer dritten Schüssel die Zutaten für das Paprikasalz vermengen.

Um zu verhindern, dass die Okra zu glibberig wird, müssen Sie sie bis zur letzten Sekunde trocken halten und in kleinen Portionen frittieren. Tauchen Sie also die Okraschoten eine nach der anderen zuerst in den Kefir, dann in die Mehlmischung und sofort ins heiße Öl. Dann 2–3 Minuten frittieren, bis der Teig schön goldbraun und knusprig ist. Auf Küchenpapier abtropfen lassen.

Das Paprikasalz und die knusprigen Thymianblätter über die frittierten Okraschoten streuen, solange sie heiß sind. Warm servieren und Kefir als Dipsauce dazureichen.

Glutenfrei: **Sie können hier gerne glutenfreies Mehl verwenden.**

Ohne Milchprodukte: **Anstelle von Kefir können Sie zum Binden dieser speziellen Mehlmischung, wie bei Tempura-Teig auch, Mineralwasser nehmen oder den Teig mit Schaumwein (Seite 374) machen und mit Knoblauch-Aioli (Seite 37) servieren.**

OKRA-ERDNUSS-EINTOPF

Einige Rezepte versuchen, die Schleimstoffe, für die Okra bekannt ist, zu bändigen, während andere sie mit offenen Armen annehmen. Dieses gehört zur letzteren Sorte. Wenn Sie sich lieber erst Schritt für Schritt vortasten möchten, kaufen Sie kleinere Okraschoten und lassen Sie sie ganz, um die Schleimstoffe im Zaum zu halten. Doch sind Sie auf den echten Gumbo-Glibber aus, schneiden Sie die Schoten in dünne Scheiben, damit so viel Oberfläche wie möglich freigelegt wird. Die cremige Nussigkeit von Erdnussmus und die wärmenden Gewürze wie Bockshornklee, Paprika und Koriander machen diesen Eintopf zu einem absoluten Hit und Dauerbrenner.

FÜR 4–6 PORTIONEN

1 EL Erdnussöl
1 braune Zwiebel, fein gehackt
1 EL frischer Ingwer, fein gehackt
2 frische grüne Jalapeño-Chili, fein gehackt
1 TL edelsüßes Paprikapulver
¼ TL gemahlener Bockshornklee
2 EL Koriandersamen
1 TL Kreuzkümmelsamen
70 g Erdnusskerne, roh
2 TL Tomatenmark (Tomatenkonzentrat)
2 Tomaten, grob gerieben
210 g stückiges („crunchy") Erdnussmus
2 TL Salz
1 l Gemüsebrühe
20 Okraschoten (etwa 250 g), in 3 cm große Stücke geschnitten (oder kleine Schoten im Ganzen)
Saft von 1 Limette, plus Limettenspalten zum Servieren
Koriandergrün zum Garnieren

Couscous

2 EL Butter (oder Olivenöl)
285 g Couscous
500 ml Gemüsebrühe

Garnierung

80 ml Erdnussöl
250 g Rispentomaten
1 EL Erdnusskerne
1 TL Koriandersamen

Das Erdnussöl in einem großen Topf auf mittlerer Stufe erhitzen. Zwiebeln, Ingwer, Chili und Gewürze hinzufügen und 5–8 Minuten garen, bis die Zwiebeln weich sind. Schalten Sie Ihren Dunstabzug ein (oder machen Sie das Fenster auf). Ihre Augen werden es Ihnen danken!

Jetzt die Erdnusskerne und das Tomatenmark einrühren und 2 Minuten garen, bis alles einen dunkleren Farbton annimmt. Die geriebenen Tomaten, Erdnussmus, Salz und Brühe hinzufügen und aufkochen.

Die Okraschoten dazugeben, die Hitze reduzieren, bis der Eintopf nur noch leicht köchelt, mit einem Deckel abdecken und 30 Minuten garen, bis die Okra weich ist. Dann den Limettensaft einrühren und, wenn nötig, nachwürzen.

Inzwischen den Couscous zubereiten. Die Butter in einem Topf schmelzen. Den Couscous hinzufügen und beim Vermengen darauf achten, dass alle Körner mit Butter überzogen sind. Dann die Brühe angießen und aufkochen. Mit einem Deckel abdecken, die Herdplatte ausschalten und 10 Minuten quellen lassen. Hat der Couscous die gesamte Flüssigkeit aufgesaugt, mit einer Gabel auflockern.

Während der Quellzeit die schicke Garnierung rösten. Das Erdnussöl in einer kleinen Pfanne auf mittlerer Stufe etwa 1 Minute erhitzen. Die Tomaten hinzufügen und 5 Minuten garen, bis sie leicht angeröstet sind. Dabei immer wieder mit einem Löffel das heiße Öl darübergießen. Tomaten in eine Schüssel geben und beiseitestellen. Die Pfanne mit 1 EL des heißen Öls wieder erhitzen und die Erdnusskerne sowie die Koriandersamen hinzufügen. Sobald sie einen goldenen Farbton annehmen, in eine Schüssel kippen.

Den Couscous auf Servierschalen verteilen oder in eine große Schüssel geben und den Eintopf darübergießen. Die gerösteten Erdnusskerne und Koriandersamen darüberstreuen, mit den Kirschtomaten und Korianderblättern garnieren und mit Limettenspalten servieren.

Extra: **Ich garniere dieses Gericht auch gerne mit den geschmorten Tomaten mit Chili (Seite 180). Sie können aber auch einfach ein paar kleine halbierte Kirschtomaten darauf verteilen.**

Hell-
grün

* ✱ **LAUCH**
  + Frühlingszwiebel
* ✱ **SPARGEL**
* ✱ **STAUDENSELLERIE**
  + Spargelsalat (Celtuce)
* ✱ **SALAT**
  + Brunnenkresse
* ✱ **PAK CHOI**
* ✱ **ROSENKOHL**
* ✱ **ERBSEN & ZUCKERSCHOTEN**
* ✱ **KOHL**
* ✱ **AVOCADO**
  + Bittermelone

Lauch

Wenn Sie ungern Zwiebeln verwenden, weil das Zerkleinern zu mühsam ist oder sie Ihre Augen zum Tränen bringen, nehmen Sie einfach Lauch. Dieses kugelköpfige Mitglied der Allium-Familie lässt sich viel leichter verarbeiten, da man ihn beim Zerkleinern an seinem langen Stiel festhalten kann und er einen nicht zum Weinen bringt. Lauch soll klassischen Wintersuppen wie der schottischen „*Cock-a-Leekie*" Süße und Gehalt verleihen. Dabei werden die grünen Blätter unzerkleinert mitgekocht, um ihnen so viel Aroma wie möglich zu entlocken, und vor dem Servieren wieder entfernt. Die helleren Teile schneidet man in Ringe und fügt sie erst gegen Ende der Garzeit hinzu. Für eine cremige Lauch-Kartoffel-Suppe (oder Vichyssoise für die Frankophilen unter Ihnen) werden die hellen Teile mit jeder Menge Kartoffeln in Brühe gekocht und dann mit Sahne püriert. Sie können sie heiß oder auch kalt servieren. Obwohl für die meisten Rezepte nur der helle Teil des Lauchs verwendet wird, eignen sich die grünen Blätter hervorragend als Brühenzusatz und verleihen ihr eine eindeutig blumige Note. Außerdem werden Sie sich gut dabei fühlen, wenn Sie diesen Teil des Gemüses nicht dem Abfall überlassen haben.

„Zu Hause verwende ich Lauch gerne für meine Rindfleischpfanne mit Knoblauch, Chili und Zitronengras.“ – RAY ADRIANSYAH, INDONESIEN

EINKAUF & LAGERUNG

Auf Bauernmärkten und im Gemüseladen bekommt man oft jungen Lauch im Bund oder einzelne Lauchstangen, die vorne weiß und am Ende dunkelgrün sind. Vermeiden Sie bei ganzen Stangen gelbe oder ausgetrocknete Enden und entscheiden Sie sich für Exemplare, deren weiße und hellgrüne Anteile überwiegen, da die meisten Rezepte mit diesen Teilen arbeiten. Dünnere Stangen sind jünger und auch zarter, weshalb sie sich wunderbar zum Braten und Grillen eignen, währen dickerer und reiferer Lauch gut zum Füllen, zerkleinert in Suppen oder zum Anschwitzen verwendet werden kann. Bewahren Sie Lauch ungewaschen und locker verpackt in den Tiefen Ihres Gemüsefachs auf, wo er gut und gerne mehrere Wochen hält. Haben Sie Lauch übrig, können Sie ihn in Olivenöl anschwitzen, portionieren und einfrieren und als schnelle Geschmacksbombe zu Suppen und Eintöpfen hinzufügen.

VOR- UND ZUBEREITUNG

Lauch-Neulinge seien gewarnt: Sein unangenehmster Aspekt sind die Sand- und Erdreste, die zwischen den einzelnen Lagen versteckt sind. Das kommt daher, dass er oft mit Erde bedeckt wird, damit er schön weiß bleibt. So werden die jungen Triebe vor dem Sonnenlicht geschützt, um Stangen mit möglichst viel Weißanteil zu erhalten. Doch keine Angst: Mit dem Schmutz kommt man schon klar, und außerdem macht er den Lauch haltbarer. Suchen Sie die Stelle, an der die äußerste Schicht aufzuspringen beginnt. Hier müssen Sie mit dem Schneiden beginnen. So können Sie auch abschätzen, wie groß der verwertbare Teil sein wird. Schneiden Sie den Lauch ab hier längs ein, ziehen Sie die erste Schicht auseinander und schneiden Sie jede weitere Lage an etwa derselben Stelle ein. Dann trennen Sie die beiden Hälften komplett durch und säubern die einzelnen Lagen unter fließendem Wasser. Ist der Lauch besonders schmutzig, weichen Sie die in Halbmonde geschnittenen Stücke vor dem Kochen in einer Schüssel mit Wasser ein. Der Schmutz sinkt zu Boden und Sie sind ihn ein für alle Mal los. Müssen Sie für ein Rezept den Lauch im Ganzen verarbeiten, entfernen Sie die Wurzel sowie die grünen Enden und stellen ihn mit dem Wurzelende voran in eine Schüssel mit Wasser, bis sich Erde und Sand gelöst haben. Hartnäckige dunkle Stellen können mit einem Gemüsemesser entfernt werden.

Werden für ein Gericht sowohl Lauch als auch Zwiebeln verwendet, kommen beide gleichzeitig in den Topf und werden in jeder Menge Olivenöl oder Butter angeschwitzt. Wird nur der Lauch angeschwitzt, geben Sie einen Esslöffel Wasser dazu, damit er nicht anbrennt, oder decken Sie die Pfanne mit einem Deckel ab, damit sie nicht austrocknet und der Lauch verbrennt.

Apropos „verbrennen“: Wenn Sie Lauch längs halbieren und auf einen heißen Grill legen, beginnt der im Lauch enthaltene Zucker zu karamellisieren. Das Innere wird schön zart, während die äußeren Lagen herrlich knusprig werden. Die weißen und hellgrünen Teile schmecken, fein gewürfelt oder in Ringe geschnitten und wie bei einer Quiche unter eine Eimasse gezogen oder in cremige Suppen gerührt einfach köstlich. Geviertelt und (wie beim Schmoren oder Backen) unter längerer Wärmeeinwirkung, wird der Lauch von innen nach außen zart und öffnet seine einzelnen Lagen wie eine Blume ihre Blütenblätter.

NOCH MEHR LAUCH: FRÜHLINGSZWIEBEL

Auch als grüne Zwiebel bekannt, ist die Frühlingszwiebel mit ihrem leicht vergrößerten Wurzelende und den grünen Trieben in der Länge eines Schullineals viel näher mit der Salatzwiebel als mit der Schalotte verwandt. Entscheiden Sie sich für Bundware, deren Enden so aufrecht wie möglich stehen. Wickeln Sie sie in ein feuchtes Geschirrtuch oder Küchenpapier und lagern Sie sie in einer Tüte in der Gemüselade. Die grünen Halme nach unten hin abziehen, bis sie an der frischesten Stelle abreißen (diese Enden für die Zubereitung von Brühen im Tiefkühler lagern). Dann die einzelnen Stangen nebeneinander festhalten und, beginnend beim weißen Teil (der den meisten Geschmack hat) bis hin zum grünen Teil, wie Lauch in Ringe schneiden. Zum Sautieren oder für Pfannengerichte in 3–4 cm große Stücke zerteilen, die grünen Stiele diagonal in dünne Scheiben schneiden oder flach hinlegen, wie einen Teppich einrollen und zum Garnieren in dünne Streifen schneiden. Sie können Frühlingszwiebeln auch nachwachsen lassen, indem Sie das Wurzelende in ein Glas mit Wasser legen. Nach etwa 1 Woche werden Sie beobachten, wie es zum Leben erwacht.

GUTE PARTNER

Butter, Gewürze (vor allem Kümmel, Muskatnuss, Paprika, Pfefferkörner), Kartoffeln, Käse (vor allem Cheddar, Gruyère, Parmesan), Knoblauch, Kräuter (vor allem Estragon, Kerbel, Lorbeerblätter, Oregano, Petersilie, Schnittlauch, Thymian), Sahne, Sardellen, Senf, Speck, Trüffel, Weißwein.

ZERO-WASTE-MEDAILLE

Obwohl es stimmt, dass die helleren Teile süßer und milder im Geschmack sind und beim Kochen schneller weich werden, haben die grünen Lauchenden ihren eigenen Charme – sie sind in etwa wie eine Mischung aus Zwiebel und Kohl. Für Suppen dürfen die grünen Enden intakt bleiben und mit den restlichen Zutaten (gemeinsam mit den zerkleinerten, angeschwitzten hellen Lauchteilen) vor sich hin köcheln. Sie müssen nur am Ende der Garzeit entfernt werden. Sie können die Enden auch ganz oder grob zerkleinert im Tiefkühler aufbewahren und als Zugabe für Brühe verwenden.

„Frühlingszwiebeln passen gut zu Fisch und Meeresfrüchten, entweder roh zu Austern oder über einem gedämpften, ganzen Fisch verteilt und mit Sojasauce und Knoblauch serviert. Nur kurz blanchiert, um ihnen die Schärfe zu nehmen, schmecken sie herrlich süß und stecken voller Aromen. Ich liebe gegrillte Petersfisch-Filets, serviert mit einem halbierten weichen Ei und Frühlingszwiebeln, die mit kochendem Wasser übergossen, mit Olivenöl bepinselt, kurz über Holzkohle gegrillt und mit einer Senf-Olivenöl-Vinaigrette beträufelt wurden.“ – RICK STEIN, GB

IN SENFBUTTER GESCHWENKTER LAUCH

Für herzhafte Gerichte wird Lauch oft als mildere und blumigere Alternative zu Zwiebel verwendet. Er macht jedoch auch als Beilage oder sogar als Hauptgericht eine gute Figur. Wie ein Mädchen, das seine Brille abnimmt und den Pferdeschwanz löst, wird er dann zur Glamour-Queen. Was jedoch nicht bedeutet, dass sich auch seine erdige Seite in Luft auflöst. Vergessen Sie also nicht, ihm ein ausgedehntes Bad zu geben.

FÜR 4 PORTIONEN

- 6 mittelgroße oder 8 kleine Lauchstangen (insgesamt etwa 700 g), geputzt und gut abgespült
- 125 g Butter
- 60 g körniger Senf
- 2 Knoblauchzehen, grob gehackt
- 1 EL kleine Kapern
- 1 TL Rohrohrzucker

Den Lauch in 5 cm große Stücke schneiden. Auch möglichst viel hellgrünen Anteil dazunehmen. Die äußere Schicht mit einer Gabel anstechen und mindestens 10 Minuten in einer großen Schüssel mit Wasser einweichen. Beim nochmaligen Abspülen unter fließendem Wasser die einzelnen Schichten wie ein Kartenspiel durchblättern.

Inzwischen einen Topf zu drei Vierteln mit Wasser füllen, gut salzen und auf mittlerer Stufe aufkochen. Die dunkelgrünen Enden ins Kochwasser geben, um ihm zusätzlich Geschmack zu verleihen (oder zu Ihrem „Brühen-Vorrat" im Tiefkühler stecken). Die hellen Lauchstücke hinzufügen und 10–12 Minuten köcheln lassen, bis sie weich sind. Die Stücke 5 Minuten lang in Eiswasser abkühlen, um ihre Farbe zu konservieren.

Während der Lauch gekühlt wird, die Butter in einem Topf schmelzen. Senf, Knoblauch, Kapern und Zucker einrühren und nach Geschmack würzen. Sind die Kapern nicht gesalzen, noch 1 Prise Salz hinzufügen.

Den Lauch 3–4 Minuten in der Senfbutter garen, bis er noch zarter wird und überall Sauce aufnehmen konnte. Bei Bedarf nachwürzen und servieren.

Tipp: **Die äußeren Lauchschichten enthalten die meisten Fasern und auch den meisten Schmutz. Indem man sie mit einer Gabel oder einem Messer ansticht, hat er Zeit, während des Einweichens zu verschwinden.**

Stechen Sie nur nicht zu weit durch, damit die Schichten im Topf nicht auseinanderfallen.

Für Eilige: **Durch das Einlegen in Eiswasser behält der Lauch seine leuchtende Farbe. Wenn Sie aber nicht viel Zeit haben, lassen Sie diesen Schritt weg und kippen den gekochten Lauch direkt zur Senfbutter in den Topf, vermengen ihn etwa 1 Minute lang gut mit der Sauce und servieren ihn sofort.**

Doppelt im Einsatz: **Der weiche Lauch wird mit einem Schluck Brühe und dem Pürierstab im Handumdrehen zu einer Suppe oder lässt sich mit ein paar Eiern zu einer schnellen Frittata oder Quiche verarbeiten!**

QUICHE MIT FRÜHLINGSZWIEBELN

Stellen Sie sich eine klassische Quiche Lorraine vor – nur viel einfacher in der Zubereitung. Hier wird der oft sehr sandige Lauch durch schön saubere Frühlingszwiebeln ersetzt, die sich auch müheloser zerkleinern lassen und rascher weich werden. Besonders mag ich bei diesem Rezept, dass alle Teile der Frühlingszwiebel auf etwas andere Weise eingesetzt werden. Die weißen Abschnitte werden, wie bei Lauch, zur Gänze verarbeitet, der grüne Teil der Zwiebeln wird wie Blattgemüse unter die Masse gemischt und die Halmenden werden, in dünne Ringe geschnitten, zum Garnieren verwendet. Wenn Sie gerade in Chefkoch-Laune sind, braten Sie die struppigen (gut gesäuberten) Wurzeln, bis sie knusprig sind und sich kräuseln und verwenden Sie sie ebenfalls zum Garnieren. Je nach Jahreszeit können Sie auch anderes Gemüse hinzufügen, eine Handvoll Spargel im Frühling oder Kirschtomaten im Sommer. Vegetarier lassen den Speck einfach weg.

FÜR 12 PORTIONEN

15 Frühlingszwiebeln
50 g Butter
125 g Speck, in 1 cm große Stücke geschnitten
200 g Schlagsahne
8 Eier
3 EL Dill, grob gehackt, plus etwas mehr zum Garnieren
½ TL gemahlene Muskatnuss (oder etwas frisch geriebene Muskatnuss)
100 g Gruyère (oder Cheddar), gerieben
Junge Petersilie, gehackt, zum Garnieren (optional)

Mürbteig

250 g Mehl, plus etwas mehr zum Verarbeiten
100 g kalte gesalzene Butter, in Stücke zerkleinert
½ TL Salzflocken
½ TL gemahlener weißer Pfeffer
1 Eigelb
1 EL Apfelessig

Für den Teig Mehl, Butter, Salz und Pfeffer in eine Küchenmaschine füllen und zu einer krümeligen Konsistenz verarbeiten. Den Dotter sowie den Essig hinzufügen und rühren, bis eine Teigkugel entsteht. Wenn nötig, teelöffelweise Wasser hinzufügen, um die Masse zu binden. Den Teig zu einer Scheibe formen und mit Frischhaltefolie abdecken. Mindestens 1 Stunde oder aber über Nacht kalt stellen.

Den Backofen auf 220 °C vorheizen und den Boden einer Auflaufform mit 1,25 l Fassungsvermögen mit Backpapier auslegen.

Dann den Teig auf einer leicht bemehlten Arbeitsfläche 5 mm dick ausrollen. Die Auflaufform mit dem Teig auskleiden und die Seiten gut festdrücken. Überstehenden Teig über den Rand nach außen legen und 15 Minuten kalt stellen. Dann den Boden mit einer Gabel einstechen und den überstehenden Teig abschneiden.

Einen Bogen Backpapier über den Teig legen, die Form mit Blindbackkugeln (oder mit trockenem Reis oder Bohnen) füllen und 20 Minuten blind backen. Danach die Kugeln und das Papier wieder entfernen und weitere 10 Minuten backen, bis der Teig schön goldfarben und knusprig ist.

Inzwischen die weißen Enden der Frühlingszwiebeln in feine Ringe schneiden, die grünen Stiele in 1 cm große Stücke hacken und die Halmenden im Ganzen lassen und beiseitelegen. Die Butter in einer Pfanne schmelzen und die weißen Frühlingszwiebelringe gemeinsam mit dem Speck 3–4 Minuten auf mittlerer Stufe darin sautieren. In eine Schüssel füllen und kurz abkühlen lassen.

Dann Schlagsahne, Eier, Dill, Muskatnuss, Käse und die grünen Frühlingszwiebelstiele zur Speckmischung hinzufügen und gut miteinander verrühren. Mit Meersalz und schwarzem Pfeffer aus der Mühle würzen und die Masse auf dem Teig verteilen.

Die Ofentemperatur auf 150 °C reduzieren und die Quiche 40 Minuten backen, bis die Eimasse gestockt ist. Die Frühlingszwiebelhalme in feine Ringe schneiden und gemeinsam mit der Petersilie (wenn gewünscht) und dem zusätzlichen Dill über die fertige Quiche streuen. Warm servieren.

Für Eilige: Ganz Ungeduldige können auch fertigen Teig kaufen. Für diese Füllung eignen sich sowohl Mürbteig, Blätterteig als auch Filo-Teig. Je kürzer die Zutatenliste auf der Verpackung, desto mehr Ähnlichkeit wird er in Geschmack (und Textur) mit einem selbstgemachten Teig haben.

Spargel

Taucht der Spargel in den Regalen auf, ist das ein untrügliches Zeichen dafür, dass der Frühling vor der Tür steht. Doch aufgepasst! Eine gewisse Eile ist angesagt. Denn einmal mit den Augen gezwinkert, und sie haben die Spargelsaison verpasst. Die gewöhnlichen Spargelstangen sind normalerweise hellgrün und bleistiftdick. Aber es gibt sie auch in vielen anderen Variationen. Dickere Stangen können im Frühjahr roh unter Salate gemischt werden. Weißer Spargel, der unter der Erde wächst, wird von Köchen aufgrund seines ungewöhnlichen Aussehens und seiner Zartheit geschätzt. Da er seltener angebaut wird und auch teurer ist, wird er oft nur in Butter geschwenkt, besonders seine zarten Spitzen. Apropos selten: Sollte Ihnen jemals violetter Spargel über den Weg laufen, greifen Sie zu! Er besitzt die meisten Antioxidantien und ist oft süßer im Geschmack. Da er im Inneren jedoch hellgrün bleibt, ergibt er, in Streifen gehobelt, eine spektakuläre Deko.

„Spargel bereite ich am liebsten so zu, wie ich es vom ersten Koch, für den ich gearbeitet habe, gelernt habe. Bereiten Sie eine Knoblauchbutter zu und beträufeln Sie den blanchierten Spargel damit. Pressen Sie etwas Zitronensaft darüber, bestreuen Sie ihn mit geriebenem Parmesan und backen Sie ihn 6–8 Minuten im heißen Backofen. Schließlich noch etwas Knoblauchbutter darauf verteilen und servieren. Meine Kinder lieben es!"

–ASHLEY PALMER-WATTS, GB

EINKAUF & LAGERUNG

Beim Kauf von Spargel achte ich auf seine Spitzen. Der Spargelkopf sollte geschlossen sein sowie einen leuchtenden Farbton aufweisen und nicht schlaff oder matschig wirken. Je holziger die Enden, desto länger liegt Ihr Spargel schon im Regal (das bedeutet weniger Nährstoffe und weniger Geschmack). Achten Sie also darauf, dass die Enden nicht zu trocken sind. Schlaue Gemüsehändler lagern ihren Spargel sogar in Kisten mit Eis, um die Stangen frisch und knackig zu halten. Wenn der Spargel bis Ende der Woche oder noch länger halten soll, vor allem, wenn Sie ihn roh servieren möchten, bewahren Sie ihn so auf wie Kräuter oder einen Blumenstrauß. Eine kleine Scheibe an den Enden abschneiden (die Enden erst kurz vor dem Kochen abbrechen) und den Spargel aufrecht in ein Wasserglas stellen. Die Spitzen mit einer Plastiktüte oder einem feuchten Küchenpapier abdecken. Muss er nicht so lange halten, tut es auch das Gemüsefach.

ZUBEREITUNG

Der häufigste Fehler bei der Zubereitung von Spargel ist, dass zu viel von den Spargelenden weggeschnitten wird. Anstatt an einer beliebigen Stelle draufloszuschneiden, empfiehlt sich das Prinzip „Biegen-und-Brechen". Biegen Sie die Spargelstangen in Richtung der Enden und sie werden an der idealen Stelle brechen. Bewahren Sie diese holzigen Enden in Ihrem „Brühen-Vorrat" auf und verwenden Sie sie während der Spargelsaison und auch darüber hinaus, als süßen, nussigen Zusatz für Gemüsebrühe. Bei Spargel ist die Devise: je weniger man ihn kocht, desto besser. Tatsächlich schmeckt junger Spargel roh im Salat unglaublich köstlich, etwa so wie frische Zuckerschoten. Die Stangen sind in diesem Fall so zart, dass Sie sich nicht einmal die Mühe machen müssen, die fasrigen Enden zu entfernen. Seien Sie jedoch schnell, denn Spargel ist nur während weniger Wochen erhältlich. Wenn Sie Ihren Spargel kochen möchten, reicht es, wenn Sie ihn kurz (1–2 Minuten, je nach Dicke) in gut gesalzenem, kochendem Wasser blanchieren, bis er leuchtend grün ist.

Ich blanchiere den Spargel bis kurz vor dem perfekten Garpunkt und lasse die Restwärme ihr Übriges tun. Beim Garen von Meeresfrüchten gehe ich ebenfalls auf diese Weise vor.

GUTE PARTNER

Butter, Eier, geräucherte Fleischprodukte, Käse (vor allem Parmesan, Ricotta, Ziegenkäse), Knoblauch, Olivenöl, Pfeffer, Schalotte, Zitrone.

GRÜNER SPARGEL MIT BRÖSELN UND WEICHEM EI

Verfallen Sie jedes Mal, wenn Sie die holzigen Spargelenden abschneiden und auf den Kompost werfen, in Wehmut? Dann kann ich Ihnen helfen! Rezepte wie dieses, die die holzige Textur einfach in die knusprigen Brösel einfließen lassen, verlangen nur etwas Fantasie. Stellen Sie sich die Enden einfach als aromareiche Ballaststoffe vor.

FÜR 4 PORTIONEN

- 2 Bund Spargel, gesamt etwa 600 g
- 250 g Sauerteigbrot, grob zerkleinert
- 25 g Parmesan, grob zerkleinert
- 1 TL Salzflocken
- 1 TL schwarzer Pfeffer aus der Mühle
- 1 EL Kapern, abgetropft
- 2 EL natives Olivenöl extra, plus Öl zum Beträufeln
- 8 Eier
- 4 Zitronenspalten

Den Ofengrill auf hoher Stufe vorheizen und ein Backblech mit Alufolie auslegen. Inzwischen in einem Topf Wasser zum Kochen bringen.

Die Enden der Spargelstangen an ihrer natürlichen Bruchstelle brechen lassen und die holzigen Enden mit dem Brot, dem Parmesan, Salz und Pfeffer in eine kleine Küchenmaschine füllen und zu feinen Bröseln verarbeiten. Brösel auf dem Backblech verteilen und mit Kapern bestreuen. Für 5 Minuten grillen, bis die Bröselmischung beginnt, braun zu werden.

Jetzt die Spargelstangen längs halbieren, mit Olivenöl beträufeln und zu den Bröseln auf das Backblech legen. Weitere 3 Minuten grillen, bis der Spargel gar ist.

Inzwischen die Eier in das kochende Wasser legen. 6 Minuten kochen und sofort abgießen. Die Eier 30 Sekunden lang unter fließendem, kaltem Wasser abschrecken, bis sie kühl genug sind, um mit ihnen weiterarbeiten zu können. Die Eier unter fließendem Wasser schälen (so bleibt das Ei schön glatt).

Zum Servieren die Brösel und die Eier auf flache Servierschüsseln oder Teller aufteilen. Die Eier halbieren. Dann die Spargelstangen am seitlichen Tellerrand platzieren und jeweils mit einer Zitronenspalte garnieren, um zusätzliche Säure in die Mischung zu bekommen. Mit etwas Olivenöl beträufeln, mit Salz und Pfeffer würzen und servieren.

Für Eilige: **Sie können die Spargelstangen gemeinsam mit den Eiern 2–3 Minuten lang blanchieren (je nach Dicke der Stangen).**

Zero-Waste-Medaille: **Wenn Sie keine Lust haben, die Spargelenden für die Brösel zu verwenden, lagern Sie sie einfach für Ihre nächste Brühe im Tiefkühler.**

FLUFFIGES SPARGEL-FETA-OMELETTE AUS NUR DREI ZUTATEN

Kaum zu glauben, aber die Perser haben niemals Feta hergestellt. Zumindest nicht die eingelegte Variante. Der Begriff „Persischer Feta" entstand erstmals im Yarra Valley, das im australischen Bundesstaat Victoria liegt. In diesem Landesteil werden auch über 90 Prozent des australischen Spargels angebaut! Der Milchwissenschaftler Richard Thomas, oft auch als „Käsepapst" bezeichnet, entdeckte während seiner Reisen durch den Iran eine bis dato unbekannte Konservierungsmethode, die Feta unglaublich samtig und cremig machte. Heute ist vor allem diese Art von Feta auf der ganzen Welt erhältlich – vielleicht sogar im Iran.

FÜR 2 OMELETTES

- 6 Eier
- 50 g Persischer Feta (in Öl eingelegter Feta)
- 1 Bund grüner Spargel, dickere Stangen längs halbiert
- Petersilienblätter zum Garnieren

Den Backofen auf 200 °C vorheizen.

4 der Eier trennen. Das Eiweiß in eine große Schüssel geben und die Dotter mit den restlichen zwei Eiern in eine weitere Schüssel füllen.

Dotter und Eier mit dem Schneebesen schön schaumig schlagen. Den Schneebesen gut waschen und dann das Eiweiß zu Schnee schlagen.

Ein wenig vom Eischnee unter die Dottermasse heben und den Rest mit einem Gummispatel in Achterbewegungen unterrühren, bis alles gut vermengt ist.

In zwei Portionen arbeiten. Jeweils 1 EL vom Einlegeöl des Feta in einer beschichteten, ofenfesten Pfanne (mit etwa 18 cm Durchmesser) auf hoher Stufe erhitzen. Die Hälfte der Spargelstangen hinzufügen und 30 Sekunden garen, damit sie etwas weicher werden. Dann herausheben und auf einen Teller legen. Die Hälfte der Eimasse in die heiße Pfanne gießen. Das Omelette wird fluffiger, als Sie vielleicht annehmen. Behandeln Sie es deshalb wie einen Pancake. Wenn es oben etwas gestockt ist, den Spargel und ein wenig Feta am äußeren Rand hinzufügen, dann das Omelette behutsam umklappen und für etwa 2 Minuten in den Ofen schieben, bis die Masse gerade mal eben gestockt ist.

Das Omelette vorsichtig auf einen Teller schieben. Noch etwas Feta darüberstreuen und mit Einlegeöl beträufeln. Mit Salzflocken und schwarzem Pfeffer aus der Mühle würzen, Petersilie darüberstreuen und sofort servieren.

Für Eilige: **Wenn Sie keine Zeit haben, sich mit dem Mixen von Eiern zu beschäftigen, schlagen Sie 3 Eier in eine Schüssel und verquirlen Sie sie mit einer Gabel bis Eiweiß und Dotter gut vermischt sind und einen einheitlichen Farbton ergeben. Garen Sie dünne Spargelscheiben im Öl des Fetas, bis sie schön zart sind (oder lassen Sie sie roh, wenn der Spargel ganz frisch ist). Dann die Eier wie einen Crépe-Teig darübergießen, ein wenig umrühren, wenden und auf einen Teller gleiten lassen.**

Doppelt im Einsatz: **Marinierter Ziegenkäse ist eine wunderbare Zutat. Er macht sich hervorragend auf einer Mezze-Platte, ist als Salatdressing ein wahres Schätzchen und lässt sich sogar unter Zugabe von Sojamilch auf magische Weise zu einem cremigen Käsedip schlagen. Dieser Tipp kommt von meinem Freund, dem Koch Mark Best.**

Staudensellerie

Am besten betrachtet man Sellerie als mehrere unterschiedliche Gemüsesorten: kräuterähnliche, leicht bittere Blätter zum Garnieren, knackige Stangen, die in verschiedene Arten von Nussmus getunkt werden können, und eine erdig-würzige Basis, die angeschwitzt mit Zwiebeln und Möhren für Suppen und Eintöpfe verwendet werden kann. Sogar die Selleriesamen sind kulinarisch verwertbar und gehören meiner Meinung nach in jede echte Bloody Mary, wie auch die Selleriestange, die als Rührstab dient. Sellerie verfügt über ein bitteres und nussiges Aromaspektrum. Beginnend bei den knackigen, hellgelben Blättern und Stielen, den Sellerieherzen, die über einen milden und süßen Geschmack mit einem Hauch Walnussaroma verfügen bis hin zu den tiefgrünen Stangen, die von ihren Fasern befreit werden müssen und eine Mineralität verströmen, die Ihnen direkt in die Nase schießt. Sie alle sind in der Küche sehr wertvoll. Die dunkleren Blätter lassen sich gut in Eintöpfen oder Schmorgerichten verarbeiten, während die helleren Stangen und vor allem die Herzen gedämpft und in Butter geschwenkt oder roh zerkleinert in Salaten und Sandwiches herrlich schmecken. Heben Sie die Blätter der Herzen als delikate Deko mit zartem Biss auf.

„Ich verwende Sellerie, aufgrund seiner knackigen Frische und seines Geschmacks gerne roh für mein Lieblingssandwich – Hühnchen mit Mayonnaise plus gewürfeltem Sellerie zwischen zwei frischen Scheiben Sauerteigbrot.“ –GUILLAUME BRAHIMI, FRANKREICH

EINKAUF & LAGERUNG

Frischer Sellerie ist leuchtend grün und sollte möglichst wenige Höcker und braune Stellen aufweisen. Gemüsehändler schneiden den Staudensellerie zum Verkauf oft in der Mitte durch. Sie können also gut abschätzen, wie Ihr Sellerie innen aussehen wird, sollten Sie eine ganze Staude mitnehmen. Sie können auch vorgeschnittene Selleriestücke kaufen, solange Sie sie sofort verbrauchen. Schaffen Sie das nicht, bewahren Sie sie in einem mit Wasser gefüllten, luftdichten Behälter im Kühlschrank auf. Wenn Sie nur einen Teil Ihrer Selleriestaude aufbrauchen und einige Stangen übrig bleiben, wickeln Sie diese vollständig in Plastikfolie oder ein Bienenwachstuch ein und bewahren Sie sie in der Gemüselade, getrennt von Gemüse und Obst, das Etyhlen produziert, wie Äpfeln, Birnen und Bananen (dem größten Bösewicht unter ihnen) auf.

ZUBEREITUNG

Fast jedes Schmorgericht, jeder Auflauf, jede Suppe und jeder Eintopf profitieren von einer Handvoll zerkleinertem Sellerie, den man hinzufügt, sobald die Zwiebeln etwas angeschwitzt sind. In feine Halbmonde geschnitten, sorgt Sellerie für Farbe, Biss und einen Hauch Säure in Sandwiches und Salaten. In handliche Stifte geschnitten, dient er als essbares Dippwerkzeug. Stifte ähnlicher Größe kann man mit Kräutern wie Thymian oder Estragon anrösten, um ihnen eine cremige Süße zu entlocken. Sind Sie sich nicht sicher, kombinieren Sie Sellerie einfach mit Walnusskernen. Die beiden Zutaten enthalten die gleichen ausgeprägten sekundären Pflanzenstoffe, die als Phtalide bezeichnet werden. Dieser Umstand sorgt dafür, dass sie das Beste aus dem jeweils anderen herausholen.

NOCH MEHR SELLERIE: SPARGELSALAT (CELTUCE)

Aufgrund der englischen Bezeichnung erraten Sie vielleicht, womit wir es hier zu tun haben. Einer Kreuzung aus Sellerie und Salat, die mehr aus Strunk und weniger aus Blättern besteht. Kocht man Spargelsalat (der auch *Wo Sun* genannt wird), muss man den Strunk vorher von seiner holzigen Außenschicht befreien. Darunter kommt ein knackiges Herz zum Vorschein, das leicht süßlich und nussig im Geschmack ist. Es kann wie das Innere eines Brokkolistrunks zubereitet werden. Sie können es also dämpfen, braten oder vielleicht auch in Scheiben geschnitten oder gerieben roh unter Salate mischen. Auch die Blätter kann man verwenden, jedoch sind sie recht bitter. Mischen Sie die kleineren Blätter unter süßen Zupfsalat oder kochen Sie die größeren Blätter einfach wie Radicchio mit jeder Menge chinesischem Reisessig und Sojasauce.

GUTE PARTNER

Apfel, Butter, Erdnussmus, Essig (besonders Rotweinessig), Käse (besonders Blauschimmelkäse, Cheddar), Möhre, Sahne, Walnüsse.

SELLERIESUPPE MIT GEBROCHENEM HERZEN

Wenn Sie sich fragen, woher das „gebrochene Herz“ bei dieser Suppe kommt: In diesem Rezept „brechen“ wir das Herz und die Blätter aus frischem Sellerie, um sie als Deko zu verwenden. Diese Teile bleiben oft auf der Strecke und welken vor sich hin, bevor sie zeigen durften, was sie können. Hier stehen die Herzen im Mittelpunkt – dort wo sie hingehören. Ich liebe diese Suppe wie Elle Woods ihren Bruiser. Und wenn Sie bei diesem Abstecher ins Kino nur Bahnhof verstehen, schütteln Sie wahrscheinlich immer noch den Kopf über den Rezeptnamen und hoffen, dass diese merkwürdige Einleitung bald ein Ende hat.

FÜR 4 PORTIONEN (1,5 LITER)

- 1 Stück Staudensellerie (etwa 500 g)
- 1 Lauch, nur der weiße Teil, zerkleinert
- 1 l Hühner- oder Gemüsebrühe
- ½ Bund Majoran, die Blätter abgezupft (oder auch Oregano)
- ¾ TL Selleriesalz
- 1 TL gemahlener weißer Pfeffer
- 250 g Sahne
- 2 Lorbeerblätter
- 2 EL Pinienkerne, geröstet (siehe Tipp)
- 2 EL getrocknete Cranberrys, gehackt
- 1 EL Weißweinessig
- Natives Olivenöl extra zum Beträufeln

Das Herz und die jungen Sellerieblätter herausbrechen.

Die Selleriestangen grob zerkleinern und mit Lauch, Brühe, Majoran, Selleriesalz und weißem Pfeffer in einen Standmixer füllen. Alles im Mixer zerkleinern, bis Sie mit der Konsistenz zufrieden sind. Ich mag es, wenn die Suppe noch ein paar gröbere Stücke enthält, aber Sie können sie auch durch ein Sieb streichen, wenn Ihnen das lieber ist.

Die Suppe mit der Sahne und den Lorbeerblättern in einen Topf füllen und auf mittlerer Stufe zum Köcheln bringen. Dann abdecken und bei geringer Hitze 25 Minuten köcheln lassen, bis die Suppe schön glatt ist und die Selleriefasern weicher geworden sind. Nach Geschmack würzen.

Das Sellerieherz fein hacken und in einer Schüssel mit den Sellerieblättern, Pinienkernen, Cranberrys und dem Essig gut vermengen.

Die Suppe mit einem Schöpflöffel in Servierschüsseln füllen, die Pinienkernmischung darüber verteilen und mit etwas Olivenöl beträufeln.

Tipp: **Damit Pinienkerne nicht verbrennen, erhitzen Sie eine Pfanne 5–10 Minuten auf mittlerer Stufe. Schalten Sie den Herd aus, kippen Sie die Pinienkerne hinein und schwenken Sie sie gelegentlich, bis sie wirklich überall Farbe angenommen haben.**

Doppelt im Einsatz: **Verwenden Sie Brioche-Brötchen als Schüsseln und servieren Sie die Suppe in kleinen Portionen. Den Ofen auf 180 °C Umluft vorheizen. Die obere Hälfte der Brötchen abschneiden und das Innere mit den Fingern herauszupfen, bis eine Schale entsteht. Sowohl die Brötchen als auch ihr Innenleben auf einem Backblech verteilen und für 10 Minuten im Ofen rösten. Die heiße Suppe in die Brötchen gießen, das getoastete Innenleben als Croûtons darüber verteilen und, wie oben beschrieben, garnieren.**

GRANITA AUS GURKEN, SELLERIE UND APFEL MIT WACHOLDERBEERENZUCKER

Gurke und Sellerie sind zwei Gemüsesorten, die oft für die Zubereitung von Säften verwendet werden, da sie voller Wasser und erfrischender Aromen stecken. Hier machen wir uns diese Eigenschaft zunutze, indem wir besagten Saft einfrieren und eine kühle Granita daraus machen, die für heiße Sommerabende einfach perfekt ist. Der Wacholderbeerenzucker wird Sie sofort an Gin Tonic erinnern.

FÜR 4–6 PORTIONEN

- 2 Salatgurken, geschält und in Stücke geschnitten (etwa 4 Gläser voll)
- 2 Stangen Staudensellerie, in Stücke geschnitten
- 1 grüner Apfel, entkernt und in Stücke geschnitten
- 2 EL Limettensaft (heben Sie das ausgepresste Fruchtfleisch der Limetten für die Glasränder auf)
- 6 Minzblätter
- 55 g feinster Zucker

Wacholderbeerenzucker

- 1 EL getrocknete Wacholderbeeren
- 75 g feinster Zucker
- Fein geriebene Schale 1 Limette

Gurke, Sellerie und Apfel in eine Küchenmaschine oder einen Standmixer füllen. Limettensaft, Minze, Zucker und 400 ml kaltes Wasser hinzufügen und mixen, bis sich der Zucker aufgelöst hat (reiben Sie etwas davon zwischen Ihren Fingerspitzen, um zu sehen, ob sich die Masse noch körnig anfühlt). Dann die Masse durch ein Sieb streichen, in einen Behälter mit 1,2 l Fassungsvermögen gießen und ins Tiefkühlfach stellen.

Während der nächsten 1 ½ Stunden die gefrorene Granita alle 30 Minuten mit einer Gabel wie mit einem Rechen durcharbeiten. Zu Beginn werden die Eiskristalle noch groß sein, doch mit jedem Mal werden sie kleiner und kleiner, bis die Masse wie hellgrüner Schnee aussieht.

Für den Wacholderbeerenzucker die Wacholderbeeren im Mixer zu einem feinen Pulver verarbeiten, dann mit dem Zucker und der Limettenschale vermengen und auf ein Tablett oder eine Untertasse streuen.

Verwenden Sie das ausgepresste Limettenfruchtfleisch als „Klebstoff“ und tauchen Sie die Ränder der gekühlten Gläser zuerst darin und dann in den Wacholderbeerenzucker ein. Die Granita mit einem Löffel in die gekühlten Gläser füllen und sofort servieren.

Tipp: **Arbeiten Sie mit dem hier vorgegebenen Verhältnis von 100 ml Flüssigkeit zu 20 ml einfachem Zuckersirup (zu gleichen Teilen aus Zucker und Wasser) und kreieren Sie Ihre eigenen Saftkombinationen. Versuchen Sie es mit Möhre und Orange, Roter Bete und Chili oder anderen schrägen Kombinationen.**

Doppelt im Einsatz: **Mit etwas Gin wird aus der Granita ein Frozen Cocktail. Nehmen Sie sich in Acht!**

Salat

Salat kann nicht nur zu Salaten verarbeitet werden. Es steckt weit mehr in ihm. Verlangt ein Rezept nach mehr Frische und Biss oder brauchen Sie eine essbare Unterlage, die kein Brot ist, könnte dieses Blattgemüse genau das sein, was Sie suchen. Kopfsalat eignet sich mit seinen gewellten oder rot umrandeten Blättern und seiner leicht wachsartigen Textur hervorragend für Sandwiches, da er, einmal mariniert, nicht so schnell welk wird und trotzdem weich genug ist, um sich zwischen den Brotscheiben und der Füllung einzufügen. Die halbkugelförmigen Blätter des Eisbergsalats ergeben perfekte Schalen für *San Choy Bau* oder können als Hülle für vietnamesische Frühlingsrollen mit jeder Menge Kräutern verwendet werden. Römersalat, auch als Kochsalat bekannt, hat eine leicht bittere Note, die reichhaltige Salat-Dressings perfekt ausbalanciert. Deshalb wird er auch so gerne für Caesar Salad verwendet. Er eignet sich auch wunderbar zum Grillen, da er seine Form behält. Salate, die schon etwas an Frische eingebüßt haben, können immer noch zu Säften oder Suppen verarbeitet werden.

„Es gibt nichts Besseres als einen schönen, über Holzkohle gegrillten Römersalat.“ – MATT MORAN, AUSTRALIEN

EINKAUF & LAGERUNG

Salat wird meistens in zweierlei Form verkauft: im Ganzen oder in losen Blättern. Im Ganzen gekauft, ist er kostengünstiger, während die losen Blätter, die oft als Mischung aus süßen und bitteren Zupfsalaten angeboten werden, etwas praktischer, aber auch teurer sind. Drehen Sie ganze Salatköpfe um und sehen Sie sich den Strunkansatz an. Außer bei Sorten, deren Ränder sich nicht rosa verfärben, bedeutet ein verfärbter Strunk, dass der Salat schon länger gelagert wurde. Das gilt auch für rosafarbene Ränder bei Zupfsalaten. Gehen Sie mit den äußeren Blättern nicht zu hart ins Gericht. Sie dienen eher als Schutzhülle und landen zum Großteil auf dem Kompost oder können in Suppen verarbeitet werden, falls Sie sich eine Zero-Waste-Medaille verdienen wollen. Klopfen Sie den Salat stattdessen vorsichtig mit den Händen ab. Fühlt er sich irgendwo hohl an? Handelt es sich um eine gekräuselte Sorte wie Frisée achten Sie darauf, dass die Blattspitzen schön und frisch sind. Auch Schmutz ist ein guter Indikator für Frische. Je älter der Salat, desto wahrscheinlicher ist der Schmutz bereits abgefallen. Sobald Sie den Salat in der Küche verwenden, wird er ohnehin gewaschen und von Erdresten befreit. Von Zupfsalat nehmen Sie, sofern er nicht abgepackt ist, am besten immer eine Handvoll (mit der Zange natürlich!) möglichst ohne matschige Mitläufer (Sie wissen, was man über „faule Äpfel“ sagt). Wenn Sie nur verpackten bekommen können, drehen Sie die Packung um und achten Sie auf die schon erwähnten matschigen Stellen und rosa verfärbten Ränder. Sie müssen sich auch nicht nur an eine Sorte halten. Achten Sie bei der Zusammenstellung lediglich auf die Textur (einige sind robuster und knackiger als andere) und die Intensität der bitteren Note.

Salat besteht zu 95 Prozent aus Wasser. Daher verlieren die Blätter leicht ihre Feuchtigkeit und beginnen schnell zu welken. Bei der Lagerung ist es besonders wichtig, einen hohen Feuchtigkeitsgrad (aber keine Nässe) und eine ausreichende Belüftung zu gewährleisten. Salatköpfe bewahren Sie am besten im Ganzen und ungewaschen, locker verpackt in Küchenpapier oder einem kleinen Geschirrtuch in der Gemüselade auf. Dort halten sie bis zu 1 Woche. Bei losen Blättern sortieren Sie zuerst noch vorhandene matschige Exemplare aus. Dann werden die Blätter gewaschen und geschleudert, bis sie einigermaßen trocken sind. Verteilen Sie den Salat auf einem sauberen Geschirrtuch, rollen Sie es locker ein und stecken Sie es in eine Tüte. Das Tuch wird die Restfeuchte aufsaugen und den Blättern so eine leicht feuchte Umgebung und genügend Luftzufuhr bieten, um 1 Woche durchzuhalten.

VORBEREITUNG

Egal wie sie später zubereitet werden, waschen Sie die Blätter zuerst einmal gründlich. Bei ganzen Salatköpfen zupfen Sie die unschönen, äußeren Blätter ab (für Verarbeitungsideen lesen Sie den Abschnitt Zero-Waste-Medaille auf der nächsten Seite), drehen den Kopf dann um und schlagen damit ein paar Mal gegen die Arbeitsfläche. Wenn Sie den Strunk und das Herz dann herausdrehen, lösen sich alle Blätter wie von selbst. Für Salate zerpflücken Sie die Blätter in gabelgerechte Happen. Für Sandwiches oder Wraps bleiben die Blätter ganz. Vielleicht haben Sie bemerkt, dass ich hier kein einziges Mal ein Messer verwendet habe.

Und das aus gutem Grund. Salat bekommt wahnsinnig leicht Druckstellen und sofern Sie nicht mit einem äußerst scharfen Messer eine Salat-Chiffonade zaubern (was sehr unwahrscheinlich ist, aber unter in Butter geschwenkte Erbsen gerührt sehr gut schmeckt) oder den Salat in Spalten schneiden möchten, verwenden Sie Ihre Hände. Weichen Sie die Blätter mindestens 20 Minuten in einer großen Schüssel mit Wasser ein (wenn Sie eine Salatschleuder haben, verwenden Sie die Schüssel der Schleuder dafür und den Einsatz beim Abgießen als Sieb). Dadurch wird nicht nur der Schmutz zwischen den Blättern entfernt (sowie auch potenzielle E. coli-Bakterien bei „vorgewaschenen" Salaten), sie erhalten auf diese Weise zusätzliche Feuchtigkeit und Biss. Haben Sie keine Salatschleuder (ich lege Ihnen einen Kauf sehr ans Herz, wenn bei Ihnen zu Hause viel Salat gegessen wird), gießen Sie die Blätter durch ein Sieb ab, packen Sie sie in ein sauberes Geschirrtuch, drehen Sie die Enden zu einem Beutel und schleudern Sie Ihr Stoffpäckchen durch die Luft. Schonen Sie das wertvolle Küchenporzellan Ihrer Großmutter, indem Sie dafür den Balkon oder den Garten aufsuchen. Haben Sie vor, einen Salat irgendwohin mitzunehmen, bleiben die Salatblätter bis kurz vor dem Servieren separat verpackt, da das Dressing die Blätter beschwert und sie welken lässt. Wenn es sich nicht vermeiden lässt und Sie ihn schon vorab marinieren müssen, verwenden Sie eine ölfreie Vinaigrette.

NOCH MEHR SALAT: BRUNNENKRESSE

Brunnenkresse, auch Bach- oder Wasserkresse genannt, wächst, wie der Name schon sagt, wild an Bach- und Flussufern. Es handelt sich dabei um ein Blattgemüse, das es lohnt aufzuspüren, wenn Sie Salat mögen. Am besten kaufen Sie sie inklusive der Wurzeln, was sich äußerst positiv auf ihre Haltbarkeit und ihren Geschmack, der etwas milder als der von Rucola ist, auswirkt. Die pfeffrige Note nimmt unter Wärmeeinwirkung stark ab. Deshalb sollten Sie Hitze hier nur sparsam einsetzen, da die zarten, weichen Blätter noch schneller welken als vergleichbares Blattgemüse wie z. B. junger Spinat oder Rucola. Sowohl Stiel als auch Blatt der Brunnenkresse können verwertet werden. Deshalb dicht an der Wurzel abschneiden, in Wasser einweichen und gut schleudern. Sie kann bündelweise für Sandwiches verwendet, unter Salate gemischt und als grüne Deko für schicke Fischgerichte eingesetzt werden. Brunnenkresse wird auch aufgrund ihrer gesundheitsfördernden Wirkung geschätzt. Wenn Sie also Ihre Eisen- und Kalziumwerte mit einem leicht zu verwertenden Blattgemüse verbessern möchten, sollte dieses Kraut ganz oben auf der Liste stehen.

GUTE PARTNER

Avocado, Essig (vor allem Balsamicoessig, Weißweinessig), Käse (Cheddar, Feta, Parmesan, Ricotta Salata), Olivenöl, Schalotte, Senf, Speck, weiche Kräuter, Zitrusfrüchte (Orange, Zitrone).

ZERO-WASTE-MEDAILLE

Die unschöneren äußeren Salatblätter landen oft auf dem Kompost. Man kann sie jedoch dünsten und in Suppen pürieren oder fein zerkleinern und wie weiche Kräuter ebenfalls in eine Suppe mischen. So bekommt sie zusätzliche Textur, Farbe und eine leicht bittere Note, was besonders gut zu cremigen Varianten passt. Wenn Sie einen ganzen Salatkopf verwenden, können Sie auch den Strunk dämpfen oder ihn in einem Wasserglas aufs Fenstersims stellen und nachwachsen lassen. Die kleinen Blätter, die daraus hervorschießen, eignen sich wunderbar zum Garnieren und werden in den Ferien zu einem fantastischen, kleinen, naturwissenschaftlichen Experiment.

San Choy Bau
(Seite 428)
Pilz-Tempeh-Hack
(Seite 428)

Vegetarische Frühlings-
rollen-Salat-Wraps
(Seite 429)

Vietnamesische grüne
Nuoc Cham
(Seite 221)

SALAT-WRAPS AUF ZWEIERLEI ART

PILZ-TEMPEH-HACK

ERGIBT 750 G

Tempeh bekommt nur selten eine Chance, da Köche sich lieber für die hellere und bekanntere Version aus Sojabohnen (Tofu) entscheiden. Doch die rauere und dunklere Schwester hat eine herrlich nussige Note, mehr Biss und einen stärkeren Eigengeschmack, der Lust auf mehr macht. Am liebsten mag ich die dunkleren, marinierten Sorten, die ich als Stäbchen oder Scheiben für fleischlose Pfannengerichte anbrate. Tempeh lässt sich auch zu einer hackfleischartigen Konsistenz zerkrümeln oder zu einem wahren Leckerbissen frittieren. Daher eignet er sich auch hervorragend für Personen mit speziellen Ernährungsgewohnheiten, vor allem wenn Sie Fingerfood wie San Coy Bau oder Frühlingsrollen zubereiten.

250 g Tempeh, grob zerkleinert (oder fester, zerkleinerter Tofu)
100 g geröstete Cashewkerne
150 g gemischte Pilze (ich habe Austernpilze, Champignons und Portobello-Pilze verwendet), grob zerkleinert
100 g frische Shiitake-Pilze, grob zerkleinert
40 g knusprig gebratene Schalotten
3 Knoblauchzehen, fein gerieben
1 ½ EL frischer Ingwer, fein gerieben
2 EL Sojasauce
2 TL Sesamöl

Tempeh und Cashewkerne in eine Küchenmaschine geben und zu einer feinen Paste verarbeiten. Die restlichen Zutaten hinzufügen und ebenfalls zu einer feinen Masse vermixen.

Das Hack kann sofort verwendet oder in einem luftdichten Behälter bis zu 3 Monate eingefroren werden. Vor Gebrauch über Nacht im Kühlschrank auftauen lassen.

SAN CHOY BAU

FÜR 4 PORTIONEN

Ein Yum-Cha-Klassiker mit Pfiff. Ich liebe es, wie die Wasserkastanien bei jedem Bissen knirschen und alles von einem knackigen Salatblatt zusammengehalten wird.

1 Eisbergsalat, die Blätter abgetrennt, das Herz beiseitegelegt
60 ml Erdnussöl
35 g Erdnusskerne, roh
2 Frühlingszwiebeln, der weiße Teil fein gehackt, der grüne Teil in dünne Ringe geschnitten
1 lange rote Chilischote, in feine Scheiben geschnitten
500 g Pilz-Tempeh-Hack (siehe linke Spalte)
225 g Wasserkastanien aus der Dose, fein gehackt
60 ml Shaoxing-Reiswein
1 EL Austernsauce (alternativ Sojasauce)
1 EL Hoisin-Sauce
Saft 1 Zitrone
Limettenspalten zum Garnieren

Das Salatherz fein hacken und 1–2 größere Salatblätter beiseitelegen.

In einer großen Pfanne oder einem Wok das Erdnussöl auf hoher Stufe erhitzen. Die Erdnusskerne, die weißen Teile der Frühlingszwiebeln und die Hälfte der Chili hinzufügen und 10 Minuten anrösten, bis sie einen goldenen Farbton erhalten.

Das Pilz-Tempeh-Hack hinzufügen und unter ständigem Rühren 4 Minuten braten, bis die Masse knusprig zu werden beginnt. Dabei das Tempeh-Hack auch immer wieder vom Boden lösen.

Die Wasserkastanien, den Reiswein und das gehackte Salatherz unterrühren und dann die Austern- sowie die Hoisin-Sauce hinzufügen.

1–2 Minuten garen, bis die Masse vollständig mit der Sauce überzogen ist und zu karamellisieren beginnt. Den Zitronensaft und die restliche Chili unterrühren.

Auf Schüsseln aufteilen, mit den grünen Teilen der Frühlingszwiebeln bestreuen und mit den Salatblättern und Limettenspalten servieren.

VEGETARISCHE FRÜHLINGSROLLEN-SALAT-WRAPS

ERGIBT 14 KLEINE FRÜHLINGSROLLEN

Der heiße, knusprige Teig der Frühlingsrollen und der kühle, knackige Salat sowie die frischen Kräuter sind eine unschlagbare Kombination. Sie werden nach Nachschub lechzen, sobald Sie Ihre Frühlingsrollenration verspeist haben.

- 250 g Pilz-Tempeh-Hack (siehe linke Seite)
- 2 EL Ketjap Manis
- ½ Bund Koriander, die Blätter abgezupft, Wurzeln und Stiele fein gehackt
- 14 quadratische Frühlingsrollenteigblätter (siehe Tipp), 12,5 x 12,5 cm
- Reiskleieöl zum Frittieren
- 1 Kopfsalat, die Blätter abgetrennt
- 1 Möhre, in lange, schmale Streifen gehobelt
- ½ Bund vietnamesische Minze oder gewöhnliche Minze
- 1 Portion vietnamesische grüne Nuoc Cham (Seite 221), zum Servieren

Pilz-Tempeh-Hack, Ketjap Manis sowie Korianderwurzeln und -stiele in einer Schüssel vermengen.

Die Teigblätter auf ein Tablett legen und mit einem feuchten Geschirrtuch abdecken. Ein Teigblatt auf die Arbeitsfläche legen (eine Ecke zeigt zu Ihnen) und die Ränder mit etwas Wasser bestreichen. 1 EL der Pilz-Tempeh-Masse 3 cm oberhalb der unteren Ecke platzieren, den Teig nach oben hin einrollen und währenddessen die seitlichen Ecken nach innen klappen. Die obere Ecke mit Wasser bestreichen und die Rolle damit verschließen. Mit den übrigen Teigblättern wiederholen.

Das Öl 3 cm hoch in eine große Pfanne mit schwerem Boden oder einen Wok füllen und auf mittlerer bis hoher Stufe auf 180 °C erhitzen. Geben Sie einen Brotwürfel in das Öl. Wird er innerhalb von 15 Sekunden goldbraun, ist die richtige Temperatur erreicht.

In 3 Portionen arbeiten und die Frühlingsrollen 3 Minuten frittieren, bis der Teig schön goldbraun ist. Die Rollen öfter wenden, damit sie nicht an der Pfanne haften bleiben. Auf Küchenpapier abtropfen lassen.

Die Frühlingsrollen mit den Salatblättern als Wraps servieren und Möhren, Minze sowie Nuoc Cham dazureichen. Ihre Gäste können sich hier beim Dippen selbst bedienen.

Tipp: **Frühlingsrollenteigblätter finden Sie in allen Asien-Läden. Sie können hier aber auch Filo-Teig verwenden.**

Für Eilige: **Füllen Sie die Frühlingsrollen stattdessen mit übrig gebliebenem Chow Mein (Seite 446).**

Pak Choi

Er ist ein saftigeres Mitglied der Kohlfamilie mit locker angeordneten Blättern. Man bekommt ihn fast das ganze Jahr über, Hochsaison hat er allerdings, so wie seine Verwandten, im Winter. Doch im Gegensatz zu herkömmlichen Kohlsorten verhält er sich eher wie Mangold. Das ist darauf zurückzuführen, dass dieses Blattgemüse ursprünglich von weißen Rüben abstammt, was auch seinen pfeffrigen Geschmack erklärt. Die verschiedenen Schreibweisen seines Namens – Pak Choi, Pak Choy oder einfach „chinesischer Weißkohl" – können, so wie auch seine verschiedenen Erscheinungsformen, für Verwirrung sorgen. Es gibt längere Exemplare mit weißen Stielen und gekräuselten Blättern sowie die kompakten Köpfe des Baby-Pak Choi. („Baby" kann sich auf junges Gemüse beziehen oder eine Sorte, die einfach kleiner ist, so wie Shanghai-Pak Choi, der jadegrüne Stiele und löffelförmige Blätter aufweist.) Was die Bitterkeitsskala der Kohlgewächse betrifft, ist Pak Choi am entgegengesetzten Ende von Sorten wie Cavolo Nero (Schwarzkohl) angesiedelt und ist im Geschmack eher süß und knackig als bitter und fasrig. Das gilt vor allem für Baby-Pak Choi.

„In der chinesischen Küche wird Gemüse oft mit einer durch Stärke eingedickten Sauce überzogen. Doch bevor Sie eine Ingwer-/Knoblauch-/Austernsauce eindicken, lassen Sie Gemüse wie Pak Choi lange genug im Kochsaft schmoren, damit Geschmack und Feuchtigkeit mittels Osmose in ihn eindringen können.“ – ANDREW WONG, GB

EINKAUF & LAGERUNG

Pak-Choi-Blätter sind, was Feuchtigkeitsverlust und Temperaturunterschiede betrifft, in etwa so empfindlich wie Kräuter. Welke Blätter sind ein absolutes No-Go. Wenn Sie ein Blatt zwischen Ihren Fingern reiben, sollte es Ihrem Druck nicht nachgeben, sondern glatt und fest bleiben. Achten Sie auf braune Stellen, gelbe Ränder oder verräterische Fraßstellen. Die Stiele sind hellgrün bzw. bei reifen Köpfen weiß und sollten aufrecht stehen, wie etwa bei einer Sukkulente. Drückt man die Blätter leicht zusammen, sollten Sie ein vernehmbares Quietschen hören, das knackige Frische verspricht. Benötigen Sie für ein Rezept Pak Choi und Sie haben kein Bild oder nähere Angaben dazu, ob es sich dabei um eine größere oder kleinere Sorte handelt, nehmen Sie am besten kleinere Exemplare, wenn Sie welche bekommen können. Sie sind milder im Geschmack (fast wie Sellerie), während größere Sorten bitterer sein können und eine deutlich mineralische Note aufweisen. Pak Choi hält sich viel kürzer im Kühlschrank als gewöhnlicher Kohl. Lagern Sie ihn deshalb, eingewickelt in ein Küchenpapier oder Geschirrtuch und locker in eine Tüte verpackt, ganz oben im Gemüsefach. So denken Sie auch daran, ihn zu verbrauchen, und er bekommt keine Druckstellen.

VOR- UND ZUBEREITUNG

Waschen Sie Pak Choi sorgfältig, da sich zwischen den Blättern gerne Schmutz sammelt, der, während die Stiele garen und durchscheinend werden, unschöne Schatten erzeugt. Ich wasche sie gerne unter fließendem Wasser, weiche sie in einer Salatschleuder ein, spüle sie ab und schleudere sie ein paar Mal. Nur zur Sicherheit. Die äußerste Schicht neigt besonders dazu, Erde zu bunkern. Ziehen Sie diese Schicht deshalb mit den Fingern etwas vom Strunk weg und waschen Sie sie gründlich. Achten Sie aber darauf, dass Sie sie nicht vom Strunk trennen. Haben Sie besonders schmutzige Exemplare erwischt, sollten Sie den Strunk vielleicht abschneiden, damit Sie die losen Blätter einzeln behandeln und die restliche Erde abrubbeln können.

Baby-Pak Choi wird oft im Ganzen gekocht. Die Hitze verleiht den zarten Blättern und knackigen Stielen zusätzlichen Charakter. Größeren Pak Choi hingegen vierteln Sie am besten oder trennen die Blätter vom Strunk, bevor Sie ihn dämpfen. Mit seinen eleganten, weichen Blättern und knackigen, zarten Stielen wird Pak Choi gerne gedämpft und mit jeder Menge Öl, Knoblauch und Ingwer serviert oder mit Austernsauce vermengt. Wenn Sie ihn braten, schneiden Sie die Blätter von den Stielen und garen Sie die Stiele zuerst. Die Blätter fügen Sie erst während der letzten Minute hinzu. Experimentierfreudige Köche sollen kleinere Pak-Choi-Hälften auch schon erfolgreich auf dem Grill zubereitet haben.

GUTE PARTNER

Austernsauce, Chili, chinesisches Fünf-Gewürze-Pulver, Frühlingszwiebeln, Ingwer, Knoblauch, Schalotten, Sesamöl, Shaoxing-Reiswein, Sojasauce.

MISO-SUPPE MIT PAK CHOI, KARTOFFELN & RADIESCHEN

Bei diesem Rezept haben Sie drei Möglichkeiten: Sie wählen entweder die lange Route, weichen Kombu über Nacht ein und lassen jeder Zutat eine sehr sorgfältige Behandlung zukommen, wie es nur in der japanischen Küche üblich ist; Sie entscheiden sich für den Mittelweg, der etwa wie ein Selbstbedienungsbuffet funktioniert, oder Sie wählen die Abkürzung, die Sie direkt am Ende des Rezepts finden. Hier steht nämlich nicht die Brühe im Mittelpunkt, sondern der Pak Choi. Die Blätter sind weich, fallen aber nicht auseinander, da sie sich die meiste Zeit am Poolrand rekeln und erst gegen Ende eine kurze Runde in der heißen Brühe drehen. Die Stiele hingegen dürfen ihre Bahnen ziehen, bis sie zart genug sind, um verspeist zu werden, aber noch alle ihre Aromen enthalten.

FÜR 4–6 PORTIONEN

- 2–3 Kartoffeln (nicht zu groß!), geschält und in mundgerechte Stücke geschnitten
- 30 g Bonitoflocken (optional)
- 2–3 getrocknete Shiitake-Pilze (optional)
- 2 Köpfe Baby-Pak Choi
- 12 kleine Radieschen, im Ganzen, oder junge weiße Rüben, geviertelt
- 3–4 EL rote Misopaste (oder ein vergleichbares Pulver)
- 1 Frühlingszwiebel, in dünne Ringe geschnitten
- ½ TL Sesamöl

Aufwendige Dashi-Brühe

- 20 g Kombu (2–3 Blätter, je nach Marke; siehe Tipp)
- 2 l gefiltertes Wasser

Schnellere Dashi-Brühe

- 2 l gefiltertes Wasser
- 1 TL Dashi-Pulver

Für die aufwendige Dashi-Brühe die Kombu-Blätter behutsam mit einem leicht angefeuchteten Tuch abwischen, um eventuellen Schmutz zu entfernen (zu viel Wasser oder Reibung macht den Umami-Geschmack zunichte, auf den Sie hier aus sind). Die Kombu-Blätter in einen luftdichten Behälter legen, das gefilterte Wasser darübergießen und mindestens 4 Stunden darin einweichen. Hartgesottene lassen die Blätter sogar über Nacht stehen.

Dann das Kombu-Wasser in einem großen Topf auf mittlerer Stufe erhitzen und die Kombu-Blätter erst kurz, bevor das Wasser zu kochen beginnt, entfernen.

Für die schnellere Dashi-Brühe das gefilterte Wasser aufkochen und das Dashi-Pulver einrühren.

Kartoffeln, Bonitoflocken und getrocknete Shiitake-Pilze (wenn gewünscht) in den Topf geben und etwa 10 Minuten köcheln lassen, bis die Kartoffeln fast gabelzart sind.

Inzwischen den Pak Choi längs vierteln oder sechsteln. Sie möchten ihn später aus Ihrer Schüssel fischen und als Beilage essen können, ohne eine allzu große Schweinerei anzurichten.

Bis zum Gebrauch in einer großen Schüssel mit Wasser einweichen.

Die Radieschen zur Brühe hinzufügen. Den Pak Choi trocken schütteln und so im Topf positionieren, dass die löffelförmigen Blätter über den Topfrand hängen und die Stielenden in der Brühe vor sich hin köcheln können. 10 Minuten köcheln lassen bis die Strunkmitte etwas durchscheinend wird. Jetzt auch die Blätter in die Brühe legen und den Topf vom Herd nehmen.

250 ml Brühe mit einem Schöpflöffel in eine kleine ofenfeste Schüssel gießen und die Misopaste einrühren, bis sie sich aufgelöst hat. Die Flüssigkeit wieder in den Topf leeren und die Frühlingszwiebeln darüberstreuen. Probieren und bei Bedarf nachwürzen.

Das Gemüse am Boden der Servierschüsseln anrichten, die Suppe darübergießen und mit etwas Sesamöl beträufeln.

Tipp: **Kombu-Blätter finden Sie im Asienladen oder im Reformhaus. Sie sind aber auch online erhältlich.**

Für Eilige: **Miso-Suppe ist so schnell gemacht. Sie brauchen heißes Wasser und folgen einfach der Packungsanleitung. Wenn Sie können, verwenden Sie Misosuppen-Paste anstelle von Pulver. Sie ist frischer und oft auch „reiner".**

GEGRILLTER PAK CHOI MIT ERDNUSSSAUCE

Wenn Sie Sellerie mit Erdnussmus oder Satay-Spieße mit der leicht rauchigen Note von am Gasgrill zubereitetem Streetfood mögen, machen Sie hiervon vielleicht gleich eine große Portion. Entscheidend bei diesem Rezept ist, dass der Pak Choi kein Öl abbekommt und der Mittelteil durch trockene Hitze erwärmt und gegart wird, während die Blätter leicht knusprig werden.

FÜR 2–4 PORTIONEN

- 4 Köpfe kleiner bis mittelgroßer Baby-Pak Choi, längs halbiert
- 170 ml Gemüsebrühe (oder Wasser)
- 90 g Erdnussmus
- 1 EL Austernsauce (optional)
- 1 EL Sojasauce
- 1 TL Reisweinessig
- 35 g Erdnusskerne, geröstet oder roh
- 2 EL knusprig gebratene Schalotten
- 1 TL rote Chili, in feine Ringe geschnitten (optional)

Eine Grillpfanne oder -platte erhitzen, bis sie zu rauchen beginnt. (Sie können auch eine große Bratpfanne verwenden.)

Inzwischen den Pak Choi in einer großen Schüssel mit Wasser einweichen und darin hin- und herbewegen, um den Schmutz zu lösen und vor allem die äußeren Schichten gut zu reinigen. Unter kaltem Wasser abspülen und für einen letzten Check die Blätter mit den Daumen auseinanderdrücken.

Beginnt die Pfanne zu rauchen, den Pak Choi trocken schütteln und mit der Schnittfläche nach unten in die Pfanne legen. 10 Minuten auf mittlerer bis hoher Stufe garen, wenden und weitere 3 Minuten garen, bis die Stiele leicht durchscheinend sind.

Inzwischen Brühe, Erdnussmus, Austernsauce, Sojasauce und Essig in einen Topf füllen und verrühren, bis alles gut vermengt ist. Auf mittlerer Stufe zum Köcheln bringen, immer wieder umrühren und zusätzlich Brühe hinzufügen, wenn die Sauce etwas flüssiger sein soll.

Rohe Erdnusskerne in einer Pfanne goldbraun rösten und grob hacken.

Den Pak Choi auf einer Servierplatte anrichten. Jede Menge Sauce darübergießen und dann mit Erdnusskernen, Schalotten und Chili (wenn gewünscht) garnieren. Heiß servieren.

Tipp: **Auf diese Weise können Sie auch andere Kohlarten zubereiten, vor allem asiatisches Blattgemüse wie Choy Sum. Sie können auch Sellerie, Salat und sogar Gurke dafür verwenden.**

Für Eilige: **Wenn Sie keine Zeit haben, die Sauce zu machen, träufeln Sie etwas Austernsauce über den gegrillten Pak Choi und bestreuen Sie ihn mit den knusprig gebratenen Schalotten.**

Ist Ihnen das nicht heiß genug, erhitzen Sie ein paar Esslöffel Erdnussöl in einem heißen Wok, fügen Sie Ihren in sechs Stücke geteilten Pak Choi hinzu und garen Sie ihn, bis er Farbe annimmt und zart und welk ist. Die Saucenzutaten miteinander vermengen, die Pak-Choi-Stücke unterrühren und servieren.

Rosenkohl

Rosenkohl war vielleicht Auslöser für die allererste Influencer-Kampagne. Ein amerikanischer Gemüsehändler engagierte im frühen 19. Jahrhundert nämlich einen Zirkuskünstler, Tom Thumb, um dieses neue Gemüse zu promoten. Der Verkaufs-Slogan besagte, dass diese „Tom-Thumb-Kohlköpfchen“ eine geschrumpfte Version eines bekannten und bewährten Gemüses darstellten. Und wie im Fall von Zahnweiß-Streifen und Abnehm-Tees hat auch das funktioniert. Ich meine die Kampagne. Leider wurde dabei nicht verraten, wie man Rosenkohl so zubereitet, dass er auch gut schmeckt, wodurch er über die Jahre den Ruf erlangt hat, eine Verkörperung all dessen zu sein, was an Gemüse grauenhaft ist.
Und es stimmt: Wenn Sie ihn auf Teufel komm raus kochen (wie man es eben macht, wenn man einfach tut, was schon immer gemacht wurde), verwandelt er sich in eine wahre Stinkbombe. Dafür gibt es einen Daumen runter.

„Mit geräuchertem Speck, Knoblauch und Thymian gebratener Rosenkohl bekehrt normalerweise alle Kohlverweigerer. Ich hoble Rosenkohl auch gerne in dünne Scheiben, mariniere ihn mit einer Zitronenvinaigrette und streue gehobelten Parmesan darüber.“ – ANDREW McCONNELL, AUSTRALIEN

EINKAUF & LAGERUNG

Rosenkohl wächst an einem zentralen Strunk. Manchmal wird er im Winter, wenn er gerade Saison hat, auf Bauernmärkten so verkauft. Achten Sie bei losem Rosenkohl darauf, ob der Strunkansatz verfärbt oder ausgetrocknet ist. Und untersuchen Sie die Blätter auf gelbe Ränder und unschöne Fraßstellen. (So lange es nicht danach aussieht, als wäre Ihr Rosenkohl über die letzten 6 Monate das perfekte Zuhause für eine kleine Raupenfamilie gewesen, sind Sie im Geschäft.) Entfernen Sie gelbe Blätter, bevor Sie den Rosenkohl lagern, aber waschen Sie ihn nicht, da Feuchtigkeit die Haltbarkeit verkürzt. Manchmal wird Rosenkohl in Tüten verpackt. Und obwohl es verlockend ist, sie in dieser Form einfach in den Kühlschrank zu stopfen (was in Ordnung ist, wenn Sie ihn innerhalb eines Tages aufbrauchen), hält er viel länger, wenn Sie ihn auspacken, unschöne Exemplare aussortieren, feuchte Stellen trocken tupfen und ihn dann, locker in einer Tüte verpackt, bei guter Belüftung im Gemüsefach verstauen. Der süße Rosenkohlgeschmack bekommt bei längerer Lagerung eine schwefelige Note. Versuchen Sie deshalb, ihn innerhalb von 3–4 Tagen nach dem Einkauf zu verbrauchen.

VOR- UND ZUBEREITUNG

Ich nutze die „Bereitschaft, Rosenkohl eine Chance zu geben“ als meinen Myers-Briggs-Persönlichkeitstest: Wie kann jemand, der Rosenkohl strikt ablehnt, Aerial Yoga mögen oder Programmkino oder Katzenvideos? Man muss Rosenkohl einfach richtig behandeln. Manche Rezepte schlagen vor, ein „X“ in den Strunk zu schneiden, damit dieser schneller gar wird. Doch meiner Meinung nach ist das nicht notwendig, außer es handelt sich um besonders große Exemplare. Schneiden Sie die eingetrocknete Schnittfläche am Strunk sowie unschöne Blattspitzen ab und lassen Sie die Köpfchen ganz bzw. halbieren oder vierteln Sie sie (je nach Größe). Gönnen Sie ihnen ein etwa 20-minütiges Bad in einer Schüssel mit Wasser, um unliebsame Mitbewohner zum Ausziehen zu bringen.

Egal ob Sie Rosenkohl erhitzen oder roh servieren, verwenden Sie genügend Säure, Süße und Salz, um etwaige bittere Noten abzumildern. Halbieren Sie die Köpfchen, benetzen Sie sie mit Olivenöl, fügen Sie etwas Süße hinzu (Honig, Ahornsirup, Rohrohrzucker), um den Karamellisierungsprozess zu unterstützen, und würzen Sie großzügig mit Salzflocken oder Sojasauce. Ab damit auf ein im heißen Ofen vorgeheiztes Backblech und 15–20 Minuten garen, bis die Schnittflächen schön braun und knusprig sind. In der Mitte werden sie dann schön zart und süß wie gedünsteter Kohl und außen knusprig wie Grünkohl-Chips. Kleinere Rosenkohlköpfchen sind süßer und können im Ganzen gedünstet oder gebraten werden. Mittelgroße Exemplare werden am besten halbiert und im Ofen geröstet, und großer Rosenkohl eignet sich roh und in feine Scheiben geschnitten hervorragend für Rosenkohl-Slaw.

GUTE PARTNER

Butter, Essig (Apfelessig, Balsamico-Essig), Käse (Parmesan, Ricotta), Knoblauch, Kräuter (Petersilie, Schnittlauch, Thymian), Nüsse (Kastanien, Mandeln), Räucherfleisch (Pancetta, Speck), Sahne, Zitrone.

ROSENKOHL-SLAW MIT SCHNITTLAUCH, PARMESAN & CHARDONNAY-ESSIG

Kann man jemals genügend Rezepte für Slaw haben? Ich glaube nicht. Dieses Rezept besticht durch die Farben und Formen, die uns unterschiedliche Kohlsorten bieten. Kalettes sind wunderschön und sehen wie ein frech gekräuselter Grünkohl in Miniaturform aus. Wenn Sie keine Kalettes oder keinen lila Rosenkohl bekommen können, bleiben Sie einfach bei der grünen Variante. In dünne Scheiben oder Streifen geschnitten, ergeben die verschiedenen Texturen der Kohlvarianten und des Rosenkohls einen herrlich üppigen Salat mit großem Wow-Faktor und minimalem Arbeitsaufwand. Versprechen Sie mir nur, beim Hobeln auf Ihre Finger aufzupassen.

FÜR 4–6 PORTIONEN ALS BEILAGE

- 2 EL Chardonnay-Essig
- 60 ml natives Olivenöl extra
- 1 ½ EL körniger Senf
- 1 Bund Schnittlauch, fein zerkleinert
- 300 g lila oder roter Rosenkohl bzw. Kalettes (Grünkohlsprossen), in dünne Scheiben gehobelt
- 100 g Rotkohl, in dünne Streifen geschnitten
- 1 roter Apfel, in Stifte geschnitten
- 30 g Parmesan, fein gerieben
- 35 geröstete Haselnusskerne, fein gehackt
- Dillzweige, Sonneblumensprossen oder Kräuterkeimlinge zum Garnieren

Essig, Olivenöl, Senf und Schnittlauch in eine Schüssel geben und mit dem Schneebesen verrühren. Rosenkohl, Rotkohl und Apfel hinzufügen und mit der Marinade überziehen. 5 Minuten weich werden lassen.

Parmesan, Haselnusskerne und die gewählte Garnierung darüber verteilen und servieren.

Vegan: **Wenn Sie genügend frische Macadamianusskerne sehr fein hobeln, verwandeln sie sich in eine fluffige, parmesan-ähnliche Wolke. Ihre veganen Freunde werden wahrlich begeistert sein.**

Für Eilige: **Zerkleinern Sie den Kohl mithilfe einer Küchenmaschine, eines Gemüsehobels oder eines scharfen Messers. Mit etwas Kewpie-Mayonnaise, zerkleinertem Schnittlauch oder Frühlingszwiebeln vermengen und nach Geschmack würzen. Diese schnelle Version funktioniert mit Chinakohl am besten.**

PARTY-ROSENKOHL IM STIL DER SIEBZIGER

Der Rezeptname ist natürlich Unsinn. Diese Jungs fanden sich ziemlich sicher nicht unter den Speisen für eine Abendgesellschaft in den 70ern. Grünzeug wurde damals noch überwiegend zu Brei zerkocht, und man wollte zu diesen Gelegenheiten mit Aromen und Zutaten aufwarten, die sich von den üblichen Nullachtfünfzehn-Gerichten, die man unter der Woche kochte, abhoben wie etwa Sojasauce und Kümmel. Das größte Lob, das man bekommen konnte, war, nach dem Rezept gefragt zu werden, welches dann oft handgeschrieben weitergereicht wurde. So kamen meine Schwiegereltern (also auch ich und Sie) in den Besitz des Rezepts für Robs Rump-Sauce. Sie wird eigentlich zu Lamm-Filet serviert (wirklich köstlich, wenn man es mag), doch Rosenkohl ist so herzhaft und, na ja, fleischig, dass sich die Marinade wunderbar dafür eignet. Sie können sie zu jedem beliebigen Hauptgericht servieren, um ihm noch das gewisse Etwas zu verleihen.

FÜR 4 PORTIONEN

500 g Rosenkohl, geputzt und halbiert
1 EL Erdnussöl
Geröstete Erndnusskerne, grob gehackt, zum Garnieren (optional)
Rote Chili, gehackt, zum Garnieren (optional)

Robs Rump-Marinade
2 EL Honig (am besten flüssig)
2 EL helle Sojasauce
2 EL Erdnussöl
1 TL gemahlener Koriander
1 TL Kümmelsamen
¼ TL Cayennepfeffer
2–3 Knoblauchzehen, zerdrückt

Den Ofen auf 220 °C vorheizen und währenddessen ein schweres Backblech oder einen Bräter darin aufwärmen.

Inzwischen alle Zutaten für die Marinade in einem flachen Gefäß miteinander vermengen. Den Rosenkohl mit der Schnittfläche nach unten in die Marinade legen, damit er diese gut aufnehmen kann.

Hat der Ofen die gewünschte Temperatur erreicht, den Rosenkohl noch einmal gut unter die Marinade rühren. Ofenhandschuhe anziehen und das heiße Blech aus dem Ofen nehmen, mit Backpapier auslegen, den Rosenkohl aus der Schüssel nehmen und darauf verteilen. Eine Zange in die andere Hand nehmen und die Rosenkohlhälften wieder auf die Schnittfläche drehen. Die restliche Marinade in der Schüssel lassen.

10 Minuten rösten, bis die äußeren Blätter schön braun und leicht angekohlt sind.

Das Erdnussöl zur restlichen Marinade gießen, um sie vom Boden zu lösen und dann über den gerösteten Rosenkohl träufeln.

Die Hälften in eine Schüssel kippen, mit Erdnusskernen und gehackter roter Chili (wenn gewünscht) bestreuen und stolz servieren. Mit diesem Gericht werden sogar aus den hartnäckigsten Kohlverweigerern glühende Fans.

Tipp: **Durch das Vorheizen des Backblechs erhält der Rosenkohl eine intensivere goldbraune Färbung. Sie können das Backpapier weglassen, wenn Sie sich trauen. Der Rosenkohl bekommt dadurch noch mehr Farbe, Sie aber auch mehr Abwascharbeit. Wenn Sie die Flecken auf dem Blech mit Essig und Natron einweichen und alles danach gut abschrubben, sollte das klappen.**

Ich verwende für gewöhnlich einen ausreichend dimensionierten Vorratsbehälter zum Marinieren, in dem ich Reste aufbewahren kann und mir den Abwasch spare.

Wenn Sie die Marinade gerne mit Lamm probieren möchten, nehmen Sie besser Lammfilet als Lammkeule und verwenden Sie weniger Honig: 1 EL sollte reichen.

Vegan: **Ersetzen Sie Honig durch Ahornsirup.**

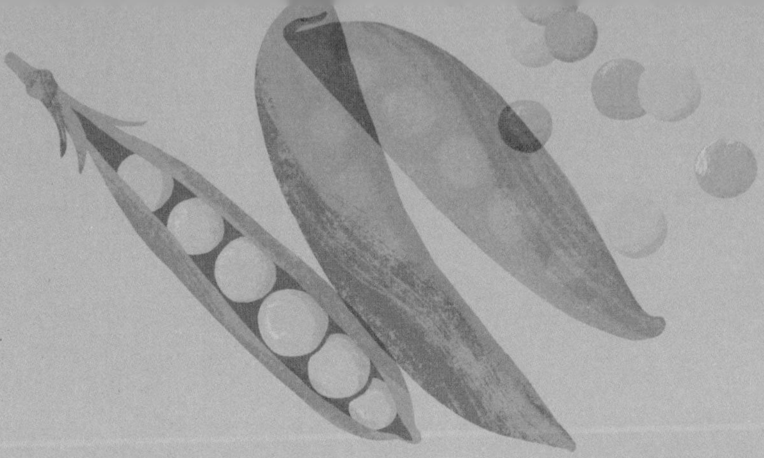

Erbsen und Zuckerschoten

An einem Frühlingsnachmittag im Garten Erbsen zu enthülsen, zählte zu den beliebtesten, wenn auch kurzzeitigen Beschäftigungen eines Gemüsegärtners. Doch dank der fortschrittlichen Methode des Schockgefrierens gehören Erbsen heute rund ums Jahr zu den einfachsten grünen Zutaten. Es wird Sie freuen zu hören, dass auch der Rest der Erbsenfamilie, wie Knackerbsen oder Zuckerschoten, genauso leicht zuzubereiten ist. Erbsen sind recht einfach im Anbau und in Gerichten auf der ganzen Welt zu Hause und das schon seit der Antike. Sowohl als zartsüße grüne Geschmacksbomben in Risotto wie auch in Schälerbsen-Currys und fleischigen Suppen. Für die im Nil-Delta ansässigen Ägypter, die sich hauptsächlich pflanzlich ernährten, stellten Erbsen eine wertvolle Proteinquelle dar. Und das sind sie noch heute, weshalb sie gern in *Dal-Bhat*-Gerichten und grünen Protein-Smoothies verwendet werden.

„Ich glaube, dass Indern das Kochen mit Gemüse einfach im Blut liegt. Im Restaurant verwandeln wir mithilfe typisch indischer Kochmethoden alltägliche Gemüsesorten in Stars. Das überrascht die Gäste immer sehr. Ich freue mich jedes Mal, wenn unsere Gäste ein fast gänzlich vegetarisches Menü essen und Fleisch dabei kein bisschen vermissen.“ – GARIMA ARORA, INDIEN

EINKAUF & LAGERUNG

Die natürliche Süße von Erbsen ist am ausgeprägtesten, wenn sie frisch geerntet oder enthülst sind. Deshalb sind auch Frühlingserbsen, die für ihren äußerst zarten, morgentau-frischen Geschmack bekannt sind, besonders beliebt. Bei frischen Erbsen kommt es nicht auf die Größe an: Kleinere Erbsen, etwa so groß wie der Fingernagel Ihres kleinen Fingers, schmecken am besten. Größere Exemplare können mehlig und fade im Geschmack sein. Ich ziehe Bio-Tiefkühlerbsen gegenüber reifen, geschmacklosen Erbsen vor, besonders in den Wintermonaten.

Bei Zuckerschoten und Knackerbsen ist für Geschmack und Frische weniger die Größe als die Farbe ausschlaggebend. Die Schoten sollten leuchtend grün sein und weder gelbe, welke oder weiche Stellen noch gräuliche Beläge aufweisen. Die Schotenenden und die Blätter sollten schön frisch aussehen. Frische Erbsen lassen sich nicht sehr gut lagern. Bewahren Sie sie in einer Tüte im Gemüsefach auf und verbrauchen Sie sie innerhalb weniger Tage. Erbsen müssen vor dem Einfrieren nicht blanchiert werden, sollten vorher auch nicht gewaschen werden und trocken sein. Sonst bekommen Sie womöglich einen mit Erbsen durchsetzten Eiskristall.

ZUBEREITUNG

Wie jedes grüne Gemüse, das etwas auf sich hält, lieben Erbsen Kräuter und Käse. Sie schmecken mit Minze und geriebenem Pecorino in einem üppigen Risotto oder auch als frühlingsfrische Beilage, blanchiert und mit einem weicheren Käse vermengt, einfach köstlich. Schneiden Sie bei Zuckerschoten die Blattansätze ab. Sobald Sie sie Richtung Schote ziehen, können Sie auch eventuell vorhandene faserige Fäden an den Seiten entfernen. Gelegentlich findet man gelbe bzw. lila Erbsen oder Zuckerschoten. Sie sind allerdings so selten wie ein weißer Rabe und werden wie ihre grünen Kollegen zubereitet. Die Erbsen selbst sind trotzdem grün, und jede Menge der Anthocyane, die für die Lilafärbung der Schoten verantwortlich sind, landen im Kochwasser. Um die Farbe zu konservieren, braten Sie sie am besten einfach kurz an oder mischen sie roh unter Salate.

Tiefgefrorene Erbsen gare ich am liebsten, indem ich kochendes Wasser über sie gieße, sie 5–6 Minuten stehen lasse und dann in einer Pfanne in Butter schwenke oder vor dem Servieren direkt unter ein anderes Gericht mische. Bei Eintöpfen und Pfannengerichten können Sie die gefrorenen Erbsen einfach gegen Ende der Garzeit unterrühren, oder Sie geben eine Tasse mit Erbsen 1 Minute vor Ende der Garzeit in das kochende Nudelwasser.

GUTE PARTNER

Butter, Frühlingszwiebeln, Käse (besonders Feta, Pecorino, Ricotta, Ziegenkäse), Knoblauch, Kräuter (besonders Basilikum, Estragon, Lorbeerblätter, Minze, Petersilie, Schnittlauch, Thymian), Möhre, Räucherfleisch (besonders Prosciutto, Schinken, Speck, Speckwürfel), Sahne, Salat, Schalotten, Zitrone, Zwiebel.

GENTLEMAN'S SALAD

Es gibt einen guten Grund dafür, warum der Salat diesen Namen trägt. Aber nicht deshalb, weil er für irgendeinen mysteriösen Männerverein reserviert ist. Er heißt so, weil es sich dabei um einen altbekannten und beliebten Nudelsalat handelt, dem ich kitschige Farfalle – Schmetterlingsnudeln – untergejubelt habe. Sie können jede kurze Pastasorte, die Sie zu Hause haben, verwenden, doch ich finde es schön, wie die Erbsen sich hie und da in die Schmetterlingsflügel schmiegen und ein Muster entstehen lassen und wie die Minzblätter das Gericht zum „Blühen" bringen.

FÜR 4 PORTIONEN

500 g frische oder tiefgefrorene dicke Bohnen
400 g Farfalle
560 g TK-Erbsen
100 g Zuckerschoten
100 g körniger Feta
Fein geriebene Schale und Saft 1 Zitrone
2–3 Knoblauchzehen, zerdrückt
80 ml Olivenöl
1 großzügige Handvoll Minzblätter

Die dicken Bohnen in eine ofenfeste Schüssel geben, kochendes Wasser darübergießen und 5 Minuten stehen lassen.

Das Häutchen rund um die Bohnen entfernen und anschließend beiseitestellen.

Inzwischen in einem Topf kräftig gesalzenes Wasser zum Kochen bringen. Die Nudeln hinzufügen und nach Packungsanleitung kochen. Während der letzten 2 Minuten die Erbsen und die Zuckerschoten hineingeben und dann alles abgießen.

Den Feta in eine kleine Schüssel krümeln und mit Zitronenschale, Zitronensaft, Knoblauch und Olivenöl zu einem Dressing verrühren. Mit jeder Menge schwarzem Pfeffer aus der Mühle würzen.

Die Pasta, die dicken Bohnen und die Erbsen noch warm mit der Hälfte des Dressings vermengen, um die verschiedenen Aromen einander näher zu bringen.

Kurz vor dem Servieren mit dem restlichen Dressing beträufeln und mit der Minze garnieren.

Tipp: **Für Kräuter mit weichen Blättern wie Minze genügt schon ein wenig Wärme, damit sie ihren Duft und ihren Geschmack auf stärkehaltige Zutaten wie Pasta übertragen. Indem Sie die Minze erst ganz zum Schluss hinzufügen, behält sie ihre Leuchtkraft und verleiht dem Salat einen zusätzlichen Frischekick.**

Um Ihren Nudelsalat so lebendig wie möglich zu halten, bewahren Sie ihn im Kühlschrank in einem auf einer Rührschüssel sitzenden Sieb oder im Siebeinsatz Ihrer Salatschleuder auf. So werden die zuunterst liegenden Nudeln nicht matschig, und Sie können den Salat auch am nächsten Tag noch einmal auftischen, indem Sie ihn zurück in die Servierschüssel kippen und für mehr Frische etwas zusätzliche Minze hinzufügen. Nehmen Sie ihn mindestens 15 Minuten vor dem Servieren aus dem Kühlschrank, damit er sich auf den Zähnen nicht unangenehm kalt anfühlt.

Für Eilige: **Ein toller Nudelsalat, um die Pasta vom Vortag zu verarbeiten. Am besten eignen sich kurze Pastasorten wie Penne, Maccheroni oder Orecchiette dafür.**

Nur etwas kochendes Wasser über die gekochten Nudeln gießen, um ihnen neues Leben einzuhauchen. Kurz warm werden lassen und dann mit dem Rezept fortfahren.

CHOW MEIN MIT ZUCKERSCHOTEN & WEISSKOHL

Altmodische Gerichte wie Chow Mein erleben zurzeit eine Renaissance. Das Motto dabei lautet: so uncool, dass es schon wieder cool ist. Das dürfen Sie also nicht verpassen. Das Beste an diesem Gericht ist die rasche Zubereitung. Noch schneller geht es, wenn Sie 400 g frische Nudeln nehmen, anstatt getrocknete Nudeln zu kochen, und wenn Sie zarteren Chinakohl verwenden. Für das Rezept können Sie alle herkömmlichen Kohlarten verwenden, sogar Rotkohl, wenn Sie das gerne möchten. Ich finde es herrlich, wie die Zuckerschoten mit ihrem Grün aus dem restlichen Braungrau hervorstechen. Sie können hier jedes Gemüse, das Sie in Ihrer Gemüselade finden, verarbeiten. Sozusagen ein Gericht zum Wochenabschluss. Cool.

FÜR 4–6 PORTIONEN

200 g getrocknete dünne Eiernudeln
80 ml Shaoxing-Reiswein
80 ml Gemüsebrühe
60 ml Sojasauce
2 EL Austernsauce (optional)
2 TL Sesamöl
2 TL mildes Currypulver
1 TL Maismehl (Maisstärke)
¼ TL gemahlener weißer Pfeffer
80 ml Erdnuss- oder Sonnenblumenöl
4 Frühlingszwiebeln, der weiße Teil fein gehackt, der grüne Teil schräg in dünne Ringe geschnitten
1 Knoblauchzehe, fein gehackt
100 g Enoki-Pilze, geputzt
2 Möhren, gehobelt
200 g Zuckerschoten, Enden entfernt
400 g Weißkohl, gehobelt
250 g Pilz-Tempeh-Hack (optional, Seite 428)
Sesamsamen zum Garnieren

Die Eiernudeln laut Packungsanleitung garen. Abgießen und mit kaltem Wasser abspülen. Dann mit etwas Öl beträufeln, damit die Nudeln nicht aneinanderkleben.

Inzwischen in einer kleinen Schüssel Shaoxing-Reiswein, Brühe, Sojasauce, Austernsauce, Sesamöl, Currypulver, Maismehl und weißen Pfeffer mit einer Gabel zu einer glatten Sauce verrühren. Beiseitestellen.

Einen Wok auf hoher Stufe mindestens 5 Minuten erhitzen und dann die Innenseiten mit 2 EL Olivenöl benetzen.

Die weißen Teile der Frühlingszwiebeln und den Knoblauch hinzufügen und 20–30 Sekunden anbraten, bis sie ihr Aroma freisetzen. Pilze, Möhren, Zuckerschoten, Kohl und Tempeh (wenn gewünscht) hinzufügen. Wenn die Gemüsemischung in Ihrer Pfanne nicht schnell genug Farbe annimmt, jede Zutat portionsweise anbraten und in einer Schüssel aufbewahren, bis die anderen Zutaten fertig gegart sind. Unter ständigem Rühren 3–4 Minuten garen, bis das Gemüse weich ist. Die Hälfte der Sauce unterrühren und das Gemüse 1 Minute darin schwenken, bis es gut damit überzogen ist. Dann alles in eine große Schüssel füllen.

Die restlichen 2 EL Öl im Wok erhitzen, die Nudeln in einer gleichmäßigen, dünnen Lage im Wok verteilen und 2–3 Minuten anbraten, ohne sie zu bewegen. Die Nudeln wenden und unter häufigem Rühren 3–4 Minuten anrösten, bis sie goldbraun sind. Die restliche Sauce hinzufügen und die Nudeln gut damit vermengen. Das Gemüse wieder in den Wok kippen und unter Rühren erwärmen.

Frühlingszwiebeln und Sesamsamen darüberstreuen und sofort servieren.

Tipp: **Der Trick bei Pfannengerichten ist, jedes Gemüse separat in einzelnen Portionen anzubraten und die gerösteten Zutaten in einer großen Schüssel zu stapeln, bevor am Ende alles gemeinsam noch einmal im Wok erwärmt und miteinander vermengt wird.**

Doppelt im Einsatz: **Übriggebliebenes Chow Mein lässt sich gut als Füllung für Frühlingsrollen verarbeiten (siehe Seite 429).**

ERBSEN-PILAW

Sie kennen sicher die Rezepte, die man an Tagen, an denen man spät und völlig erledigt nach Hause kommt, wie im Schlaf zubereitet. Dieses hier ist eines davon. Ich liebe es, wie jedes einzelne Reiskorn an Volumen gewinnt und jede Art von Fett und /oder Gewürz, das ich mit halb geschlossenen Augen vom Regal gefischt habe, in sich aufsaugt. Die Erbsen, die erst am Ende dazukommen, verleihen dem Ganzen eine unglaublich saftige Süße, die ich als Vorwand dafür nehme, das Rezept in dieses Buch zu schmuggeln (ich weiß, dass Sie es als Dauerbrenner unter der Woche lieben werden).

FÜR 4 PORTIONEN

1 braune Zwiebel, fein gehackt
2 EL Ghee oder Olivenöl
2–3 Knoblauchzehen, grob gehackt
400 g Basmatireis
1 EL Salzflocken
½ TL Currypulver
500 ml Gemüse- oder Hühnerbrühe (oder auch Wasser)
140 g Tiefkühlerbsen

Die Zwiebeln mit dem Fett Ihrer Wahl in einer Pfanne glasig anschwitzen. Den Deckel erst nach ein paar Minuten auf die Pfanne setzen und nach weiteren 5 Minuten wieder abnehmen.

Knoblauch, Reis, Salz und Currypulver hinzufügen und unter Rühren etwa 5 Minuten garen, bis der Reis sich gut mit den Gewürzen und dem Fett verbunden hat.

Die Flüssigkeit Ihrer Wahl hineingießen und aufkochen. Dann die Hitze auf niedrig reduzieren, den Deckel auf die Pfanne setzen und den Reis 20 Minuten vor sich hin köcheln lassen.

Jetzt die Hitze wieder erhöhen. Die Tiefkühlerbsen rasch hineinkippen und den Deckel wieder auf die Pfanne setzen, damit möglichst wenig Hitze entweicht.

Den Erbsen 10 Minuten Zeit zum Erwärmen geben. Dann die Erbsen unterrühren, nach Geschmack würzen und servieren.

Tipp: **Anstelle von Ghee und Brühe verwende ich gerne das Schmalz und den Saft, die beim Braten eines Hähnchens in der Pfanne zurückbleiben, als Basis für dieses Rezept. Das Rezept eignet sich hervorragend zum Verarbeiten von Resten, die dem Gericht jede Menge zusätzlichen Geschmack verleihen. Auch Jasminreis eignet sich hier gut. Er ist bereits nach 15 Minuten gar und benötigt nur 400 ml Flüssigkeit.**

Doppelt im Einsatz: **Am nächsten Tag können Sie noch etwas mehr Gemüse unter den Reis mischen und das Ganze zu einem aufgestockten Gemüse-Pilaw erwärmen.**

Extra: **Manchmal gebe ich zerkleinerte Fleischreste gemeinsam mit dem Reis, dem Knoblauch und den Gewürzen in die Pfanne und verkoche sie mit dem Reis. Das Gericht ähnelt dadurch eher einem Biryani. Das funktioniert auch mit festerem Wurzelgemüse.**

Kohl

Wie auch seine restlichen Verwandten ist Kohl ein Winterwunder und wächst auch bei frostigen Temperaturen. Wilden Weißkohl findet man gerne an Eisenbahnschienen, auf Feldern und Wiesen und als Unkraut mit leuchtend gelben Blüten in Ihrem Garten. In Anbetracht der Tatsache, dass es Kohlgewächse schon seit der Jungsteinzeit gibt, blieb der Menschheit genügend Zeit, verschiedene Sorten zu kultivieren. Am liebsten mag ich Chinakohl, auch Wombok genannt, der frisch und knackig ist und aufgrund seiner Zartheit auch roh gegessen werden kann. Er eignet sich hervorragend für Kimchi (und findet sich im weißen Kapitel als eigene Gemüsesorte wieder, siehe Seiten 90–95). Aus Rotkohl mache ich gerne Sauerkraut oder sautiere ihn mit jeder Menge Butter und einem Schuss Rotweinessig. Wirsing lässt sich aufgrund seiner soliden Textur gut schmoren und sein Geschmack wird unter anhaltender Wärmeeinwirkung nicht zu unangenehm. Weißkohl schmeckt blanchiert und in Form von Krautrouladen zum Verpacken von Hülsenfrüchten und/oder Hackfleisch am besten. Spitzkohl, der länglicher ist und eine kegelförmige Spitze hat, schmeckt halbiert oder geviertelt und in einer sehr heißen Pfanne oder auf dem Grill zubereitet hervorragend. Seine natürliche Süße kommt dadurch besser zur Geltung, und auf dem Tisch sieht er wirklich beeindruckend aus.

„Ich mag Spitzkohl am liebsten, vor allem gegrillt und mit Nam-Jim-Sauce. Sein nussiges Aroma kommt beim Grillen besonders gut zur Geltung. Sie müssen ihn davor nicht blanchieren. Einfach roh und mit der Schnittfläche nach unten auf den Grill legen. In der Mitte sollte er noch leicht knackig sein.“ – JACK STEIN, GB

EINKAUF & LAGERUNG

Kohl gibt es in vielen Formen, Farben und Größen. Die robusten Wintersorten können mit der meisten Süße punkten, doch alle zeichnen sich durch ihre vielen saftigen Blattschichten aus. Ein paar Fraßstellen an den äußeren Blättern sollten Sie nicht abschrecken – es ist ein gutes Zeichen, wenn die Käfer schon davon probiert haben. Ihr Kohl sollte keinen starken Geruch verströmen (das kann ein Zeichen dafür sein, dass er innen bereits zu faulen beginnt), und der Strunkansatz sollte schön hell sein (je dunkler er ist, desto mehr Zeit ist seit der Ernte vergangen). Ganze Kohlköpfe sind, was die Lagerung betrifft, ein sehr dankbares Gemüse. Bewahren Sie sie in einer Tüte im Gemüsefach Ihres Kühlschranks auf, doch verschließen Sie die Tüte nicht vollständig. Die Gase, die vom Kohl produziert werden, lassen ihn schneller verderben, wenn sie nicht entweichen können. Wenn Sie jeweils nur ein kleines Stück vom Kohl verbrauchen, versuchen Sie so wenig Oberfläche wie möglich freizulegen. Dann hält er bis zu 2 Wochen. Es lohnt sich nicht, Kohl einzufrieren, da er leider schnell verdirbt. Stellen Sie stattdessen selbst Sauerkraut her (siehe gegenüberliegende Seite), und Sie haben für die nächsten Monate einen köstlichen (und nahrhaften!) Kohlvorrat.

ZUBEREITUNG

Kohlblätter lassen sich wunderbar mit Reis und Hackfleisch (oder gehacktem Gemüse) füllen und schmoren, bis sie weich sind. Um den Blättern die Trennung vom Strunk zu erleichtern, schneiden Sie mit einem kleinen Messer vorsichtig etwa 5 cm tief rund um den Strunkansatz. Entfernen Sie den Strunk und unschöne äußere Blätter und heben Sie sie als Snack für zwischendurch auf oder verfeinern Sie Pfannengerichte (wie das Chow Mein auf Seite 446) mit den gehackten Blättern. Legen Sie den Kohl in einen großen Topf und bedecken Sie ihn mit kaltem Wasser, das Sie auf hoher Stufe zum Kochen bringen. Kochen Sie ihn für 5 Minuten, bis die äußeren Blätter beginnen, sich zu verformen, und biegsam werden. Darauf achten, dass der Kohl immer unter Wasser ist. Das Wasser abgießen und den Kohl zum Abkühlen in eine Schüssel mit Eiswasser legen, bevor Sie die einzelnen Schichten abtrennen. Man kann die Blätter auch in feine Streifen schneiden und als „Instant-Nudeln“ für Suppe verwenden. Dickere Streifen einfach in der Suppe mitkochen, bis sie weich werden (aber nicht matschig sind). Das sollte etwa 20–25 Minuten dauern. Oder Sie vierteln einen Kopf Weißkohl, beträufeln ihn mit etwas Erdnussöl und braten ihn wie ein Steak auf jeder Seite in einer heißen Pfanne an. Dann gießen Sie ein wenig Sojasauce oder Tamari darüber und schmoren ihn bei 180 °C etwa 10 Minuten im Ofen, bis er durchgegart ist. Und vergessen Sie nicht das Herz des Kohls (er ist der Teil, den ich am liebsten mag). Entfernen Sie die holzige Schale vom Strunk und schneiden Sie ihn in feine Scheiben oder beißen Sie wie in eine Möhre hinein. Ich hebe diesen Teil gerne für kleine Köche auf, die mir in der Küche helfen. Das ist eine schöne Belohnung für ihren Eifer und macht sie experimentierfreudiger, wenn sie Kohlgewächsen eher skeptisch gegenüberstehen.

Genial einfach

Fermentationsguru Sandor Katz bezeichnet Kraut als „Eingang in die Welt des Fermentierens“, da es einfach in der Zubereitung ist und köstlich schmeckt! Schneiden Sie die Kohlblätter in der Küchenmaschine oder mit einem scharfen Messer in feine Streifen, fügen Sie 1,5 Prozent ihres Gewichts in Salz hinzu (bzw. 2,5 Prozent bei wärmerem Wetter). Massieren Sie in einer großen Schüssel das Salz einige Minuten in den Kohl ein, um den Zellaufschluss anzuregen. Wenn Sie eine Handvoll Kohl herausnehmen und Flüssigkeit wie aus einem Schwamm herausdrücken können, sind Sie mit dem Einmassieren fertig. Den Kohl in einen Tontopf oder in Einmachgläser füllen und mit dem ausgetretenen Saft nicht ganz bedecken. Dann mit einem der größeren Außenblätter abdecken und mit einem schweren Gegenstand beschweren, damit die Kohlstreifen nicht nach oben steigen können. Sehen Sie täglich nach Ihrem Kraut, vor allem zu Beginn, wenn der Gärprozess am ausgeprägtesten ist. Es kann nach 5 Tagen gegessen werden und wird im Laufe der nächsten Wochen noch mehr Geschmack entwickeln. Wenn Sie mit dem Aroma zufrieden sind, können Sie es auch einfrieren.

FUNCTIONAL FOOD

Bedenkt man, dass Kohl zu 90 Prozent aus Wasser besteht, haben die beiden eine interessante Beziehung zueinander. Einerseits entzieht Salz dem Kohl überschüssige Feuchtigkeit. Für Coleslaw sollte Kohl daher immer zuerst für etwa 1 Stunde eingesalzen und dann ausgedrückt werden, bevor die restlichen Zutaten dazukommen. Doch Kohl besitzt auch die Fähigkeit, Feuchtigkeit wieder aufzunehmen. Ein Umstand, den jeder, der schon einmal eine Schwellung mit einem Kohlwickel behandelt hat, bestätigen kann. Für stillende Mütter bieten im Tiefkühler gekühlte Kohlblätter eine natürliche Linderung bei Milchstau (ein Einsatz über längere Zeit kann sich allerdings auch nachteilig auf die Milchproduktion auswirken). Bei geschwollenen Händen, Füßen oder Knöcheln hilft das Auflegen von Krautblättern, um dem Gewebe überschüssige Feuchtigkeit zu entziehen, und bietet zusätzlich Kühlung.

GUTE PARTNER

Apfel, Apfelessig, Butter, Chili, Currypulver, Ingwer, Käse (Cheddar, Feta, Ziegenkäse), Knoblauch, Kümmel, Paprika, Sahne, Senf, Speck, Wacholderbeeren, Zitrone (Schale, Saft), Zwiebel.

KOHL IN SCHWARZWEISS

An diesem Rezept mag ich besonders, dass es nur zwei Zutaten umfasst, die sich durch Wärmezufuhr und Feuchtigkeitskontrolle zu weit mehr als nur der Summe ihrer einzelnen Elemente entwickeln. Das salzige Aroma der Sojasauce bringt die natürliche Süße des Kohls noch besser zur Geltung, besonders wenn er gedünstet wird. Durch das Anbraten der Schnittflächen in einer heißen Pfanne erhält er ein gehaltvolleres und leicht bitteres Aroma, das ihm eine köstliche Note nach gebranntem Toffee verleiht.

FÜR 4 PORTIONEN ALS BEILAGE

1 700 g schweres Weißkohlstück (etwa ¼ eines mittelgroßen Kohlkopfs)

60 ml Sojasauce, plus etwas mehr zum Servieren

Den Backofen auf 180 °C vorheizen.

Eine trockene, ofenfeste Pfanne mit schwerem Boden erhitzen, bis sie zu rauchen beginnt.

Den Kohl mit einer Schnittfläche nach unten hineinlegen und mit der Hand oder mit einer anderen schweren Pfanne nach unten drücken, damit er vollen Kontakt mit dem Pfannenboden hat. Auf hoher Stufe etwa 8 Minuten scharf anbraten, dann vorsichtig auf die andere Seite drehen und ebenfalls 8 Minuten anbraten.

Den Kohl so mit Sojasauce beträufeln, dass sie auch zwischen die einzelnen Lagen rinnt.

Einen Ofenhandschuh überziehen und den Kohl vorsichtig mit etwas Alufolie abdecken.

Die Pfanne in den Ofen schieben und den Kohl in der Folie 20 Minuten dämpfen. Die Folie entfernen und weitere 5 Minuten schmoren, bis der Kohl weich ist und sein Farbton von Weiß zu einem hellen Grün wechselt.

Wenn Sie auf zusätzlichen Grillgeschmack aus sind, die Pfanne wieder auf hoher Stufe auf den Herd stellen und auf jeder Seite noch einmal ein paar Minuten anbraten.

Mit einem zusätzlichen Schuss Sojasauce beträufeln und noch warm servieren.

Tipp: **Abhängig von der Form Ihres Kohls ist es von Vorteil ihn mit einer zweiten schweren Pfanne oder einem anderen Gewicht zu beschweren, damit er möglichst viel Kontakt mit dem heißen Pfannenboden hat.**

Für Eilige: **Schneiden Sie den Kohl in dünnere Spalten und braten Sie mehrere Stücke gleichzeitig in der heißen Pfanne an, bevor Sie sie, in Folie verpackt, 10–15 Minuten schmoren, bis sie weich sind.**

GERÖSTETE KOHLROULADEN

Ich gebe gerne zu, dass die Rouladen beim ersten Mal nur durch Zufall geröstet wurden, da ich abgelenkt war, und sie länger als geplant im Ofen ließ. Der intensivere Geschmack und die dramatische Optik des gerösteten Kohls, der aus dem roten Saucenmeer hervorlugt, machten das Rezept zu einem unwiderstehlichen Kandidaten für dieses Buch. Jede jüdische Mutter würde sich bei diesem Vorschlag die Haare raufen, doch am besten schmecken die Rouladen, wenn Sie für die Füllung zur Hälfte Schweinefleisch und zur Hälfte Kalbfleisch verwenden. Pute und Huhn oder nur Reis und Rosinen (für Veggies) schmecken ebenfalls sehr gut.

FÜR 4–6 PORTIONEN

12 große Blätter von einem großen Weißkohlkopf
2 EL Olivenöl
1 braune Zwiebel, fein gehackt
3 Knoblauchzehen, fein gehackt
½ Bund Petersilie, Blätter abgezupft und fein gehackt, Stiele ebenfalls fein gehackt
½ Bund Thymian, die Blätter abgezupft und gehackt
2 TL geräuchertes Paprikapulver
65 g Basmatireis, abgespült
250 g Schweine- oder Rinderhackfleisch
1 Ei
Fein geriebene Schale von 1 Zitrone
1 TL Salzflocken
1 TL gemahlener weißer Pfeffer
Griechischer Joghurt, zum Garnieren
Schnittlauch, fein gehackt, zum Garnieren

Sauce

1 rote Zwiebel, gehackt
1 rote Paprikaschote, in kleine Stücke geschnitten
1 Knoblauchzehe, gehackt
½ Bund Thymian, nur die Blätter
1 TL gemahlener weißer Pfeffer
1 TL geräuchertes Paprikapulver
1 TL gemahlener Piment
½ TL Cayennepfeffer
700 g Tomatensauce (passierte Tomaten)
250 ml Hühnerbrühe

Die Kohlblätter in einem großen Topf mit kochendem, gesalzenem Wasser 2–3 Minuten blanchieren, bis sie weich sind. Die Blätter müssen immer mit Wasser bedeckt sein. Abgießen und dann zum Abkühlen in eine Schüssel mit Eiswasser legen.

In einer Pfanne das Öl auf mittlerer bis hoher Stufe erhitzen. Die Zwiebeln hinzufügen, den Deckel daraufsetzen und 5 Minuten anschwitzen. Den Deckel abnehmen und unter gelegentlichem Rühren weitere 3–4 Minuten garen. Knoblauch, Petersilienstiele, Thymian, Paprika und Reis hinzufügen und verrühren. Dann 1–2 Minuten garen, bis die Kräuter und Gewürze beginnen, ihre Aromen freizusetzen. 60 ml Wasser einrühren, vom Herd nehmen und mit einem Deckel verschließen. 15 Minuten stehen lassen, bis der Reis halbgar ist. In eine Schüssel füllen und abkühlen lassen.

Den Backofen auf 170 °C vorheizen. Die Zutaten für die Sauce in einen Standmixer füllen, zu einem glatten Brei verarbeiten und die Hälfte der Masse in eine große Auflaufform oder eine Kasserolle füllen.

Fleisch, Ei, Zitronenschale, Salz und Pfeffer zur Reismischung hinzufügen und mit den Händen gut vermengen. Jeweils etwa 1 EL der Masse in die Mitte der Kohlblätter setzen.

Das Kohlblatt über die Reismischung legen, die beiden Seitenränder nach innen falten und die Roulade möglichst eng einrollen. Am Ende noch einmal zusammendrücken, damit alles dort bleibt, wo es hingehört. Auf diese Weise 12 Rouladen formen und mit der Nahtstelle nach unten in einer Lage in die Form schichten. Die restliche Sauce mit einem Löffel über den Rouladen verteilen und sie damit bedecken. Die Form mit Alufolie abdecken und 1 Stunde lang garen, bis der Kohl weich ist.

Folie entfernen und 1 weitere Stunde garen, bis die Rouladen leicht schwärzlich sind und die Sauce eingedickt ist. Wenn Sie zur ungeduldigen Sorte gehören (so wie ich), stellen Sie während der letzten 5–10 Minuten den Ofengrill an, um die dramatische Optik auf die Spitze zu treiben. Mit Joghurt beklecksen und Petersilie und Schnittlauch darüberstreuen.

Mit einem Klecks Joghurt garnieren, Petersilienblättern und Schnittlauch darüberstreuen und servieren.

Für Eilige: **Den Reis separat kochen. Den Kohl in Streifen schneiden und portionsweise mit den anderen Zutaten für die Füllung in einer großen Pfanne auf hoher Stufe braten. Den Reis unterrühren, in eine Auflaufform geben, 400 g zerkleinerte Tomaten oder Tomatensauce hinzufügen und im Ofen bei moderater Hitze 20–30 Minuten vor sich hin köcheln lassen, bis die Sauce leicht eindickt.**

KINDERLEICHTES KOHL-CURRY

Zum Dünsten wird Kohl oft gehobelt, gerieben oder auf eine Weise zerkleinert, durch die die Schönheit seiner Wellen und Falten verloren geht. In diesem Rezept haben die goldgelbe Marinade sowie die glänzende Sauce die Aufgabe, die majestätische Pracht dieses herrlichen Gemüses hervorzuheben. Dieses Gericht ist vegan und eignet sich wunderbar für Gäste, deren Ernährungsgewohnheiten Sie nicht kennen.

FÜR 4 PORTIONEN

- 1 TL Kurkumapulver
- 80 g Kokosjoghurt
- 1 TL Salzflocken
- 750 g Wirsing oder Weißkohl (etwa ½ Kopf)
- 1 EL Kokosöl
- 3 Zweige mit Curryblättern
- 1 braune Zwiebel, in dicke Scheiben geschnitten
- 1 lange, grüne Chilischote, längs halbiert, plus in Scheiben geschnittener grüner Chili zum Garnieren
- 250 g weißfleischige Kartoffeln, gewaschen und in 2 cm große Stücke geschnitten
- 400 ml Kokosmilch
- 1 EL feinster Zucker
- Saft 1 Zitrone
- 140 g TK-Erbsen
- Schwarzkümmelsamen zum Garnieren
- Gedämpfter Basmatireis und Fladenbrot als Beilage (optional)

Currypaste

- 1 EL Kokosöl
- 4 Knoblauchzehen, geschält und angedrückt
- 1 großes Stück (3 cm) frischer Ingwer, geschält und in Scheiben geschnitten
- 2 TL mildes Chilipulver (ich habe Kashmiri verwendet)
- 1 ½ TL Koriandersamen
- 1 TL Fenchelsamen
- 1 TL Zimt
- 1 TL Kardamompulver
- ½ TL schwarzer Pfeffer aus der Mühle

Kurkuma, Joghurt und Salz in einer mittelgroßen Schüssel vermengen. Wenn Sie den Kohl in Steak-Form lassen möchten, schneiden Sie ihn inklusive Strunk in vier dicke Spalten. Für die „pulled"-Variante den Strunk entfernen und die Blätter voneinander lösen. Die Blätter oder Spalten unter die Kurkumamischung rühren, bis sie gut damit benetzt sind.

Für die Currypaste das Kokosöl in einer breiten Pfanne mit schwerem Boden auf mittlerer bis niedriger Stufe erhitzen. Knoblauch und Ingwer hinzufügen und unter Rühren 2–3 Minuten sanft anbraten, bis sie einen leichten Goldton angenommen haben. Die restlichen Zutaten für die Paste hinzufügen und weitere 1–2 Minuten garen, bis sie zu duften beginnt und einen etwas dunkleren Farbton annimmt. Die Paste in einen Standmixer füllen und mit 80 ml Wasser zu einer glatten Masse verarbeiten.

Die Pfanne wieder auf mittlerer Stufe erhitzen und das Kokosöl hinzufügen. Ist das Öl heiß, die Curryblätterzweige hineinlegen und 1–2 Minuten anbraten, bis sie schön knusprig sind. Mit einer Zange herausheben und auf Küchenpapier abtropfen lassen.

Die Currypaste mit den Zwiebeln, der grünen Chili und den Kartoffeln in die Pfanne geben und unter häufigem Rühren 4 Minuten garen, bis die Paste zu karamellisieren beginnt. Den Großteil der Kokosmilch (ein wenig zum Garnieren aufbewaren) mit dem Zucker und 250 ml Wasser unterrühren. Zum Köcheln bringen und 10 Minuten garen, bis die Kartoffeln halbgar sind.

Jetzt den Kohl und die Marinade hinzufügen. Die Pfanne abdecken und 15 Minuten garen lassen, bis der Kohl weich ist und die Kartoffeln gar sind. Nach der Hälfte der Garzeit umrühren bzw. den Kohl wenden.

Zitronensaft und Erbsen unterrühren und vom Herd nehmen. Die Pfanne abdecken und 5 Minuten stehen lassen, bis die Erbsen aufgewärmt sind.

Dann das Curry mit den knusprigen Curryblättern, den Schwarzkümmelsamen und den Chilischeiben garnieren, zum Abschluss einen Schuss Kokosmilch darüber verteilen und servieren. Es gibt zu diesem Curry reichlich Sauce. Vielleicht möchten Sie es deshalb mit Basmatireis und Fladenbrot servieren oder ohne Beilage ähnlich einer Suppe essen.

REISPAPIERROLLEN MIT LILA NUDELN

Dieses Rezept lässt sich aus mehreren Gründen wunderbar mit Kindern zubereiten. Nicht zuletzt deshalb, weil durch die Verwendung von Rotkohl ein essbares naturwissenschaftliches Experiment daraus wird. Beobachten Sie strahlende Kinderaugen, während die Anthocyane sich aus dem Kohl lösen und den Nudeln eine herrlich lila Farbe verleihen.

ERGIBT 12 STÜCK

- 12 Rotkohlblätter (dickere Strunkansätze herausschneiden)
- 50 g Vermicelli-Nudeln
- 200 g gegartes, ausgelöstes Hähnchenfleisch (siehe Tipp) oder gebratener, fester Tofu
- 2 Frühlingszwiebeln, in dünne Ringe geschnitten
- 1 EL vietnamesische grüne oder rote Nuoc Cham (Seite 221) oder süße Chili-Sauce, plus etwas mehr zum Servieren
- 2 EL knusprig gebratene Schalotten
- 12 runde Reispapierblätter, mit einem Durchmesser von 22 cm
- 1 Bund Thai-Basilikum, die Blätter abgezupft
- 1 Snackgurke, in Stifte geschnitten
- 1 Möhre, in feine Streifen geschnitten
- Limettenspalten zum Garnieren

Die Kohlblätter und die Nudeln in eine ofenfeste Form legen. Mit kochendem Wasser übergießen und 4 Minuten weich werden lassen. So bekommen auch die Nudeln einen lila Farbton. Was für ein Spaß!

Die Nudeln abgießen und in eine Schüssel geben. Die Kohlblätter auf einem mit Küchenpapier ausgelegten Tablett abtropfen lassen.

In einer Schüssel das Hähnchenfleisch, die Frühlingszwiebeln, die Nuoc Cham und die gebratenen Schalotten vermengen.

Die Reispapierblätter eines nach dem anderen 10–20 Minuten in eine Schüssel mit warmem Wasser tauchen, bis sie beginnen weich zu werden. Dann auf ein sauberes Geschirrtuch legen, damit das überschüssige Wasser aufgesaugt wird. Jeweils zuerst ein Blatt vom Thai-Basilikum und dann ein Kohlblatt auf das Reispapier legen. 2 EL der Hähnchenmasse daraufsetzen, ein paar Nudeln darauf verteilen und mit Gurkenstiften und Möhrenstreifen belegen.

Zuerst nur das Kohlblatt einrollen und ein kleines Kohlpaket daraus machen, das in der Größe der späteren Reispapierrolle entspricht. Das Kohlpaket auf das untere Ende des Reispapierblatts legen. Dann das untere Reispapierende über die Kohlrolle legen, die Seitenränder einklappen und jetzt ganz aufrollen, um die Füllung einzuschließen.

Die Rolle auf eine Servierplatte legen und mit einem leicht feuchten Geschirrtuch abdecken, damit sie nicht austrocknet.

Die anderen Rollen auf dieselbe Weise zubereiten.

Zum Schluss die Rollen in der Mitte auseinanderschneiden und mit den Limettenspalten, zusätzlicher Nuoc Cham und den restlichen Thai-Basilikumblättern servieren.

Tipp: **Das Arbeiten mit Reispapier kann zu Beginn recht knifflig sein. Wenn Sie es noch nie versucht haben oder mit kleinen Gehilfen arbeiten, legen Sie zur Sicherheit jeweils zwei Blätter übereinander. Durch diese Extraschicht sind die Enden vielleicht etwas zäher, doch wenn es Ihnen hilft, Vertrauen in Ihre Rollen-Rollkünste zu entwickeln, lohnt es sich allemal.**

Am besten eignet sich für dieses Rezept gebratenes oder gedünstetes Hähnchenfleisch, wenn Sie jedoch keines zur Hand haben, holen Sie sich einfach ein Grillhähnchen aus dem Supermarkt.

Für Eilige: **Den Kohl hobeln, bevor Sie ihn ein paar Minuten mit den Nudeln im Wasser einweichen. Dann alles zu einem einfachen Kohl-Nudelsalat vermengen und mit etwas Nuoc Cham und ein wenig Olivenöl marinieren.**

Avocado

Lange bevor sie auf der ganzen Welt als Inbegriff von Wohlstand galten – angefangen beim „Extra Guac"-Boom in Nordamerika bis hin zum Generationenkonflikt zwischen Millenials und Boomers in Australien –, standen Avocados ganz einfach für eine völlig neue Geschmacksrichtung.
Ihre Form und die Eigenschaft auf den Bäumen, auf denen sie wachsen, paarweise nach unten zu hängen, bewog die Azteken dazu, sie *āhuacatl* zu nennen – also, äähm Hoden. So mutierten sie auch bald zu einem Fruchtbarkeitssymbol. Ehemänner brachten als Zeichen ihrer Zuneigung ein Paar reife Avocado mit nach Hause. Und wenn Sie schon einmal versucht haben, zwei perfekt gereifte Avocados in einem Stück zu pflücken, werden Sie das als beachtliche Leistung zu schätzen wissen. Zur Bestäubung und Fruchtbildung benötigt jeder Avocadobaum einen zweiten in seiner Nähe, ein Abhängigkeitsverhältnis, wie man es von jeder anderen glücklichen Beziehung her kennt. Ich kaufe immer gleich mehrere Exemplare auf einmal, ein paar festere und ein paar weichere. So kann ich ein einige sofort genießen und ein paar für einen späteren Zeitpunkt aufbewahren. Man könnte wohl sagen, dass ich ein gewisses Abhängigkeisverhältnis gegenüber der Avocado entwickelt habe.

„Zu welcher Sorte „Avocado-Esser“ gehören Sie – mögen Sie sie lieber in Scheiben geschnitten, als Mus, oder gewürfelt? In den Restaurants servieren wir sie in Scheiben, doch zu Hause verarbeite ich sie für gewöhnlich gewürfelt zu einer Salsa. Ein paar Zeitungen haben mich schmeichelhafterweise zum „Erfinder des Avocado-Toasts“ gekürt. Fake News? Das ist gut möglich. Ich habe Avocado einfach immer schon so gegessen. Doch wer würde sich schon gegen einen solchen Ehrentitel wehren?“ – BILL GRANGER, AUSTRALIEN

EINKAUF & LAGERUNG

Obwohl sie fast das ganze Jahr über erhältlich sind, sollten Avocados eigentlich ein sommerlicher Genuss sein. Deshalb konzentriere ich meinen Avocadokonsum besonders auf die warme Jahreszeit. Um zu überprüfen, ob die Avocado reif ist, drücken Sie am besten vorsichtig auf den knubbeligen Stielansatz. Wenn er sich ohne Probleme in das grüne Fruchtfleisch drücken lässt, gehört sie Ihnen. Leider verlieren viele der Avocados, die im Supermarkt verkauft werden, während des Transports ihre Stiele. Als nächstbeste Testmethode gilt daher, auf das schmälere Ende ganz behutsam Druck auszuüben. Gibt es leicht nach, ist die Avocado am darauffolgenden Tag reif. Eine alte Steak-Zange eignet sich besonders gut, um den Reifetest durchzuführen.

Warum ist eine behutsame Behandlung bei der Auswahl der richtigen Avocado so wichtig? So wie bei jeder *āhuacatl*, die zu stark bearbeitet wird, kann das fatale Folgen haben. Haben Sie schon einmal eine Avocado mit nach Hause genommen, die Sie für ganz in Ordnung befunden haben, nur um dann festzustellen, dass sie durch das viele Anfassen bereits ganz weich geworden ist? Ich halte mich daher mittlerweile an die Devise: ein Drücker, ein Treffer. Wenn ich in einem Laden bin und sehe, wie jemand den gesamten Avocadoberg begrapscht, als ob er Steine zerdrücken wollte, trifft ihn ein Blick, den ich mir speziell für solche Anlässe aufspare. Wir müssen schon genug Kleingeld für Avocadomus auf den Tisch legen, daher sollten wir zumindest darauf achten, dass Avocados erst dann zu Mus verarbeitet werden, wenn es dafür an der Zeit ist. Wenn Ihnen weichgequetschte Avocados den letzten Nerv rauben, üben Sie sich in Geduld und kaufen Sie sie noch grün. Zu warten, bis sie reif sind, fühlt sich vielleicht an, als ob Sie Zement beim Trocknen zusehen würden. Doch in diesem Fall können Sie zumindest sicher sein, dass keine Pfotenabdrücke Ihr Werk in Mitleidenschaft ziehen werden.

Die Art der Lagerung hängt vom Reifegrad der Avocados und Ihrem Speiseplan ab. Reife Avocados sollten Sie in der Kühlschranktür aufbewahren. Sind sie grün und fest, legen Sie sie in die Obstschale, weit weg von Äpfeln und Bananen (außer, Sie möchten die Reifung beschleunigen, dann gilt: je näher, desto besser). Ist eine Avocado einmal angeschnitten, decken Sie sie ab und versuchen Sie, den Kern in der Avocado zu lassen, um die freiliegende Oberfläche so klein wie möglich zu halten. Wenn Sie beim Anschneiden feststellen, dass die Avocado leider noch nicht reif ist, wickeln Sie sie in ein Bienenwachstuch oder legen Sie sie in einen gut verschließbaren Behälter und bewahren Sie sie außerhalb des Kühlschranks auf. Alternativ können Sie sie auch schälen, mit etwas Zitronensaft zu Mus verarbeiten und bis zu 6 Monate einfrieren. Vollständig aufgetaut, kann man dieses dann guten Gewissens in eine Guacamole oder ein cremiges Salat-Dressing schummeln.

ZUBEREITUNG

Die cremige Konsistenz dieser multifunktionellen Zutat macht sie zu einer Art natürlicher Butter, aus der im Handumdrehen Aufstriche und Dips entstehen ... Ein Hoch auf Guacamole! Die Grundzutat von

Guacamole ist zerdrückte Avocado, deren vollmundiger Geschmack durch irgendeine Form von Säure wie Limetten- oder Zitronensaft ergänzt wird, die außerdem verhindert, dass sich die Avocado verfärbt. Deshalb sollten Sie beim Arbeiten mit Avocado, vor allem wenn sie einige Zeit offen herumsteht, immer etwas Zitronensaft oder klaren Essig dazugießen, um dem Grauschleier keine Chance zu geben. Der zur Zeit überall äußerst beliebte Avocadoaufstrich ist ebenfalls eine Art Guacamole. Ich peppe den Geschmack gerne mit ein paar Chilischeiben und etwas Ziegenkäse oder Feta auf. Man kann Avocado auch als vegane Alternative in cremigen Desserts verwenden. Schmelzen Sie eine oder zwei Tafeln dunkle Schokolade und verarbeiten Sie sie im Mixer mit Avocado zu einer einfachen cremigen Schokoladenganache, die sofort als Mousse serviert oder zuerst einige Zeit im Kühlschrank fest werden kann. Es gibt wenige Dinge, die mich so in Rage bringen wie warme Avocado. Manchmal wird empfohlen, eine Avocado zum Reifen zu bringen, indem man sie bei geringer Hitze im Backofen weich werden lässt. Ich unterstütze diese Empfehlung nicht. Durch Hitze erhält das Fruchtfleisch eine bittere Note und schmeckt geradezu verdorben und nach faulen Eiern. Machen Sie das bitte nicht.

FUNCTIONAL FOOD

Avocado ist nicht nur eine hervorragende Quelle für einfach ungesättigte Fette, die sich nachweislich positiv auf die Herz-Kreislauf-Funktion und die Herzgesundheit auswirken, sondern verbessert auch die Bioverfügbarkeit anderer sekundärer Pflanzenstoffe wie der Carotinoide. Eine halbe Avocado unter den Salat zu mischen, ist daher sowohl geschmacklich als auch gesundheitlich eine gute Idee. Gute Fette wie jene, die in der Avocado enthalten sind, führen schneller zu einem Sättigungsgefühl und lassen Sie sogar an einem Montag satt und zufrieden am Schreibtisch sitzen. In der traditionellen ayurvedischen Medizin zählt Avocado zu den kühlenden Lebensmitteln, was besonders bei steigenden Temperaturen von Vorteil ist.

GUTE PARTNER

Chili, Frühlingszwiebeln, Gurke, Kräuter (Koriander, Minze, Schnittlauch) Käse (Feta, Ziegenkäse), Mais, Mango, Meeresfrüchte (Garnelen/Shrimps, Hummer), Zitrusfrüchte (Grapefruit, Limette, Zitrone).

NOCH MEHR AVOCADO: BITTERMELONE

Da wir gerade über Gemüse mit Krokodilhaut sprechen – darf ich vorstellen: Bittermelone. Diese Kürbisart, die wie eine knotige (und gelegentlich stachelige) hellgrüne Gurke aussieht, ist vor allem wegen ihres herausfordernden bitteren Geschmacks bekannt. Wie bei Gin Tonic, den Sie sich vielleicht gelegentlich gönnen, ist es das Chinin, das auch der Bittermelone ihre unverkennbar bittere Note verleiht, und wie bei einem Gin Tonic verlangt ihr Gaumen nach mehr. Kaufen Sie kleinere Exemplare (kürzer als 10 cm), deren Bitterkeit weniger ausgeprägt und deren Schale dünner und weniger hart ist. Sie müssen sie daher nicht schälen und auf die Einzigartigkeit ihrer Schale verzichten. Bittere Noten werden am besten mit salzigen Aromen in Schach gehalten. Salzen Sie sie daher etwa eine halbe Stunde vor dem Kochen und kombinieren Sie sie mit salzigen Noten wie fermentierten schwarzen Bohnen oder Misopaste. Bittermelone lässt sich auch gut erhitzen. Probieren Sie sie also gebraten oder im Ofen geschmort. Halbieren Sie die Bittermelone der Länge nach, schaben Sie die Kerne heraus, schneiden Sie die Hälften in Halbmonde und mischen Sie sie unter Ihre nächste Rindfleischpfanne mit schwarzen Bohnen oder füllen und schmoren Sie sie wie Butternusskürbis.

BLT-SALAT MIT AVO-LI

Sagen wir einfach, es handelt sich hier um einen Sandwich-Salat, der, wenn wir ehrlich sind, auch ganz gut ohne Brot auskommt.
Es scheint vielleicht so, als würden die Avocado, oder sogar die Tomate, hier die Hauptrolle spielen. Doch meiner Meinung nach ist es der Salat, der hier alles zusammenführt. Bacon ist hier wirklich eine optionale Zutat und das „B" kann auch einfach durch ein „M" für „marinierter Tempeh" ersetzt werden, den Sie in der Pfanne goldbraun und knusprig braten. Meine Aussage ist vielleicht etwas gewagt, doch Avo-li könnte dem „Grüne-Göttin-Dressing" als angesagtestes grünes Salat-Dressing den Rang ablaufen. Machen Sie doch gleich die doppelte Portion und servieren Sie es als Dip für alles Mögliche. Höchstwahrscheinlich werden sich vor allem Ihre Finger darin finden.

FÜR 4 PORTIONEN

- 500 g verschiedene Tomatensorten (ich mische gerne alte Sorten mit Kirschtomaten), halbiert oder auch geviertelt (je nach Größe)
- 1 Frühlingszwiebel, fein gehackt
- 2 EL Apfelessig
- 100 g durchzogene Bacon-Scheiben (alternativ Tempeh)
- ½ Salatkopf (Kopfsalat oder Römersalat eignen sich am besten), die Blätter abgetrennt, gewaschen und getrocknet
- ½ Kopf Frisée, die Blätter abgetrennt, gewaschen und getrocknet (optional)
- ½ Avocado, in Spalten geschnitten
- Zitronenspalten zum Garnieren
- Knuspriges Brot als Beilage (optional)

Avo-li

- 120 g Mayonnaise (selbstgemacht oder gekauft, aus ganzen Eiern)
- 3 EL Petersilie, grob gehackt
- 1 Knoblauchzehe, gerieben oder zerdrückt
- 1 reife Avocado, geschält und ohne Kern

Den Backofen auf 240 °C vorheizen und ein Backblech mit Alufolie auslegen.

Die Tomaten mit den Frühlingszwiebeln und dem Essig in einer Schüssel vermengen und kurz marinieren.

Den Bacon über ein Kuchengitter legen und auf das mit Folie ausgelegte Backblech stellen. Ins Backrohr schieben und 10 Minuten backen, bis der Bacon goldbraun ist. Aus dem Ofen nehmen und etwas abkühlen lassen. Wenn Sie möchten, können Sie den Bacon mit der Schere in mundgerechte Stücke schneiden.

Inzwischen die Zutaten für das Avo-li in eine Küchenmaschine füllen, die Marinierflüssigkeit für die Tomaten dazugießen und zu einer cremigen Masse verarbeiten. (Sie können auch einen Stabmixer verwenden.) Wenn ihr Avo-li gerinnt, fügen Sie etwas warmes Wasser hinzu und benutzen Sie einen Schneebesen, um die Masse wieder zu verbinden. Mit Salz und schwarzem Pfeffer aus der Mühle abschmecken.

Das Avo-li mit einem Löffel auf einer Servierplatte bis zu den Rändern hin verstreichen, wie Sie Butter auf Toast auftragen würden. Salatblätter, Frisée (wenn gewünscht), Avocado, die Tomatenmischung und die Bacon-Stücke darauf verteilen. Mit Zitronenspalten und eventuell auch den knusprigen Brotscheiben sofort servieren.

Tipp: **Sie besitzen kein Kuchengitter? Dann bauen Sie sich eine provisorische Heißluftfritteuse! Schneiden Sie zwei Bahnen Alufolie in der Länge Ihres Backblechs ab und falten Sie sie in der Mitte zusammen, um sie zu verstärken. Die kurzen Folienenden in 2,5 cm Abständen wie eine Ziehharmonika falten, bis Sie am anderen Ende angelangt sind. Die Ziehharmonika auseinanderziehen. Das ist Ihr „Gitter" mit dem Sie das Backblech auslegen. Sind Sie mit dem Kochen fertig, können Sie das Speckfett, das sich in der Folie gesammelt hat, aufbewaren und für Pasta Carbonara oder Erbsensuppe mit Schinken verwenden.**

Für Eilige: **Keine Zeit, um das Avo-li zuzubereiten? Servieren Sie die Avocados in Spalten und verteilen Sie etwas Kewpie-Mayonnaise über Ihrem Salat.**

Doppelt im Einsatz: **Reste können Sie am nächsten Tag zu einem tatsächlichen BLT-Sandwich verarbeiten und als Lunchpaket mitnehmen.**

WOHLFÜHL-NACHOS

Dieses Rezept habe ich „für zwei" kreiert, da es sich um die Sorte Gericht handelt, die Sie sicher gerne für einen Abend zu zweit auf der Couch aus dem Hut zaubern möchten. Und anders als bei herkömmlichen Nachos, die Sie manchmal mit einem aufgeblähten und unguten Gefühl zurücklassen, sorgen die frischen Tomaten, der Naturjoghurt und die würzige Guacamole für die Art von Stärkung, die Sie problemlos die ganze Nacht durch streamen und chillen lässt. Die Menge kann natürlich, je nach Bedarf, verdoppelt (oder verdreifacht) werden.

ERGIBT 2 PORTIONEN

1 rote Zwiebel, in feine Ringe geschnitten
4 reife Tomaten, zerkleinert
400 g ganze geschälte Dosentomaten
2 EL Olivenöl, plus Öl zum Beträufeln
½ TL Salz
¼ TL mexikanischer Oregano (siehe Tipp)
200 g Maischips (wenn möglich ungesalzen)
120 g Cheddar, gerieben
2 EL Naturjoghurt
3 Korianderzweige, die Blätter abgezupft
Roter Chili, in feine Scheiben geschnitten, zum Garnieren (optional)

Guacamole
2–3 Avocados
Saft von ½ Limette
2 EL Naturjoghurt
3 Korianderzweige, fein gehackt
2 Knoblauchzehen, zerdrückt

Den Backofen auf 200 °C vorheizen.

Zwiebeln, frische Tomaten und Tomaten aus der Dose, Olivenöl, Salz und Oregano in einer flachen Auflaufform miteinander vermengen. 25 Minuten im Ofen schmoren, bis die Tomaten und die Zwiebel komplett weich und etwas geröstet sind.

Inzwischen die Guacamole zubereiten. Das Avocadofleisch in eine Schüssel schaben und den Limettensaft darüber auspressen. Die restlichen Zutaten hinzufügen und zu einem groben Mus zerdrücken. Mit Salz, Pfeffer und/oder zusätzlichem Limettensaft würzen.

Die Auflaufform aus dem Ofen holen und die Maischips darauf verteilen. Durch die Sauce ziehen, bis sie weich werden und zusammenfallen. Noch eine Handvoll darauf verteilen und wiederholen. Mit der Hälfte der Käsemenge bestreuen und Olivenöl darüberträufeln. Die restlichen Maischips hübsch darauf anrichten, den restlichen Käse darüberstreuen und noch einen Schuss Olivenöl darauf verteilen.

Weitere 8–10 Minuten backen, bis der Käse geschmolzen ist und die Spitzen der Maischips etwas braun sind.

Mit Joghurt, Koriander und eventuell Chili garnieren. Die Guacamole in einem separaten Gefäß oder rund um das Gericht verteilt servieren.

Tipp: Bei mexikanischem Oregano handelt es sich um eine komplett andere Pflanze als die der mediterranen Sorte, die wir kennen. Geschmacklich erinnert sie an Zitronenverbene, mit zitronigen Noten und einem Hauch Anis. Wenn Sie oft mexikanische Gerichte kochen, lohnt es sich, in eigenen Gewürzläden danach zu suchen. Griechischer Oregano, der oft als getrockneter Bund verkauft wird, ist eine vernünftige Alternative. Sie können auch gewöhnlichen Oregano nehmen, gehen Sie nur etwas sparsamer damit um.

Aus Resten Brühe kochen

Mir fällt kein herzhaftes Rezept ein, das durch die Zugabe von Brühe nicht profitieren würde. Helle Brühe eignet sich wunderbar für delikate Gerichte, während dunkle Brühe rustikaleren Suppen und Eintöpfen mehr Körper und Tiefe verleiht.

Die ein oder andere Packung Brühe in der Vorratskammer oder ein bis zwei Gläser davon im Kühlschrank sind eine simple Methode, schnell und einfach Geschmack aufzubauen und Sie einer köstlichen Mahlzeit einen Schritt näher zu bringen. Das Kaufen von Brühe kann mit der Zeit ganz schön teuer werden, und was den Geschmack betrifft, ist selbstgemachte Brühe einfach unschlagbar. Wenn Sie auf gekaufte Brühe zurückgreifen müssen, überprüfen Sie die Zutatenliste auf versteckte Zusatzstoffe und probieren Sie sie, bevor Sie sie zu einem Gericht gießen. Einige Marken verwenden unglaublich viel Salz. Sie sollten diese Produkte mit Wasser verdünnen und das Gericht erst würzen, nachdem Sie das Endprodukt probiert haben. Bei selbstgemachter Brühe sollten Sie gänzlich auf Salz verzichten, damit, wenn Sie die Brühe für eine Sauce verwenden, die deutlich eingekocht wird, am Ende nicht nur noch Salzwasser übrig bleibt.

Ich bewahre gerne einen „Brühenvorratsbeutel" aus Stoff im Tiefkühler auf, in dem ich Gemüsereste lagere, die ich zum Kochen von Brühe verwende, sobald ich genügend Material beisammen habe. Für einen intensiveren Geschmack koche ich 160 g grob zerkleinertes Gemüse in 250 ml gefiltertem Wasser bzw. für eine mildere Variante 160 g Gemüse in 500 ml Wasser. Alles, was sich eine Zero-Waste-Medaille verdient, kann im Brühenbeutel landen, bis hin zu von Körnern befreiten Maiskolben, die heller Brühe eine köstlich süße Note verleihen. Ich würde nur auf zu große Mengen an Kohlgemüse, bittere Reste oder Zwiebelschalen verzichten. Gleichen Sie diese Aromen mit mehr Süße durch Lauchenden, Pastinaken- oder Möhrenschalen oder sogar durch die Zugabe einer weiteren Zwiebel aus. Spargelenden, Kräuter- und Pilzstiele, Tomatenreste und sogar die ausgeschabten Kerne und Fasern von Winterkürbissen und Butternusskürbis sind in Ihrem Tiefkühler und in der Brühe willkommen. Ich verwende gefiltertes Wasser, da sich die chemische Zusammensetzung von Leitungswasser ständig ändert. Auch wenn es etwas aufwendiger ist, eine Filterkanne immer wieder zu befüllen, lohnt sich die Mühe.

Für Hühner- oder Rinderbrühe verwenden Sie Reste wie Flügelspitzen, Unter- oder Oberflügel, Hühnerkarkassen bzw. Mark- und Sandknochen, da sie kostengünstig sind und was Geschmack und Gehalt angeht, ein gutes Preis-Leistungs-Verhältnis bieten. Rinderknochen röstet man am besten im heißen Backofen goldbraun an, bevor sie in die klare Brühe kommen.

Bevor Sie das Gemüse hinzufügen, das Fleisch zum Kochen bringen und mindestens 30 Minuten köcheln lassen. Dabei den Schaum von Zeit zu Zeit gründlich abschöpfen. Ich fülle auch gerne einen kleineren Topf mit selbstgemachter Brühe (Hühnerbrühe eignet sich besonders gut) und koche sie ein, bis sie eher einem Konzentrat ähnelt. Dann lasse ich sie abkühlen und fülle sie vor dem Einfrieren in eine dieser neuen Rieseneiswürfelformen aus Silikon. So kann ich jede beliebige Speise vom Reis bis zum Pfannengericht damit aufpeppen. Hier entspricht das Gewicht eines tiefgekühlten Würfels + der gefilterten Wassermenge einer gekauften 50- ml-Packung Brühe.

Und wenn Sie sich beim Lesen dieser Zeilen denken: „Das klingt alles viel zu kompliziert", dann treffen wir uns doch einfach in der Mitte: Kaufen Sie einen Vorrat an qualitativ hochwertiger Brühe, bis Sie bereit sind, Zeit in eine selbstgemachte Variante zu investieren. Der Koch Michael Ruhlman formuliert es so: „Nicht nur, dass alles mit frischer Brühe besser schmeckt … Es ist fast unmöglich, ein nicht schmackhaftes Gericht zu kochen, wenn man gute Brühe verwendet."

Helle Brühe

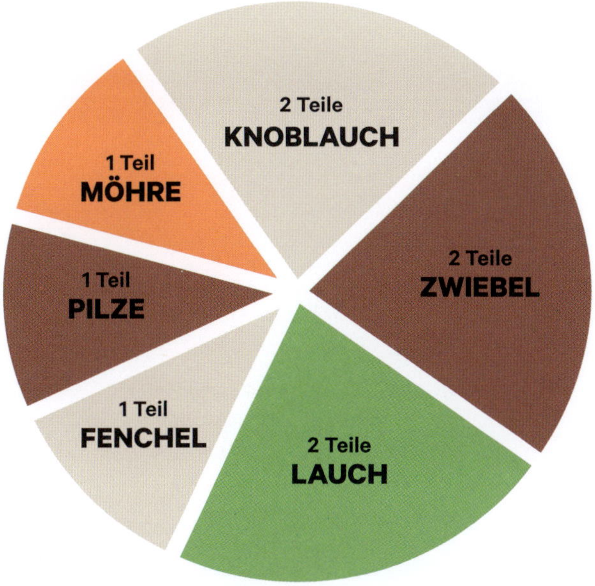

1. Mit etwa 160 g zerkleinertem Gemüse beginnen : 500 ml gefiltertes Wasser.
2. Gemüse in Olivenöl anschwitzen, bis es schön golden glänzt, aber nicht braun ist.
3. Wasser, Lorbeerblätter, Pfefferkörner + eventuell Petersilienzweige hinzufügen.
4. 1 Stunde kräftig köcheln lassen.
5. Durch ein Sieb abgießen.

Dunkle Brühe

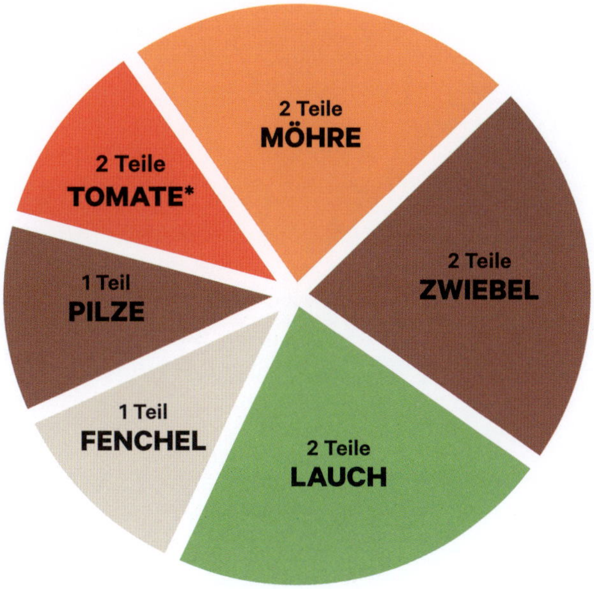

1. Mit 160 g zerkleinertem Gemüse beginnen : 500 ml gefiltertes Wasser.
2. Gemüse mit Öl vermengen.
3. Gemüse bei 200 °C 30–40 Minuten im Ofen rösten.
4. Wasser, Lorbeerblätter, Pfefferkörner, Knoblauchzehen + eventuell Petersilienzweige hinzufügen.
5. 1 Stunde kräftig köcheln lassen.
6. Dann durch ein Sieb abgießen.

***bzw. Tomatenmark**

Tipp: **Je kleiner das Gemüse geschnitten ist, desto mehr Geschmack kann es freisetzen. Nutzen Sie das Rezept, um Ihre Fertigkeit mit dem Messer zu verbessern, oder probieren Sie eine schnelle Version im Standmixer aus und testen Sie, wie intensiv der Geschmack auf diese Weise wird.**

Für Eilige: **Wenn Sie einen Druckkochtopf haben, verwenden Sie ihn, um Brühe herzustellen. Kochen Sie alle Zutaten auf, schließen Sie den Deckel und nach 15 Minuten im Druckkochtopf ist die Brühe fertig (bzw. nach 1 Stunde, wenn Sie Hühner- oder Rinderbrühe machen).**

Epilog

Köche & Gemüse

Ich hatte das Glück, jede Menge Zeit mit Küchenchefs auf der ganzen Welt verbringen zu dürfen. Und glauben Sie mir – trotz des Podests, auf das die Medien sie gerne heben, sind Köche keine Rockstars, und das werden sie Ihnen gerne bestätigen.

Einige Köche sind in gewissem Sinne Wissenschaftler – immer am Herumexperimentieren und Lernen. Einige sind Philosophen, die Gedanken und Konzepte zum großen Ganzen aus dem Blickwinkel der Gastronomie verfolgen. Andere Köche wiederum sind wahre Künstler, die den Teller zu ihrer Leinwand machen. Und was am allerwichtigsten ist: Sie sind an vorderster Front, wenn es darum geht, neue Ideen auszuprobieren und auszuloten, wohin uns bestimmte Techniken, Zutaten und Aromen führen.

Als Restaurantkritikerin war ich, viel mehr als am Rest der Speisekarte, daran interessiert, was die Köche mit Gemüse anstellen. Ich glaube, dass man die Fähigkeiten eines Kochs am besten daran erkennt, wie er ein alltägliches Lebensmittel, wie z. B. eine Möhre in etwas verwandelt, das viel mehr als die Summe seiner Zutaten ist. Es war mir ein Anliegen, ihre Gedanken in dieses Buch miteinzubeziehen, da die größte Begabung eines Küchenchefs darin besteht, das Beste aus einer Zutat herauszuholen. Und genau das können wir auch in unserer Küche daheim schaffen.

Köche sind mal hier und mal da zu Hause. Deshalb habe ich beschlossen, ihre Herkunftsländer und nicht die Orte, an denen sie sich im Moment aufhalten, anzugeben. (Das ist nicht immer das Land, in dem sie geboren wurden, sondern jenes, zu dem sie den meisten Bezug haben.) Interessant ist auch zu sehen, wie der Hintergrund bzw. das Herkunftsland des Kochs/der Köchin den Umgang mit bestimmten Gemüsesorten prägt. Wenn jemand, der in Mumbai geboren ist, eine Okraschote in die Hand nimmt, hat er vielleicht ganz andere Ideen dazu als jemand, der aus Accra stammt. Es überrascht nicht, dass die Geschmackseindrücke aus der Kindheit für viele noch immer die inspirierendsten sind. Wenn Sie sich vom Ethos oder den Ideen eines Kochs bzw. einer Köchin in diesem Buch angesprochen fühlen und Sie mehr über sie erfahren oder mit ihnen in Kontakt treten möchten (oder noch besser ihre Gerichte vor Ort probieren wollen), werden Sie im Internet sicherlich fündig.

Kinder & Gemüse

Bevor ich begann, Leuten die Vorzüge von Gemüse näherzubringen, brachte ich Kindern die Vorzüge von Englisch, Geschichte und Geografie bei. Die Themen und Ideen waren für meine Schüler oft neu, und sie mussten sich manchmal erst daran gewöhnen, doch mit der Zeit wuchsen ihr Verständnis und ihre Anerkennung. Ich bot ihnen köstliche „geistige Nahrung" und untermauerte sie mit authentischem Enthusiasmus. Ich hätte nie ein Klassenzimmer betreten und gesagt: „Die Pest … ihr werdet das Thema nicht mögen, aber was soll's …"

Das soll nicht heißen, dass ich immer alles richtig gemacht habe, doch die besten Stunden waren jene, in denen wir mit Optimismus und Entdeckergeist ans Werk gingen. Denn Kinder sind von Natur aus wissbegierig, sofern das Thema unterhaltsam aufbereitet wird.

Diese Erfahrung hat auch meine Philosophie in Bezug auf Kinder und Gemüse geprägt. Über Generationen hat man uns das Märchen vorgekaut, dass Kinder Gemüse nicht mögen und wir es ihnen deshalb auf irgendeine Weise schmackhaft machen müssen. Doch indem wir diese Geschichte aufrechterhalten und die Mentalität des „mit Schokolade glasierten Brokkolis" verinnerlichen, verunglimpfen wir Gemüse, ohne es zu wollen, und machen Süßspeisen zu etwas Begehrenswertem. Die Darstellung der Medien von drängenden Eltern und Kindern, die dagegenhalten, sobald es ums Essen geht, verstärken diese Stereotypen nur noch. Wir reden Kindern ein, dass Gemüse etwas ist, das sie nicht mögen, bevor sie überhaupt die Möglichkeit haben, sich selbst eine Meinung zu bilden.

Das heißt nicht, dass Kinder nicht gewisse Vorlieben und Abneigungen haben. Es ist ganz normal, dass Kleinkinder eine Phase durchleben, in der sie das Wort „Nein" austesten und den Handlungsspielraum im Hinblick auf persönliche Wahlfreiheit und eigene Vorlieben erkunden und auch erweitern. Mit Essen zu werfen und sich gleichzeitig damit vertraut zu machen gehört für einen kleinen Menschen dazu, wenn er lernt sich selbst zu ernähren. Die gesunde Skepsis, die Ihr Kind an den Tag legt, wenn es um neue Lebensmittel geht, ist ganz normal und eine biologische Notwendigkeit, wenn neugierige, kleine Fäustchen potenziell giftige Pflanzen ins Visier nehmen. Die Angst vor Neuem hat sogar einen Namen – „Neophobie" –, obwohl es sich dabei mehr um eine gewisse Vorsicht als um eine wirkliche Angst handelt. Essen auszuspucken und auf den Boden zu werfen sieht für Erwachsene vielleicht nach Ablehnung aus, doch es gehört zum Prozess des Essenlernens dazu. Oft steckt dahinter einfach nur die Neugierde, zu erfahren, was passiert, wenn etwas hinunterfällt. Experten raten hier, die Lebensmittel immer wieder anzubieten und die Kinder selbst entscheiden zu lassen, was sie sich aussuchen und dann auch essen – sozusagen eine Art „geteilte Verantwortung". Mit der Zeit und mit viel Geduld wird aus dem Fallenlassen und Ausspucken ein Zerquetschen und Drücken und irgendwann auch ein Schlucken. Je weniger Aufhebens wir dabei machen, desto weniger müssen wir uns mit „Extragerichten" und Diskussionen herumschlagen. Und desto wahrscheinlicher lässt sich diese Phase, die im Alter von 2–4 Jahren am ausgeprägtesten ist, überstehen, ohne dass Ego oder die Eltern-Kind-Beziehung darunter leiden.

Die Vorarbeit kann schon viel früher geleistet werden. Studien zufolge ist der Konsum von Gemüse während der Schwangerschaft nicht nur aus gesundheitlichen Gründen wichtig, sondern auch der beste Zeitpunkt, um den Geschmackssinn Ihres Kindes zu trainieren. Nimmt man während der Stillzeit erdiges Gemüse wie Pilze und Rote Bete sowie bitteres Blattgemüse zu sich, kann das zu breiterer Akzeptanz führen.

Ältere Kinder mit den gesundheitlichen Vorteilen von frischem Gemüse zu locken ist ungefähr so wirkungsvoll wie der Versuch, ihnen etwas über das Rentensystem beizubringen. Je mehr wir versuchen, sie zu überzeugen, desto weniger positiv scheinen sie darauf zu reagieren. Doch noch immer werden Kinder in Bezug auf Ernährung von ihren Eltern mit gut gemeinten gesundheitsbezogenen Ratschlägen gefüttert. Keiner davon zeigt Wirkung, da Kinder sich im allgemeinen nicht für „Gesundheit" interessieren. Tatsächlich zeigen Studien, dass die Behauptung (egal ob gegenüber einem Kind oder Erwachsenen), ein Lebensmittel sei „gesund", im Grunde das Gegenteil davon bewirkt, was man erreichen will. Die Geschmackserwartung sinkt, genauso wie die Bereitschaft, dieses Lebensmittel zu probieren.

Es gibt jedoch drei Hauptfaktoren, die durchaus Erfolg versprechen: wiederholtes Anbieten, eine positive Vorbildfunktion und ein implizites (besser als ein explizites) Belohnungssystem. Das heißt, bieten Sie diese Lebensmittel in kleinen Mengen, dafür aber öfter an (Studien haben gezeigt, dass die magische Zahl bei Kindern etwa bei 15 Mal liegt), zeigen Sie selbst Begeisterung und lassen Sie sich nicht auf das Sammeln von Sternchen oder Botschaften wie „Wenn du das nicht isst, gibt es kein Dessert" ein.

Und die größte Belohnung ist am Ende die überraschende Erkenntnis: „Hey, das schmeckt ja wirklich gut ... Was ist mir bisher denn noch alles entgangen?"

Für mich ist ein „Kindergericht" einfach eine kleinere Portion eines Erwachsenengerichts. Die Rezepte in diesem Buch sind in erster Linie köstlich, von Natur aus nahrhaft und können ganz leicht angepasst werden, je nachdem ob Sie mit oder für Ihre Sprösslinge kochen. Je öfter diese sich in der Küche aufhalten und einen Bezug zu dem, was sie essen, entwickeln, desto enger wird unsere Beziehung zu ihnen, wenn wir gemeinsam und mit Begeisterung kochen und essen. Und je weniger wir dem Irrglauben anhängen, dass Kinder kein Gemüse mögen, desto weiter werden wir mit unseren Bemühungen kommen.

Buchwerbung

Aromenfeuerwerk – Vegetarisch – Die neue grüne Küche
100 Rezepte mit spannenden Aromen, Kräutern und Gewürzen
ISBN 978-3-96093-281-9
34,00 € (DE) / 35,00 € (AT)

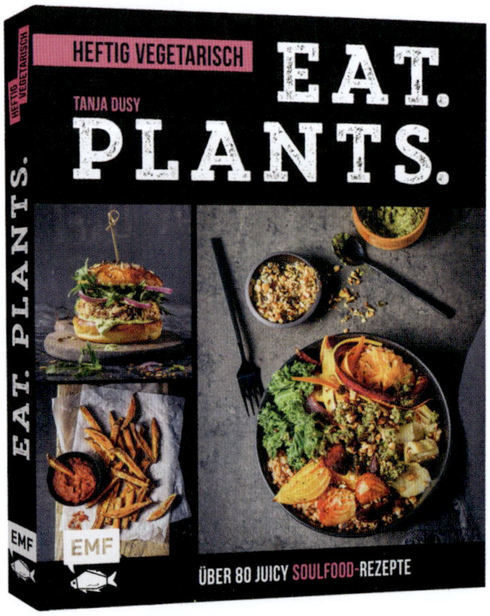

Eat. Plants. – Heftig vegetarisch
Über 80 juicy Soulfood-Rezepte
ISBN 978-3-96093-500-1
30,00 € (DE) / 30,90 € (AT)

Einfach nachhaltig kochen – Der Umwelt zuliebe
Plastikfrei einkaufen, vegetarisch kochen und die Erde ein kleines bisschen besser machen
ISBN 978-3-96093-849-1
18,00 € (DE) / 18,50 € (AT

Vegan for Future
111 Rezepte & gute Gründe, keine tierischen Produkte zu essen
ISBN 978-3-96093-868-2
28,00 € (DE) / 28,80 € (AT)

Danksagung

Dieses Buch widme ich aus mehren Gründen meiner Tochter Hazel. Erstens, da mir erst die Geburt unseres kleinen Mädchens die Inspiration für dieses Baby hier beschert hat. Zweitens, weil ich hoffe, dass Hazel Wren in den kommenden Jahren einen Blick in dieses Buch werfen und es als eine Art Schatzkarte für ihre eigene kulinarische Entdeckungsreise nutzen wird. Und schließlich wären diese Seiten ohne ihr geduldiges Gurren zu unseren Füßen und ihre ständige Betriebsamkeit in meinem Arbeitszimmer und am Set nicht so voller Leben und Freude. Apropos Geduld: ich bin meinem Mann Nick, der tapfer die Stellung hält, während ich munter an Worten herumfeile, unglaublich dankbar. Dein Nicken und Lachen, wenn ich dir laut vorlese, sind für mich Qualitätskontrolle genug.

Danke an Frada und Arkady für die immerwährende Unterstützung meiner kreativen, kulinarischen Bemühungen. Ihr seid nicht nur wunderbare Eltern, sondern auch meine größten Förderer.

Danke an Jackie und Razmo für das Anbauen von Gemüse, das Kuchenbacken und das Großziehen eines wunderbaren Ehemannes.

Danke an alle Freigeister bei Murdoch, die mich zu diesem Projekt ermutigt haben, vor allem an Jane Morrow, Virginia Birch und Megan Pigott, deren Kompetenz, Weitsicht und grenzenloser Enthusiasmus mich durch diese gewaltige Aufgabe getragen haben, sowie an Carol Warwick und ihr Team für den fiktiven (und tatsächlichen) Hype. Danke an Vera Babida, dein Talent ist bemerkenswert. Sowohl die Art wie du mit Farben, Formen und Texturen umgehst, als auch die Spritzigkeit deiner Pinselstriche (sowie deiner Anmerkungen). Wäre Mutter Natur im Besitz eines iPads und eines Stifts, würde sie sich wünschen, deine Handfertigkeit zu besitzen.

Danke an Katri Hilden, Lektorin bei IPOV, die das alles hier schon vorab zu lesen bekam. Die Autorin in mir schätzt und respektiert die Autorin in dir. Danke an Samantha Parish, Food-Lektorin bei IPOV. Mit dir zu arbeiten macht großen Spaß. Vielen Dank, dass du dich mit vollem Engagement auf dieses Projekt eingelassen hast. Danke auch an Helena Holmgren, die das Erstellen des Index für dieses Ungetüm übernommen hat.

An das Dream-Team im Studio, bestehend aus Lucy Tweed und Ben Dearnley. Die Bilder in diesem Buch sind ein Beweis dafür, wie sehr ihr eure Arbeit liebt. Danke an die Bildredakteure Kay und Lauren und an meine allerliebste Ernährungsexpertin, Grylltown, alle Gerichte in diesem Buch tragen deine Handschrift.

Danke an die Keramikproduzenten Batch Ceramics, Hayden Youlley, LouiseM Studio, Mud Australia und an den Gemüseproduzenten Sift Produce, der einen Großteil des herrlichen Gemüses, das Sie in diesem Buch sehen, geliefert hat. Danke an Jacqui Porter, die wie alle guten Köchinnen (und Designerinnen) aus den rohen Zutaten etwas gezaubert hat, das viel größer als die Summe seiner Einzelteile ist.

Danke an meine kulinarischen Seelenverwandten, die mich mit den Leuten zusammenbrachten, die die richtigen Leute kannten, vor allem an Dani Valent, Monica Brown, Kylie Millar und Tawnya Bahr. Danke auch an die Köche, die ich oft in meinem schauderhaftesten Französisch, Spanisch, Italienisch oder Russisch um ein paar Zeilen für dieses Buch bat und die mir wunderschöne Prosatexte lieferten. Man kann eure Leidenschaft regelrecht spüren.

Zuletzt ein großes Dankeschön an alle Landwirte, Züchter, Produzenten, Pflücker, Verpacker, Großhändler, Lieferanten und Einzelhändler, die uns auf der ganzen Welt mit Gemüse versorgen. Sie sind diejenigen, die das allergrößte Lob verdienen.

Saisonkalender

Eine allgemeine Übersicht. Hat ein Gemüse Hochsaison, ist es **fett** gedruckt.

Frühling

Blumenkohl
Bohnen
Brokkoli
Butternusskürbis
Chili
Chinakohl
Erbsen
Ingwer
Kartoffel
Kohlrabi
Kräuter
Artischocke
Lauch
Möhre
Pak Choi
Paprika
Pastinake
Pilze
Radicchio
Radieschen
Rhabarber
Rote Bete
Rucola
Salat
Spargel
Spinat
Staudensellerie
Süßkartoffel
Tomate
Zitronengras
Zucchiniblüte
Zwiebel

Sommer

Aubergine
Avocado
Blumenkohl
Bohnen
Brokkoli
Butternusskürbis
Chili
Chinakohl
Fenchel
Gurke
Ingwer (jung)
Kartoffel
Knoblauch
Kräuter
Lauch
Mais
Möhre
Okra
Paprika
Pastinake
Pattison-Kürbis
Pilze
Radieschen
Rhabarber
Rote Bete
Rucola
Salat
Spinat
Staudensellerie
Süßkartoffel
Tomate
Weiße Rübe
Zitronengras
Zucchini
Zucchiniblüte
Zwiebel

Herbst

Aubergine
Avocado
Blumenkohl
Brokkoli
Butternusskürbis
Chili
Chinakohl
Daikon
Fenchel
Ingwer (jung)
Jamswurzel & Wurzelknollen
Kartoffel
Knollensellerie
Kohlrabi
Kräuter
Kürbis
Lauch
Mais
Meerrettich
Möhre
Pak Choi
Paprika
Pastinake
Pilze
Rote Bete
Rucola
Salat
Spinat
Staudensellerie
Süßkartoffel
Tomate
Weiße Rübe
Zitronengras
Zucchini
Zwiebel

Winter

Blumenkohl
Brokkoli
Butternusskürbis
Cavolo Nero
Chili
Chinakohl
Daikon
Fenchel
Grünkohl
Ingwer
Jamswurzel & Wurzelknollen
Kartoffel
Knollensellerie
Kohl
Kohlrabi
Kräuter
Kürbis
Lauch
Meerrettich
Möhre
Pak Choi
Pastinake
Pilze
Rhabarber
Rosenkohl
Rote Bete
Rucola
Salat
Spinat
Staudensellerie
Süßkartoffel
Tomate
Topinambur
Weiße Rübe
Zitronengras
Zwiebel

Register

a

b

e

f

g

h

i

j

k

l

m

n

o

p

Bibliografische Information der Deutschen Bibliothek.

Die Deutsche Bibliothek verzeichnet diese Publikation in der Deutschen Nationalbibliografie.

Detaillierte bibliografische Daten sind im Internet über http://www.dnb.de/ abrufbar.

EIN BUCH DER EDITION MICHAEL FISCHER

1. Auflage 2021

Titel der Originalausgabe: In Praise of Veg

Projektleitung: Kira Weingarten
Lektorat: Kira Weingarten, Paulina Schick
Gesamtherstellung: Bernadett Linseisen
Cover: Trisha Garner, Bernadett Linseisen

Aus dem Englischen übertragen von Verena Thiard-Laforet

ISBN 978-3-7459-0458-1

Gedruckt bei C&C Offset Printing Co., LTD.,
C&C Building, Chunhu Industrial Estate, Pinghu, Longgang,
Shenzhen, Guangdong, China

www.emf-verlag.de

MIX
Paper from responsible sources
FSC® C008047